인지공학심리학

인간-시스템 상호작용의 이해

인지공학심리학

인간-시스템 상호작용의 이해

박창호 · 곽호완 · 김성일 · 김영진
김진우 · 이건효 · 이재식 · 이종구
한광희 · 황상민 지음

인지공학심리학 : 인간-시스템 상호작용의 이해

발행일 | 2007년 9월 10일 1쇄 발행
2009년 2월 10일 2쇄 발행

저자 | 박창호, 곽호완, 김성일, 김영진, 김진우,
이건효, 이재식, 이종구, 한광희, 황상민
발행인 | 강학경
발행처 | (주) 시그마프레스
편집 | 이성자
교정 · 교열 | 조현주

등록번호 | 제10-2642호
주소 | 서울특별시 마포구 성산동 210-13 한성빌딩 5층
전자우편 | sigma@spress.co.kr
홈페이지 | http://www.sigmapress.co.kr
전화 | (02)323-4845~7(영업부), (02)323-0658~9(편집부)
팩스 | (02)323-4197

인쇄 | 성신프린팅   제본 | 동신제책
ISBN | 978-89-5832-397-6

머리말

현대인의 삶에서 문명의 이기를 떼어놓을 수는 없을 것이다. 휴대전화, 컴퓨터, DVD, 네트워크, ATM, 네비게이션 장치 등 우리는 일상에서도 많은 첨단 제품, 기계들 그리고 시스템에 의존하고 있다. 이것들은 기술의 발달과 사회적인 요구에 의해 개발되어 왔지만 처음부터 '좋은' 물건인 것은 아니었다. 사용법이 복잡하고 어려웠을 뿐만 아니라, 자칫 실수라도 하면 말썽이 나기 일쑤여서 전문가의 도움이 필요할 지경이었다. 그러므로 이들 문명의 이기를 사람에게 가까이 연결시켜 주는 방법에 대한 연구와 개발이 필요하게 되었다.

어떻게 하면 사람이 더 쉽고 편리하게 쓸 수 있는 기기를 만들 것인가? 혹은 어떻게 하면 인간의 능력을 더 효과적으로 증대시켜 주고 생산성을 높여 줄 수 있는 기기를 만들 것인가? 이런 질문이 현대 첨단 기기의 디자인과 관련된 중요한 화두 중 하나라고 할 수 있겠다. 넓게 보면 이런 질문은 인간요인(human factors), 공학심리학 혹은 인간공학과 관련된 주제이며, 특히 인간의 지각, 주의, 기억, 판단 등의 문제로 좁혀 보면 바로 이 책의 주제인 인지공학(cognitive engineering)의 주제이다. 즉, 인지공학은 인지심리학 혹은 인지과학을 제품의 디자인, 작업, 시스템 운용과 설계 등 여러 산업 장면에 응용하고자 하는 분야이다.

이 책은 인지공학을 소개하기 위한 것이다. 인지공학이란 용어가 아직 생소한 면이 있고 인지심리학적인 관점이 상당 부분 차지하므로 책의 제목을 '인지공학심리학' 이라고 정했는데, 인지공학의 심리학 혹은 인지적 공학심리학 등으로 이해할 수 있다. 책의 부제는 '인간-시스템 상호작용의 이해'인데, 여기에서 시스템이란 여러 기기, 제품, 기계, 컴퓨터, 시스템 및 환경을 포괄하기 위해서 사용된 말이다. 현대의 여러 기기들이 네트워크나 기반 시설, 제도 등과 연계되어 움직이며 유비쿼터스 서비스 시대가 도래하면 우리가 사는 환경조차도 네트워크화된 시스템으로 볼 수 있다는 점에서 시스템을 대표어로 선택하였다.

이 책이 다루는 주제들은 인지공학심리학의 기초 배경에서부터 주요 주제 그리고 새로운 관심사에 걸쳐 상당히 포괄적이다. 여러 저자들이 각 장을 맡아 집필하였으나, 교재로 사용될 수 있을 정도로 이 책의 전체적인 틀을 체계적으로 구성하고자 하였다. 그러나 각 장의 용어나 서술 방식은 저자의 개성을 존중하여 다소 상이한 면이 있을 수 있음을 미리 알리고자 한다. 인지심리학 및 인지과학이 사회, 교육, 산업의 여러 분야로 응용되고 있는 지금, 이 책이 인지 연구의 공학적 응용에 관심을 가진 이들에게 도움이 될 것으로 기대된다.

이 책을 준비하는 동안 많은 시간이 흘렀다. 저자들 다수가 속해 있는 인지공학심리학 연구회가 저자들에게 집필을 의뢰하고, 워크숍을 열고, 원고를 모아 왔으며, 그러는 동안 목차와 집필진의 변경도 있었다. 오랜 과정을 인내해 주신, 집필진을 포함하여 관심 가져 주신 여러분께 감사드린다. 이 책의 초기 발간 계획을 지원해 준 '대우재단'에도 늦게나마 심심한 감사를 표한다. 그리고 출판을 쾌히 허락해 주고 편집 과정의 수고를 아끼지 않은 (주)시그마프레스의 임직원들께 감사드린다.

차 례

1

인지공학 :
'인간–환경 상호작용' 의 지능화

이건효

1. 인간과 기계 그리고 지능적 시스템

1) 손의 지능, 머리의 지능

인간이 다른 동물들과 구분되는 것은 단지 생각할 수 있는 능력만은 아니다. 손을 사용할 수 있는 능력이 없었다면 인간의 사고 능력도 제대로 발휘되지 못했을 수도 있다. 독일의 문호 Goethe의 '손은 밖으로 내민 뇌' 라는 생각은 오늘날 신경과학적 연구결과들을 통해 입증되고 있다. 인간이 나무를 꺾고 돌을 갈아 연장으로 삼아 문명을 일구어 온 것도 바로 이 손의 역할이 없었다면 불가능했을 것이다. Piaget의 인지발달이론을 보면 아이가 세상에 태어나고 난 첫 1년을 감각 운동 단계라고 한다. 이 단계에서 가장 중요한 것이 바로 감각과 운동의 협응 능력을 획득하는 것이다. 소리가 나는 쪽으로 고개를 돌리고 눈으로 보고 붙잡고 싶은 대상을 손으로 붙잡을 수 있는 능력이 바로 감각과 운동의 협응 능력이다. 이러한 기본적인 협응 능력을 기초로 아이들은 세상을 조작할 수 있는 능력을 지니게 되는 것이다. 손의 움직임을 결정하는 뇌의 부위는 진화의 역사상 가장 최근에 발달된 신피질의 전두엽과 머리 한가운데 있는 두정엽 사이를 분리하는 중앙 고랑인 중심구 바로 앞에 있다. 이곳이 망가지면 고도의 정신활동이나 창조적 활동이 손을 통해 표현될 수 없게 된다. 사고와 손의 활동의 연계성은 이와 같은 뇌 구조 자체에서도 발견할 수 있다.

인간은 생각하는 능력과 손을 사용할 줄 아는 능력을 이용해 자연 환경을 효율적으로 활용하는 방법들을 배워 왔고 다른 한편으로는 그러한 방법들을 창조해 왔다. 나무와 돌을 깎고 다듬어 사냥할 연장들을 만들고 사냥한 고기를 다듬을 도구들을 만들었다. 그렇게 만들어진 연장과 도구들은 인간에게 강한 힘을 주었다. 맨손으로는 대적할 수 없는 맹수들을 이 연장들을 통해 제압할 수 있게 되었고 자신들을 지킬 수 있게 되었다. 인간은 사고의 주체인 머리를 대행하는 손을 이용해서 더 강한 손의 대행 도구들을 만들게 된 것이다. 인간의 도구와 연장, 기계의 초기 발전사는 바로 이러한 손의 능력과 범위의 확장사라 보아도 무방할 것이다.

인간의 역사 속에서 인간의 손이 한 일은 바로 인간의 손을 빌어 할 힘 또는 노동력을 환경에 분산시켜 놓은 일이다. 한번 만들어진 돌도끼는 언제든 손으로 들어 사용만 하면 힘을 발휘해 주었고, 한번 만들어 놓은 쟁기는 항상 들고 다닐 필요 없이 필요할 때만 사용하면 그만큼 땅을 갈아 엎는 힘을 발휘해 주었다. 한번 길들인 소는 필요할 때 부리면 인간의 힘을 대신해 주었다.

다른 한편으로 인류 문명 산출의 가장 중요한 역할을 한 문자 역시 손을 이용한 것이었다. 사회적 동물인 인간은 사회적 의사소통 능력을 발전시켜 왔고 결과적으로 언어의 발달과 문자의 발달을 이루어 냈다. 언어의 발달은 한 개인의 능력을 다른 사람들과 나누어 공유할 수 있게 하였고 문자의 발달은 이러한 능력의 공유의 범위를 동세대에서 다음 세대로 연장할 수 있게 하였다. 이를 통해 인간의 지식과 기술을 축적할 수 있었고 그들 사회 집단의 집단 지능을 향상시켜 나갈 수 있었던 것이다.

기록의 기술과 인쇄술을 이용한 기록의 대량 생산을 통해 인간의 지식과 기술들이 대중들에게 전파되었다. 기록의 기술은 바로 지식과 기술의 분산을 의미한다. 기록 기술이 없던 시절 인간은 온전히 머릿속의 기억에만 의존해야 했고 오늘날 인지심리학의 발전으로 잘 알려진 바와 같이 인간 기억의 한계 때문에 인간의 지식과 기술의 축적이 어려웠다. 문자가 발명된 이후에도 문자는 소수 특권계급의 전유물이었기 때문에 인간은 언어를 이용한 지식과 기술의 전수를 위해 운문이라는 장치를 고안하게 된다. 즉, 언어의 음악적인 장치들이다. 어느 문화에서나 볼 수 있듯이 오래된 구전 문학들은 모두 운문체로 되어 있다. 인간이 기억하기 쉽도록 4-3조나 4-4조를 하고 있는데 이는 인지심리학에서 밝혀진 한번에 기억할 수 있는 기억 단위의 개수이다. 또한 압운 및 각운, 리듬 등은 바로 인간의 기억을 용이하게 하는 언어적 기억보조장치인 셈이다. 그러나 기록 기술과 인쇄술은 아주 강력한 인간의 기억보조장치가 되었고 이를 통해 인간은 자신의 지식과 기술은 다양한 기록을 통해 타인과 공유할 수 있게 되었고 타인의 기록을 활용할 수 있게 되었다. 결과적으로 인간은 기록을 통해 자신들의 지능을 주변 환경 속에 분산시켜 놓을 수 있게 된 것이고, 이는 인간의 지적 능력의 확장과 분산을 촉발시키게 된 것이다.

2) 인간과 기계, 기계와 인간

브리태니커 백과사전을 보면 **기계**에 대해 다음과 같이 정의하고 있다.

> 물리적인 작업을 위해 인간 또는 동물의 작동력을 늘리거나 대신하는 고유의 용도를 갖는 장치. 넓게는 오늘날의 자동차처럼 복잡한 기계장치뿐만 아니라 지렛대 · 쐐기 · 축바퀴 · 도르래 · 나사처럼 간단한 기계들도 여기에 속한다.

이러한 정의는 앞에서 살펴본 바에 의하면 기계는 손의 지능, 나아가 몸의 지능을 대신하는 것으로서의 정의이다. 인간은 육체적 능력의 한계를 벗어나기 위해 연장과 도구를 포함하는 기계를 만들어 환경 속에 힘을 분산 저장해 둔 셈이다.

그러나 인간의 과학기술은 망치나 도끼, 지렛대와 도르래와 같은 간단한 힘의 증폭장치에서부터 보다 복잡한 구조의 증기기관이나 발전기와 같은 에너지 변환 장치, 무전기나 전화기, 라디오나 TV와 같은 커뮤니케이션 장치, 전자계산기나 컴퓨터와 같은 계산 장치, 인간의 숱한 지능적 작업을 보조해 주는 장치, 인간의 특수한 지능 영역을 대신하는 인공지능장치, 가상공간이나 가상체험을 만들어 내는 가상현실 장치에 이르

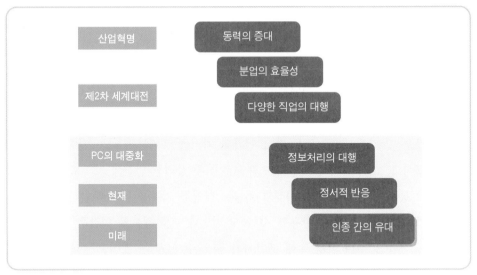

그림 1-1 ▎ 인간 기대에 부응하는 기계의 변천

기까지 실로 다양한 기계들이 만들어지고 있다. 이제 기계는 머리의 지능을 대신하고 나아가서 인간과 지능적으로 상호작용할 수 있는 대상이 되어 가고 있는 셈이다. 이러한 기계의 발전사를 인간이 기계에 대한 요구의 변천을 중심으로 도식화해 보면 그림 1-1과 같다.

인간의 과학기술의 발전은 기계의 역할을 손과 몸의 지능의 확대에서 머리의 지능의 확대로 확산시켜 나가고 있음을 알 수 있다. 미래는 이 모든 것이 통합된 지능적 시스템으로서 인간과 인간적인 상호작용을 할 수 있을 것이다. 일반적으로 인간공학은 그 태동이 산업혁명 시기에서부터 이루어져 두 차례의 세계대전을 통해 본격적으로 확산된 학문 분야이다. 도식에서 알 수 있듯이 인간공학은 주로 기계의 손과 몸의 작업 대행 과정에 초점을 맞추었다. 인간공학은 바로 인간과 손과 몸을 사용하는 작업에 포함되는 기계 간의 관계를 최적화하는 데 초점을 맞추어 왔다. 뒤에 인간공학에 대해서 다시 설명하겠지만 이러한 이유로 인간공학은 인간의 감각운동 능력 특성과 이에 기초한 기계 설계 그리고 이를 통한 작업 수행 향상에 초점을 맞추고 있다.

그러나 컴퓨터의 발명과 집적기술의 진보로 인해 대부분의 새로운 기계들과 기존의 기계들에조차 인간의 지능 역할을 대행하는 '컴퓨팅'이 마이크로칩으로 내장되고 기계들은 점점 더 똑똑해지고 있다. 사람들은 이제 기계들이 손과 몸이 하는 일들을 대신해 주는 것뿐만 아니라 지능적인 일들을 대신해 주기를 바라고 있다. 이러한 요구가 바로 인간과 동물을 포함하는 모든 지능적 시스템에 대한 연구 분야인 인지과학이라는 학문을 인간−기계 시스템에 활용하려는 인지공학이라는 새로운 연구 영역을 창출해 낸 셈이다.

2. 인간공학, 인지과학, 인지공학

인지공학(cognitive engineering)이란 어떤 학문 분야를 말하는 것일까? 인지과학 (cognitive science)과는 어떻게 다른 것일까? 왜 인지공학이란 분야가 있어야 하며 인지공학이란 학문이 할 수 있는 것은 무엇일까? 인지공학이란 용어는 D. A. Norman이 1981년 심성모델(mental models)에 대한 간단한 논문에서 인지심리학이 일반 제품 공학에 적용될 수 있는 가능성과 필연성을 제안하면서 인지심리학자들의 관심을 끌기 시작했다. 그리고 이러한 관점은 1986년 Norman과 Draper가 엮은 『사용자 중심 시스템 설계(User Centered System Design)』라는 책에서 광범위한 영역들에 걸쳐 논의되고 있다. 한편 Rassmussen 역시 같은 해에 『정보처리와 인간−기계 상호작용 : 인지공학적 접근(Information Processing and Human-Machine Interaction : An approach to Cognitive Engineering)』이라는 책에서 지식표상, 인지적 분석, 인간의 실수 등의 중요한 인지공학적 문제들을 다루고 있다. Norman 등의 관점은 인간의 인지 쪽에 더 많은 강조점을 둔 데 비해, Rassmussen은 시스템 공학적 적용에 더 많은 무게를 실어 주고 있다는 점에서 다르다.

Norman이 인지공학이라는 용어를 제안하던 1981년은 아직은 컴퓨터가 오늘날처럼 우리들의 사무실과 안방을 점령하지는 못했던 시절이다. Norman 역시 인지공학의 대상을 일반적인 기계 시스템으로 간주하고 있었다. 반도체와 컴퓨터 관련 기술 발전의 속도가 엄청나게 빨라지면서 어디에나 컴퓨팅 기술이 적용되는(ubiquitous computing) 시대가 그들의 생각보다도 더 빠르게 도래하게 되었다. 인간-기계 상호작용은 급속도로 인간-컴퓨터 상호작용으로 대체되기 시작하였다. 이전의 인간-기계 상호작용 연구에서의 사용자 중심성(user-centeredness)의 중심 개념은 기계 조작의 용이성이었다. 즉, 인간의 감각과 지각 특성에 어울리고 인간의 운동 수행 특성에 어울리는 기계 시스템의 설계가 그 목적이었다. 그리고 이러한 연구들은 주로 감각 및 지각 그리고 운동 수행과 관련된 인간공학적 연구들이 중심이 되었다. 그러나 인간을 둘러싼 대부분의 환경 속으로 지능적 계산 능력들이 구현되어 내재되면서부터는 의사소통, 추리, 추론, 문제해결, 학습 등의 정보처리 과정으로서의 인간의 상위 인지과정에 대한 특성들을 고려하지 않고는 인간을 둘러싼 환경에 지능적 능력을 부여할 수 없게 되었다. 인지공학 출현의 필연성은 여기에 있다. 즉, 인간의 인지과정에 대한 연구 및 그 결과를 공학적으로 적용할 필요와 새로운 개념의 인간 친화적 정보산업을 위해 인간의 인지과정에 대한 정보처리적 관점 도입의 필요가 인지공학이라는 새로운 학문 분야를 창출하게 된 것이다. 그렇다면, 인지과학과 인지공학 간의 관계는 어떠하며, 인간공학과 인지공학은 어떻게 다른가? 이러한 인접 학문들과의 관계에 대한 고찰은 인지공학에 대한 이해에 도움이 될 것이다.

1) 인지과학의 응용으로서의 인지공학

인지과학(cognitive science)은 인간의 지식의 본질은 물론 컴퓨터를 포함하는 각종 인공물들(artifacts)에 편재된 지식체계의 본질을 연구하는 종합과학이다. 인지심리학이나 신경과학, 언어학, 철학 등의 분야에 종사하는 인지과학자들은 인간의 인지, 즉 '앎'의 본질과 과정을 규명하는 설명적이고 규준적인(normative) 연구에 몰두하며, 컴퓨터과학에 종사하는 인지과학자들은 인간의 특정하고 한정된 '앎'의 과정을 알고리즘 수준에서 기술하고 모사하는(simulation) 기술적(descriptive) 연구 작업에 몰두하고 있다. 어떤 분야에서 작업을 하든지 인지과학자들의 주된 관심은 바로 모든 지능적 체계(intelligent system)의 지능적 활동에 있다. 그리고 '지능'이란 개념은 '환경

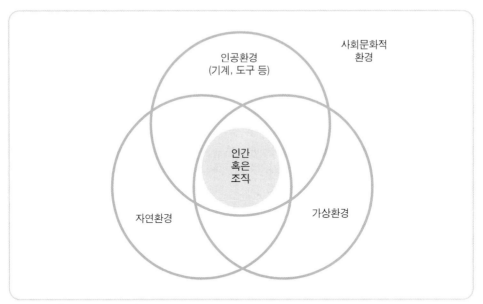

그림 1-2 ▌ 인간과 환경의 관계

에의 적응 능력'이라는 부분적 정의를 포함하며, 이러한 적응 능력은 학습이 가능한 유기적 체계에서만 가능하다. 따라서 '앎'의 과정은 '앎'의 주체인 인간과 그를 둘러싼 환경과의 상호작용 과정 동안 발생하는 것이며 결과적으로 인간과 컴퓨터를 포함하는 지능적 시스템의 지능적 수행은 환경과의 상호작용을 포함하게 된다. 여기에서 환경이란 자연 환경뿐만 아니라 사회·문화적 환경 그리고 인간이 만들어 놓은 각종 인공물들(기계, 도구뿐만 아니라 건물과 도로망 그리고 각종 사회간접자본까지를 포함), 최근에는 각종 통신 및 컴퓨터 네트워크로 구성되는 가상환경까지를 포함한다. 이러한 점을 고려한다면 인지과학적 작업이 얼마나 확장 가능한지를 상상할 수 있다.

　인지공학은 이러한 인지과학의 성과와 방법론을 공학적인 목적으로 활용하고자 하는 학문이다. 지금까지 지나치게 인간 위주로 이루어진 모든 형태의 인간−환경 상호작용을 토털 시스템으로서의 인간−환경 시스템으로 재규정하고 이를 지능화함으로써 인간의 신체적·정신적 품을 줄임과 동시에 인간과 환경과의 조화로운 발전을 추구하는 것이 된다. 결국 인지과학의 응용으로서의 인지공학은 원래의 인지과학적 탐구 속에 포함된 인간을 비롯한 지능적 시스템과 그것의 존재 맥락인 다양한 환경과의 상호작용을 본질적 활동으로 하는 지능적 인간-환경 시스템을 구현하는 것이며 인간-기계, 인간-환경 체계의 효율성의 최적화를 목적으로 하는 인간공학과는 출발선부터 그 가정이 다르다고 보아야 한다.

2) 인간공학과 인지공학

(1) 인간공학

인간공학[human factors(미국), ergonomics(유럽)]은 기계나 도구 등의 사용편리성과 인간-기계 체계의 효율성의 최적화를 목적으로 하고 있다. 인간공학은 인간의 수행 자체를 연구하며 그 성과를 기술체계에 적용하는 학문이다. 그리고 이러한 연구활동의 궁극적 목적은 생산성의 향상과 안전성, 편의성을 증진시키고 삶의 질을 높이는 데 있다. 인간공학자들은 인간의 수행에 대한 모델과 이론을 개발하고, 이를 산업 기술 분야의 설계에 적용하고, 수행 분석을 위한 방법론을 개발하며, 최근에는 인간-컴퓨터 인터페이스 및 환경 설계 및 작업 설계 작업을 수행하며, 신체적·정신적 소모를 평가하고 이를 위한 방법론을 개발한다. 따라서 인간공학의 연구 및 적용 범위는 매우 광범위하며 인지과학과 마찬가지로 관련된 여러 분야의 학제적 연구를 기초로 한다.

인간공학의 연구 분야는 크게 세 가지의 범주로 분류된다. 첫째는 인간의 신체와 관련된 신체인간공학(physical ergonomics)으로, 생체측정(anthropometrics), 생체역학(biomechanics) 및 산업안전 분야를 포함한다. 둘째는 인지적 인간공학(cognitive ergonomics)으로 인간수행이론(human performance theory), 공학심리학(engineering psychology), 행동결정이론(behavioral decision theory) 등을 포함한다. 세 번째 범주는 거시적 인간공학(macroergonomics)으로 시스템 이론, 조직심리학 등을 포함한다. 이러한 연구 분야들을 통해 알 수 있듯이 인간공학은 의학, 생물학, 환경공학, 시스템 제어 공학, 작업방법 연구, 산업디자인, 실험심리학 등의 다양한 인간 관련 학문 분야들에 기초한다. 특히 실험연구 및 평가 측정 방법에 있어서는 실험심리학의 방법론으로부터 많은 영향을 받았다. 이러한 이유로 많은 분야의 인간공학 연구들을 살펴보면 실험심리학이나 정신물리학적 연구들과 그 주제와 방법론을 공유하는 경우가 많다.

그러나 인간공학이 실제 관심을 갖는 인간 요인은 관찰 가능한 인간의 행동 및 수행이다. 근전도(EMG)나 피부전기반응(GSR), 심박률(HR), 뇌파(EEG)생체반응들이 간접적인 피로나 긴장 등의 상태 특성 지표로 사용되기도 한다. 이러한 경향은 인간공학의 발달 시점이 초기의 작업연구 발생 시점을 제외하면 거의 심리학에서의 행동주의의 발전 과정과 그 궤적을 같이하는 것과 관련이 있는 것으로 보인다. 인간공학의 역사는 크게 산업혁명 시기, 제1차 세계대전, 제2차 세계대전, 컴퓨터 기술시대, 현재로 나누어 볼 수 있다. 인간공학의 시작은 산업혁명 시기의 동작 연구(motion study)와 공장관리 연구로부터 시작되어 생산성 중심의 산업합리화 운동의 일환으로 시작되었고, 제1차 세계대전 중 영국에서는 1919년 국립산업피로조사국과 국립산업심리학연구소가 설립되었다. 1922년에는 미국 보스턴에 최초로 인간공학연구소(Human Engineering Laboratories Inc.)가 설립되어 주로 노동자들의 적성 연구를 하기 시작하였다. 제2차 세계대전을 거치면서 1945년 전쟁 말기 미국에서는 공군과 해군에 공학심리학연구소를 설립하였으며, 1949년 Charpanis 등에 의해 『Applied Experimental Psychology: Human Factors in Engineering Design』이라는 인간공학 관계 책자가 처음 출판되고 영국에서는 'Ergonomics Reseach Society(현재 Ergonomics Society)'를 발족하여 1957년 처음으로 학회지「Ergonomics」창간호를 발간한다. 이 창간호의 부제는 'Human Factors in work, machine control and equipment design'이었다. 한편 미국에서는 같은 해에 미국심리학회(APA) 내에 21번째 분과로 공학심리학회(Society of Engineering Psychology)가 조직되고 1959년 국제인간공학회(International Ergonomics Association)가 결성된다. 1957년 러시아가 스푸트니크를 쏘아 올리면서 시작된 미국과 소련 간의 냉전시대의 도래로 인해 인간공학 연구는 군사와 산업이 결합된 군수산업에 집중되었고, 1960년대 우주개발계획에 참여하게 되면서 1970년대까지 고속으로 성장하게 된다. 1980년대 개인용 컴퓨터가 개발되고 일반에 보급되면서부터 인간공학은 또 다른 전기를 맞이하게 되며, 그때까지 인간-기계 상호작용에 대한 연구들이 인간-컴퓨터 상호작용에 대한 연구들로 선회하기 시작하였다. 한편 1979년도에 발생한 스리마일 섬 원자력 발전소 사고나 1986년 러시아 체르노빌 원자력 발전소의 사고는 아주 복잡한 복합시스템에 있어서의 인간 요인 및 작업 분석의 중요성을 일깨우면서 인지시스템공학(Cognitive System Engineering)이라는 분야의 연구를 촉발하였다.

(2) 인지공학의 필요성

인지적 도구의 출현　이상의 간략한 인간공학의 역사에 대한 개관은 인간공학과 심리학은 불가분의 관계에 놓여 있음을 보여 준다. 그리고 초기의 인간공학은 인간을 산업 자원의 하나로 보았으며, 적성에 따른 업무 배치 및 훈련과 교육을 통해 인간을 기술에 적응시키려는 노력을 하였으며, 본격적인 인간공학 연구가 시작된 제2차 세계대전 이후부터는 인간-기계 시스템의 최적화라는 목적으로 인간 행동 요인들이 연구되고 활용되었으며 주된 연구방법으로는 실험심리학 및 정신물리학적 방법들이 사용되었음을 알 수 있다. 그러나 1980년대부터 시작되는 컴퓨터 대중화 시대는 인간공학으로 하여금 많은 방법론적 변화를 요구하였다. 과거의 행동 수행 연구방법으로는 초기에는 키보드나 마우스 등의 입력장치의 외형적 디자인을 위한 타건 행위의 연구나 손목 피로도 등의 연구를 비롯해 자동화 사무공간 배치 연구, VDT 증후 연구 등이 가능했지만, 컴퓨터 산업의 빠른 발전으로 명령어 중심의 텍스트 중심 인터페이스에서 그래픽 유저 인터페이스로, 단순한 문서편집 및 표 작업으로부터 다양한 인지적 작업으로 변화하면서 기존의 인간-기계 상호작용을 연구하던 행동 수행 중심의 연구방법으로는 이러한 변화에 대처할 수 없게 되었다. 이러한 변화를 통해 컴퓨터는 이제 인간의 육체적 행동 수행을 대신해 주는 기능적 도구(functional tools)가 아니라 인간의 인지 또는 정보처리를 대신해 주는 인지적 도구(cognitive tools)가 되었기 때문이다.

지능화된 기계　컴퓨터의 계산능력은 컴퓨터 자체에만 한정되지 않았다. 트랜지스터가 초소형 고용량 고속처리가 가능한 기억소자 반도체로 대체되면서부터 인간 주변의 수많은 기계 장치 및 시스템들이 계산 능력 및 기억 능력을 지니게 되었고 인간은 그것들을 프로그램할 수 있게 되었다. 빠른 속도로 인간을 둘러싼 기계를 비롯한 인공적 환경들은 인간의 지식을 자체 프로그램 속에 내장하게 되었고 프로그램만큼의 지능을 지니게 되었다. 그리고 최근의 반도체 기술의 급격한 발전은 더욱더 많은 지식들을 컴퓨터나 기계와 같은 주변 인공환경들 속에 내장시키고 그들의 지능 역시 고급화되어 가고 있다. 이제 인간공학 연구의 핵심인 인간-기계 시스템은 예전처럼 정보처리를 하는 인간과 특정한 입력에 대해서 특정한 출력만을 산출하는 멍텅구리 기계와의 상호작용으로 정의될 수 없다. 이제 기계도 일정한 정도의 지식과 지능을 지닌 지적 대행자로 간주될 수 있으며 사용자로서의 인간도 감각이나 지각 수준의 정보만으로 기계의 기능이나 대응 양식을 추론할 수 없으며, 상당한 정도의 사전 지식과 심성모델을 지니고 적절한 추론 과정을 거쳐야만 기계의 기능이나 대응 양식을 이해할 수 있는 정도가 되었다. 감각 및 지각 그리고 운동 수행 수준에서의 전통적인 인간공학적 분석방법으로는 이처럼 인지적으로 지능화된 컴퓨터나 기계 및 시스템들과 인간과의 지능화된 상호작용을 분석할 수 없으며 디자인할 수 없다.

인지적 인터페이스   이제 기계나 컴퓨터와 같은 유형의 시스템이나 컴퓨터 소프트웨어, 사회적 제도와 같은 사회적 지원 시스템과 같은 무형의 시스템을 설계하는 작업은 인간의 지식과 기술을 이러한 유무형의 시스템 속에 분산시키는 작업으로 간주될 수 있다. 이 과정은 다양한 감각 입력 양식과 정보처리 양식을 지닌 사용자들과 그들이 상호작용할 제한적인 지능적 대행자를 설계하는 과정이다. 사용자들의 감각 및 지각 등의 낮은 수준의 정보처리 특성은 물론, 의사소통, 문제해결, 추론과 추리 등의 상위 정보처리 특성들에 대한 이해와 규명이 선행되어야 함은 물론이며, 사용자들의 개인 특성(예 : 연령, 성별, 직업, 교육 수준 등)에 따른 정보처리 양식 특성들에 대한 이해 역시 필요하다. 한편으로 목표 시스템이 수행해야 할 기능 행위 위계와 사용자의 상호작용 행위 위계를 포함하는 상호작용 모델이 필요하다. 그리고 이러한 상호작용 모델은 인간의 행동 수행 중심으로 전개되는 전통적인 인간공학적 접근만으로는 불충분하며 인간의 상위 인지과정에 대한 이론에 기초해야 한다.

분산되고 확장된 인지   한편 과학과 기술의 산물로서의 공업적 성과물들이 소수 특정 계층과 전문가들의 전유물이던 과거의 시기에는 그것들을 설계하고 제작하던 사람들이 구태여 사용자들에게 그 시스템을 맞출 필요가 없었다. 만들고 나서 소수의 전문 요원들을 신발하여 교육과 훈련을 통해 사용자들을 그 시스템에 적응시키면 되었다. 인간공학에서는 무엇보다도 인간–기계 시스템의 효율성이 강조되었으며, 사용 편의성은 인간–기계 시스템 효율성의 최적화라는 전제하에서 고려되었다. 그러나 오늘날처럼 발달된 과학기술 산업은 소형화, 단순화, 대중화를 통해 단가를 낮춤으로써 과학기술의 산물을 끊임없이 대중화시키려고 애쓰고 있다. 그 덕분에 30여 년 전만 해도 대형 연구소나 대학과 같은 기관에서만 그것도 잘 훈련받은 소수의 전문가들만이 사용하던 수준의 덩치 큰 컴퓨터들보다 뛰어난 성능의 개인용 컴퓨터들이 사무실의 책상마다, 학생들의 공부방마다 하나씩 놓여지게 되었다. 옛날의 컴퓨터 사용자들은 바로 컴퓨터 전문가였고 프로그래머였다. 그들은 고객관리용 주소록 하나를 만들기 위해서는 프로그래밍 언어를 배우고 데이터베이스의 자료 구조를 공부해야 했다. 그러나 오늘날의 컴퓨터 사용자들의 대부분은 컴퓨터와 관련된 전문적 지식이 없이도 몇 안 되는 사용기술에 대한 지식만으로도 주소록을 만들 수 있고, 회의용 보고서나 프레젠테이션용 문서를 만들 수 있으며, 인터넷을 이용해 전자편지를 주고받고 가상서점을 이용하여 책을 구입할 수도 있고, 멀리 외국에 있는 전자도서관의 정보를 가져올 수도 있다.

인지적 환경과의 지능적 상호작용　앞에서 예시한 이 모든 작업들은 인지적 작업들이다. 그리고 이것들을 가능하게 하는 모든 종류의 소프트웨어들은 모두 사용자의 인지적 작업을 대신해 주는 인지적 도구의 역할을 한다. 사람들은 다양한 지능적 작업을 이러한 인지적 도구들을 이용해 머리 밖 세계에 분산시켜 놓고 효율적으로 활용할 수 있다. 이러한 인지적 도구들의 사용 편의성을 결정하는 것은 인터페이스의 표면적 특성(예 : 아이콘의 형태나 색상, 배열, 커서의 크기 및 형태, 마우스 커서의 반응 속도 등)도 역시 중요하겠지만, 그 자체보다는 사용자가 그 소프트웨어를 이용하여 수행하려고 의도하는 작업 자체의 표상과 소프트웨어에 내재된 작업 표상 그리고 이들 두 표상을 연결시키는 인터페이스 표상의 효율성(또는 지칭의 효율성) 등이다. 컴퓨팅이 내재된 인지적 도구들의 설계의 핵심은 표면 표상 특질에 의해서 결정되는 지각적 수준의 행동유도성뿐만 아니라 사용자의 내적 표상과 시스템의 내재적 표상을 연결하는 표상유도성이다. 결국 인지공학은 컴퓨팅이 내재된 모든 인지적 도구와 인지적 환경 그리고 인간 간의 상호작용을 지능화시키는 것을 목적으로 한다. 이러한 점이 인간-기계 시스템의 수행 중심의 효율화를 목적으로 하는 인간공학과 다른 점이다.

3. 인지공학이란 무엇인가

1) 인지공학의 세 가지 명칭

인지공학은 영어로 세 가지의 이름을 지닌다. 첫째는 'cognitive ergonomics'이다. 'ergonomics'는 우리가 인간공학이라고 알고 있는 학문의 유럽 쪽 명칭이다(human factors는 주로 미국에서 사용하는 용어이다). '작업(work)'을 뜻하는 'ergo'와 '자연법칙'을 의미하는 'nomos'를 결합한 용어로서 그대로 번역한다면 '작업공학'이 되겠지만 일반적으로 '인간공학'을 의미한다. 'cognitive ergonomics'이란 용어는 작업 맥락에서 인간 사고의 제 측면을 고려해야 함을 시사하는 사용하게 되었다. 따라서 'cognitive ergonomics'라는 용어는 그 기본적인 뿌리를 인간공학에 두고 있음을 알 수 있다.

인지공학의 두 번째 영어 이름은 'cognitive engineering'이다. 이 용어는 Norman이 1981년에 처음 사용하였고, Rassmussen 역시 1986년에 같은 용어를 사용하였지만 그 접근 방식에는 약간의 차이가 있다. Norman은 당시 '인지'에 대한 학제적 연구로서의 '인지과학(cognitive science)'에 대한 대구적 용어로서 'cognitive engineering'이란 용어를 사용한 것으로 보인다. 즉, '인지과학'이 '인지'에 대한 과학이라면 '인지'에 대한 공학으로서의 'cognitive engineering'을 의미했던 것이다. 한편으로는 실증주의 과학철학에 입각한 실험심리학으로서의 인지심리학의 공학적 응용 분야였던 '응용인지심리학(applied cognitive psychology)'의 공학 현장에서의 지원적 역할을 보다 격상시키고자 하는 의도도 있었으리라고 판단된다.

인지공학의 세 번째 영어 이름은 'cognitive system engineering', 즉 '인지시스템공학'이다. Rassmussen이나 Roth 등이 이에 해당하는데, 이들은 인지공학에서의 분석의 기본 단위는 하나의 인지시스템이며 인지시스템은 하나의 작업 영역 내의 인간과 기계 에이전트로 구성된다. 그리고 이 작업 영역 내에서는 각 에이전트의 역할과 작업, 의사소통과 관련된 규칙과 도구, 절차 등이 정해진다고 본다. 그러나 연구자들이나 실제 연구 영역을 살펴 보면 '인지시스템공학'은 'cognitive ergonomics'의 다른 이름임을 알 수 있다. Rassmussen은 인간공학의 한 영역인 '시스템공학'에, Roth는 컴퓨터시스템공학 또는 소프트웨어공학에 인간의 '인지'에 관련된 원칙과 방법론을 적용시키려고 했던 것이다.

인지공학과 관련된 영문 이름들이 다소 차이를 보이는 것은 인간공학의 경우에서도 마찬가지였다. 이러한 명칭상의 차이는 발생 지역과 그 지역 내의 연구자들, 그들의 주된 연구 영역과 연구 역사 등을 반영하는 것으로 볼 수 있다. 인지공학에 붙여진 세 가지 영문 명칭 역시 같은 맥락에서 해석될 수 있다. 그러나 이 책에서는 입문서라는 책의 성질을 고려하여 이들을 구분하지 않고 '인지공학'이라는 용어로 통일하여 소개하고자 한다.

2) 인지공학의 정의

D. A. Norman(1986)은 초기에는 인지공학이란 '사용자 중심 디자인(user-centered design) 과학'으로 공학적인 디자인 원칙과 관련된 인간의 행동과 수행 뒤에 숨겨진 근본적인 원칙을 이해하는 것(인지과학적 이해)과 이러한 이해를 사용하기 편한 시스템들을 고안하는 데 적용하는 것(공학적 활용)을 목적으로 한다고 정의하고 있다. 이러한 정의는 인지공학을 하나의 개인과 기술 간의 상호작용의 질을 향상시키는 역할로 규정하고 있는 것이다. 그러나 이후 『우리를 영리하게 만드는 것들』(원제는 'Things That Make Us Smart'이며, 국내에는 '생각 있는 디자인'이라는 제목으로 번역되었다)에서 Hutchins 등의 영향을 받아 '분산 인지(distributed cognition)'로서의 인간-기계 시스템을 함께 고려한다. 분산 인지란 다름 아닌 지능을 주변 환경에 분산·확장시키는 것을 의미한다. 한편으로 이러한 분산 인지는 사람들 간의 사회적 상

호작용을 포함하며 이는 인터넷의 확산으로 더욱 더 가속화되어 가고 있다.

오스트레일리아의 퀸스랜드 대학의 인지공학연구그룹(CERG)은 인지공학을 인간 오퍼레이터와 시스템 사이에 최적의 적합도를 제공함으로써 인간 오퍼레이터가 인지적 과제를 보다 효율적으로 수행해 낼 수 있고 예기치 못한 돌발 상황에서도 시스템의 안전성과 생산성을 확보할 목적으로 '복잡한 사회기술적 체계(sociotechnical systems)'를 분석하고 모델화하고 설계하며 평가하는 작업'으로 정의하고 있다. 이러한 정의로부터 CERG는 D. A. Norman보다는 Rassmussen 쪽의 인지시스템공학적인 접근과 작업을 하는 것으로 볼 수 있다. 인지시스템공학(cognitive system engineering)은 인간과 작업을 연결해 주는 인터페이스의 설계에 관심을 갖고 이러한 설계 과정 상에서 사용자의 인지적 특성을 고려하겠다는 입장이다. 이때 고려되는 사용자의 인지적 특성은 첫째로는 신호 탐지, 분류와 패턴 재인 등을 포함하는 지각적 입력 과정이며, 둘째는 의사결정 과정이나 문제해결 과정과 기억과 같은 인지처리 과정이고, 셋째는 지각과 운동의 협응(coordination) 과정이다. 인지시스템공학은 기계 및 작업시스템, 일상용품, 작업 공정 및 환경에 영향을 주고 또 영향을 받는 지식과 관련된 모든 인간 활동에 대한 학문이라는 점이다.

Roth 등(2001)은 인지공학은 인간의 수행을 지원할 목적으로 만들어지는 계산시스템의 설계를 가이드 할 원칙과 방법, 도구와 기법을 개발하기 위한 학제적 접근(Norman, 1981; Woods & Roth, 1988a; 1988b)이라고 정의한다. 인지공학에서의 분석의 기본 단위는 하나의 인지시스템이며 인지시스템은 하나의 작업 영역 내의 인간과 기계 에이전트로 구성된다. 그리고 이 작업 영역 내에서는 각 에이전트의 역할과 작업, 의사소통과 관련된 규칙과 도구, 절차 등이 정해진다. 인지공학의 궁극적 목표는 배우기 쉽고 사용하기 쉽고 결과적으로 인간과 컴퓨터시스템 간의 상호작용 수행을 개선할 수 있는 시스템 개발이며 이를 위해 인지심리학, 인지과학, 컴퓨터과학, HCI, 인간공학 및 기타 관련 영역들의 원리를 활용한다는 것이 Roth(2001)의 주장이다.

한편으로 네트워크 기술과 인터넷의 확산으로 인해 CMC(Computer-Mediated Communication)가 보편화되면서 인터넷과 관련된 인지시스템들이 개인 사용자와 컴퓨팅시스템 간의 상호작용을 넘어서서 CMC를 매개로 한 사회적 상호작용을 촉진시키는 역할을 하게 되고 정보와 지식을 컴퓨팅시스템을 통해 공유하고 재생성해 내는 일이 보편적인 것이 되었다. 이러한 현상은 분산 인지에 대한 관심을 증폭시켰고, 사회적 상호작용 시스템으로서의 인지시스템에 대한 연구의 필요성을 야기했다. 결과적으로 기업이나 정부와 같은 조직 내에서 일어나는 분산 인지 추론이나 분산 의사결정과 같은 분산 인지 과정에 초점을 맞추는 '사회 · 인지시스템공학(socio-cognitive engineering)'과 같은 연구 분야도 나타나게 된다. 사회 · 인지시스템공학의 주된 관심사는 비즈니스 및 정부, 사회조직 등에 대한 사회 · 인지적 지식과 통제제어 지식, 분산 인지 추론에 근거한 동기, 선호, 위험과 이득의 판단, 개인 또는 집단의 인지적 의사결정, 인간-컴퓨터시스템 간의 인간과 컴퓨터의 역할 분담, 인간의 추론 오류, 사회 · 인지적 사용성, 전자기업에서의 인간 요소 등이다.

20세기 후반의 컴퓨팅 기술과 통신 기술의 급속한 발달이 인지공학에 기회를 열어 준 셈이다. 두 기술의 눈부신 발달은 기계로 하여금 새롭고 다양한 유형의 능력을 지니게 하였고, 이것은 결과적으로 실시간 모니터링이나 상황 평가, 계획 수립과 적응, 의사결정과 같은 인간이 해야 할 인지적 활동들을 대폭 확대시키고 증강시키게 되었다. 이제 기계들은 자료를 진보적인 방법으로 시각화하는 기술(Card, Robertson, & Mackinlay, 1991)에서부터 '인간 · 지능에이전트' 팀의 한 역할을 담당하여 인간과 협동을 하는 지능에이전트 기술(Guerlain, Smith, Obradovich, Rudmann, Strohm, & Smith, 1999, Fischer, Lemke, Mastaglio, & Morch, 1991; Roth, Malin, & Schreckenghost, 1997)에 이르기까지 그리고 여러 사람이 동시에 진행하는 협동 작업을 지원하는 그룹웨어 기술(Patterson, Watts-Perotti, & Woods, 1999; Jones, 1995), 가상현실 기술에 이르기까지 인간의 인지 활동을 확대하고 증대시키는 기술들로 무장하게 되었다. 이제 시스템을 설계하는 디자이너들이 끊임없이 부딪히는 질문은 '인간의 인지적 수행을 효율적으로 지원해 주기 위해서 이러한 새로운 기술들의 인지적 대행 능력을 어떻게 배치하고 조합해야 할 것인가?'라는 것이다. 이에 대한 대답이 바로 '인지공학'인 셈이다.

3) 인지공학의 인지모델

'cognitive ergonomics'라 불리든, 'cognitive engineering'이라 불리든, 아니면 'cognitive system engineering'이라 불리든 한 가지 분명한 사실은 인지공학은 정보 처리 과정으로서의 인간의 '인지'와 관련된 인지심리학적 원칙들을 중심으로 한다는 사실이다. 인지공학에서 대표적인 세 개의 인지모델을 통해 '인지'와 관련된 이론들이 어떻게 인간-기계 상호작용에 적용되는지를 살펴 보자.

D. A. Norman은 1983년 인지심리학의 연구와 공학적 연구를 접목시킨 하나의 연구 분야의 필요성을 제기하면서 인지공학(cognitive engineering)이라는 용어를 사용했다. 예를 들어, 가상의 기계시스템 t가 있다고 가정하면, 사용자로서는 나름대로의 기계에 대한 심리적 모델(mental model) M(t)를 생성할 것이며, 그것을 제작한 사람은 전체의 작동 구조에 대한 과학적 개념모델(conceptual model) C(t)를 지니게 된다. 즉, '디자이너 → 기계 ← 사용자'라는 시스템에는

- 목표기계(target system)　　　　　　　　　　　　　　　　t
- 디자이너의 개념모델(conceptual model)　　　　　　　　C(t)
- 사용자의 심성모델(mental model)　　　　　　　　　　　M(t)
- 사용자의 심성모델에 대한 인지공학자의 개념적 모델　C(M(t))

의 성분들이 있다고 본다. 사용자가 그 기계를 배우고 사용하기 힘든 이유는 사용자의 심리적 모델 M(t)와 디자이너의 개념모델 C(t) 사이의 간격이 크기 때문이며 가장 이상적인 사용자-기계 상호작용의 결과는 사용자의 M(t)가 디자이너의 C(t)와 동일해 지는 것이며, 사용자-기계 상호작용을 연구하는 인지공학자의 목적은 사용자의 M(t)에 가장 근접하는 일반적 C(M(t))를 구성하는 것이다. 그리고 디자이너가 해야 할 일은 인지공학자가 구성하는 일반적 C(M(t))를 기초로 하여 사용자로 하여금 제작자 자신의 C(t)에 가까운 M(t)를 구성할 수 있도록 기계 자체에 충분한 상호작용 환경을 구현해 주는 것이다. Norman의 이러한 입장은 인간-기계 상호작용을 디자이너와 사용

자가 기계를 매체로 하는 커뮤니케이션으로 보고 이 커뮤니케이션 과정에 포함되는 인지적 모델과 인지적 처리 원칙을 적용해 인간-기계 상호작용을 최적화하자는 관점이다. 그는 실제로 1988년 『일상용품의 심리학(The Psychology of Everyday Things)』이라는 저서를 통해 우리 주변에 있는 일상용품들의 디자인 속에 숨어 있는 디자인 오류들을 인지공학적 분석을 통해 하나하나 지적하고 있다. Norman의 이러한 주장은 인간-기계 상호작용뿐만 아니라 인간-컴퓨터 상호작용 분야에서도 널리 채택되어 하나의 새로운 학문 영역으로 자리매김되고 있으며, 최근에는 인지과학의 연구와 결합함으로써 더욱 폭넓은 연구 영역을 확보해 나가고 있다.

Card 등(1983)은 사용자-컴퓨터 상호작용에 대한 설명적 틀로서 머릿속에서 실제 일어나는 인지적 과정보다는 사용자-컴퓨터 상호작용을 예언하고자 인간처리모델 (Model Human Processor, MHP)을 구성했다. 그리고 이 처리모델을 기초로 사용자-컴퓨터 상호작용 과정을 GOMS(Goal, Operators, Methods, Selection rules) 모델로 기술하고 있다. 그들은 인간-기계 상호작용을 인간의 문제해결 과정으로 보고 문제해결의 알고리즘을 적용시켜 나간다. 즉, 인간-기계 상호작용을 인간이 목표로 하는 작업(goals)을 수행하기 위해 어떤 행위들(operators)을, 어떤 방법들(methods)로 엮어서 사용해야 하는가 그리고 동일한 목표 수행을 위한 여러 방법들이 있을 때 어떤 방법을 선택할 것인가(selection rules) 하는 등의 문제해결 책략들로 기술하고 있다.

Rassmussen(1986)은 인간-기계 시스템에서 인간을 시스템의 중요한 구성요소로 간주해야 함을 역설하고, 최적의 인간의 행동에 대한 모델을 구성하고자 한다. 그는 특히 구체적인 과제 수행을 인간을 통해서 본 환경의 조작 과정으로 모델링하고자 하였다. 과제 수행 과정을 환경의 조작 과정으로 보는 관점은 바로 Newell과 Simon(1972)의 'production system'으로서의 문제해결 모델에 영향을 받고 있다. 그는 '수단-목적' 관계 분석에 기초한 목적과 관련 기능들 간의 추상적 수준 모델을 정하고 특정 과제 수행과 관련된 인간 행동에 대한 과정 모델을 만들고자 하였다. 이러한 과정 모델에는 심적 과정의 기반이 되는 구조, 요컨대 내적 혹은 심적 모델 그리고 심적 과정이 다루게 되는 데이터의 종류 그리고 심적 과정의 제어에 사용되는 규칙이나 전략 등이 포함되어 있으며, 특히 인간이 범하는 '에러'에 대한 모델링을 통해 인간의 능력의 한계를 반영하고 있다. Rassmussen에게 있어서 '인지'는 인간 행동을 촉발하거나 결정하는 가장 중요한 요소이지만 모델 자체는 문제해결 행동으로서의 과제 수행에 개입하는 '인지'이다.

4) 인지공학의 학문적 특성

그렇다면 인지공학이란 어떤 특성을 지닌 학문인가? 인지공학이 인지심리학이나 인지과학 그리고 전통적인 인간공학 등과 구분되는 제반 특성들을 살펴 보면 다음과 같다.

인간의 수행을 지원하기 위한 시스템 설계를 위한 원칙, 방법론, 도구 개발을 위한 학제적 접근이다(Norman, 1981; Woods & Roth, 1988a)　인간이 기계시스템을 다루는 일의 효율성을 높이기 위해서는 인간의 문제해결, 판단, 의사결정, 주의기제, 감각과 지각, 기억 등과 같은 인간의 인지적 정보처리 과정을 고려해야만 한다. 인지공학의 가장 기본적인 분석과 설계의 기본 단위는 수행할 작업과 역할 그리고 커뮤니케이션 규칙 등으로 구분되는 한 작업 영역 안에서의 인간 에이전트와 기계 에이전트로 구성된 하나의 인지시스템이다. 인지공학은 인지심리학과 인지과학, 컴퓨터과학과 HCI, 인간공학과 기타 관련 분야들로부터 필요한 원리와 모델을 유도해낸다. 인지공학의 목적은 배우기 쉽고 사용하기 쉬운 시스템을 개발하는 것이고 궁극적으로는 인간과 기계의 상호작용을 지능화하자는 것이기 때문이다.

인지공학은 복잡도가 높은 세계에서의 인간 행동에 대한 연구이다　우리들의 일상생활 자체가 일어나는 일상의 세계를 생각해 보자. 예를 들어, 친구에게 전화를 받고 시내 특정 장소까지 나가는 경우를 생각해 보자. 일단은 현재 시간부터 약속시간까지의 여분 시간이 나의 행동 전반을 제약하는 조건이 될 것이다. 그리고 현재 위치에서부터 약속장소까지의 거리가 또 하나의 조건이 될 것이며, 이용하게 될 교통 수단이 조건이 될 수 있다. 차를 운전해서 가거나 택시를 타고 가거나 버스 또는 전철을 이용해서 이동할 수 있을 것이다. 각 교통 수단을 이용해서 약속 장소까지 도달하게 될 시간들이 또 하나의 제약 조건이 될 것이며 각 교통 수단마다의 이동시간을 결정하는 데는 도로의 교통 상황이 제약 조건이 될 것이다. 간단해 보이는 일상의 행동 하나를 수행하는 데도 이처럼 복잡한 조건들이 목표를 달성하기 위한 일련의 행동들의 계획과 수정, 변경 과정을 제약한다. 이러한 제약 조건들의 수와 그들의 조합의 경우의 수가 우리의 행동이 일어나는 환경의 복잡도를 결정한다.

위의 예에서 우리의 행동을 제약하는 조건들 속에 포함된 인공적 장치들을 고려해보자. 우선 버스나 전철, 택시와 같은 교통 수단들이 이에 해당된다. 다음으로는 도로나 지하철과 같은 인위적 환경들이다. 그리고 이 두 조건의 결합에 의해 발생하는 교통상황과 같은 유동적 상황이다. 그나마 이러한 것들은 일반적으로 예측 가능한 조건들이다. 실제 우리의 이동 과정 동안 수시로 발생하는 사소한 돌발적인 상황 변화들조차 우리의 행동을 제약하는 조건들이 된다.

인지공학은 바로 이처럼 인간 스스로 만들어 내는 복잡성이 높은 인위적 환경 내의 인간 행동에 대한 연구이다. 이러한 환경과 상호작용하는 과정에서 인간이 경험할 복잡성을 최소화함으로써 실수와 오류를 줄이고 수행을 최적화시키기 위해서 인위적 환경을 설계할 수 있도록 복잡한 환경 속에서의 인간 행동의 특성을 분석하고 모델링하고 이론화하는 것이다. 과학기술의 발달에 따라 기계나 시스템 능력의 범위가 확대되고 능력의 수준이 높아질수록 그 기계나 시스템이 지니는 복잡도는 커지게 된다. 이 모든 복잡성은 인간 사용자의 머리에만 의존해야 한다면 인간의 정보처리 능력의 한계와 육체적 한계에 부딪힐 것은 뻔한 일이다. 이러한 복잡도 높은 시스템과 인간의 상호작용을 최적화하는 방법은 이 시스템으로 하여금 인간의 몸과 손만을 대신하게 하는 것이 아니라 인간의 지능도 대신하게 하는 것이다. 즉, 시스템 자체에 인간의 정보처리 특성과 행동 특성에 대한 자료에 기초한 대응 프로그램을 내장시키는 것이다. 결국 시스템의 복잡성이 커질수록 인지공학의 필요성은 커진다.

인지공학은 실험실을 넘어 생활과 현장에 적용되는 학문이다 인지공학은 폐쇄적이고 제한된 실험실의 책상 위에서 이루어지는 작업을 넘어서서 다양하고 다차원적인 열려 있는 실제 세계에서의 인간이 인위적 환경과 상호작용하는 행동에 대한 학문이다. 사람들이 주어진 문제를 해결하기 위해 도구나 기계를 만들어 내거나 사용하는 행동,

환경을 조작하여 변화를 일으키는 행동들에 대한 연구를 통해 실제 산업 현장이나 디자이너들에게 구체적이고 활용 가능한 인지적 도구를 제공해 주는 실용적인 작업이다.

엄밀한 변인 통제를 통한 인과관계 추론에 목적을 두는 실험실 연구로는 다양하고 다차원적인 변인들이 인간의 행동을 결정하는 실제 세계에서의 인간과 기계시스템 간의 상호작용을 분석하고 모델링하는 데는 비효율적이다. 따라서 실용적 관점에서 환경과 인지적 에이전트(인간) 간의 관계에 대한 의미론적이고 화용론적인 분석이 필요하다. 즉, 인지적 에이전트의 목표와 가용자원 그리고 환경 속에 제약 조건들과 요구 조건들을 동시에 고려함으로써 당면한 실제의 제약 조건하에서 문제해결을 위해 사람들이 실제로 수행하는 행동을 치밀하게 관찰하고 분석하는 것이 필요하다. 인간의 수행을 지원하는 기계시스템을 인지공학적 원칙에 의거하여 설계하려면 해결해야 할 문제 상황의 제약 조건들을 먼저 규명하는 작업이 선행되어야 하는 것이다 (Rassmussen, 1986; Woods & Hollnagel, 1987).

인지공학은 적용되는 문제 영역에 대한 정확한 의미론적 분석을 포함해야 한다 예를 들어, 전자상거래 사이트와 정보제공 사이트 홈페이지의 사용성(usability), 즉 얼마나 사용하기에 편리한지를 분석하는 작업을 한다고 해 보자. 어떤 인지공학자가 사용성에 대한 동일한 인지공학적 원칙만을 적용하여 사용성을 분석한다면 그 분석은 타당성이 결여된 분석이 되고 만다. 이는 William James가 지적한 오류, 즉 심리학자가 지니는 심리학적 현실성을 마치 실제 어떤 문제에 부딪힌 당사자의 심리적 현실인 것처럼 착각하는 오류와 유사하다. 이러한 오류를 피하기 위해서는 인지공학자는 당면한 문제 분야 종사자들이 지금까지 해 온 방식이 나름대로 합리적일 수 있다는 가정과 이러한 방식이 해당 문제 환경이 요구하는 제약 조건들을 어떻게 충족시켜 왔는지를 이해하는 것부터 작업을 시작해야 한다. 예를 들어, 발전소의 통제실에 자동화된 경보 시스템을 처음 도입했을 때 은연중에 통제실의 오퍼레이터들이 기존에 문제 상황에 대처하던 전략들을 와해시키게 되어 결국에는 새로 설치했던 자동 경보시스템을 제거하고 다시 옛날 시스템을 설치해야 하는 사례가 있었다. 이 경우 의미 있는 질문은 '왜 사람들이 유용한 기술을 사용하지 못했을까?'가 아니라 '구식 시스템이 어떻게 사람들의 작업을 지원해 왔고, 새로운 시스템은 왜 실패했을까? 이다. 문제는 지금까지 사용한 시스템이 최적이거나 최적의 수행을 산출했음을 의미하는 것이 아니라 현행 시스템이 현행 인지 환경 내에서 어떻게 기능했는지를 이해하는 것이야말로 진정 새로운 효율적 시스템을 개발하는 출발점이 된다는 것이다.

해당 영역의 종사자들의 전문적 지식이 전부이고 인지공학은 단순히 새로운 방법을 찾아내는 테크닉 정도로 생각하는 것도 근시안적인 사고이다. 인지공학자는 자신의 인지공학적 관점과 방법론으로 철저히 무장하되, 해결해야 될 문제 영역의 종사자들의 문제해결 방식에 대한 철저한 이해와 분석 그리고 그 영역에 대한 충분한 지식을 확보해야만 효율적이고 타당한 연구와 개발을 수행할 수 있다. 결국 인지공학은 단순히 문제 현상에 대한 이론을 전개하는 것이 아니라 문제 현상을 변화시켜 인간의 수행을 향상시키거나 최적화시키고 실수와 오류를 최소화시키는 것을 목적으로 하기 때문이다.

인지공학은 인지시스템에 대한 연구이다 인지시스템은 무엇을 의미하는 것일까? 초기의 HCI, 즉 인간-컴퓨터 상호작용(Human-Computer Interaction)을 연구하는 분야에서는 인터페이스와 인터페이스의 문법 안에서 작동하는 과제 그리고 그 인터페이스를 사용하는 사용자들이 인지시스템을 구성한다. 배우기 쉬운 인터페이스 디자인(Brown & Newman, 1985; Kieras & Polson, 1985), 사용하기 편리한 디자인(Norman, 1983; Shneiderman, 1984; 1986) 등이 주된 관심사였다. 초기의 HCI는 'Human-Computer Interface'의 약자였다. 즉, 인지시스템으로서의 인터페이스의 설계가 주목적이었던 것이다. 이후 HCI의 'I'가 'interface'가 아닌 'interaction'으로 바뀌면서 인지시스템은 외형적인 인터페이스뿐만 아니라 인터페이스를 매개로 하는 인간과 컴퓨터, 컴퓨터를 매개로 하는 인간과 인간의 커뮤니케이션까지를 포함하는 인지적 환경 자체가 된다.

한편으로 Rassmussen이나 Roth와 같은 연구자들은(Norman도 1986년 이후 부분적으로는 이들과 같은 관점을 취한다). 일반적인 시스템, 예를 들어 다양한 전기 장치들, 물류시스템, 데이터 커뮤니케이션 네트워크, 전력배급망, 의학적 진단시스템, 항공기나 헬리콥터의 조종실, 교통통제시스템, 군사 전략전술 지휘시스템을 망라하는 시스템들이 모두 인지공학의 연구 대상이 될 수 있음을 보여 주었다. 이 경우, 인터페이스는 적용 영역의 인지적 작업과 인간을 연결시키는 인지적 매개체 역할을 하게 된다.

인지시스템은 그 성격과 문제 영역에 따라 복잡성이 달라진다. 일회용 카메라의 경우 그 복잡도는 아주 낮다. 복사기 역시 마찬가지이다. 그러나 아래한글이나 엑셀과 같은 프로그램의 복잡도는 상대적으로 높은 편이다. 인터넷 서버의 운영시스템은 더욱 복잡할 것이고, 물류시스템이나 군사 전략전술 지휘시스템은 더욱 더 복잡할 것이다. 이처럼 복잡도가 높은 인지시스템 내에서의 작업은 수많은 의사결정과 문제의 형식화와 상황 평가, 목표 정의 계획 수립과 모니터링 등의 과정이 복잡하게 얽힌 감독/평가 환경들을 포함하게 될 것이다. 이 경우 인터페이스와 인지시스템 내에서의 작업 영역을 명확히 분리하여 접근하는 것이 필요하다.

한편 둘 이상의 사용자들이 동시에 참여하여 문제를 해결해야 하는 시스템의 경우 인터페이스와 작업 영역의 분리는 물론 사용자들 간 협력과 협동을 포함하는 커뮤니케이션 영역을 분리해서 고려해야 한다. 물류시스템이나 군사 전략전술 지휘시스템이 그 예에 해당할 것이며, 카드결제를 포함하는 전자상거래시스템, 인터넷 경매시스템, 온라인 네트워크 게임이나 MUD 게임시스템 등도 해당한다.

5) 인지공학이 고려해야 하는 요인 : 인지시스템 삼원 모델

인지공학의 가장 기본적인 분석과 설계의 기본 단위는 수행할 작업과 역할 그리고 커뮤니케이션 규칙 등으로 구분되는 한 작업 영역 안에서의 인간 에이전트와 기계 에이전트로 구성된 하나의 인지시스템이다. 예를 들어, 소프트웨어 디자인을 하는 경우, 소프트웨어는 사용자가 수행하고자 하는 과제나 사용자의 과제 수행을 위해 소프트웨어를 이용하는 방식과 분리되어 평가될 수 없다. Wood와 Roth(1988a)는 그림 1-3에 표현된 것같이 세 가지 상호 연관된 요소들이 과제 수행의 질을 결정한다는 것을 강조하기 위해 '인지시스템 삼원 모델(Cognitive System Triad)'이라는 용어를 만들어 냈다. 인지시스템은 첫째 외부 세계 또는 관심 영역에서 부딪히게 되는 다양하고 다

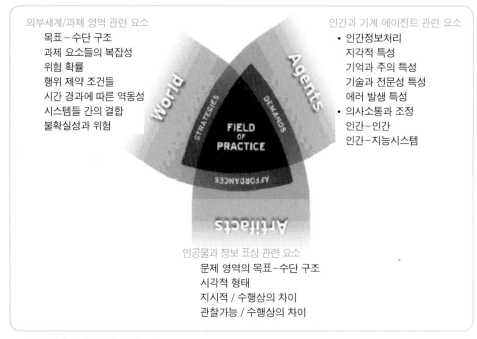

외부세계/과제 영역 관련 요소
목표 – 수단 구조
과제 요소들의 복잡성
위험 확률
행위 제약 조건들
시간 경과에 따른 역동성
시스템들 간의 결합
불확실성과 위험

인간과 기계 에이전트 관련 요소
• 인간정보처리
　지각적 특성
　기억과 주의 특성
　기술과 전문성 특성
　에러 발생 특성
• 의사소통과 조정
　인간–인간
　인간–지능시스템

인공물과 정보 표상 관련 요소
문제 영역의 목표–수단 구조
시각적 형태
지시적 / 수행상의 차이
관찰가능 / 수행상의 차이

그림 1-3 ▐ 인지시스템 삼원 모델

차원적인 제약 조건과 요구 조건과 같은 도전이다. 둘째는 실제 세계에 대해 어떤 행위를 가하는 인간과 기계 에이전트들의 오류와 전문성을 결정하는 요소들이고, 셋째는 에이전트들이 세계에 대해서 경험하고 학습하는 외적 표상 또는 인공물들이다. 과제 및 문제 영역의 특성은 유능한 수행에 필요한 인지적 요구들과 함수 관계를 지닌다. 인지적 복잡성을 증가시키는 특성이나 요소들이 항상 문제의 핵심이다.

(1) 외부세계/과제 영역 관련 요소

첫째 요소들, 즉 외부세계나 과제/문제 영역과 관련된 요소들은 통제되고 조작되어야 할 과제 요소들과 수행 행위 결정시 고려되는 상호작용들과 제약 조건들(상호 독립적인 성분들의 수가 작은 경우가 상호 연관된 성분들의 수가 많은 경우에 비해서 아무래도 제어하기 쉬울 것이다), 가능하면 피해야 할 우연한 위험들과 문제 영역의 시간 차원의 변화 특성 또는 역동적 요소들(변화가 빠르든 또는 늦든)의 수와 복잡성 그리고 시스템들 간의 결합과 불확실성과 위험요소들의 수와 복잡성을 포함한다(Woods, 1988). 이러한 요소들은 에이전트들이 문제 영역의 과제들을 수행하는 동안 직면할 수도 있는 인지적 요구들과 인지적 상황의 범위들을 결정한다. 이는 인지시스템을 설계하고 평가하려면 반드시 영역 과제들의 구조를 이해하고 있어야만 함을 의미한다. 사용자들이 수행할 과제들의 범위와 발생할 수 있는 복잡성의 정도와 유형 등에 대한 이해가 이에 해당된다. 예를 들어, 문서 편집기의 기능성을 설계하거나 평가하고자 한다면 문서 편집기를 사용하여 수행되는 과제들, 즉 옮겨 적기, 자료 입력, 작문 등과 같은 과제들을 이해해야만 한다. 사용자의 과제 수행을 지원하기 위해 제공되어야 할 계산적 특성이 무엇인지를 이해하기 위해서는 수행될 과제들의 범위와 복잡성에 대한 이해가 선행되어야 하는 것이다. 아울러 문제 영역의 시간적 구조도 함께 고려되어야 한다. 변화 주도적인(event-driven) 영역들에서는 작업 부담을 줄일 목적으로 설계된 많은 시스템들이 사소한 작업 부담을 줄이는 대신 정작 예기치 못한 일들을 만들어 낼 과제들을 추가했기 때문에 실패하고 있다.

인지공학은 문제 영역의 과제들을 사용자들의 목적과 그들이 이 목적을 달성하기 위해 이용 가능한 방법들의 용어로 이해해야 함을 강조한다. 이러한 과제에 대한 인지공학의 기능 중심적인 접근은 과제의 기능적 분석을 중시하며 다양한 과제 분석(task analysis) 방법과 도구들이 개발되고 사용되고 있다.

(2) 인간과 기계 에이전트 관련 요소 : 사용자의 정보처리 특성

둘째 요소, 즉 에이전트들, 특히 인간 에이전트들의 정보처리 특성들 역시 수행의 질을 결정하는 중요한 요소이다. 인지공학의 기본적인 목적은 인간의 정보처리에 대한 지식을 지능적인 인지시스템 설계에 적용할 원칙들과 기술들로 변환하는 것이다. 보다 구체적인 예를 들면 인간의 감각 지각적 특성들을 이용하여 그래픽 디스플레이 설계 원칙들을 개발하거나(Cleveland, 1985; Sanderson, Haskell, & Flach, 1992; Woods, 1984), 시스템 설계 시 고려되어야 할 인간의 기억과 주의 처리 과정상의 제약들을 분명하게 해 주는 인간 정보 처리 모델을 개발하고(Card, Moran, & Newell, 1983; Kieras & Polson, 1985), 인간이 범하는 에러 분석을 기초로 에러에 관용적인 시스템들을 설계하기 위한 원칙들을 개발하는 경우들(Brown & Newman, 1985; Norman, 1983)이 좋은 예이다.

많은 경우, 인간과 기계는 함께 하나의 인지시스템으로 작동된다. 이 시스템에 있어서 중요한 것은 인간과 기계 에이전트가 문제 영역의 과제들을 수행함에 있어 하나의 통합된 인지시스템으로 작동해야 한다는 것이다. 인간의 역할을 고려하지 않고 기계의 수행만을 고려한 설계는 인간 사용자의 수행을 저하시키고 결과적으로 전체적인 시스템의 수행을 저하시키는 결과를 가져오게 되는 것이다. Norman(1990)이 예로 들고 있는 자동항법장치가 인간의 역할을 고려하지 못한 시스템이 일으킬 수 있는 문제를 잘 보여 준다. 비행 중인 중국항공의 747기 하나에 외부 우측 엔진에서 점진적으로 동력이 상실되는 문제가 발생했다. 자동항법장치가 없었다면 이러한 기능 장애는 기체를 좌측으로 기울게 만들었을 것이고 조종사는 이를 알아차릴 수 있었을 것이다. 그러나 엔진의 불균형을 탐지한 자동항법장치는 조종사에게 경보를 울리지도 않고 자체의 프로그램에 의해 이 불균형을 원상 복귀하려는 시도를 하였고, 그 결과 우측 엔진의 동력 상실이라는 문제는 그대로 남겨둔 채 나름대로의 균형 비행을 할 수 있었지만 조종사는 여전히 문제 상황을 탐지하지 못하고 있었다. 얼마 후 자동항법장치는 한계에 부딪혔고 균형 비행이 깨짐과 동시에 비행기는 갑자기 요동을 치다가 직각으로 하강하기 시작했다. 조종사는 그때서야 상황을 알아차렸지만 이미 문제의 원인을 파악하고 어떤 조치를 취하기에는 너무 늦은 시간이 되어 버린 것이다. 사용자인 조종사의 정보처리 능력과 상황 대처 역할을 고려하지 않고 설계된 자동항법장치가 초래한 악몽이다.

(3) 인공물과 외적 표상 관련 요소

마지막 요소인 문제 영역에 대한 외적 표상 또는 인공물들 역시 정보나 정보의 조작들을 보다 쉽게 만들어 줌으로써 과제 수행에 영향을 준다. 문제의 표상 방식이 그 문제의 해결에 요구되는 인지적 작업 자체에 영향을 준다는 것은 이미 '표상 효과(representation effect)'라 하여 잘 알려진 과학적 사실이다(Zhang & Norman, 1994; Norman, 1993). 예를 들어, 디지털 시계는 현재의 시각을 보다 정밀하게 파악하기에

는 쉽다. 반면 아날로그 시계는 시간의 경과나 지속 정도에 대한 감을 제공하는 데는
디지털 시계보다 더 낫다. 결과적으로 아이들에게 시간의 개념을 가르치는 데는 아날
로그 시계가 더 유용할 것이다.

면도기 같은 단순한 도구에서부터 컴퓨터를 포함하는 다소 복잡한 시스템에 이르
기까지 그것들의 조작 장치, 즉 인터페이스는 바로 그것들이 사용되는 문제 영역에
대한 '창(window)'을 제공한다. 인터페이스가 잘 설계된 경우 사용 영역에 대한 이
해가 쉬워지고 사용자는 쉽게 사용 영역에 대한 정보를 추출할 수 있게 되며 효과적
으로 목표 과제를 수행할 수 있다. 겉으로 드러나 보이는 인터페이스, 이것이 바로 장
치나 기계, 시스템의 기능에 대한 외적 표상체계인 것이다.

그림 1-4는 외적 표상이 잘못되는 경우 어떤 일이 생기는가를 잘 보여 준다. 왼쪽
그림은 갈림길에서의 도로표지판이다. 이 표지판이 전달하고자 하는 메시지는 무엇일
까? '왼쪽 길로는 가지 마시오. 오른쪽 길로 가시오.'일 것이다. 그러나 이런 해석도
가능하다. 즉, '왼쪽 길로는 못 갑니다.' 이러한 문제를 해결하기 위해서는 하나의 평
면이 아닌 2개의 평면을 각각의 방향으로 향하게 한 후 금지와 허용의 상징을 썼어야
옳다. 오른쪽 그림은 어떤 이상한 리모컨이다. 오른쪽 하단의 2개의 삼각형은 채널
'up-down'으로 해석된다. 그러나 그 위의 삼각형 둘은 무엇일까? 일단 정삼각형과
뒤집어진 삼각형의 형태는 up-down의 방향성을 상징하는 것으로 해석할 수 있다. 그
리고 down 삼각형 속의 'V' 역시 down의 방향성을 상징하는 것으로 보인다. 그런데

그림 1-4 ▌ 잘못된 표상의 예

위의 up 삼각형 속의 'V'는 무엇을 의미하는 것일까? 그것은 형태 V가 아니라 'Volume'의 이니셜인 대문자 'V'였던 것이다. 이 리모콘의 디자이너는 어떤 구성 요소가 형태 상징 요소인지 문자인지조차도 구분할 수 없는 인터페이스를 디자인한 것이다.

효율적인 표상체계를 만들어 내려면 디자이너는 사용자에게 전달될 사용 영역의 속성들이 무엇인지 결정해야 하고 이들 속성들과 연결된 자료들을 선택해야 하며 이 자료들을 사용자들이 한눈에 필요한 정보를 알아볼 수 있도록 시각적 형태의 속성들로 변환시켜야만 한다. Norman(1986, 1988, 1993)은 사용자의 과제 목표에 대한 이해와 인터페이스가 취하고 있는 표상체계 사이의 차이가 일으키는 사용의 불편함, 수행의 저하를 보여 주는 수많은 사례들을 보여 주고 있다. Norman은 이를 '수행상의 차이(Gulf of Execution)'와 '평가상의 차이(Gulf of Evaluation)'라는 개념으로 표현하고 있다. 그림 1-5는 사용자들이 어떤 목적을 지니고 인터페이스를 조작하고 그 결과를 해석하고 평가하는 일곱 단계의 행위 수행 과정에 대한 Norman의 모델이다. 인터페이스의 표상체계가 사용자의 심성모델과 일치하지 않은 경우 잘못된 조작을 할 수밖에 없고 조작의 결과에 대한 잘못된 피드백 표상체계는 결과의 해석과 평가 과정을 왜곡하거나 어렵게 만들 수밖에 없다.

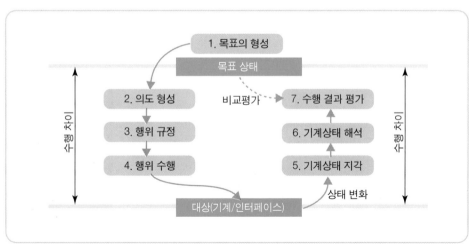

그림 1-5 ┃ Norman의 사용 행위 수행 과정 모델

디자이너가 할 일은 사용자의 심성모델과 일치하는 인터페이스 표상체계를 설계하여 이 두 가지 차이를 최소화함으로써 총체적 인지시스템의 수행을 증진시키는 일이고 인지공학의 역할은 적절한 문제 영역의 과제들을 분석하고, 이 과제들을 수행하는 데 필요한 사용자의 정보처리 특성들을 분석하여 최적의 표상시스템을 설계할 원칙과 방법론을 연구 개발하여 제공하는 일인 셈이다.

(4) 세 요소 간의 상호작용

설계되는 인지시스템이 사용자의 과제 수행을 효율적으로 지원하는 훌륭한 작업 동료가 되도록 설계하기 위해서는 위의 세 가지 요인들 간의 상호작용들을 적절히 활용하여야 한다.

첫째로 에이전트들이 문제 영역에서 다양한 도전들과 부딪히게 될 때 사용하게 되는 전략들(strategies)을 철저히 분석한다. 이러한 분석을 통해 에이전트들이 사용하고 있는 기존 전략을 효과적으로 지원할 방법을 찾아내거나 기존 전략들이 지니고 있는 취약성을 보완하는 방법을 찾아낼 수 있다. 예를 들어, 사용자들이 스프레드시트를 프린트로 출력하고 새로운 입력값으로 변화된 영역을 강조하여 표시하고 싶다면 셀 안의 자료가 변화될 때 영향을 받게 될 영역들을 전기적으로 강조하여 표시할 특질들을 설계할 수 있을 것이다.

둘째로 문제 영역의 다양한 도전들, 즉 제약 조건이나 요구 조건들이 인공적 장치로 표현되는 방식은 이러한 도전들에 대한 대응 능력을 결정한다. 다시 말하면 인공적 표현장치는 어떤 의미적 암시나 힌트를 제시하기 힘든 문제들이나 지각적인 행동유도성(affordances)을 제공하기 힘든 문제들을 해결하는 좋은 방법이 된다는 것이다. 예를 들어, 곱하기를 하려고 한다면 로마 숫자(Ⅰ, Ⅱ, Ⅲ, Ⅳ, Ⅴ…)보다는 아라비아 숫자(1, 2, 3, 4, 5…)가 더 쉬운 표시체계일 것이다.

셋째는 에이전트들이 기존 또는 새로운 인공물들을 사용하는 방식을 관찰하고 분석함으로써 이후 충족시켜야 할 문제 영역들에서 발생하는 인지적 요구들(demands)을 더 잘 이해할 수 있게 된다. 예를 들어, 항공 관제사가 항공기들의 비행계획표들을 출력하여 이후 조정해야 할 비행기의 비행계획표들을 따로 표시해 둔다면, 이를 통해 우리는 미래에 수행되어야 할 많은 행위들을 기억해야 할 요구가 있음을 알게 된다.

인지공학적 작업은 궁극적으로 인지시스템의 삼원 요인들은 물론 사용 현장에서 언제라도 발생할 수 있는 그들 간의 상호작용까지를 모두 고려하면서 이루어져야 한다. 어느 하나라도 무시되는 경우 인간과 시스템 간의 상호작용은 에러를 일으킬 수 있다.

4. 사용자 인터페이스의 발달과 인지공학의 현재와 미래

1) 사용자 인터페이스 환경의 변천

앞에서 살펴보았듯이 인지공학은 사용자와 인위적 환경과의 상호작용 과정을 최적화하거나 지능화하는 것을 가장 중요한 목적으로 한다. 이제 사용자가 인위적 환경과 상호작용하기 위해 발달시킨 사용자 인터페이스(User Interface, UI)의 발달 과정을 통해 인지공학의 현재와 미래를 살펴보기로 하자.

(1) 단일유저를 위한 데스크탑 PC 환경에서 멀티유저를 위한 네트워크 환경으로

1984년 애플 매킨토시에서 단일 사용자를 위한 8비트 개인용 컴퓨터를 출시한 이후 PC에 대한 'desktop metaphor'는 오늘날까지 우리의 책상 위의 PC로 이어져 왔으니 책상 위에 고정된 PC를 통한 컴퓨터와의 상호작용 역사는 20여 년에 불과하다고 보아야 할 것이다. 1984년 출시된 애플 컴퓨터는 8비트에 플로피디스크를 저장장치로 사용했고, 물론 네트워크 장치도 없었다. 그러나 불과 10년 후 IBM PC와 마이크로소프트사의 윈도우체제가 열렸고 모뎀을 통한 컴퓨터와 컴퓨터 간의 통신 네트워크가 이루어지고 '월드와이드웹'으로 대표되는 인터넷이 열리게 된다. 이미 대부분의 사무 직종과 대학에서는 펜과 타자기 대신 워드프로세서를 사용하기 시작했고, 회계 정리를 위해 장부 정리나 계산기를 두드리는 대신 스프레드시트를 사용하기 시작했으며,

편지 대신 이메일을 사용하여 의사소통 하기 시작했다.

(2) 다시 모바일 환경과 유비쿼터스 컴퓨팅 환경까지

모바일 환경 속의 K씨　그리고 또 다시 10년이 흐른 지금은 어떤가? 디자이너 K씨의 일상을 통해 오늘날 우리들의 컴퓨터와의 상호작용을 생각해보자. 디자이너 K씨는 사무실에서 개인용 PC는 물론 그래픽 작업용 매킨토시를 사용하고 캐드(CAD) 작업을 하기 위해서 별도의 워크스테이션을 지니고 있다. 그의 집에도 PC와 매킨토시가 있고 프레젠테이션이나 출장 작업을 위해 별도의 노트북을 지니고 있다. 이동 중의 일정관리나 이메일 점검을 위해 PDA를 지니고 다니며 당연히 핸드폰을 지니고 다닌다. 차량에는 위성항법장치가 내장된 네비게이터가 달려 있다.

K씨의 대혼란　이제 이 사람이 사용하는 컴퓨팅 장치는 몇 가지가 되는지 살펴보자. PC 2대, 매킨토시 2대, 워크스테이션 1대, 노트북 1대, PDA 1개, 핸드폰 1개, 총 7개의 컴퓨팅과 커뮤니케이션 장치를 사용하고 있다. 그는 최소한 3가지의 대형 OS를 이해하고 있어야 하며, 2~3가지 기기의 사용방법을 알고 있어야 한다. 이제 이 장치들과 연결된 부속 장치들을 보자. 프린터, 스캐너, 오디오스피커, 디지털카메라 등이 있을 것이고, 그는 이 장치들의 설치와 연결, 사용방법을 이해해야 한다. 지금까지는 하드웨어만을 생각했다. 그러나 하드웨어만으로는 아무런 도움이 되지 않는다. 이제는 소프트웨어를 생각해보자. 그는 최소한 2개 이상의 워드프로세스 프로그램을 사용할 수 있어야 하고 프레젠테이션을 위해 파워포인트 정도는 능란하게 다룰 수 있어야 한다. 본업인 디자인을 위해 그래픽 소프트웨어 3~4가지는 자유자재로 사용할 수 있어야 하며, 플래시를 이용한 최소한의 애니메이션 작업도 할 수 있어야 한다. 이따금 사용하는 CAD 프로그램도 사용할 수 있어야 한다. 정보 탐색을 위해서 인터넷 검색 프로그램을 사용할 수 있어야 하고, 다른 사람들과 교신을 위해 이메일을 이용할 수 있어야 한다. 그는 PC 화면에 항상 2~3가지의 메신저를 올려놓고 사용한다. 때때로 비용 계산을 하기 위해 그는 스프레드시트 프로그램을 사용하며, 일정 관리를 위해 아웃룩익스프레스를 사용한다. PDA에 내장된 기본적인 개인정보 관리 프로그램은 물론 몇몇 기본 프로그램 사용방식을 알고 있어야 하며, 컴퓨터와 PDA 간의 정보 통신 방

법을 알고 있어야 하며, 핸드폰을 이용해 문자메시지를 전송하는 방법을 알아야 하고 모바일 인터넷 서비스를 이용할 수 있는 방법을 알아야 한다.

K씨의 딜레마 이처럼 K씨는 수많은 소프트웨어에 대한 지식을 지니고 있어야 한다. 그러면 이로써 끝난 것인가? 아니다. 인터넷 정보 탐색을 위해 그는 최소한 10여 곳의 사이트에 등록을 했고, 3~4개의 인터넷상의 취미 및 친목 동호회에 가입해 있으며, 전자상거래를 위해 5~6곳의 전자 쇼핑몰에 가입해 있고, 그가 기억도 하지 못하는 수십 개의 사이트에 가입되어 있다. 그리고 그 곳마다 아이디와 패스워드를 지니고 있다. 모두 동일한 아이디와 패스워드를 지니는 것은 위험하기 때문에 몇 쌍의 아이디와 패스워드를 번갈아 사용하고 있다. 하지만 그는 수시로 잊어버리고 그로 인해 고생을 하는 경우도 빈번하다. K씨의 생활은 온통 컴퓨팅 장치들로 둘러싸여 있으며 그는 이러한 컴퓨팅 장치와 상호작용을 하는 매 순간마다 엄청난 정보들을 머릿속 기억으로부터 적절히 *끄*집어내야만 제대로 살아남을 수 있다.

K씨의 해결책 이러한 엄청난 정보 관리를 위한 디자이너 K씨의 방법은 무엇일까? 처음에는 정보 관리를 위한 비밀 파일을 만들어 두는 것이었다. 그는 워드프로세서를 이용하여 비밀 파일을 만들어 두었다. 그러나 이 파일을 어디에 두어야 할지가 문제였다. 다른 사람이 열어 볼 가능성을 배제할 수 없기 때문이다. 이곳 저곳에서 컴퓨터에 접근해서 그때그때 열어 볼 수 있어야 했으므로 이번에는 이 파일을 PDA에다 저장해 두었다. 그러나 PDA를 부팅시키고 파일을 여는 과정이 복잡한 데다 실수로 파일을 날려 버릴 수도 있었다. 결국 K씨는 지갑에 들어갈 정도로 작은 수첩을 사용하기로 했다. 그는 PDA와 핸드폰을 들고 다니면서부터 사용하지 않았던 펜과 수첩을 다시 사용하기로 한 것이다. 디지털과 인터넷 그리고 모바일 시대에 그는 컴퓨터 이전 시대의 기억 보조 도구를 사용하기로 한 것이다!

(3) 인지적 대혼란 속에서 살아남기

Moor의 법칙과 대혼란 컴퓨터 관련 기술의 발달이 가져오는 정보 기기의 정보처리 능력은 Moor의 법칙(Moor's Law)을 빌리면 1.5년에 2배씩 증가한다는 것이다. 이런

식으로 계산하면 10년에 대략 100배 이상으로 증가를 하는 셈이고 1984년 애플사의
매킨토시 컴퓨터를 이용한 정보처리 능력에 비하면 20년이 지난 지금의 정보처리 능
력은 그때의 약 213배, 대략 8,000배가 된다는 것이다. 앞으로 10년이 지난 2014년에
는 지금의 100배 그리고 1984년의 백만 배가 되는 셈이다. 이러한 Moor의 법칙이 언
제까지 그 예측력을 지니게 될지는 알 수 없는 일이지만 정보 기기의 메모리 기술과
CPU의 정보처리 속도는 기하급수적으로 증가하고 있는 것만은 사실이다.

   브링엄영 대학의 Olsen(1988)은 이러한 정보처리 속도의 지수적 폭발과 같은 발전
이 단순히 컴퓨터의 연산능력뿐만 아니라 인간의 다양한 지능을 대신하는 장치들과
소프트웨어, 네트워크 기술들로 발전하면서 사용자들의 정신적 노동을 줄여 주는 방
향으로 전개되고 있지만 결과적으로는 사용자들이 그 기술들이 만들어 내는 새로운
지식과 기술을 배워야 하는 역설에 빠져 있음을 지적하면서 이러한 현상을 '대혼동
속에서의 상호작용(Interacting in Chaos)'이라고 표현하고 있다. 디자이너 K씨가 경
험하는 대혼란이 바로 그것이다. 이러한 대혼란의 이유는 무엇일까?

아날로그 욕망과 디지털 도구들   K씨는 정말 컴퓨터를 사용하고 싶어 하는 것일까?
여러분들은 컴퓨터 자체를 사용하고 싶어서 사용하는 것인가? 그렇지 않다. 우리는
편지를 쓰거나 문서를 작성하거나 다른 사람들과 이야기를 하고 싶을 뿐이다. 때로
친구들 또는 동료나 고객의 연락처를 잊지 않고 기억하기 위해 메모를 해 두고 싶을
뿐이다. 우리가 원하는 것은 모두 디지털이 아닌 아날로그적인 것이다. 하지만 우리의
책상 위에는 PC가 놓여 있고, 동료나 고객들의 책상 위에도 PC가 놓여 있다. 그리고
이 컴퓨터들은 인터넷을 통해 연결되어 있다. 이러한 컴퓨터 환경은 우리들이 주고
받을 메시지나 의사소통이 어떠한 형태여야 하는지를 결정 짓는다. 우리는 어쩔 수
없이 디지털 커뮤니케이션을 해야 하며 디지털 메시지들을 만들어야만 한다. 그러나
인간은 기계적인 존재도 아니며 결코 디지털 존재(digital beings)도 아니다.

   인간은 지금까지 아날로그 환경 속에서 살아왔으며 아날로그적 사고를 하고 아날
로그적 활동을 하며 살아왔다. 어느 날 컴퓨터라는 계산기가 만들어지더니 이것이 수
치 계산만 하는 도구가 아니라 문서작성과 스프레드시트 작성, 그래픽 도구, 개인 통

신 수단은 물론 온갖 종류의 작업 도구로 자리 잡으면서부터 사람들은 '디지털화되기 (being digital)'를 강요받게 되고, Negroponte 같은 사람은 '디지털화되기' 야 말로 정보 통신 시대의 필수불가결의 미덕임을 주장하고 다니게 된다. 그러나 인간은 현생 인류의 출현 이래 수만 년을 아날로그 환경에서 살아온 아날로그적 존재(analog beings)이며 아날로그적 욕망을 지니고 살아가고 있다. 컴퓨터가 일반 대중들의 책상 위에 올라 앉아 하나의 환경이 되기 시작한 것은 불과 20여 년 전에 불과하다는 점을 고려할 때, 아날로그적 인간을 디지털 도구들에 맞추도록 강요하고 있는 현재의 디지털 테크놀로지의 무례와 무리는 지나칠 정도이다. 디자이너 K씨가 경험하는 대혼란은 바로 이 때문이며 사용성의 문제 또한 이로부터 출발한다. 그래도 윈도우 체제의 GUI는 이러한 혼란을 줄여 주지 않는가? 과연 그럴까?

2) 보여 주는 UI, 숨겨진 UI

(1) 보이는 컴퓨터와 GUI

D. A. Norman(1998)은 『보이지 않는 컴퓨팅(Invisible Computing)』에서 PC 이후의 지금까지의 인터페이스 변화를 제1세대, 테크놀로지 주도 세대와 제2세대, 사용자 요구 중심 세대로 구분하고 있다. 제1세대의 사용자는 소수의 전문가들이거나 특정한 사용 목적을 지니고 있는 사람들이다. 이 시기의 사용자는 관련 기술이 그들이 원하는 기능을 얼마나 충실히 수행할 수 있는가 하는 것이 주 관심사일 뿐이다. 제2세대에는 메모리 집적 기술과 중앙연산장치(CPU)의 처리 속도의 증대 그리고 대중화를 통한 원가 절감으로 인해 목표 고객 층이 일반 대중들로 바뀌면서부터 사용자 입장에서 '사용편리성(ease of use)'이 중요한 개념이 되고 테크놀로지 마케팅 포인트가 된다. 이와 함께 등장한 것이 경험적 메타포를 사용하고 아이콘으로 무장한 그래픽 유저 인터페이스(Graphic User Interface, GUI)이다.

그렇다면 GUI의 출현으로 그만큼 사용하기 쉬워졌는가? 결론부터 이야기하면 GUI는 인간과 컴퓨터의 상호작용을 책상 위에 고정된 모니터 디스플레이 평면 내로 제한함으로써 이제 그 사용성의 한계를 드러내고 있다. GUI의 철학은 인간-컴퓨터 상호작용을 가능하면 시각화하자는 것이었고 응용 프로그램이 그리 많지 않았던 그리고 각각의 응용 프로그램들의 조작 툴들이 많지 않던 시절에는 매우 효과적이었다. 하지만 응용 프로그램들의 수가 많아지고 응용 프로그램들의 조작 툴이 많은 것은 100여 개 이상이 되어 버린 시점에서는 GUI의 시각화의 효과는 그만큼 감소할 수밖에 없는 것이다. 현재의 윈도우 체제는 방바닥에 널려진 다른 방으로 연결된 그림카드 찾기이며, 연결된 다른 방 역시 모든 대상들이 방바닥에만 널려 있는 꼴이다. 여전히 새로운 혼동을 제공하기는 마찬가지인 셈이다.

(2) 디지털화되기 또는 디지털 존재

MIT 미디어랩의 연구소장이었던 N. Negroponte는 1995년 1월 『Being Digital』이라는 책을 펴냈고, 세계는 이 책에 열광을 보였다. 이 책의 제목을 그대로 번역하면 '디지털화되기'가 된다. 즉, 현재의 세계가 바야흐로 아날로그에서 디지털 세계로 이동하고 있음을 의미하기도 하며, 과학, 기술, 경제, 사회 전반이 디지털 시스템으로 변화할 수 있음을 의미하기도 하는 한편 인간도 디지털 기술을 더 많이 사용하게 될 것이라는 것을 함축하는 제목이다. 그러나 앞 단어와 뒷 단어를 바꾸어 보자. 그리고 's'자 하나만 추가해 보자. 'Digital Beings(디지털 존재)'. 즉, '디지털 존재로서의 인간(human beings as digital beings)'이라는 의미를 지닌다. Negroponte는 인간에 대한 새로운 존재론적 정의를 내리고 싶은 야망을 그 제목 이면에 감추고 있는 셈이다.

그는 이 책에서 디지털 테크놀로지에 대한 상식적 수준에서의 소개와 더불어 당시의 디지털 테크놀로지의 사회/경제/문화적 위상을 그려 내었으며, 디지털 미래를 낙관적으로 예측하고 있다. 그의 책을 읽다 보면, '디지털'이라는 것이 마치 지금까지의 아날로그 세계의 모든 것을 '1'과 '0'이라는 비트의 표현으로 다 빨아들여 버리는 블랙홀과 같은 느낌을 받게 된다. 죽을 때가 다 된 별의 모든 원소들이 핵으로 몰려 들어, 지구와 같은 크기와 질량이 불과 지경 수십 미터의 공만 한 중성자 별과 같은 느낌을 받는다. 즉, 그의 예측은 인간들이 살면서 상호작용 하는 자연 환경을 제외한 모든 인위적 환경과 그 안에서의 상호작용을 모두 디지털화시킬 수 있으며 그로 인해 인간의 삶의 질은 더욱 높아질 것이라는 것이다.

이 책은 순식간에 전 세계로 전파되었다. 이 책이 출간되던 1995년은 PC에 펜티엄 프로세서가 장착되던 시절이고 64메가 D램이 상용화되던 시점이었으며 윈도우95가 출시된 해이며, 넷스케이프와 MS 익스플로러와 같은 월드와이드웹 탐색기와 이메일을 통해 일반 대중들에게 급속한 속도로 인터넷이 전파되던 시절이다. 전문가들뿐만 아니라 일반 대중들까지 인터넷의 잠재적 가능성에 혀를 내두르고 있던 그 시절 Negroponte의 이 책은 인터넷과 디지털 미디어의 전도서 역할을 하게 되었다. 당시의 화두는 인터넷과 멀티미디어였다. 그는 이 두 개념을 '디지털'이라는 하나의 개념으로 묶어 사람들에게 소개하였고 그 효과는 극적이었다. 이후 지금까지 세상은 디지털화되어 갔고 선각자들은 스스로를 '디제라티(digerati)'라 부르며 디지털화의 선두에 서서 세상의 모든 것들을 컴퓨터 모니터 안으로 밀어 넣었다.

결과적으로 사람들은 모니터를 통해 세상을 보기 시작했고 모니터 속의 아이콘들을 클릭하며 자판을 이용하여 세상과 상호작용하기 시작했다. 그러나 세상과 상호작용하기에는 모니터 디스플레이 공간은 너무 작았고, 게다가 평면 공간인 이유로 직접 전화기를 들고 통화를 하거나 연필을 들어 책상 위의 종이에 서류를 작성하는 것처럼 세상 속의 대상을 직접 조작하는 것이 아니라 디스플레이 평면상의 상징들을 클릭하고 '드래그 & 드롭'하면서 세상과 상호작용을 해야만 한다. 그들은 디지털 세계와 상호작용을 하기 위해서는 꼭 책상으로 돌아와 모니터 앞에 앉아야만 했다. 이동 중에 또는 다른 어떤 곳에서라도 디지털 세계와 접속할 수 있는 접점이 필요하게 되었다. 이러한 욕구는 랩탑을 탄생시켰고, 랩탑은 노트북으로, 핸드헬드 PC로, PDA로 발전하게 되었으며, 전화는 유선에서 무선으로 바뀌면서, '삐삐'라고 불리던 '페이저'로 그리고 '핸드폰'이라 불리는 모바일 핸드셋(mobile handset, 일명 cellular phone 또는 cell-phone)으로 진보했다. 또 유선 인터넷에서 무선 인터넷으로 확장되었고 사람들은 이제 PC 모니터도 아닌 PDA 액정이나 핸드폰 액정과 같이 작은 디스플레이를 통해 세상과 상호작용을 하기도 한다.

인간의 인식이 감각과 지각의 범위와 그 구조에 의해 제약을 받는 것과 마찬가지로 평면 모니터의 제한적인 특성들은 digital beings의 인식 구조를 제약한다. 한편으로 인간의 팔/다리의 운동 구조와 Kant가 '밖으로 내민 뇌'라고 부른 손 그리고 음성을 낼 수 있는 발성기관은 세상을 조작하거나 세상과 상호작용하는 방식을 결정하면서 인간의 사고에 영향을 주듯이, 자판 입력 방식이나, 현재의 포인팅 장치, 빈약한 음성 인식 장치들은 digital beings의 사고방식을 제약한다. 우리가 이야기해야 하는 사용자 인터페이스(user interface)의 '사용성(usability)'이란 다름 아닌 digital beings과 디지털 세계와의 인터페이스의 효율성을 의미하는 셈이다. 그러나 모니터 디스플레이 평면은 digital beings이 디지털 세계와 상호작용을 하기에는 너무 좁고 불편할 수밖에 없다. 다르게 이야기하면 세상을 모니터 디스플레이 평면 저 너머로 모두 밀어 넣는 작업은 접점 공간의 제약 때문에 기대했던 효과를 거둘 수 없게 된 셈이다.

(3) 보이지 않는 컴퓨터

Norman은 1998년 『보이지 않는 컴퓨터(Invisible Computer) : 훌륭한 제품들이 실패하는 이유—너무 복잡한 PC 정보 가전이 대안이다』라는 책을 펴냈다. 그는 이 책에서 인간 친화적 인터페이스, 사용자 중심 테크놀로지를 강조하면서, 인간-컴퓨터 상호작용의 중심은 인간이어야 함을 주장한다. 그의 이러한 주장은 1988년의 『일상용품의 심리학』(이 책의 처음 제목은 '일상용품의 정신병리'였다) 이후 세인들에게 널리 알려진 주장이며 이는 이후 제품 디자인 및 소프트웨어 및 웹 디자인의 중요한 지침으로 받아들여지고 있는 바이니 그리 새로울 것도 없는 내용이다. 여기에서 주목하는 것은 이 책의 제7장의 제목이 'Being Analog'라는 점이다. 이 장에서 Norman은 인간은 본질적으로 아날로그적인 존재이며 아날로그 세계 안에서 짧게는 수만 년, 길게는 수 백만 년을 진화해 온 존재임을 강조한다. 1995년 Negroponte의 디지털 존재론에 대한 유연한 반박을 'Being Analog'라는 장 제목으로 대신하고 있는 셈이다. 인간은 본질적으로 digital beings이 될 수 없으며 digital world가 아날로그 인간을 위한 접점을 제공해야 한다는 것이다.

'보이지 않은 컴퓨터'라는 개념은 1986년 Norman이 Draper와 함께 엮은 『사용자 중심 시스템 디자인 : 인간-컴퓨터 상호작용에 대한 새로운 조망』이라는 책에서 Norman이 처음 언급한 개념이다. Norman은 제록스사의 PARC 연구소에서 진행되고 있던 프로젝트를 예로 들어 이 개념을 소개하고 있다. 1994년 11월 제록스 PARC 연구원이었던 Mark Weiser가 〈보이지 않는 인터페이스 구축〉이라는 강연을 통해 소개한 이 개념은 그가 1988년부터 체계적으로 연구해 온 내용이었으며 이는 오늘날 '유비쿼터스 컴퓨팅(Ubiquitous Computing)'이라는 개념으로 발전하게 된다.

재미있는 것은 Mark Weiser는 'invisible interface'라는 용어를, D. A. Norman은 'invisible computing/computer'라는 용어를 사용하고 있다는 점이다. 이는 컴퓨터과학의 한 분야로서의 '컴퓨터-인간 인터페이스(CHI)'의 'I'가 초기에는 인터페이스의 첫 글자였고, Norman과 같은 인지심리학자들을 주축으로 하는 인지공학(cognitive engineering) 분야에서는 '인간-컴퓨터 상호작용(HCI)'에서 '인터페이스'가 아닌 'Interaction'을 강조하고 있는 점과도 일치한다. 'CHI'에서의 '인터페이스'는 컴퓨터 과학자들이 만들어 놓은 시스템을 사용자들이 보다 사용하기 편한 접점을 제공한다는 관점에 설계된다. 그러나 인지공학자들은 인터페이스는 사후 제공되는 접점이 아니라 시스템의 모든 것이라는 관점을 지닌다. 시스템의 초기 설계부터 소비자 내지는 사용자의 요구에 기초해야 하며, 사용자 관점에서 컴퓨터와의 상호작용을 개념화하고 모델화하는 상호작용 설계 과정을 거쳐 시스템이 설계되고 그에 기초해 사용자에게 적합한 시스템과의 접점이 설계되어야 한다는 것이다. 후자가 바로 사용자 중심 설계(user-centered design) 철학인 셈이다.

Mark Weiser가 말하는 'invisible interface'와 D. A. Norman이 말하는 'invisible computing/computer'는 동전의 양면과 같다. Norman의 관점에서는 사용자는 아날로그적인 욕구와 아날로그 지식만을 지니고 있으면 된다는 것이다. 인간-컴퓨터 상호작용이 구현되는 기술적인 디지털 과정은 사용자에게는 블랙박스로 족하다는 것이다. 사용자는 그 과정을 알 필요도 없고 알고 싶어 하지도 않는다는 것이다. 따라서 아날로그 사용자가 원하는 것은 디지털 인터페이스가 필요 없는 시스템 환경이라는 것이다. 그러나 Mark Weiser의 관점에서는 지금까지의 컴퓨터 환경이 우리가 일하는 환경을 모사하여 사람들에게 친숙함을 제공하려고 했다면 다음 세대의 컴퓨터 환경은 실제 작업 환경에 컴퓨터가 숨겨져 있어야 하며 컴퓨터들은 필요할 때만 기능을 제공해 주는 숨겨진 도구로 사용할 수 있게 되는 환경을 의미한다. Mark Weiser는 특히 PARC 연구소 동료인 인류학자 루시 슈만의 관찰, 즉 사람들이 테크놀로지를 이용할 때 마치 사람과 사람이 상호작용하는 것처럼 한다는 점에 주목을 하였고, 사용자와 그가 이용할 테크놀로지 사이에 아날로그적 상호작용이 가능한 접점을 제공해야 한다는 점에 주목을 하였다. 결국 그의 모든 작업들은 오늘날 '유비쿼터스 컴퓨팅'이라는 개념으로 확립되게 된다.

3) 편리한 UI, 영리한 UI, 감성적 UI

D. A. Norman은 1988년『일상용품의 심리학(Psychology of Everyday Things : POET)』이라는 책을 세상에 선보임으로써 우리 주변의 수많은 일상용품들이 얼마나 사용하기 힘들게 만들어져 있는지 그리고 우리를 얼마나 당혹스럽게 만드는지를 하나하나 일상 사례를 들어 가며 알기 쉽게 설명함으로써 상품 디자인에 있어서 인간의 인지적 요소를 고려해야 할 필요성을 강한 어조로 주장했고, '사용편의성(usability)' 개념을 인지심리학적 관점에서 충실히 풀어 나갔다. 결과적으로 일반 상품 디자인은 물론, 컴퓨터 인터페이스 설계에 이르기까지 모든 사용자 인터페이스 설계 과정에서 '사용편의성' 개념을 고려하지 않을 수 없는 하나의 디자인 트렌드를 형성했다. 이 책의 출판전 초고의 원제목이 이 책의 첫 장 제목인 '일상용품의 정신병리학'이었던 점을 고려해 보면 그나마 출판된 책의 제목은 많이 순화된 내용이라고 볼 수 있다. 지금까지의 공학자 또는 제작자 중심의 상품 디자인들의 문제점들을 철저하게 비판하면서 Norman은 POET을 통해 공학자도 건축학자도 아니며, 실수투성이일 수밖에 없는 정보처리 특성을 지닌 인간이므로 이러한 사용자들이 사용하기 쉽도록(usable) 사용자 입장에서 디자인(user-centered design)을 해야 한다는 것을 주장하고 있다.

이어 1993년에 출간한『우리를 영리하게 만드는 것들(Things that make us smart)』이라는 책에서는 기계와 인간의 차이점을 더욱 강조하면서 사용자들이 기술에 맞춰 가는 것이 아니라 기술이 사용자를 지향해야 함을 주장한다. 영리한 사용자는 영리한 디자인이 만든다는 주장인 셈이다. 디자인이 인간의 정보처리적 특성과 취약성을 고려하여 이루어짐으로써 인위적 환경과 인간과의 조화를 이룰 수 있는 것이다.

그리고 다시 거의 10년이 흐른 2004년, Norman은 이번엔『감성적 디자인

(Emotional Design)』이라는 책으로 디자이너들에게 화해를 청한다. 디자이너들로부터의 사용편의성을 위해서는 미적 측면을 포기해야 하느냐는 수많은 질타 때문이기도 하겠지만 우리가 상호작용하는 물건이나 환경이 편리하기만 하면 모든 것을 다 희생해도 좋을 정도는 아니라는 스스로의 반성과 현재의 인지과학적 성취와 발전이 머지않은 장래에 감성적 상호작용이 가능한 사용자 인터페이스(가장 알기 쉬운 예로 로봇)의 개발 비전에 맞추기 위한 의도적 포석이 함께 저술된 것이라고 볼 수 있다. 어쨌거나 이제 디자이너들은 인간의 정보처리와 관련된 인지심리학은 물론 감성과 정서에 관련된 심리학적 이론도 공부해야 될 터이다.

5. 맺음말

20세기 말의 기술의 발전, 특히 컴퓨터와 통신 관련 기술의 급작스럽고 폭발적인 발전은 관련 분야 종사자들로 하여금 인간의 인지 또는 지적 행동과 관련된 생각을 하지 않을 수 없는 상황으로 만들었고, 인간과 인공물, 인간과 인공 환경, 다른 매체(특히 컴퓨터와 네트워크)를 매개로 하는 인간과 인간, 인간과 시스템 간의 상호작용을 효율화, 최적화, 지능화를 목적으로 하는 학문 체계를 필요로 하였으며, 그에 부응하여 관련 분야 학자들과 전문가들이 결집하고 협력하며 재구성된 것이 바로 인지공학 분야이다.

앞에서 고찰해 본 것처럼 인간을 둘러싼 네트워크를 기반으로 한 컴퓨팅 환경은 이미 그 접점을 책상머리에서 손바닥 안으로까지 이동했고, 텍스트 기반 인터페이스는 이제 가상현실 및 증강현실 인터페이스로까지 확대되었다. 사람들은 유클리드 공간 좌표계의 현실 공간을 넘어서서 스크린 너머 저편의 사이버 공간을 체험하고 있고, 인터페이스를 매개로 사용자와 상호작용하는 에이전트들은 이제 똑똑할 뿐만 아니라 인간처럼 울고 웃을 수 있는 감성까지 넘보고 있는 시점이다. 이제 인지공학은 산업 현장에 인지심리학을 단순히 적용하는 것이 아니라, 현재 과학 기술에 기반한 사용자들의 상상력과 그로 인한 요구에 부응하는 인간-기계, 인간-시스템, 인간-매체-인간 상호작용에 대한 과학적 이론과 연구 결과들을 내놓을 것으로 요구받고 있는 셈이니, 미래의 밝은 전망과 함께 그 부담 역시 막중하다고 해야 할 것이다.

참고문헌

Brown, J. S. & Newman, S.(1985). "Issues in Cognitive and Social Ergonomics: From Our House to Bauhaus," *Human-Computer Interaction 1*, 359~391.

Card, S. K. Moran, T. P., & Newell, A.(1983). *The Psychology of Human Computer Interaction*, Lawrence Erlbaum Associates, Hillsdale, N.J.

Card, S. K., Robertson, G. G., & Mackinlay, J. D.(1991). The Information Visualizer: An Information Workspace", *CHI'91 Conference Proceedings, Association for Computing Machinery Special Interest Group on Computer-Human Interaction*, 181~188.

Cleveland, W. S.(1985). *The Elements Of Graphing Data*, Wadsworth, Monterey, California.

Dowell, J. & Long, J.(1998). Conception of the cognitive engineering design problem. *Ergonomics*, 41 pp. 126~139.

Fischer, G., Lemke, A. C., Mastaglio, T., & Morch, A. I.(1991). "The role of critiquing in cooperative problem solving." *ACM Transactions on Information Systems*, 9, No. 3 123~151.

Guerlain, S., Smith, P. J., Obradovich, Heintz, J., Rudmann, S. Strohm, P., Smith, J. W., Svirbely J., & Sachs L.(1999). "Interactive Critiquing as a Form of Decision Support: An Empirical Evaluation." *Human Factors* 41(1), 72~89.

Jones, P. M.(1995). "Cooperative work in mission operations: Analysis and implications for computer support." *Computer Supported Cooperative Work*, 3, 103~145.

Kieras, D. E. & Polson, P. G.(1985). "An Approach to the Formal Analysis of User Complexity," *International Journal of Man-Machine Studies,* 22, 365~394.

Long, J. & Dowell, J.(1996). Cognitive engineering human-computer interactions. *The Psychologist*, July 1996, pp. 313~317.

Negroponte, N.(1995). Being Digital, London. Hodder & Stoughton.

Norman, D. A.(1981). Comments on cognitive engineering, the need for clear "system images," and the safety of nuclear power plants. Conference Record for 1981 IEEE Standards Workshop on Human Factors and Nuclear Safety. New York: IEEE. (Workshop was held in Myrtle Beach, SC. Pp. 91~92, 211~212.)

Norman, D. A.(1983). "Design Rules Based On Analyses Of Human Error," *Communications of the ACM* 26, 254~258.

Norman, D. A.(1986). Cognitive engineering. In D. A. Norman & S. W. Draper(Eds.), User centered system design: New perspectives in humancomputer interaction. Hillsdale, NJ: Lawrence Erlbaum Associates.

Norman, D. A.(1988). The psychology of everyday things. New York: Basic Books.

Norman, D. A.(1993). *Things that make us smart*. Reading, MA: Addison-Wesley.

Norman, D. A.(2004). Emotional Design: why we love (or hate) everyday things, New York: Basic Books.

Patterson, E. S., Watts-Perotti, J., & Woods, D. D.(1999). "Voice loops as coordination aids in space shuttle mission control." *Computer Supported Cooperative Work: The Journal of Collaborative Computing*, 8(4), 353~371(1999).

Rassmussen, J.(1986). *Information Processing and Human-Machine Interaction*. Amsterdam: Elsevier.

Roth E. M., Malin J. T., & Schreckenhost, D. L.(1997). Paradigms for Intelligent Interface Design, In M. Helander, T. K. Landauer, P. Prabhu(Eds) *Handbook of Human-Computer Interaction*, Elsevier Science B. V., Amsterdam, The Netherlands.

Roth, E. M., Patterson, E. S., & Mumaw, R. J.(1998). Cognitive Engineering: Issues in User-Centered System Design. In J. J. Marciniak (Ed.), *Encyclopedia of Software Engineering*, 2nd Edition. New York: Wiley-Interscience, John Wiley & Sons.

Sanderson, P. M. Haskell, I., & Flach, J.(1992). "The Complex Role Of Perceptual Organization In Visual Display Design Theory," *Ergonomics* 35, 1199~1210.

Schneiderman, B.(1987). *Designing the User Interface: Strategies for Effective Human-Computer Interaction*, Addison-Wesley, Reading, Mass.

Woods, D. D., Christoffersen K., & Tinapple, D.(2000). Complementarity and Synchronization as Strategies for Practice-Centered Research and Design. *Plenary Address, 44th Annual Meeting of the Human Factors and Ergonomics Society and International Ergonomic*

Association, August 2, 2000. http://csel.eng.ohio-state.edu/iea2000/.

Woods, D. D & Hollnagel, E.(1987). "Mapping Cognitive Demands in Complex Problem-Solving Worlds," *International Journal of Man-Machine Studies* 28, 257~275 .

Woods D. D. & Roth E. M.(1988a), "Cognitive Systems Engineering," in M. Helander, ea., *Handbook of Human-Computer Interaction*, Elsevier Science Publishers B. V., North-Holland, pp. 3~3.

Woods D. D. & Roth E. M.(1988b). "Cognitive Engineering: Human Problem Solving with Tools," *Human Factors* 30, 41~430.

Zhang, J. & Norman, D. A.(1994). "Representations in distributed cognitive tasks." *Cognitive Science*, 18, 87~122.

2

지각과 주의, 작업부하

곽호완

1. 서 론

유기체는 자극의 세부 특징을 단순히 받아들이는 데에 그치지 않고 대상의 의미와 형 태의 본질과 같은 포괄적이고 추상적인 특징을 지각한다. 지각의 결정적 특징 중 하 나는 외부 환경을 의미를 지닌 조직화된 세상으로 인지한다는 점이다. 감각 수용기로 들어오는 물리적인 에너지로서의 근접 자극(proximal stimulus)은 광선의 2차원적 배 열이지만 유기체는 조각난 감각 정보들을 하나의 대상으로 조합하고, 망막상의 위치 변화가 실제 움직임 때문인지 아니면 유기체 자신의 움직임 때문인지를 알아차린다.

인간-기계시스템에서 오퍼레이터는 3차원의 공간에서 대상의 위치를 정확하게 지 각할 수 있어야 한다. 배열된 정보의 탐지는 물론이고 정확한 확인과 해석이 필요하 다. 여기에 지각 체제화의 원리와 깊이 지각, 형태 재인 과정 및 주의 과정 등이 중요 하게 관여한다. 이 장에서 우리는 대상의 속성과 위치를 정확하게 지각하는 데 관여 하는 지각체계의 본질과 관련된 지각 및 주의 현상들에 대해 알아보고, 이와 관련된 인간-기계 상호작용 환경에서의 함의점을 생각해 볼 것이다.

2. 시지각

대부분의 심리학자들은 우리가 경험하는 지각 세계를 구성된 것(constructed)이라고 생각한다. 이것은 주변 환경의 상태를 알아내기 위한 가설 설정의 단서를 제공하는 것은 감각 정보이지만, 지각을 형성하는 것은 가설이나 구성 그 자체임을 의미한다. 그 한 가지 좋은 예가 맹점이다. 맹점에는 감각 입력이 없지만, 우리는 그 부분이 어두운 텅 빈 공간으로 보지 않고 자극을 채워서 지각한다. 이 맹점은 상의 나머지 부분들이 제공한 감각 정보로 채워지는 것이다. 이 장에서 우리는 지각표상을 구성하기 위해서 지각체계가 어떻게 작동하는가에 대한 좀 더 나은 이해를 제공한다.

1) 지각 체제화

지각체계가 시각장에 들어온 정보들을 어떻게 집단화하는가가 **지각 체제화**(perceptual organization)이다. 20세기 초에 널리 받아들여졌던 관점에 따르면 복잡한 지각은 기본적인 감각 요소들을 단순히 혼합한 것에 불과하다. 그러나 독일의 형태주의 심리학자들은 이 관점이 옳지 않다는 설득력 있는 증거들을 제공하였다. 복잡한 형태 또는 윤곽은 그 구성 세부 특징만으로는 알 수 없는 전체적인 윤곽에서 나온다(Koffka, 1935).

지각 체제화의 한 가지 예는 전경 · 배경 체제화(figure-ground organization)이다. 전경은 배경에 비해서 쉽게 지각된다. 윤곽은 전경에 속하는 것으로 보인다. 전경은 배경의 앞에 있고 전경이 대상으로 보이는 반면 배경은 그렇지 않다. 이러한 원리들을 깨는 디스플레이는 모호한 전경 · 배경 체제화를 낳아서 잘못 지각될 것이다.

지각 집단화의 원리는 디스플레이 디자인을 위해 보다 중요하다. 근접성 원리는 공간상에서 가까이 모여 있는 대상들을 하나의 집단으로 지각하려는 경향을 말한다. 유사성 원리는 유사한 요소들(색과 형태 및 방향 등)이 지각적으로 함께 집단화되는 것이다. 연속성 원리는 일직선이나 매끄러운 곡선으로 연결된 점들이 하나의 집단으로 지각되는 것이다. 폐쇄성은 열린 곡선들이라도 완전한 형태로 지각하려는 경향이다.

마지막으로 공통운명은 동일한 방향, 동일한 속도로 이동하는 요소들이 함께 집단화 된다는 것을 의미한다.

우리는 집단화의 원리를 이용하여 시각 디스플레이를 어떻게 지각할 것인가를 결정한다. 예컨대 좋은 디스플레이 디자인을 위해서는 필요한 정보를 두드러지게 나타 내는 데 이러한 원리들을 이용한다. 반면에 만약 우리가 위장하는 것처럼 어떤 대상을 가리려고 한다면 그 대상이 배경과 구별되지 않게 숨어 있는 방식으로 색이나 형 태를 만들 것이다.

디스플레이 계기판에서 지각 체제화의 요소들은 매우 중요하다. 동일한 기능을 수 행하는 다이얼들은 근접성이나 유사성과 같은 요소들로 집단화시킬 수 있다(그림 2-1(a) 참조). 다이얼이 정상적인 조작치를 기록하고 있는지를 판단할 때에도 지각 체제 화가 유용하게 사용될 수 있다. 그림 2-1의 (b)는 동일한 방향을 가리키는 정상적인 배열을 보여 주는 반면에, 상단은 서로 다른 방향을 가리키고 있는 비정상적인 배열 을 나타낸 것이다(Mital & Ramanan, 1985; White, Warrick, & Grether, 1953). 하나의

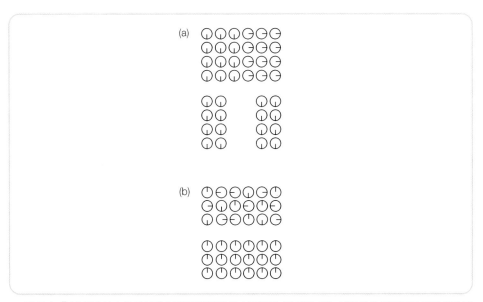

그림 2-1 ▌ (a) 근접성과 유사성에 의해 집단화된 디스플레이, (b) 유사 또는 비유사한 방향으로 집단화된 디 스플레이

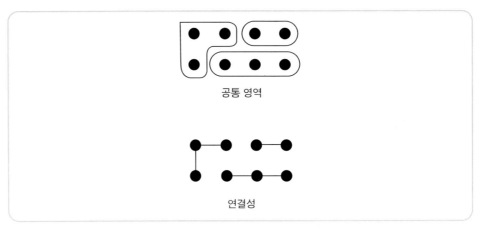

공통 영역

연결성

그림 2-2 ▌ 공통 영역과 연결성에 의해 집단화된 디스플레이 예시

다이얼이 정상에서 벗어났을 때 상단(a)의 디스플레이보다 하단(b)의 디스플레이가 판독이 더 쉽다. 하단의 배치에서는 수직 배열에서 벗어난 다이얼이 더 두드러져 보인다.

Rock과 Palmer(1990)는 경계를 이용하여 인위적으로 집단화시키는 두 가지 방법을 제안하였다. 동일한 기능을 하는 다이얼이나 계기는 디스플레이 계기판의 뚜렷한 경계나 선의 연결로 집단화 될 수 있다(그림 2-2 참조). Rack과 Palmer는 이러한 방법들을 각각 공통 영역 집단화와 연결성이라 불렀다. 이러한 방법들은 다이얼이 의도된 방식으로 관찰자에 의해 집단화되어야 한다는 것을 강조하는 인간 요인 전문가들에게 특히 유용한 도구가 된다.

과제 요구가 어떤 디스플레이 디자인이 가장 적당한가를 결정한다. 체제화의 요소가 미치는 효과는 디스플레이 요소 간의 통합을 요구하는 과제와 단순 디스플레이 요소에만 주의를 기울이는 과제에 따라서 다르다(Wickens & Andre, 1990). Wickens와 Andre(1990)가 사용한 과제는 비행기 조종실에서 사용하는 공기 속도와 흐름 및 보조 날개의 상태를 나타내는 3개의 다이얼을 판독하는 것이었다. 관찰자에게 실속(失速, stall)의 가능성을 측정하거나(통합 과제) 3개의 다이얼 중 하나를 판독하도록 하였다(초점 주의 과제).

Wickens와 Andre(1990)의 실험에서 공간적인 근접성은 아무런 영향을 미치지 못했지만 디스플레이 요소들이 같은 색이었을 때에 비해 다른 색이었을 때 초점 주의 과제에서 더 나은 수행을 보였다. 이에 반해 통합 과제는 디스플레이의 모든 요소들이 동일한 색상일 때 가장 높은 수행을 보였다. 그들은 또한 공기 속도, 흐름 및 보조날개의 상태가 그 위치와 크기를 결정하는 하나의 통합된 사각형 계기판을 판독하도록 실험하였다. 그들은 통합 디스플레이의 유용성은 출현 속성(사각형)이 과제 관련 정보를 얼마나 잘 전달하는가에 달려 있다고 결론 내렸다.

2) 깊이 지각

철학자와 심리학자들은 수세기 동안 인간이 2차원 영상으로부터 어떻게 3차원 세계를 지각하는지에 관심을 가졌다. 첫째, 인간은 양안단서로 깊이를 지각한다고 생각할 수 있다. 사실, 이것이 그 이유 중 하나이긴 하지만, 한쪽 눈을 감고도 깊이를 지각할 수 있으므로 양안단서만으로 깊이 지각을 완벽하게 설명할 수는 없다. 한쪽 눈만으로 세상을 보는 단안단서로도 깊이 지각이 가능하다.

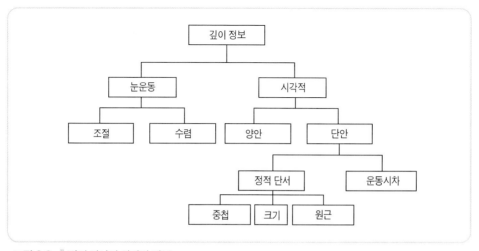

그림 2-3 ▍ 깊이 단서의 위계적 배열

　그림 2-3에서 보듯이 수많은 깊이단서들이 있다. 단안단서를 이용한 시자극에서 대부분의 정보원들을 얻을 수 있다. 많은 단안단서들은 왜 사람이 한쪽 눈만으로도 깊이를 지각할 수 있는지를 설명해 준다. 다시 말해, 한쪽 눈을 가린 비행기 조종사가 비행기를 정확하게 착륙시킬 수 있고(Grosslight et al., 1978), 외눈 운전자의 운전 연습도 양쪽 눈을 가진 운전자의 운전 연습만큼 안전하다(Mcknight, Shinar, & Hilburn, 1991)는 것이다. 깊이 단서의 3차원 지각에 대한 상대적인 기여는 모의 수행디스플레이 디자인 연구의 관심거리이다(Mazur & Reising. 1990)

(1) 단안단서

단안단서는 평면 사진에서 깊이의 느낌을 전달하기 때문에 그림 단서라고도 불린다. 또한 화가들은 이 단서들을 그림에서 깊이를 묘사하는 데 사용한다. 그 몇몇 단서들을 그림 2-4에 제시하였다. 중첩단서는 두 물체가 시각의 동일선상에 놓여 있으면 가까운 물체가 멀리 있는 상을 가린다는 사실에 근거한다.

　망막 상의 친숙한 크기도 깊이 단서를 제공한다. 일정한 크기의 사물은 관찰자에게 가까이 다가올수록 그 망막 상이 커진다. 따라서 시각장 내에 있는 상의 상대적인 크기는 거리와 관련되어 있다. 만약 그 대상의 크기를 알고 있으면 상의 절대적 크기로 그 대상이 얼마나 떨어져 있는가에 대한 정보를 제공해 줄 수 있다는 것을 의미한다. 1970년대 후반쯤부터 자동차의 평균적인 크기가 감소하기 시작하였다. 큰 차가 작은 차보다 더 친숙할 때 Eberts와 MacMillan(1985)은 작은 차가 교통사고 당시에 실제보다 더 크게 보였다는 것을 확인하였다. 원래 크기가 작은 차를 멀리 떨어져 있는 큰 차로 지각한 탓에 사고가 자주 발생하였다.

　앞으로 움직일 때에는 운동도 깊이 정보를 제공한다. 시각 상의 광학 흐름은 당신이 얼마나 빠르게 움직이고 있는가와 주위의 다른 대상들과의 상대적인 위치가 어떻게 변화되는가에 관한 정보를 제공한다. 길을 따라 운전해 가면 길 옆의 가로수들은 퍼지면서 상의 바깥 경계 쪽으로 이동한다(그림 2-4). 운동 속도와 광학 흐름 간의 전형적인 관계가 변할 때 속도도 다르게 지각된다. 이것은 비행기가 이륙할 때 창밖을 보면 확실히 알 수 있다. 비행기가 지상을 이륙하여 고도가 증가하면 움직이는 속도

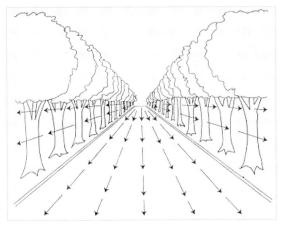

그림 2-4 ┃ 똑바로 이동하고 있는 운전자의 광학 흐름

는 감소하는 것처럼 느껴진다.

(2) 양안단서

비록 한쪽 눈만으로도 깊이를 어느 정도 잘 지각할 수 있지만 두 눈을 이용하면 그 관계를 좀 더 정확하게 지각할 수 있다. 이것은 그림이나 영화, 3차원 또는 입체 그림 등이 주는 깊이의 느낌을 비교할 때 가장 명확해진다. 입체 그림은 실제의 3차원 장면에서 가능한 양안 깊이 정보를 모방한 것이다. 사람은 2개의 눈을 이용할 때 깊이 정보를 다루는 과제를 훨씬 더 빠르고 정확하게 수행해 낼 수 있다(Sheedy et al., 1986).

입체 그림은 깊이의 느낌을 만들어 내기 위해서 양안 부등을 이용한다. 하나의 카메라로 두 눈 사이의 거리만큼의 차이를 두고 두 장의 사진을 찍는다. 이 부등의 상은 입체경을 통해 각각의 눈에 제시된다. 3D 영화를 볼 때 사용되는 적색, 녹색 혹은 편광 렌즈들도 동일한 원리로 작동한다. 이 렌즈들은 양쪽 눈이 각기 다른 상들을 보도록 한다.

입체 현상을 일으키는 원리를 아직 완전히 이해할 수는 없다. 어떤 피질 세포들은 양안 부등 민감성을 가지고 있다. 즉, 그것들은 양쪽 눈의 선들이 특정한 부등에 있을 때 최대로 흥분한다. 이 뉴런들이 기본적인 부등 정보들을 이끌어 내는 것 같다. 그러

그림 2-5 ▌ 각각의 상에서 조금 엇갈리게 위치한 중앙의 사각형을 제외하고 좌우 상이 동일한 무선점 입체
도형

나 무선점 도형을 통해서도 3차원의 형태를 볼 수 있다(Julesz, 1971). 오른편의 무선
점 도형은 왼편의 무선점 도형의 위치에서 점의 형태를 조금 이동시킨 것이다(그림 2-
5). 여기에서 대상의 깊이 지각은 눈에 보이는 경계가 없이도 가능하다.

3) 크기와 방향 착시

우리는 대부분 지각 체계화의 원리와 깊이 단서들을 이용하여 명확한 3차원 공간에서
대상을 정확하게 지각할 수 있다. 그러나 지각적 오류를 보여 주는 많은 착시들이 있
다. 그러한 크기와 방향 착시의 예시를 그림 2-6과 2-7에 제시했다.

크기 착시는 동일한 물리적인 길이와 크기를 가지는 선이나 형태를 다르게 지각하
는 것이다. 방향 착시는 선형과 모양을 왜곡되게 지각하는 것이다. 착시를 몇몇 기제
들로 설명할 수 있는데(Coren & Girgus, 1978), 잘못 적용된 깊이 처리 과정, 경계의
이동 등에서의 부정확한 안구운동이 그것이다. 한 가지 예로, 폰조 착시(그림 2-6)에
대한 깊이 처리 과정 설명을 검토해 보자. 이 착시의 뚜렷한 특징은 정적, 부적 기울
기를 가지는 2개의 수직선이 위를 향하여 수렴한다는 것이다. 이러한 형태의 선들은
직선 조망의 깊이 단서를 제공하고 수렴은 평행선들이 멀리 뻗어 나가고 있음을 말해
준다. 이 단서에 의하면, 그림에서 상단에 위치한 수평선은 하단에 위치한 수평선보다

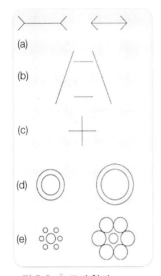

그림 2-6 ▌ 크기 착시
(a) Muller-Lyer 착시, (b) Ponzo 착
시, (c) 수직-수평 착시, (d) Delboeuf
착시의 변형, (e) Ebbinghaus 착시

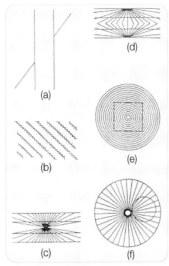

그림 2-7 ▌ 방향 착시
(a) Poggendorf 착시, (b) Zollner 착시,
(c) Hering 착시, (d) Wundt 착시,
(e) Ehrenstein 착시, (f) Orbison 착시

더 멀리 있는 것이다. 지각된 거리와 크기의 관계를 적용하여 보면, '멀리 떨어진' 선
은 '가까이' 있는 선과 망막 상의 크기가 동일하기 때문에 실제 크기는 더 크다. 따라
서 위에 있는 선이 더 긴 것으로 지각된다.

　비록 착시들이 2차원의 선으로 설명되기는 했지만, 이는 실생활에도 적용할 수 있
다. Coren과 Girgus(1978)는 뉴욕 시를 향해서 11,000피트와 10,000피트의 고도로 각
각 접근하고 있던 2대의 민간 항공기 간의 충돌을 설명하였다. 그 당시 구름은 10,000
피트 고도에서 푸른 하늘을 배경으로 흰색의 비스듬한 기둥을 형성하며 솟아 있었다.
10,000피트에서 비행하고 있던 승무원들은 2대의 비행기가 동일한 고도에 있다고 잘
못 지각하고 충돌을 피하기 위해서 고도를 급상승시켰다. 그 결과, 2대의 비행기는 약
11,000피트에서 충돌하였다. 전미 민간 항공학위원회는 고도의 판단 착오가 구름 상
단의 위로 향하는 기울어진 경계에 의해 자연적으로 발생하는 포겐도르프 착시 때문
이라고 보았다(그림 2-7). 포겐도르프 착시에서는 2개의 비스듬한 선이 실제로 평행한

데도 불구하고 그렇게 보이지 않는다. 구름이 2개의 비행 경로가 실제로 평행하지 않는데도 평행하게 보이는 착시를 불러일으켜서 이에 따른 고도의 수정이 11,000피트에 있던 비행기와의 충돌을 일으켰다.

야간 비행의 착륙 시에는 활주로의 불빛만 보이는 블랙홀 상황 때문에 문제가 발생한다. 그런 상황하에서 조종사들은 보통 때보다 더 낮은 고도로 비행하려는 경향이 있다. 따라서 짧은 활주로가 많은 야간 비행 충돌사고들의 원인이 된다. 가용한 깊이 단서들이 불충분하기 때문에 발생하는 접근 각도의 과대추정이 그 원인이 된다는 증거들도 있다(Mertens & Lewis, 1981, 1982). 활주로의 불빛은 운동 시차나 선형 조망과 같은 상대적인 정보들만 제공하기 때문에 몇몇 친숙한 기준들에 따라 단서를 평가해야 한다. 따라서 이러한 접근의 경향성은 조종사가 최근에 경험한 바 있는 친숙한 활주로보다 길이 대 폭의 비율이 더 클 때 나타난다(Mertens & Lewis, 1981).

4) 운동 지각

생물학적 운동에 대한 연구들은 운동도 형태 재인 정보를 제공함을 밝혔다. 사람과 다른 살아 있는 유기체의 운동 패턴은 무생물과는 달리 복잡하다. Johanson(1975)은 생물학적 운동 지각이 거의 자동적임을 발견하였다. 그는 사람의 팔꿈치, 손목, 어깨, 엉덩이, 무릎 및 발목에 전구를 부착하고 어둠 속에서 움직이게 하여 녹화하였다. 관찰자는 불빛이 정지해 있을 때에는 무의미한 형태의 불빛으로 지각하다가, 불빛이 움직이기 시작하면 사람의 운동이라는 것을 즉시 알아차렸다. 즉, 불빛에 의해서 표시되는 움직임의 복잡한 형태가 생물학적 운동의 지각에 충분한 것이었다. 후속 연구는 이 필름을 짧게 보여 주는 것만으로도 사람들의 수와 성별 및 동작(예를 들어, 춤을 추는 것)을 판단하는 것이 가능하다는 것을 보여 주었다.

Runeson과 Frykholm(1983)은 생물학적인 운동에 의해서 전달되는 정보는 운동시스템 체계의 생체적 제약조건(constraints)에 의해서 결정된다고 주장하였다. 다시 말해서, 운동 패턴은 그 운동이 기저하는 역학을 따른다. 일련의 실험들에서 Runeson과 Frykholm은 관찰자들이 눈에 보이지 않는 대상의 던져진 거리와 옮겨진 박스의 무게를 지각할 수 있다는 것을 발견하였다. 게다가 관찰자들은 녹화된 사람의 행동에 의해서 속지 않았다.

이러한 디스플레이는 충분한 생물학적 근거로 지각될 수 있다(Cutting, 1978). 사람이 걸어갈 때, 몸의 진동으로 움직임이 일어난다. 이 운동은 움직임의 중심, 즉 2개 선의 교차점에 위치한다. 하나는 왼쪽 어깨와 오른쪽 엉덩이를 다른 하나는 오른쪽 어깨와 왼쪽 엉덩이를 연결하는 2개의 선이다. 여자는 남자에 비해서 좀 더 넓은 엉덩이와 좁은 어깨를 가지고 있기 때문에 여성의 움직임의 중심은 남성의 움직임의 중심보다 상대적으로 더 높다. 이 정보만을 이용한 컴퓨터 디스플레이에서 성별을 쉽게 구별할 수 있다. 관찰자는 성별을 속이려는 시도에 쉽게 속지 않는다(Runeson & Frykholm, 1983).

5) 형태 재인

지각 체제화가 형태들이 어떻게 지각되는가에 초점을 맞추고 있는 반면에, 형태 재인은 우리가 형태를 어떻게 확인하는 가에 초점을 맞추고 있다. 형태 재인은 세부 특징 모델로 설명되어 왔다. Treisman(1986)은 그러한 세부 특징들이 전주의적 단계에서 사용된다고 증명하였다. 예를 들어, 다른 방향을 가지는 방해 자극들 사이에서 단일 방향의 표적 자극을 검색할 때, 표적이 존재 여부의 판단시간은 그 배열에서의 방해 자극들의 개수(디스플레이의 크기)에는 영향을 받지 않는다. 표적이 방해 자극들과 색만 다를 경우에도 유사한 결과가 얻어진다. 반면에 방해 자극의 색과 방향을 둘 다 공유하는 표적을 탐지해야 하는 접합표적 검색과제에서는 반응시간이 방해 자극들의 개수의 함수만큼 선형적으로 증가하기 때문에 표적의 존재를 탐지하는 데 주의와 노력이 필요하다.

시각 검색에서 얻은 이러한 발견들은 색채를 이용한 컴퓨터 디스플레이 설계가 사용자의 검색시간을 현저하게 줄일 수 있음을 의미한다. 이 함의는 몇몇 연구들에서 지지되었다(Fisher et al., 1989; Fisher & Tan, 1989). 표적이 강조되어 있으면 반응시간이 더 빠르고, 그렇지 않을 경우 반응시간이 느렸다.

또 다른 독특한 중요성은 통합차원과 분리 가능한 차원이다(Garner, 1974). 통합차원이란 자극의 한 세부 특징 값을 정하기 위해서는 다른 차원의 세부 특징 차원의 값을 동시에 정해야 하는 경우이다. 예를 들어, 특정 형태의 색과 휘도는 통합적 세부 특징 차원이다. 만약 차원의 조합이 서로 간에 독립적으로 존재할 수 있다면, 분리 가능하다고 말한다. 예를 들어, 색과 형태는 분리 가능한 차원이다. 각각 2개의 분리 가능한 세부 특징 차원에 독립적으로 주의를 기울일 수는 있지만, 2개의 분리 불가능한 차원에 대해서는 그렇게 할 수 없다.

세부 특징 모델에서의 형태 재인은 전주의적으로 처리되는 세부 특징들에 근거한다. 그 한 가지 모델이 각각 다른 수준의 '데몬(demon)'들을 포함하는 복마전 모델이다(Selfridge, 1959). 감각 입력은 상 데몬에 의해서 방향, 만곡, 유사성과 같은 세부 특징 데몬들에 신호를 전하게 된다. 이러한 세부 특징 데몬들은 그 데몬이 민감한 세부 특징과 상을 짝짓는 비율의 강도로 '소리를 낸다.' 세부 특징 데몬은 특정한 세부 특징들의 조합에 반응하는 인지 데몬들에 입력을 제공한다. 의사결정 데몬은 그 형태를 가장 큰 소리를 내는 인지 데몬과 일치시킨다.

복마전과 같은 세부 특징 모델은 알파벳 문자를 확인하려고 할 때 흔히 일어나는 실수를 잘 설명할 수 있다. 글자가 짧게 노출되었을 때, 가장 흔한 실수는 노출된 글자와 시각적으로 유사한 다른 글자를 보고하는 것이다(Gilmore et al., 1979; Townsend, 1971). 2개의 글자들이 세부 특징들을 더 많이 공유할수록 그러한 실수가 더 많이 일어날 것이다.

세부 특징 모델은 단어 확인에 대한 설명까지도 확대될 수 있다. 그림 2-8은 문자 탐지자와 단어 탐지자들 간의 관계에 대한 세 가지 대안적인 모델을 보여 주고 있다(Pollatsek & Rayner, 1989). 첫 번째 대안은 단어 확인이 문자 확인과 함께 병렬적으로 진행된다는 직접적인 단어 재인 모델이다. 전체적인 개념은 단어의 특정한 형태적인 특성이 요소 문자들을 확인할 필요 없이 단어 확인이 가능하도록 한다는 것이다. 두 번째 대안은 단어가 이전에 확인된 문자의 연속적인 스캔을 통해서 확인된다는 계열 문자 모델이다. 마지막 대안은 문자 탐지자들로부터의 활성화는 단어 탐지자들에게 평행하게 보내진다는 평행 문자 모델이다. 그래서 두 번째와 세 번째의 모델에 따

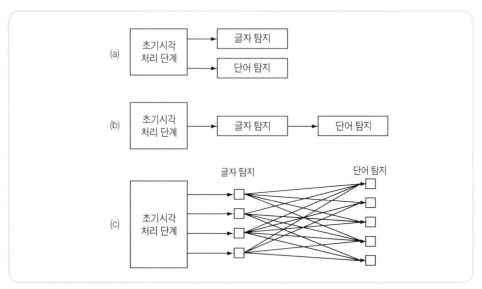

그림 2-8 ▌ 문자와 단어 식별 간의 관계를 나타내는 대안 모델
(a) 직접적인 단어 재인 모델, (b) 계열 문자 모델, (c) 평행 문자 모델

르면 단어 확인은 문자 탐지자들에 의존한다.

　이러한 모델들은 문자가 단어 맥락 속에 있을 때가 그렇지 않을 때보다 더 빨리 판단된다는 단어 우세성 효과를 낳는다. Reicher(1969)는 1개의 문자를 바꿈으로써 다른 단어가 되는 단어를 짧게 제시하는 실험으로 이 효과를 입증하였다(예를 들어, WORK와 WORD). 단어 제시 후에 이미 단어 속에 포함되어 있던 2개의 문자(K나 D)가 제시되었다. 그 문자가 단어 맥락 속에서 제시되었을 때가 비단어 맥락이나(예를 들어, ORWK) 단어만 제시되었을 때보다 문자를 더 정확하게 판별하였다.

　단어 우세성 효과는 단어 확인이 문자 확인 후에만 일어난다고 주장하는 계열 문자 모델과는 일치하지 않는다. 직접적 단어 재인 모델은 단어 확인 루트가 요소 문자들을 확인함에 있어서 의미를 제공하기 때문에 그 효과를 설명할 수 있다. 마찬가지로 평행 문자 모델도 단어 탐지자로부터 문자 탐지자로의 피드백을 줌으로써 단어 우세성 효과를 설명할 수 있다(Pollatsek & Rayner, 1989). 예를 들어, 사람들은 정상적인 글을 읽는 것과 거의 비슷한 수준으로 대소문자가 번갈아 쓰인 글을 읽을 수 있다

(Coltheart & Freeman, 1974). 이것은 직접적 단어 재인 모델과는 반대로 단어의 형태적인 속성이 그다지 중요하지 않음을 시사해 주는 것이다.

지금까지 우리는 형태 재인에 대해서 감각 입력의 기본적인 세부 특징의 분석에 초점을 맞추어 왔다. 그러나 일반적으로 그러한 분석만으로는 우리가 지각하는 것을 결정하지 못한다. 맥락에 의한 기대도 지각에 영향을 미친다. 우리는 신호탐지이론 논의에서 이미 기대가 단순 자극을 지각하는 기준에 영향을 미친다는 것을 알고 있다. 또한 복잡한 과제의 처리에서도 이와 유사한 메커니즘이 적용된다. 예를 들어, 단어 재인 모델은 각각의 단어에 대한 기준들을 포함하기 때문에 한 단어의 재인 수행은 감각 증거와 반응 기준 세팅에 따른다고 할 수 있다(Morton, 1969). 예상한 대로 이 조건에서의 단어 재인은 문장 맥락이 주어졌을 때가 주어지지 않았을 때보다 더 빠르고 정확하다.

유사한 기대 효과가 대상에 대해서도 일어난다. Biederman과 Glass 및 Stacy(1973)는 잘 정리된 그림과 마구 얽혀 있는 그림을 제시하고 피험자로 하여금 그 그림들 속에서 특정한 대상을 찾도록 하였다. 연구자들은 마구 얽혀 있는 그림이 보는 이로 하여금 대상을 검색하는 데 있어서 기대를 사용하지 못하게 할 것이라고 생각했다. 실험 결과, 정리된 장면 속에서의 탐색시간이 뒤섞인 장면 속에서의 탐색시간보다 훨씬 더 짧았다. Biederman 등은 또한 정리된 장면과 뒤섞인 장면 속에서 있음직한 대상을 찾는 것과 그렇지 않은 대상을 찾는 것의 차이를 살펴보았다. 그들은 특정 장면에 어울리지 않는 물건이 없음을 결정하는 것이 어울리는 물건이 없음을 결정하는 것보다 쉽다는 것을 발견하였다. 이 발견은 관찰자들이 특정한 테마에 어울리는 대상에 대한 기대를 발달시킨다는 것을 말해 준다. 그래서 우리의 지각은 특정 장면이 제공하는 정보뿐 아니라 우리의 기대에 의해서도 영향을 받는다.

기대의 효과는 대상이 주변 시각장에 주어질 때 매우 중요하다(Biederman, Mezzanotte, Rabinowitz, Francolini, & Plude, 1981). 기대되지 않은 대상이 주변 시야에 주어질 때, 특히 그것이 작을 때는 탐지가 어렵다. 기대되지 않은 대상의 위치가 중심에서 $4°$ 주변 시야로 이동함에 따라서 탐지 실패의 비율이 70%까지 상승한다. 주변부 대상의 이 탐지 실패의 비율은 그 대상이 기대된 것일 때에는 거의 반 정도로 줄어든다.

6) 두 가지 시각체계 개념

Leibowitz와 그의 동료들(Leibowitz & Owens, 1986; Leibowitz & Post, 1982; Leibowitz et al., 1982)은 야간 운전에 대한 두 시각체계 이론의 함의를 연구하였다. 이전에 제안된 파보세포(parvo-cellular) 대 매그노세포(magno-cellular) 구별과 일치하게, 그들은 대상의 재인과 확인에 초점을 두는 초점모드(focal mode)와 운동과 공간의 방향을 조절하는 다향모드(ambient mode)를 구분하였다. 초점 시각은 중심과 시각에 주로 관심을 두는 반면에 다향체계는 전체적인 시각장의 변화에 기초하고 있다. 운전에 있어서 초점 모드는 표지판과 주위 환경에 있는 대상물들의 확인에 관여하는 반면, 다향 모드는 자동차의 방향을 이끈다.

야간 운전의 사망률은 운전 시간을 감안해 본다면 낮 시간 비율의 3~4배나 높은 수치이다. Leibowitz와 그의 동료들은 높은 사망률이 부분적으로는 초점체계의 선택적인 불완전성 때문에 일어난다고 주장하였다. 대상이 재인될 수 있는 용이성과 정확성은 야간 운전의 낮은 조명 수준하에서는 크게 저하된다. 그러나 길의 방향을 찾아가는 것과 같은 주변 체계는 상대적으로 덜 영향을 받는다. 즉, 운전자들은 밤에도 낮과 마찬가지로 자동차를 쉽게 운전할 수 있다. 게다가 재인을 필요로 하는 대부분의 대상들, 예를 들어 표지판과 계기판은 조명을 받거나 매우 잘 반사된다. 결과적으로 운전자들은 어떤 지각이 손상된 정도를 과소평가하여 속도를 감소시키지 않는다.

보행자처럼 조명을 받지 않는 장애물이 도로에 갑자기 나타나면 초점체계의 손상이 매우 중요한 문제가 된다. 운전자가 그 대상을 확인할 때쯤이면 이미 멈추기에 너무 늦었기 때문이다. 사실, 대부분의 운전자들이 사고 전에 보행자를 발견하지 못했다고 말한다. Leibowitz와 Owens(1986)는 야간 운전의 사고를 줄이기 위한 한 가지 방법으로 야간의 재인 시각의 선택적인 손상에 대해서 교육받아야 한다고 주장하였다.

3. 주의와 작업부하

주의는 수년에 걸쳐 상당히 흥미 있는 주제였다. 영국 심리학자들은 적의 잠수함의 출현 여부를 주시하면서 경계를 유지하고 다양한 입력 자극에 주의를 분할해야 하는 항공교통 제어자의 능력에 관심을 가졌다. 주의에 관한 근대 연구들은 인지적 요구가 서로 다른 육상, 항공 및 해상 운송수단을 작동하는 오퍼레이터의 수행을 중심으로 이루어졌다. 자극에 주의를 기울이는 능력은 제한되어 있고 주의의 방향이 우리가 얼마나 잘 지각하고 기억하고 행동하는지를 결정한다. 주의를 요하지 않는 대상이나 정보는 대개 우리의 지각 밖의 영역에 있기 때문에 수행에 거의 영향을 주지 않는다. 따라서 만약 오퍼레이터가 그것에 주의를 기울이지 않으면 과제 관련 정보의 디스플레이가 개발되지 않을지도 모른다. 어쨌든 동일한 반응에 대해 여러 번 학습을 하게 되면 그 반응에 그다지 주의가 필요하지 않다. 그런 상황에서 주의의 초점 밖에 있는 친숙하지만 무 관련 자극은 주의를 요하는 관련 자극의 처리를 간섭한다. 다양한 요인들이 할당된 과제를 수행하는 오퍼레이터의 수준을 결정한다.

주의의 여러 가지 기본적인 측면들을 구분할 수 있다. 첫째, 정보의 한 가지 측면에만 초점을 맞추고 다른 것은 무시하는 능력이 있다. 이것은 여러 사람들이 이야기하는 상황에서 단 한 사람의 말을 들을 수 있는 능력과 상응한다. 이것을 선택적 주의라 부른다. 주의의 또 다른 측면은 운전 중에 대화를 나누는 등의 중다 과제를 수행할 때 주의를 분할하는 능력과 관련된 것이다. 이것이 분할 주의이다. 주의의 또 다른 측면은 과제를 수행하는 데 필요한 정신적인 노력과 관련되어 있다. 전형적으로 만약 어떤 과제가 상당한 노력을 요구한다면 그것은 주의가 필요한 과제이다.

정신적 노력의 개념은 정신적 작업부하와 밀접하게 관련되어 있다. 오퍼레이터의 직무에 필요한 주의의 정도를 측정하는 것이다. 이는 작업 부하를 예측하고 측정하는 많은 기법들이 주의에 관한 기본적인 연구들로부터 파생된 개념과 방법에 근거하여 개발되어 왔다. 이 장에서는 대안적인 주의 모델들을 기술하고 다양한 주의 양상들을 세부적으로 살펴볼 것이며 정신적인 작업부하를 평가하는 기법들을 조사할 것이다.

1) 주의 모델

지금까지 여러 가지 주의 모델들이 제안되어 왔다. 이런 모델들은 주의에 관한 우리의 지식을 확장시키는 많은 연구들을 낳았다. 그러나 각각의 모델이 인간 수행의 서로 다른 측면을 포착한 것이기 때문에 이것을 모두가 지지할 만한 단독 모델이라고 보기는 어렵다.

　주의 모델들 간의 체계를 그림 2-9에 제시했다. 첫째, 크게 병목모델과 자원모델로 구분할 수 있다. 병목모델은 우리가 주의를 기울일 수 있는 정보의 양이 제한되어 있다는 정보처리 순서에서 특히 단계를 중시하였다. 반면에 자원모델은 주의를 제한된 병목으로 간주한 것이 아니라, 하나 혹은 그 이상의 과제에 할당할 수 있는 제한된 용량인 자원으로 간주했다. 이 범주들을 더 세부적으로 구분할 수 있다. 병목모델은 초기와 후기모델로 나눌 수 있는데, 이것은 병목이 정보처리 순서상 어디에 위치하느냐에 달려 있다. 자원 풀의 수에 따라 자원모델은 단일 자원과 중다 자원으로 나뉜다. 마지막으로 우리는 적절한 실험적 증거에 따라 이들 모델의 특성을 기술할 것이다.

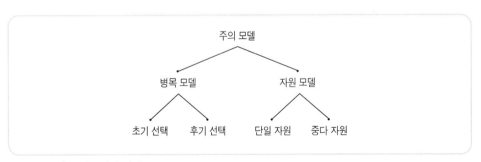

그림 2-9 ▌ 주의 모델의 위계

(1) 병목모델

여과기 이론　주의라는 주제에 대한 관심이 제기된 이후, 첫 번째 세부적인 모델이

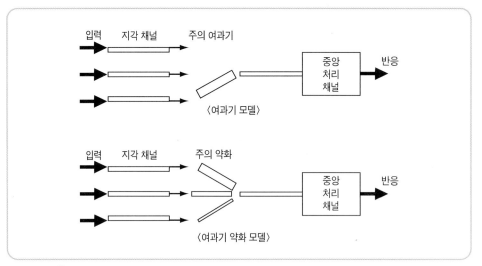

그림 2-10 여과기 모델과 여과기 약화 모델

Broadbent(1958)의 여과기 이론이다. 여과기 모델은 자극이 확인되기 위해 한 번에 하나씩 중심처리 채널로 들어온다는 초기 선택 모델이다. 따라서 가외 정보나 원치 않은 정보들의 여과가 초기인 확인 단계 이전에 일어난다. 여과기는 단 한 가지 원천의 입력만을 확인 단계로 보내기 위해 공간적인 위치나 음조 등의 비교적 총체적인 물리적 특징에 근거하여 작동한다(그림 2-10).

  여과기 모델은 주의의 가장 기본적인 현상들을 포함한다. 한 번에 하나 이상의 메시지에 주의를 기울이기 어렵고 무주의 정보를 거의 보유할 수 없다. 결과적으로 여과기 모델은 오늘날까지 가장 유용한 주의 이론 중 하나로 남아 있다. 그러나 여과기 모델이 전적으로 옳을 수는 없다. 이론이 반증될 수 있을 만큼 충분히 구체적으로 되어감에 따라, 여과기 모델과 상반되는 증거들이 축적되어 왔다. 예를 들어, 대부분의 청취자들은 자신의 이름을 들었을 때, 그것이 무주의 정보일지라도 인식할 수 있었다(Moray, 1959). 또한 Treisman(1964a)이 산문의 한 구절을 양 귀에 번갈아 들려주었을 때 청취자가 어떤 구절을 '다른 귀(wrong ear)'로 전환한 이후에도 계속 음영화(shadowing)할 수 있음을 발견했다. 그래서 메시지의 첫 부분의 맥락이 wrong ear로 청취자의 주의를 끌기에 충분했음을 제안했다. 다양한 연구들은 무주의 정보의 내용이 적어도 어떤 특정 환경에서는 확인됨을 보여 준다. 그리고 이것은 더 이상 여과기 이론으로 설명될 수 없었다.

약화 이론과 후기 선택 이론　이런 모순되는 증거들을 가지고 Treisman(1964b)은 여과기 모델을 수정하려고 시도했다. 그녀는 초기 여과기가 무주의 정보의 신호를 약화시킬 뿐 전적으로 차폐하는 것은 아니라는 여과기 약화 모델을 제안했다(그림 2-10). 이전 단락에서 기술한 두 가지 예로 여과기가 때때로 왜 '누전(leak)' 되는지를 설명할 수 있었다. 즉, 약화된 메시지는 정상적인 조건하에서는 확인될 수 없지만, 친숙성이나 맥락이 확인역보다 충분히 낮으면 확인될 수 있다. 여과기 약화 모델이 여과 이론에 비해 그 실험 결과들과 더 일치한다 하더라도 쉽게 검증 가능하지는 않다. 여과 이론의 문제점을 수정한 대안적인 접근은 정보처리 순서상 나중에 여과기가 있어서 확인 단계 이후에 일어난다는 것이다.

Deutsch와 Deutsch(1963), Norman(1968)은 모든 메시지가 처리된다고 주장하였다. 그러나 선택되거나 주의를 받지 못한 정보는 즉시 소멸된다고 했다. 그 결과는 모든 항목들이 확인되었다는 증거를 포함한 후기 선택 모델을 지지하였다. 예를 들어, Lewis(1970)는 청취자에게 한쪽 귀에 단어 목록 5개를 빠른 속도로 제시하였다. 무주의 단어를 반대쪽 귀에 제시하는 동안 이 목록이 차폐되었다. 청취자는 무주의 단어를 회상할 수 없었으나 그것의 의미가 동시에 제시된 무주의 단어를 발음하는 반응시간에 영향을 주었다. 무주의 단어와 차폐된 단어가 동의어였을 때 반응시간이 더 길어졌다.

(2) 자원모델

병목의 위치를 정확하게 지적하는 어려움 때문에 연구자들은 새로운 접근을 시도하게 되었고 주의 자원모델을 개발하였다. 주의의 한계를 일으키는 정보처리 순서에서의 특정 위치에 초점을 맞추는 대신, 자원모델은 정신활동을 위한 제한된 용량 때문에 주의의 한계가 생긴다고 하였다. 자원의 수요가 공급보다 많을 때 수행이 떨어진다.

단일자원모델　단일자원모델은 1970년대 초에 제안된 주의 모델이다. 가장 잘 알려

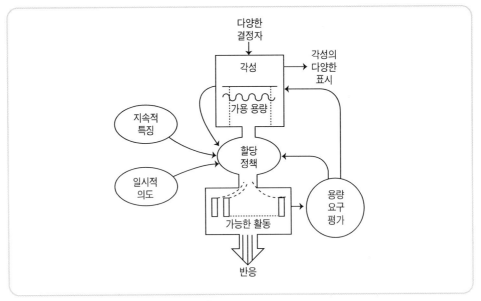

그림 2-11 Kahneman(1973)의 단일자원모델

진 Kahneman(1973)의 모델을 그림 2-11에 제시하였다. Kahneman(1973)의 모델은 주의를 다양한 과제나 처리를 위한 제한된 용량 자원으로 간주하였다. 만약 가용한 주의 자원 용량을 초과하지만 않는다면 중다 과제의 실행은 어렵지 않다. 수행해야 하는 과제 요구와 각성 수준에 따라 가용한 주의 용량이 변한다. 가용한 주의 용량 이상의 과제 요구와 각성 수준이 필요한 과제의 수행은 저조할 것이고 가능한 다른 활동에 자원을 할당하기 위한 정책이 효과적으로 진행되어야 할 것이다. 이런 할당 정책은 이러한 자원을 필요로 하는 수요에 대한 순간순간의 판단에 달려 있다.

단일자원모델의 한 가지 결론은 연구자들이 과제의 다양한 정신적 하위 과정에 필요한 주의 요구를 측정하기 시작했다는 점이다. Posner와 Boies(1971)는 인간이 동시에 두 과제를 수행해야 하는 소위 이중과제 절차라 불리는 것을 사용하였다. 그들은 한 과제를 1차 과제로 나머지 한 과제를 2차 과제로 분류하였고 사람들에게 가능한 한 1차 과제를 수행하도록 지시했다. 주의가 처리자원들의 단일한 풀이라는 가정하에서는, 모든 자원들은 1차 과제에 집중되어야 한다. 남은 자원들은 두 번째 과제에 쓰여질 것이다. 만약 주의 자원들이 처음 과제에 모두 다 쓰인다면 두 번째 과제 수행은 힘들어 질 것이다. 실험 결과 이중과제 절차로 순간적인 주의 요구를 민감하게 측정할 수 있었다. 그러한 절차는 다른 과제들의 난이도를 결정하는 데 사용될 수 있고, 오퍼레이터의 수행이 힘들 때를 예상하는 데 사용될 수 있다.

중다자원모델 중다자원모델은 단일 주의 자원은 없다고 주장한다. 대신에 별개의 하위 체계들이 각각 제한된 자원 풀을 가진다. Wickens(1980, 1984)는 처리(부호화, 중앙 처리 과정, 반응), 부호(언어적, 공간적), 입력(시각적, 청각적), 출력 양상(손, 음성)의 각 단계를 구성하는 자원의 3차원적 체계를 제안했다(그림 2-12). 이 모델은 두 과제가 별개의 자원 풀을 요구하는 영역에서 동시 수행이 더 효율적이라고 가정한다. 과제들이 다른 자원들을 끌어온다면 한 과제의 난이도의 변화는 나머지 과제의 수행에 영향을 주지 않아야 한다.

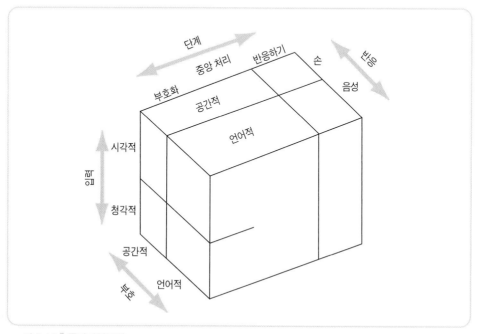

그림 2-12 중다자원모델

중다자원모델에 의하면 중다 과제 수행 시의 수행 저하는 자극 양식과 각각의 과제에 요구되는 반응에 의해 결정된다. 예를 들어, Wickens(1976)는 정지한 표적에 커서를 일직선으로 유지해야 하는 손동작 과제를 수행하도록 하면서 동시에 막대기에 일정한 압력을 유지하거나 청각신호의 탐지와 관련된 과제를 수행하도록 하였다. 청각 탐지 과제가 더 어려운 것으로 보이지만 일정한 압력 과제보다 손동작을 덜 방해한다. 이것은 손동작 과제와 일정한 압력 과제 둘 다 동일한 출력 양식 풀에서의 자원을 요구하기 때문이다. 중다자원모델에 의한 일반적인 원리는 과제 차원들(처리, 부호화, 양식의 단계)이 겹치지 않는다면 중다 과제의 수행이 전형적으로 더 나을 것이라는 것이다.

(3) 주의 양상

선택 주의 대부분의 과제 수행에 선택적 주의가 요구된다. 예를 들어 설명서를 읽을 때, 오퍼레이터는 쓰여진 정보에 선택적으로 주의를 두고 시청각 정보는 전적으로 무시해야 한다. 선택적 주의 연구에 사용되는 한 과제가 선택적 듣기 과제이다. 이 과제에서 주의를 기울여야 하는 청각적인 표적 메시지와 함께 방해 청각신호가 동시에 제시된다. 방해 자극은 표적 메시지를 차단하거나 혼동시킴으로써 그것의 처리를 방해한다. 선택적 듣기는 표적 메시지가 방해물과 물리적으로 멀리 떨어져 있을 때 상대적으로 쉽다. 별개의 스피커로 신호를 제시하거나 헤드폰을 통해 양 귀에 다른 메시지를 들려주는 등의 표적과 방해 자극의 공간적 분리는 표적 메시지에 더 쉽게 주의를 기울이게 한다(Spieth, Curtis, & Webster, 1954; Treisman, 1964a). 이와 유사하게 표적과 방해 자극의 강도가 다르거나(Egan, Cartertte, & Thwing, 1954) 주파수가 다를 때 선택적 듣기가 더 용이하다(Egan, Cartertte, & Thwing, 1954; Spieth, Curtis, & Webster, 1954). 이러한 결과들은 주의 선택이 물리적 특성들에 근거하여 일어난다는 초기 선택 모델에 부합되었다.

중다 시 신호를 제시함으로써 시 자극에 대한 선택적 주의를 연구해 왔다. 예컨대 시각도로 1°가량 떨어진 곳에 있는 무 관련 자극은 표적의 처리를 다소 방해할 것이다(Eriksen & Eriksen, 1974). 반면에 공간적으로 충분히 분리되어 있는 방해 자극이라면 표적의 처리에 전혀 영향을 주지 않을 것이다. 방해문자들이 공간적으로 충분히 분리되어 있지 않다면 표적 단어와 함께 처리되어 과제 수행을 어렵게 만들 것이다 (Eriksen & St. James, 1986; Treisman, Sykes, & Gelade, 1977).

　운전과 같은 중다 과제에서는 하나의 입력에서 또 다른 입력으로 주의를 변환하는 능력이 다르다. Kahneman과 동료들은(Gopher & Kahneman, 1971; Kahneman, Ben-Ishai, & Lotan, 1973) 양분청취 과제를 사용하여 비행조정사 지원자와 버스운전자들의 주의 전환 능력을 평가했다. 한쪽 귀에 들려준 정보를 무시한 채 다른 쪽 귀의 정보에 선택적으로 주의를 기울이게 하였다. 주의 전환 신호 후에 발생한 에러의 수는 이스라엘 공군 사관 생도의 성공과 부적 상관이 있었다. 성공적인 생도는 더 적은 에러를 일으켰다. Parasuraman과 Nestor(1991)에 의하면 주의 전환 능력이 늙은 치매 운전자들의 운전 능력을 저하시키는 인지적 요인이다. 주의 전환 능력이 개인에 따라 다르기 때문에 주의의 측정도 운전 능력 검사에 포함되어야 할 것이다.

분할 주의　분할 주의 과제는 동시에 여러 개의 입력에 주의를 기울여야 하는 것이다. 대부분의 경우 단일자원에 주의가 요구될 때 수행이 상대적으로 저조하다. 이러한 수행 저하는 정보 지각 정확성의 감소, 느린 반응시간, 탐지와 확인을 위한 식역의 상승 때문에 나타난다.

　오퍼레이터는 잠재적으로 표적신호의 전달을 포함하는 몇 가지 자원 입력을 동시에 주시하는 분할주의 과제를 수행해야 한다. 하나 혹은 그 이상의 감각 양식을 가지는 많은 자원자들 사이에서 주의 분할이 일어나면 하나의 자원 안에서 제시될 때보다 표적 탐지가 다소 저조할 것이다(Duncan, 1980; Ostry, Motay, & Marks, 1976; Pohlman & Sorkin, 1976). 중다 자극이 제시되면 최소한 한 가지 표적이 탐지될 가능성은 증가하는 반면 각각의 자극이 탐지될 가능성은 감소한다. 어떤 신호 자원에서 목표물을 탐지할 가능성은 다른 자원으로 동시에 존재하는 목표물의 수가 증가함에 따라서 감소한다. 즉, 중다 자원은 어느 정도 효율적으로 주시될 수 있다. 두 가지 혹은 그 이상의 표적, 즉 서로 분류되어야 하고 확인되어야 하는 자극들이 동시에 존재할 때 제한점이 발생한다. 동시에 존재하는 중다 표적에 대한 수행은 연습으로 향상

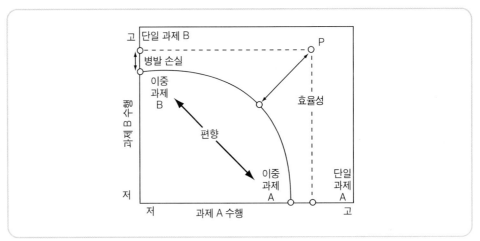

그림 2-13 ▌ 수행조작특성(POC) 곡선

될 수 있지만(Ostry et al., 1976), 결코 단일 과제 수행 수준으로 회복될 수는 없다.

주의 분할 상황에서 모든 과제에 동일한 우선권을 줄 필요는 없다. 예를 들어, 이미 설명된 탐사(probe) 기법은 두 과제 중 하나를 1차 과제로, 나머지 하나를 2차 과제로 설계했다. 개별 과제에서의 수행은 교환될 수 있다.

이중 과제 수행에서 이러한 교환은 수행조작특성(POC) 곡선으로 설명된다. 이것은 ROC 곡선과 어떤 측면에서 비슷하다. 이론적인 POC곡선이 그림 2-13에 나와 있다. 가로축은 과제 A의 수행이고 세로축은 과제 B의 수행이다. 각 과제의 기저선 수행은 개별 축에 나와 있다. 만약 두 과제가 단독으로 수행될 때만큼 효율적으로 동시에 수행될 수 있다면 수행은 독립적인 지점(independent point, P)에 놓일 것이다. 이 점은 두 과제가 함께 작용해도 주의 제한이 일어나지 않을 때의 수행을 나타낸다.

P점에서 축들로 선을 그어 나타난 상자가 POC 공간이다. 그것은 과제가 동시에 이루어질 때 발생할 수 있는 공동 수행의 모든 가능한 조합들을 나타낸다. 두 과제의 실제적인 수행은 공간 내의 곡선이다. POC 곡선과 독립된 점들 간의 거리인, 수행효율성이 두 과제가 어떻게 함께 수행될 수 있는가의 척도이다. POC 곡선이 P에 가까이 가면 갈수록 수행은 더 효율적이다. ROC 곡선처럼 POC 곡선상의 다른 점들은 과제

순서가 바뀌는 것에서 포함될 수 있는 편향을 나타낸다. 정적 대각선 상의 점들은 편향되지 않은 점들을 나타내는 반면에 세로축에 향한 점들은 과제 B나 과제 A에 대한 편향을 나타낸다. 마지막으로 동시발생의 손실은 단일 과제 수행과 이중 과제 수행의 차이이다.

　POC 곡선은 어느 과제를 강조하는가에 따라서 달라진다. POC 분석은 오퍼레이터가 두 가지 혹은 그 이상의 과제를 동시에 수행해야 하는 레이더나 항공기처럼 복잡한 시스템을 통제하는 데 적용될 수 있다.

각성과 경계　주의는 각성(arousal) 수준에 영향을 받는다. 주의 할당 방식과 주의 자원의 양이 각성 수준에 영향을 미친다. 주의와 각성 간의 이러한 관계를 Yerkes-Dodson 법칙인 기본적인 수행 법칙으로 설명할 수 있다(Yerkes & Dodson, 1908). 이 법칙은 복합 과제에 비해 단순 과제의 경우 각성의 최적 수준이 더 높은 역 U자 모양의 함수관계를 나타낸다(그림 2-14). 각성 수준이 낮으면 수행이 저하된다는 것은 당연한 일이다. 낮은 각성 수준에서는 과제 세트(즉, 과제 수행을 위해 준비되는 것)를

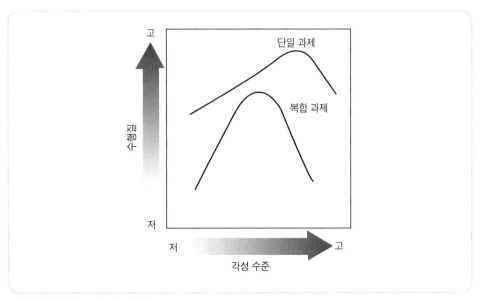

그림 2-14 ▎Yerkes-Dodson 법칙

잘못 채택할 수 있고 주시 과제에 주의를 적절하게 몰입하지 못할 수도 있다.

놀라운 것은 수행이 높은 각성 수준에서도 저하된다는 것이다. 주의 통제 감소가 이 상태의 수행을 저하시킨다. 높은 각성 수준에서는 주의 폭이 좁아져서 주의를 이끌기 위해 사용된 단서들의 범위도 제한된다(Easterbrook, 1959). 또한 적절한 단서와 부적절한 단서들 간의 구별 능력도 떨어질 것이다. 따라서 높은 각성 수준에서 주의의 할당은 부적절하다.

높은 각성 수준에서 일어나는 주의의 한계가 지각적 협소화이다(Kahneman, 1973). Weltman과 Egstrom(1966)은 초보 스쿠버 다이버의 수행에서 지각적 협소화를 알아보기 위해 이중 과제를 사용했다. 1차 과제는 산수와 숫자판 탐지에 관한 것이고 2차 과제는 주변에 제시되는 빛의 탐지에 관한 것이다. 각성의 수준은 정상 환경(낮은 스트레스), 탱크 안(중간 스트레스), 바다 안(높은 스트레스)에서 다이버를 관찰함으로써 조작되었다. 스트레스가 증가함에 따라 1차 과제 수행은 영향을 받지 않았지만 2차 과제 수행은 저하되었다. 이것은 증가한 스트레스하에서 주의집중의 협소화 개념과 일치한다.

긴 시간 동안 지루한 과제를 수행해야 할 때 각성 수준은 낮아진다. 경계(vigilance) 과제들로 주의의 이러한 측면들을 연구해 왔다. 경계 과제는 예상치 않은 시행에서 발생하는 비교적 불규칙한 신호들을 탐지하는 것이다. 경계에 관한 연구들은 제2차 세계대전 당시 왜 레이더 오퍼레이터가 해저의 많은 표적을 탐지하지 못했는지에 대한 의문으로 시작되었다. 시스템이 자동화됨에 따라 오퍼레이터의 역할은 주로 결정적 신호의 출현을 수동적으로 주시하는 것으로 바뀌었다. 경계는 부분적으로 산업 현장의 품질 관리, 항공기 관리, 제트기와 우주선, 인공물의 조작에서의 인간 수행의 신뢰성을 결정한다(Warm, 1984).

전형적인 경계 과제는 단일 원천으로부터 단일 표적사건만을 탐지하도록 요구한다. 그러나 대부분의 산업 장면의 감시 과제에서는 중다 표적 사건이나 중다 원천이 주시되어야 한다. Craig(1991)는 중다 신호의 경계에 관한 문헌을 검토하여 이런 방식의 주시 부담의 증가가 전반적인 수행을 저하시키더라도 경계 감소와 반드시 일치하는 것은 아니라고 결론 내렸다. 경계 감소는 과제가 복잡할 때뿐 아니라 단순할 때도 나타난다.

2) 정신적 작업부하

주의 모델은 인간 요인의 문제점을 해결하는 데 적절하게 적용되어 왔다. 이런 응용의 한 가지 영역은 정신적인 작업부하를 측정하는 것이다. 작업부하는 한 사람이나 집단이 일정 기간 내에 수행하는 작업의 총량을 말한다. 정신적인 작업부하는 과제를 수행하는 데 필요한 정신적인 작업이나 노력의 양이다. 과제 요구가 증가함에 따라 정신적인 작업부하도 증가하기 마련이다. Gopher와 Donchin(1986)에 따르면 '정신적인 작업부하는 기대를 만족시키기 위해 과제 수행에 필요한 정보처리 시스템의 용량과 주어진 시간에의 접근 가능성 간의 차이를 보여 줄지'도 모른다.

작업 세팅에서 정신적인 작업부하가 지나치게 높거나 낮으면 수행은 저조하다. 지나치게 많은 과제 요구가 주어진다면 수행은 저조해질 것이 분명하다. 그러나 비요구 과제 또한 오퍼레이터의 경계 수준을 감소시켜 수행을 저하시킨다. 그림 2-15는 정신적인 작업부하와 작업 수행이 역 U자 모양의 함수관계를 가지고 있음을 나타낸다.

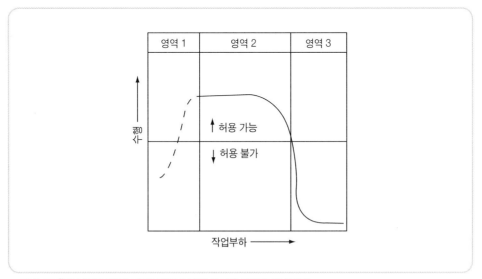

그림 2-15 ▎정신적인 작업부하와 작업 수행의 역 U자 모양의 함수관계

정신적인 작업부하 개념은 인간이 정보처리를 위한 제한된 용량을 가졌다는 점에서 주의의 단일자원모델로부터 파생되었다(Kantowitz, 1987). 그러나 대부분의 현재 작업부하 기법들은 서로 다른 과제 구성요소들이 제한된 용량의 별개의 풀로부터 자원을 끌어온다고 가정하기 때문에 중다자원모델과 더 밀접하게 관련되어 있다. 중다자원모델의 가장 큰 이점은 특정 과정이 과부하된 정도를 인간 요인 전문가가 평가하게 한다는 것이다.

많은 작업부하 평가기법들은 여러 면에서 서로 다르다. 한 가지 유용한 분류 방법은 경험적 기법과 분석적 기법으로 구분하는 것이다(Lysaght et al., 1989). 경험적 기법은 조작 시스템이나 시뮬레이션 환경에서 작업부하를 직접적으로 측정하는 데 사용된다. 반면에 분석적 기법은 시스템 개발 과정에서 초기에 작업부하 요구를 예측하는 데 사용한다.

(1) 경험적 기법

경험적 기법은 1차 과제의 수행 측정, 2차 과제의 수행 측정, 생리심리학적 측정 및 주관적인 척도를 포함한다. 이 주어진 상황에서 작업부하 평가기법을 선택하는 데 여러 가지 준거가 적용될 수 있다(Boff & Lincoln, 1988). 평가는 과부하된 처리 자원을 분리할 수 있을 만큼 진단적이어야 한다. 이러한 평가는 중다자원이론에 따라 처리단계의 세 가지 요구(지각적·인지적 대 운동)에서 부호들(공간적 수동 대 언어적 음성) 및 양상(청각 대 시각)에 이르기까지 용량들 간의 구분을 요구한다.

세 가지 준거는 실용적인 고려로부터 나온다. 침입적(intrusive)인 기법은 1차 과제의 수행을 저하시킬 우려가 있으므로 평가기법으로는 부적절하다. 이 경우 눈에 띄는 수행 저하가 과제가 아닌 측정기법에 기인한 것이기 때문에 작업부하 추정치를 해석하기 어렵다. 몇 가지 기법들은 쾌변적인 지식을 요구하기 때문에 신중히 고려하여 구현할 필요가 있다. 구현의 문제점이 가장 적은 것을 기법으로 선택해야 한다. 결론적으로 평가되는 오퍼레이터가 이러한 기법들을 수용해야 한다는 점이 중요하다. 평가 절차의 타당성 검증이 의미 있는 측정을 얻기 위해 필요하다.

1차 과제 측정법   1차 과제 측정법은 오퍼레이터나 전체 시스템의 수행을 직접 조사함으로써 과제의 정신적인 작업부하를 평가하는 것이다. 과제 난이도가 증가함에 따라 부가적인 처리 자원이 요구될 것을 가정한다. 작업부하 요구가 가용한 자원의 용량을 초과할 때 수행은 저하된다.

작업부하를 측정하는 데 다양한 1차 과제 측정법이 사용되어야 한다. 만약 단 하나의 수행측정치만 사용된다면 그것은 작업부하의 어떠한 효과도 보여 주지 못하면서 다른 측정치들이 영향을 줄 수도 있다. 예를 들어, 항공교통제어를 위한 상황 디스플레이들 간의 차이를 평가하는 연구에서 Kreifeldt 등(1976)은 최종 비행 속도와 비행 방향 및 의사소통을 포함한 제어수행 16개의 측정치를 얻었다. 만약 조정사가 비행 속도와 비행 방향을 조절한다면 작업부하가 증가함에 따라 비행 속도가 감소되지 않을 것이나 비행 방향에는 영향을 미칠 것이다. 만약 비행 속도만을 측정하였다면 작업부하가 작다는 결론에 도달했을지도 모른다. 중다 측정으로 작업부하를 더 정확하게 측정할 수 있다.

1차 과제 측정법은 과부하 상황이 아닐 경우에도 과부화를 식별해 내는 데 민감하다. 그러나 수행이 저하되지 않았을 때 그것들은 상대적으로 정신적인 작업부하의 차이에 덜 민감하다. 1차 과제 측정법으로 서로 다른 유형의 오퍼레이터 자원에 부과된 부하를 진단하는 것은 다소 부적절하다.

2차 과제 측정법   작업부하를 측정하는 또 다른 객관적 방법은 2차 과제를 사용하는 것이다. 2차 과제 측정법은 이 장의 앞부분에 언급한 이중 과제 수행의 논리에 근거한다. 오퍼레이터에게 흥미 있는 1차 과제 이외에 부가적인 과제를 수행하게 한다. 이중 과제 상황에서 각각의 과제를 단독으로 수행했을 때에 비해 수행이 저하되는 정도로 작업부하를 평가한다. 따라서 이중 과제 기법으로 두 가지 과제가 요구하는 주의 자원의 양을 측정할 수 있다.

이중 과제 측정법은 1차 과제 측정법보다 더 민감하다. 1차 과제가 효과적으로 수행될 수 있는 과부하되지 않은 상황에서 2차 과제 측정법은 예비 용량에서 차이를 평가할 수 있다. 2차 과제 측정법은 또한 작업부하의 특정 소스가 중다측정법을 사용함으로써 결정될 수 있다는 점에서 진단적이다. 이중 과제 측정법의 단점은 그것들이 침입적일 수 있고, 과제 환경을 변화시킴으로써 인위성을 낳을지도 모른다는 것이다. 또한 어떤 오퍼레이터 훈련은 이중 과제 수행을 안정되게 하는 데 필요할지도 모른다.

오퍼레이터에게 주어진 요구는 1차 과제 난이도를 조작하거나 2차 과제 수행에서의 편차를 관찰한다거나 혹은 2차 과제 난이도를 조작하고 1차 과제 수행에서의 편차를 관찰함으로써 평가될 수 있다. 부하과제(loading task) 패러다임은 오퍼레이터에게 1차 과제 수행이 방해를 받더라도 2차 과제 수행을 유지하게 한다(Ogden, Levine, & Eisner, 1979). 이런 패러다임에서는 수행이 쉬운 1차 과제에 비해 어려운 2차 과제에서 더 빠르게 저하된다. 예를 들어, Dougherty와 Emery 및 Curtin(1964)은 헬리콥터 조종사를 위한 표준 헬리콥터 디스플레이와 그림 디스플레이의 두 가지 디스플레이의 작업부하 요구를 조사하였다. 1차 과제는 미리 정해진 고도, 방향, 코스 및 비행 속도에서 비행하는 것이다. 2차 과제 혹은 부하 과제는 디스플레이된 숫자를 읽는 것이다. 비행만 할 때 혹은 숫자가 낮은 비율로 나타나는 2차 과제 수행만 할 때 1차 과제 수행은 두 가지 디스플레이 조건에서 다르지 않았다. 그러나 숫자를 빨리 제시할 때 그림 디스플레이가 표준 디스플레이에 비해 비행 수행이 더 나았다. 따라서 그림 디스플레이의 경우 정신적인 작업부하 요구가 덜하다.

인간 요인 전문가는 작업부하를 측정하는 데 여러 유형의 2차 과제 중 무엇을 사용할 것인가를 결정해야 한다. 2차 과제는 1차 과제 수행에 필요한 처리 자원을 이끌어 내는 것이어야 한다. 만약 그렇지 않다면 측정 과제와 관련된 작업부하의 측정에 덜 민감해진다. 여기에 덧붙여 몇몇 이중 과제는 1차 과제의 다양한 자원 요구의 프로파일을 제공할 수도 있다. 일반적으로 사용되는 2차 과제는 지각적 반응 실행 자원을 포함하는 단순 반응시간이다.

- 중앙 처리 과정과 반응선택 요구를 포함하는 선택반응시간
- 지각적 처리를 강조하는 자극의 출현을 주시하는 것
- 중앙 처리 자원을 요구하는 암산

생리 심리적 측정법 최근 몇 년간 생리심리학적 지표의 도구화와 응용이 빠른 속도

로 증가되어 왔다. 이런 생리심리학적 지표 중 어떤 것들은 작업부하를 측정하는 데 이용될 수 있다. 이러한 측정법은 1차 과제와 2차 과제를 함께 수행함으로써 생길 수 있는 침입의 문제를 피할 수 있다. 그러나 생리심리적 측정은 측정법 수행 시 필요한 절차가 1차 과제 수행을 간섭할 가능성이 있다.

여러 유형의 생리심리적 측정법이 사용되어 왔다. 그중 하나가 동공 지름측정법이다. 이것은 과제를 수행하는 데 사용되는 주의 자원의 양의 지표가 된다(Beatty, 1982; Kahneman, 1973). 작업부하 요구가 크면 동공의 크기가 더 커진다. 이러한 변화는 작지만 신뢰할 만하고 충분히 민감한 측정치를 산출할 수 있다. 동공 지름측정법은 작업부하의 일반적인 측정에는 유용하지만, 과제 수행에 사용된 특정 자원을 진단하는 데 그리 효과적이지 못하다.

또 하나의 2차적 생리심리적 측정치는 심장박동률이다. 작업부하가 증가하면 심장박동률도 증가한다(Wilson & O'Donnell, 1988). 그러나 심장박동률의 1차적 결정인이 신체적 작업부하와 각성 수준이기 때문에 심장박동률이 정신적인 작업부하의 지표와 일치하지는 않는다. 좀 더 나은 측정치는 심장박동률의 변산성이다(Vicente, Thornton, & Moray, 1987).

가장 최근에 사용되는 생리심리적 측정치는 유발 뇌 전위이다(그림 2-16). 감소된 자극 사상의 제시가 뇌로부터 반응을 일으키며 이것이 피질에서 유발된 전압의 진동이다. 이런 일시적인 반응이 두피에 부착된 전극에 의해 측정될 수 있다. 많은 시행들을 평균하여 특정 상황에서의 유발 뇌 전위의 파형을 결정한다. 유발반응의 구성요소는 정적(P)이거나 부적(N)이다. 그 피크점들과 자극 제시 시간 간의 간격에 근거하여 구성성분을 명명한다. P300(사상 출현 후 300ms 경과 후에 나타나는 정적 구성요소)은 작업부하에 영향을 주는 것으로 해석될 수 있는 반응시간 효과와 진폭 효과를 보인다. 자극이 반복됨에 따라 반응폭은 감소하지만 기대되지 않은 자극 사상이 출현할 때 다시 증가한다(Duncan-Johnson & donchin, 1977). 따라서 P300은 자극의 수행에 필요한 인지적 처리에 영향을 준다.

P300은 실제 과제의 작업부하 요구에 민감한 것으로 나타났다. Kramer와 Sirevaag 및 Braune(1987)은 학생 조종사에게 모의비행에서 일련의 특무비행을 수행하도록 하

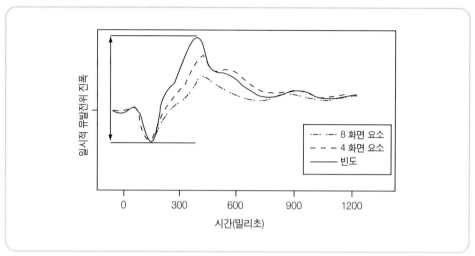

그림 2-16 ▌ 생리심리적 측정치인 유발 뇌 전위

였다. 1차 과제는 비행인데 바람 조건, 기류 및 시스템의 오류 가능성 등을 변화시킴으로써 그 난이도를 조정했다. 2차 과제는 2개의 음 중 하나가 들릴 때마다 버튼을 누르는 것이었다. 특무비행의 난이도를 증가시킴에 따라 음에 대한 P300이 잠시 증가하고 진폭은 감소하였는데 이것은 1차 과제의 작업부하가 증가함에 따라 2차 과제의 처리가 둔해진다는 것을 의미한다.

P300은 자극 평가 과정에만 민감하기 때문에 작업부하가 부과된 자원의 유형을 진단한다고 간주한다. 유발 뇌 전위의 다른 구성요소들은 지각적인 확인과 반응시작 과정과 더 밀접하게 연결되어 있다. P300 측정치는 작업부하가 1차 과제의 수행을 혼란시키지 않을 때 유용하다.

주관적 측정법　주관적 측정법은 오퍼레이터의 주관적 판단으로 작업부하를 평가한다. 이런 기법은 상대적으로 구현하기 쉽고 오퍼레이터에 의해 쉽게 수용되는 경향이 있다. 전형적인 방법은 오퍼레이터에게 특정 과제에 대한 지각적·정신적 노력, 시간 부하, 스트레스 부하의 평정을 요구하는 것이다(Moray, 1982). 그러나 주관적 평가법에는 몇 가지 한계가 있다(Boff & Lincoln, 1988). 첫째, 1차 과제 수행에 영향을 주는 과제 환경의 측면에 민감하지 않을 수도 있기 때문에 1차 과제 측정법과 함께 사용하는 것이 가장 바람직하다. 둘째, 진단적이지 않다. 셋째, 오퍼레이터는 지각된 난이도와 지각된 노력 비용을 혼동할 수도 있다. 넷째, 작업부하를 결정하는 많은 요인들이 의식적인 평가와 접근 불가능할 수도 있다.

스왓 척도(SWAT)는 처음에는 다양한 과제와 시스템의 사용을 위해 고안되었다 (Reid, Shingledecker, & Eggemeier, 1981). 이 척도는 오퍼레이터가 정신적인 작업 부하에 대해서 단순하고 서수적인 판단을 내리게 한다. 작업부하를 세 가지 하위 범주 (시간부하, 정신적 노력부하 및 스트레스 부하)로 구분할 수 있는데 이들을 다시 세 가지로 분류할 수 있다(그림 2-17). 시간부하는 제한된 시간 내에 수행되어야 할 과제의 양과 동시에 수행되어야 할 중다 과제의 양을 언급한 것이다. 정신적 노력부하는 암산 수행과 정보의 중다 자원에 주의를 기울이는 것과 같은 과제 본래의 주의 요구를 포함한다. 스트레스 부하는 오퍼레이터의 불안 수준에 영향을 주는 피로와 훈련

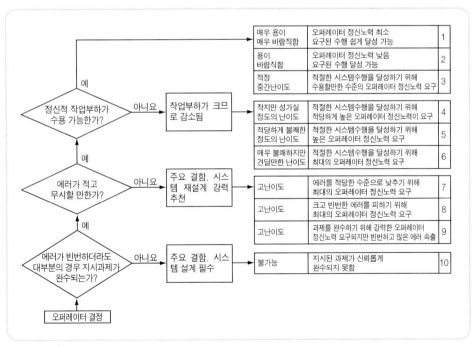

그림 2-17 ▌ 스왓 척도 절차

수준 및 정서 상태와 같은 오퍼레이터 변인을 포함한다.

　오퍼레이터는 작업부하의 양에 따라 27개의 가능한 기술문의 조합을 보고하도록 하였다. 전형적으로 오퍼레이터는 조합된 난이도를 추정하기 위해서 개별적인 과제 기술문의 난이도를 더하는 것 같다. 그리고 나서 결합척도(conjoint scale)라 불리는 과정이 정신적인 작업부하의 척도를 이끌어 낸다. 일단 척도를 이끌어 내면 다양한 상황을 위한 작업부하가 개별 차원의 단순한 평가로부터 얻어질 수 있다. SWAT 절차는 과제 난이도의 증가에 의해 유도된 작업부하 증가와 수면박탈이나 증가된 time-on 과제에 의해 야기된 작업부하의 증가에 민감하다(Hankey & Dingus, 1990).

　마지막으로 널리 사용되는 주관적 기법이 나사 과제부하 지표(NASA-TLX) (Hart & Stavelank, 1988)이다. 이 지표는 오퍼레이터가 작업부하 요구를 평가하는 6개의 척도로 구성되어 있다. 이 척도는 정신적인 요구, 신체적 요구, 기질적 요구, 수행, 노력 및 좌절 수준을 평가한다. 이러한 척도들은 연구의 기본이 된 좀 더 큰 척도에서 작업부하에 대한 주관적인 인상에 독특한 공헌을 한 것들만 선별한 것이다. 작업부하의 전반적인 측정은 특정 과제에 대한 중요성에 따라 각 척도의 비중을 할당함으로써 얻어질 수 있다. 그리고 나서 각 척도의 가중치의 평균을 계산한다.

　스왓 척도와 나사 과제부하 지표가 둘 다 유효한 작업부하 측정법이기는 하지만 이들은 예측 타당도가 불확실하고 작업부하의 심리학적 모델로 사용할 수 있느냐가 의문시된다(Nygren, 1991). 척도의 특성에 근거하여 나사 과제부하 지표가 주관적인 작업부하의 예측지표로 가장 적절한 반면, SWAT는 인지적 모델로 더 적절하다. 나사 과제부하 지표를 사용한 예가 최근의 경계연구이다. 반면에 정신적 요구와 좌절을 가지고 있는 관찰자는 나사 과제부하 지표에서 정신적 작업부하를 높게 평가하였으므로 경계를 비요구적인 것으로 여겼다(Becker et al., 1991). 연구 결과 경계 감소가 단순히 각성의 감소에 영향을 주는 것이 아니라 경계 수행이 상당한 노력을 요구하는 것으로 보인다.

(2) 분석적 기법

경험적 기법들과는 달리, 분석적 기법은 조작 시스템이나 시뮬레이터와 오퍼레이터의 상호작용을 요구하지 않는다. 왜냐하면 그것들은 시스템 개발의 초기 단계에서 작업부하를 추정하기 때문이다. 많은 측정법들이 작업부하의 다른 추정치들에 의존한다. 결론적으로 몇 개의 특정 시스템의 작업부하 요구를 평가하는 기법들을 절충하여 사용하는 것이 가장 좋다.

비교　비교기법의 기본 아이디어는 개발 중인 시스템의 작업부하를 추정하기 위해 이전 시스템으로부터 얻은 작업부하 자료를 사용하는 것이다. 따라서 이런 기법은 이전의 자료가 존재할 때에 유용하다. 비교법을 체계적으로 적용한 최초의 사례는 Shaffer와 Shaffer 및 Kutch(1986)의 연구이다. 그들은 2인용 헬리콥터로 수행된 특무비행에 대한 작업부하 평가의 경험적 작업부하 분석법으로부터 얻은 자료에 근거하여 1인용 헬리콥터의 특무비행의 작업부하를 추정하였다. 작업부하 평가에 대한 비교법의 적용은 아직 서툴고 개발에 더 많은 절차들이 남아 있다.

전문가 의견　가장 쉽게, 또 가장 광범위하게 고용된 분석기법 중 하나가 전문가 의견이다. 유사한 시스템의 사용자나 개발자에게 시스템에 대한 기술문을 제공하고 다른 것들 간의 작업부하를 예측하게 한다. 흔히 이 기법은 비공식적으로 행해진다. 예를 들어, 스왓 척도는 전문가들로부터 예견적인 평가를 얻는 방법으로 변형되어 왔다. 중요한 차이점은 그 평가가 시스템의 실제적인 작동에 대해서가 아니라 시스템과 특정 시나리오의 기술문에 대한 것이라는 점이다. 군용기의 수행에 대한 작업부하 추정 등을 살펴볼 때에 스왓 척도 등의 기법들을 사용한 예측적인 평가는 작업부하와 높은 상관을 가지는 것으로 나타났다(Eggleston & Quinn, 1984; Vidulich, Ward, & Schueren, 1991).

수학적 모델　정신적 작업부하의 수학적 모델을 개발하기 위한 많은 시도가 있었다. 정보이론에 근거한 모델은 1960년대에 인기를 얻었다. Senders(1964)에 의한 한 가지 모델은 제한된 주의 용량을 지닌 오퍼레이터가 많은 디스플레이로부터 정보를 표집한다고 가정한다. 각 디스플레이와 오퍼레이터의 처리 비율에 대한 채널 용량이 디스플레이가 정확하게 교환된 정보를 조사하는 방법을 결정한다. 따라서 오퍼레이터가 어떤 특정 디스플레이에 할당한 시간의 양이 시각적 작업부하의 측정치로 사용될 수 있다.

1970년대에는 수동제어이론과 열이론(queuing theory)에 근거한 모델이 인기였다. 수동제어모델은 표적을 추적하는 등의 연속적인 과제 상황에 적합하였다. 이것들은 다양한 분석적 기법과 이론적 방법들을 거쳐 오류를 극소화하려 했다. 서버가 호출한 시간의 수를 작업부하의 측정치로 제공한다. 이런 수학적 모델의 개발에도 불구하고 최근 몇 년간 계산된 과제 분석과 모의수행의 개발에 따라서 그 사용은 감소되었다.

과제 분석 과제 분석은 전체 시스템 목적을 구획과 오퍼레이터 과제, 궁극적으로 구성요소적 과제 요구로 나누는 것이다. 이 분석은 시간에 근거한 오퍼레이터 요구의 와해를 제공해 준다. 결론적으로 정신적 작업부하에 대한 대부분의 과제 분석 측정법은 가용한 자원의 양과 상대적으로 단위 시간마다 요구되는 정신적 자원의 양인 시간 스트레스의 추정에 초점을 둔다. 한 가지 예외가 McCracken-Aldrich 기법(Aldrich & Szabo, 1986; McCracken & Aldrich, 1984)인데 이것은 작업부하 차원을 다섯 가지로 구분한다. 시각, 청각, 운동 감각성, 인지 및 정신운동이 그것이다. 각각의 과제 구성요소를 위해 적절한 차원에 대한 1(낮은 작업부하)에서 7(높은 작업부하)까지 7점 평가척도를 만들었다. 30초 간격 동안 모든 활동적 과제 구성요소를 위한 작업부하 추정치를 합산함으로써 각 차원에서의 작업부하에 대한 평가가 이루어졌다. 만약 총합이 7을 넘어가면 그 구성요소가 과부하 상태임을 말해 주는 것이다.

시뮬레이션 모델 시뮬레이션 모델은 개연론적이므로 매번 동일한 결과를 도출해 낼 수 없다. 작업부하의 추정치를 제공하기 위해 사용되는 몇 가지 시뮬레이션 모델이 있다. 예로 Siegel과 Wolf(1969)의 확률적 모델의 변형들이 있다. 그 모델에서 과제를 수행하는 데 소요되는 시간과 수행해야 하는 과제의 양에 의해 영향을 받는 스트레스라 불리는 변인이 작업부하를 나타낸다. 스트레스는 평균 과제 수행 시간의 합을 전체 가용한 시간으로 나눈 것이다. 최근 이런 기법들의 확장으로 작업 부하 측정의 유연성을 증가시켰다.

4. 맺음말

주의 연구는 인간요인의 기본적인 고려와 응용 간의 밀접한 관계에 대한 이상을 구체화한다. 주의에 대한 관심이 되살아나면서 그 적용의 여러 가지 문제점이 발생하였지만, 이로 인해 주의 제어의 본질에 대한 기본적, 이론적인 연구를 가능하게 했다. 이러한 기본적인 연구가 결국 응용적인 면에서 주의적 요구를 더 잘 측정할 수 있게 했다.

오퍼레이터는 종종 정보의 특정 자원에 선택적으로 주의를 기울이거나 중다 자원 정보에 주의를 분할하거나 혹은 장시간 동안 단일 디스플레이에 주의를 기울어야 하는 과제를 수행해야 한다. 이제 각각의 상황에서 효과적인 수행을 낳도록 시스템을 설계하는 데 응용할 수 있는 많은 주의의 원리들이 밝혀졌다. 예를 들어, 분명한 양상으로 정보를 제시하면 지각적 자원의 경쟁으로 인한 수행의 감소를 피할 수 있고 무주의 정보에 대한 기억도 향상시킬 수 있다. 좀 더 일반적으로 정신적 작업부하의 평가가 1차 과제의 수행을 저하시키지 않으면서 동시에 수행 가능한 과제의 결정을 도울 수 있다. 정신적 작업부하는 지각적, 인지적 및 운동적 요구의 함수에 따라 달라지기 때문에 과제의 구조와 수행 환경은 작업과 수행에 큰 영향을 미칠 수 있다.

참고문헌

Aldrich, T. B., & Szabo, S. M.(1986). A Methodology for predicting crew workload in new weapon systems. *In Proceedings of the Human Factors Society 30th Annual Meeting*(pp. 633~637). Santa Monica, CA: Human Factors Society.

Beatty, J.(1982). Task-evoked pupillary responses, processing load, and the structure of processing resources. *Psychological Bulletin*, 91, 276~292.

Becker, A. B., Warm, J. S., Dember, W. N., & Hancock, P. A.(1991). Effects of feedback on perceived workload in vigilance performance. *In Proceedings of the Human Factors Society 35th Annual Meeting*(pp. 1491~1494). Santa Monica, CA: Human Factors Society.

Biederman, I., Glass, A. L., & Stacy, E. W., Jr.(1973). Searching for objects in real-world scenes. *Journal of Experimental Psychology*, 97, 22~27.

Biederman, I., Mezzanotte, R. J., Rabinowitz, J. C., Francolini, C. M., & Plude, D.(1981). Detecting the unexpected in photo interpretation. *Human Factors*, 23, 153~164.

Boff, K. R., & Lincoln, J. E.(1988). *Engineering Data Compendium: Human Perception and Performance.* Wright-Patterson AFB, OH: Harry G. Armstrong Medical Research Laboratory.

Coltheart, M., & Freeman, R.(1974). Case alternation impairs word recognition. *Bulletin of the Psychonomic Society*, 3, 102~104.

Coren. S., & Jirgus, J. S.(1978). *Seeing is deceiving: The Psychology of visual illusions.* Hillsdale, NJ: Lawrence Erlbaum.

Craig, J.(1991). Vigilance and monitoring for multiple signals. In D. L. Damos(ed.), *Multiple-task Performance*(pp. 153~171). London: Taylor & Francis.

Cutting, J. E.(1978). Generation of synthetic male and female walkers through manipulation of a biomechanical invariant. *Perception*, 7, 393~405.

Deutsch, J. A., & Deutsch, D.(1963). Attention: Some theoretical considerations. *Psychological Review*, 70, 80~90.

Dougherty, D. J., Emery, J. H., & Curtin, J. G.(1964). *Comparison of Perceptual workload in Flying Standard Instrumentation and the Contact Analogy Vertical Display*(JANAIR-D278-421-019). Fort Worth, TX: BEll Helicopter Co.(DTIC NO. 610617).

Duncan, J.(1980). The locus of interference in the perception of simultaneous stimuli. *Psychological Review*, 87, 272~300.

Duncan-Johnson, C. C., & Donchin, E.(1977). On quantifying surprise: The variation in event-related potentials with subjective probability. *Psychophysiology*, 14, 456~467.

Easterbrook, J. A.(1959). The effect of emotion on cue utilization and the organization of behavior, *Psychological Review*, 66, 183~201.

Eberts, R. E., & MacMillan, A. G.(1985). Misperception of small cars. In R. E. Eberts & C. G. Eberts(eds.), *Trends in Ergonomics/Human Factors II*(pp. 33~39). Amsterdam: North-Holland.

Egan, J. P., Carterette, E. C., & Thwing, T J.(1954). Some factors affecting multichannel listening. *Journal of the Acoustical Society of America*, 26, 774~782.

Eggleston, R. G., & Quinn, T. J.(1984). A preliminary evaluation of a protective workload assessment procedure. *In Proceedings of the Human Factors Society 28th Annual Meeting*(pp. 695~699). Santa Monica, CA: Human Factors Society.

Eriksen, B. A., & Eriksen, C. W.(1974). Effects of noise letters upon the identification of a target letter in a nonsearch task. *Perception & Psychophysics*, 16, 143~149.

Eriksen, B. A., & St. James, J. D.(1986). Visual attention within and around the field of focal attention within and around the field of focal attention: A zoom lens model. *Perception & Psychophysics*, 40, 225~240.

Fisher, D. L., & Tan, K. C.(1989). Visual display: The highlighting paradox. *Human Factors*, 31, 17~30.

Fisher, D. L., Coury, B. G., Tengs, T. O., & Duffy, S. A.(1989). Minimizing the time to search visual displays: The role of highlighting. *Human Factors*, 31, 167~182.

Garner, W. R.(1974). *The Processing of Information and Structure. Hillsdale*, NJ: Lawrence Erlbaum.

Gilmore, G. C., Hersh, A., Caramazza, A., & Griffin, J.(1979). Multidimensional letter similarity derived from recognition errors. *Perception & Psychophysics*, 25, 425~431.

Gopher, D., & Kahneman, D.(1971). Indivisual differences in attention and the prediction of flight criterial. *Perceptual and Motor Skills*, 33, 1335~1342.

Grosslight, J. H., Fletcher, H. J., Masterton, R. B., & Hagen, R.(1978). Monocular vision and landing performance in general aviation pilots: Cyclops revisited. *Human Factors*, 20, 27~33.

Habkey, J. M., & Dingus, T. A.(1990). A validation of SWAT as a measure of workload induced by changes in operator capacity. *In Proceedings of the Human Factors Society 34th Annual Meeting*(pp. 112~115). Santa Monica, CA: Human Factors Society.

Hart, S. G., & Staveland, L. E.(1988). Development of NASA-TLX(Task Load Index): Results of empirical and theoretical research. In P. A. Hancock & N. Meshkati(eds.), *Human Mental Workload*(pp. 139~183). Amsterdam: North-Holland.

Johanson, G.(1975). Visual motion perception. *Scientific American*, 232, 76~89.

Julesz, B.(1971). *Foundations of Cyclopean Perception*. Chicago: University of Chicago Press.

Kahneman, D.(1973). *Attention and Effort*. Englewood Cliffs, NJ: Prentice Hall.

Kahneman, D., Ben-Ishai, R., & Lotan, M.(1973). Relation of a test of attention to road accidents, *Journal of Applied Psychology*, 58, 113~155.

Kantowitz, B. H.(1987). Mental workload. In P. A. Hancock(ed.), *Human factors psychology*(pp. 1059~1063). Santa Monica, CA: Human Factors Society.

Koffa, K.(1935). *Principles of Gestalt Psychology*. New York: Harcourt, Brace, & World.

Kramer, A. F., Sirevaag, E. J., & Braune, R.(1987). A psychophysiological assessment of operator workload during simulated flight missions. *Human Factors*, 29, 145~160.

Kreifeldt, J., Parkin, L., Fothschild, P., & Wempe, T.(1976, May). Implications of a mixture of aircraft with and without traffic situation displays for air traffic management. *In Twelfth Annual Conference on Manual Control*(pp. 179~200). washington, DC: National Aeronautics and Space Administration.

Leibowitz, H. W., & Owens, D. A.(1986). We drive by night. *Psychology Today*, January, 55~58.

Leibowitz, H. W., & Post, R. B.(1982). The two modes of processing concept and some implication. In J. Beck(ed.), *Organization and Representation in Perception*(pp. 343~363). Hillsdale, NJ: Lawrence Erlbaum.

Leibowitz, H. W., Post, R. B., Brandt, T., & Dichgans, J.(1982). Implications of recent developments in dynamic spatial orientation and visual resolution for vehicle guidance. In A. H. Wertheim, W. A. Wagenaar, & H. W. Leibowitz(eds.), *Tutorials on Motion Perception*(pp. 231~260). New York: Plenum.

Lewis, J. L.(1970). Semantic processing of unattended messages using dichotic listening. *Journal of Experimental Psychology*, 85, 225~228

Lysaght, R. S., Hill, S. G., Dick, A. O., Plamondon, B. D., Wherry, R. J., Zaklad, A. L., & Bittner, A. C.(1989). *Operator Workload: A Comprehensive Review of Operator Workload Methodologies*. Technical Report 851. Alexandria, VA: U.S. Army Research Institute for the Social Sciences.

Mazur, K. M., & Reising, J. M.(1990). The relative effectiveness of three depth cues in a dynamic air situation display. *In Proceedings of the Human Factors Society 34th Annual Meeting*(pp. 16~19). Santa Monica, CA: Human Factors Society.

McCracken, J. H., & Aldrich, T. B.(1984). Analysis of Selected LHX Mission Functions: *Implications for Operator Workload and System Automation Goals*(TNA AS1479-24-84). Fort Rucker, AL: Anacapa Sciences.

Mcknight, A. J., Shinar, D., & Hilburn, B.(1991). The visual and driving performance of monocular and binocular heavy-duty truck drivers. *Accident Analysis & Prevention*, 23, 225~237.

Mertens, H. W., & Lewis, M. F.(1981). Effect of different runway size on pilot performance during simulated night landing approaches. U.S. Federal Aviation Administration Office of Aviation Medicine Technical Report(FAA-AH-81-6). Washington DC: Federal Aviation Administration.

Mertens, H. W., & Lewis, M. F.(1982). Effect of approach lighting and visible length on perception of approach angle in simulated night landings. U.S. Federal Aviation Administration Office of Aviation Medicine Technical Report(FAA-AM-82-6). Washington DC: Federal Aviation Administration.

Mitel, A., & Ramanan, S.(1985). Accuracy of checkreading dials. In R. E. Eberts & C. G. Eberts(eds.), *Trends in Ergonomics/Human Factors II*(pp.105~113). Amsterdam: North-Holland.

Moray, N.(1959). Attention in dichotic listening: Affective cues and the influence of instructions. *Quarterly Journal of Experimental Psychology*, 11, 56~60.

Moray, N.(1982). Subjective mental workload. *Human Factors*, 24, 25~40.

Norman, D. A.(1968). Toward a theory of memory and attention. *Psychological Review*, 75, 522~536.

Nygren, T. E.(1991). Psychometric properties of subjective workload measurement techniques: Implications for their use in the assessment of perceived mental workload. *Human Factors*, 33, 17~34.

Ogden, G. D., Levine, J. M., & Eisner, E. J.(1979). Measurement of workload by secondary tasks. *Human Factors*, 21, 529~548.

Ostry, D., Motay, N., & Marks, G.(1976). Attention, practice and semantic targets. *Journal of Experimental Psychology: Human Perception and Performance*, 2, 326~336.

Parasuraman, R., & Nestor, P. G.(1991). Attention and driving skills in aging and Alzheimer's disease. *Human Factors*, 33, 539~557.

Pohlman, L. D., & Sorkin, R. D.(1976). Simultaneous three-channel signal detection: Performance and criterion as a function of order of report. *Perception & Psychophysics*, 20, 179~186.

Pollatsek, A., & Rayner, K.(1989). Reading. In M. I. Posner(ed.), *Handbook of Cognitive*

Science(pp. 401~436). Cambridge, MA: MIT Press.

Posner, M. I., & Boies, S. J.(1971). Components of attention. *Psychological Review*, 78, 391~408.

Reicher, G. M.(1969). Perceptual recognition as a function of meaningfulness of stimulus material. *Journal of Experimental Psychology*, 81, 275~280.

Reid, G. B., Shingledecker, C. A., & Eggemeier, F. T.(1981). Application of conjoint measurement to workload scale development. *In Proceedings of the Human Factors Society 25th Annual Meeting*(pp. 522~526). Santa Monica, CA: Human Factors Society.

Rock, I., & Palmer, S.(1990). The legacy of Gestalt Psychology. *Scientific American*, 263(6), 84~90.

Runeson, S., & Frykholm, G.(1983). Kinetic specification of dynamics as an information basis for person-and-action perception: Exception, gender, recognition, and deceptive intention. *Journal of Experimental Psychology: General*, 112, 585~615.

Selfridge, O. G.(1959). Pandeminium: A paradigm for learing. In D. B. Blake & A. M. Uttley(eds.), *Proceedings of the Symposium on the Mechanism of Thought Processes*(pp. 511~529). London: Her Majesty' s Stationary Office.

Senders, J. W.(1964). The human operator as a monitor and controller of multi-degree of freedom systems. *IEEE Transactions on Human Factors and Electronics, HFE-5*, 2-5.

Shaffer, M. T., Shaffer, J. B., & Kutch, G. B.(1986). Empirical workload and communication: Analysis of scout helicopter exercises. *In Proceedings of the Human Factors Society 30th Annual Meeting*(pp. 628~632). Santa Monica, CA: Human Factors Society.

Sheedy, J. E., Bailey, I. L., Burl. M., & Bass, E.(1986). Binocular vs. monocular task performance. *American Journal of Optometry & Physiological Optics*, 63, 839~846.

Siegel, A., & Wolf, J.(1969). *Man-Machine Simulation Models*. New York: Wiley.

Spieth, W., Curtis, J. F., & Webster, J. C.(1954). Responding to one of two simultaneous messages. *Journal of the Acoustical Society of America*, 26, 391~396.

Treisman, A. M.(1964a). The effect of irrelevant material on the efficiency of selective listening. *American Journal of Psychology*, 77, 533~546.

Treisman, A. M.(1964b). Verbal cues, language, and meaning in selective attention. American Journal of Psychology, 77, 206~219.

Treisman, A. M., Sykes, M., & Gelade, G.(1977). Selective attention and stimulus integration.

In S. Dornic(ed.), *Attention and Performance VI*(pp. 333~361). Hillsdale, NJ: Lawrence Erlbaum.

Treisman. A. M.(1986). Features and objects in visual processing. *Scientific American*, 255, 114~125.

Vicente, K. J., Thornton, D. C., & Moray, N.(1987). Spectral analysis of sinus arrhythmia: A measure of mental effort, *Human Factors*, 29, 171~182.

Vidulich, M. A., Ward, G. F., & Schueren, J.(1991). Using the subjective workload dominance(SWORD) technique for projective workload assessment. *Human Factors*, 33, 677~691.

Warm, J. S.(1984). An introduction to vigilance. In J. S. Warm(ed.), *Sustained Attention in Human Performance*(pp. 1~14). New York: Wiley.

Weltman, G., & Egstrom, G. H.(1966). Perceptual narrowing in novice drivers. *Human Factors*, 8, 499~505.

White, W. J., Warrick, M. K., & Grether, W. F.(1953). Instrument reading:Ⅲ. Check reading of instrument groups. *Journal of Applied Psychology*, 37, 302~307.

Wickens, C. D.(1976). The effects of divided attention if information processing in tracking. *Journal of Experimental Psychology: Human Perception and Performance*, 2, 1~13.

Wickens, C. D.(1980). The structure of attentional resources. In R. S. Nickerson(ed.), *Attention and Performance VIII*(pp. 239~257). Hillsdale, NJ: Lawrence Erlbaum.

Wickens, C. D.(1984). Processing resources in attention. In R. Parasuraman & R. Davies(eds.), *Varieties of Attention*(pp. 63~102). New York: Academic Press.

Wickens, C. D., & Andre, A. D.(1990). Proximity compatibility and information display: Effects of color, space, and objectness on information integration. *Human Factors*, 32, 61~77.

Wilson, G. F., & O' Donnell, R. D.(1988). Measurement of operator workload with the neuropsychological workload test battery. In P. A. Hancock & N. Meshkati(eds.), Human Mental Workload(pp. 63~100). Amsterdam: North-Holland.

Yerkes, R. M., & Dodson, J. D.(1908). The relation of strength of stimulus to rapidity of habit-formation. *Journal of Comparative Neurology of Psychology*, 18, 459~482.

3

지식, 기억 및 의사소통

박창호

1. 서 론

이 장에서는 인간–시스템 상호작용에서 여러 인지 요인들에 대해 개괄적으로 살펴보고자 한다. 시스템이 보이는 여러 상태와 그 변화는 사용자 혹은 조작자에게 여러 가지 신호와 메시지를 전달하는데, 이들은 제대로 해독되지 않으면 소음과 다를 바 없거나 혹은 더 치명적인 결과를 야기할 것이다. 그러므로 지식 요인이 인간–시스템 상호작용에 중요하다. 지식의 내적 표상과 처리 문제가 기억의 주제로 다루어진다면, 지식의 외적, 사회적 표상과 처리 문제는 의사소통 국면에서 드러나는 것이다. 지식, 기억 및 언어 이해 등이 인간의 과제 수행에 영향을 미치는 것을 가리켜 '인지적 영향/효과'라고 한다. 특히 입력 자료에서 출발하여 중추 방향으로 전개되는 정보처리가 이들에 의해 영향을 받는 측면을 가리켜 '개념주도적 처리'라고 한다.

2. 개념주도적 처리

원활하게 과제를 수행하기 위해서는 입력 정보의 끊임없는 처리와 이에 대한 주의도 필요하지만, 과제에 대한 이해나 상황(맥락) 판단 등도 중요하다. 후자에 큰 영향을 주는 요인들을 묶어서 지식(혹은 인지) 요인이라고 할 수 있다. 과제 수행에서 인지 요인의 영향에 의해 발생하는 처리를 개념주도적 처리(conceptually-driven proce-ssing) 혹은 하향 처리(top-down processing)라고 한다. 반면에 대상의 크기, 색, 대비 등과 같이 주어지는 입력 정보의 특성에 기초하여 발생하는 처리는 자료주도적 처리(data-driven processing) 혹은 상향 처리(bottom-up processing)라고 한다. 이런 개념화로 보면, 인간 수행은 자료주도적 처리와 개념주도적 처리의 종합적 결과물이라 할 수 있다.

개념주도적 처리(혹은 하향 처리)가 적절하게 촉진되면, 더 빠르고 더 정확하고 더 효율적인 수행이 가능하다. 예컨대 전자시계의 화면에 '시'나 '분'을 나타내는 단어가 없어도 시각을 잘 읽을 수 있는데, '시'나 '분'이 표시되는 위치를 이미 잘 알고 있기 때문이다. 그러나 개념주도적 처리가 잘 통제되지 않으면, 그 결과로 치명적인 오판이 발생할 수 있다. 예컨대 알람 설정 모드에서 본 시각(즉, 알람 시각)을 현재 시각으로 오판하는 것이다. 그러므로 인간-기계(시스템) 상호작용 시스템의 디자인에서 개념주도적 처리가 잘못 작용하지 않도록 적절하게 통제하는 방안을 강구해야 할 것이다.

이정표에 안내를 넣는 문제를 생각해 보자. 이정표를 자세하게 만들려면 글자 크기를 작게 해야 할 것이고, 그러면 잘 볼 수 없을 것이다(자료주도적 처리의 제약). 반대로 이정표가 잘 보이도록 몇 개의 내용만 크게 표시한다면 이해하기가 어려워질 것이다. 즉, 글자의 시인성, 글자 혹은 단어의 친숙성, 의미 혹은 대상 참조에서의 명료성 등이 종합적으로 고려되어야 할 것이다. 신호나 메시지가 지각적으로 현저하도록 만들면, 기대나 사전 지식의 효과와 같은 개념주도적 처리의 이점을 활용하기 힘들 것이다. 그 결과 신호나 메시지가 애매해지면, 사람은 개념주도적 처리를 잘못 동원하여 오판할 가능성이 높아진다. 그러므로 자료주도적 처리와 개념주도적 처리의 득실을 고려하여 적절한 타협점을 찾을 필요가 있다.

1) 처리용량과 훈련

선택 주의나 판단과 같은 인지 과정은 의식적 노력을 필요로 한다. 정신적으로 노력을 들일 수 있는 용량은 제한되어 있는 것으로 보이는데, 즉 제한된 처리용량(limited capacity of processing)의 문제가 있다. 반면에 환경의 속성에 대한 지각 과정에는 이런 용량 제한 문제가 별로 발생하지 않는 듯이 보인다. 즉, 신호의 강도나 색상, 대비 등과 같은 자극 속성은 큰 노력을 들이지 않고(effortlessly) 비교적 병행적으로(in parallel) 처리되는 반면에(자료 제한 상황), 관계성이나 의미와 같은 개념적 측면은 더 많은 정신자원의 투입을 필요로 하며(자원 제한 상황) 순차적으로(sequentially) 처리되는 경향이 있다.

이로 인해 과제에 적절한 처리용량을 투입하기가 힘든 상황, 즉 위급하거나 시간적 압박을 받거나 주의 폭이 제한되거나 스트레스 수준이 높은 경우에는, 충분한 인지적 처리가 불가능하기 쉬우며(인지적 터널화), 그 결과 입력 자료의 말초적 특성에 의존하는 반응을 보일 가능성이 높다. 그러므로 안전과 관련된 중요한 정보는 자료주도적으로 처리하기 용이하도록 설계할 필요가 있다. 예를 들면, 조종실에 비치된 공항 차트에서 'R'이 표시되어 있지 않은 공항에는 레이더가 없다는 사실은, 조종사가 차트에서 'R'의 부재에 주의를 주기 어렵고 또 자동적으로 레이더와의 관련성을 파악하기 어렵기 때문에 항공사고를 방임하는 요인이 될 수 있다(Fowler, 1980).

개념주도적 처리를 강화하기 위해서는 체계적인 훈련이 필요하다. 훈련은 여러 하위 인지 과정이 자동적으로 수행되도록 하는데, 이 과정에서 과제 수행에 필요한 처리용량의 요구도 줄어들게 된다. 그 결과 인지적 터널화에 빠질 위험도 적어진다. 그러나 훈련과 수준 유지를 위해서는 많은 시간과 노력과 비용이 투입되어야 하는데, 이런 투입은 장기적이고 반복적으로 수행해야 하는 과제의 경우에 겨우 정당화될 수 있다. 반면에 가끔씩 사용되는 시스템 혹은 새로 도입되었거나 장기적으로 사용될 것

같지 않은 시스템의 경우에는 이런 접근이 적절하지 않을 것이다.

2) 맥락과 배경 지식

인간의 지각과 인지는 맥락(context)으로부터 많은 영향을 받는다. 그림 3-1에서 도형 'I3'은 읽는 방향에 따라 '13'으로도 'B'로도 읽힐 수 있는데, 이는 읽는 방향에 따라 표적 도형에 영향을 주는 맥락의 성질이 달라지기 때문이다. 맥락은 특정한 배경 지식을 활성화시킴으로써 표적 신호 혹은 메시지를 해석하는 데 영향을 준다. 그림 3-1에서 맥락의 성질은 비교적 명확하지만, 어떤 경우에는 그렇지 않다. 대학 연구실처럼 꾸민 방에서 피험자를 대기시킨 다음, 나중에 그 방에 무엇이 있었는지를 재인하게 하였을 때, 피험자들은 (실제로 없었던) 책이 그곳에 있었다고 틀린 반응을 보였다. 여기에서 대기 장소가 연구실이라는 지시도 없었으므로, 이 경우의 맥락은 암묵적인 것이었다.

　　Bransford와 Johnson(1972)은 장면을 묘사한 그림이나 제목에 의한 맥락이 이해에 미칠 수 있는 극적인 효과를 입증하였다. 그들의 실험에서 피험자는 특정 장면이나

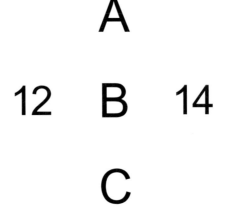

그림 3-1 ┃ 맥락효과의 시범. 좌우로 혹은 상하로 읽는 순서에 따라 가운데 도형의 이름이 달라진다.

활동(예를 들어, 옷을 세탁하는 절차)을 기술한 일련의 문장을 읽었다. 그 다음 문장의 이해 수준을 평정하고 난 뒤 문장을 회상하였다. 문장을 보기 전에 이해를 돕는 맥락이 제공된 피험자는 이해 수준과 회상이 크게 향상되었다. 사후에 제시되는 맥락보다는 사전에 제시되는 맥락이 훨씬 도움이 되었다(Bower, Clark, Lesgold, & Winzenz, 1969).

그러므로 맥락을 체계적으로 제공하는 것이 도움이 된다. 예컨대 복잡한 메뉴나 조작판에서 어떻게 할 것인지를 한눈에 파악하기는 힘들다. 이때 유관한 표시기나 조작단추들을 연결해 주는 맥락을 제공하면 효과적이다. 의료장치 등에서 조작단추를 제어하는 흐름도를 조정판에 표시하는 것은 다양한 의료기기를 접하고 그 사용법을 신속히 숙지해야 하는 의사들에게 새 기기의 조작을 효과적으로 유도할 수 있다. 이것은 과제 수행과 관련된 지식을 밖으로 드러내는 것, 즉 머릿속에 있는 지식을 디자인을 통해 외현적으로(explicitly) 표시하는 예이다(Norman, 1996).

명시적이든 암묵적이든 간에 과제 수행 장면은 어떤 맥락 속에 놓여 있는 것이며, 맥락의 효과는 과제 및 상황에 대한 초점과 이해에 따라 달라질 뿐만 아니라 사람들이 동원할 수 있는 배경 지식의 내용과 범위에 따라 달라진다. 그러므로 시스템의 디자인에서 사용자들이 지각하고 판단하는 맥락의 성질을 적절하게 제공하고 통제할 필요가 있다.

3) 편법과 편중

사태의 의미가 애매모호하거나 불확실한 경우에 사람들은 관련되는 많은 경험과 지식을 동원하며, 상황에 대한 해석을 내리려고 한다. 불분명한 것에 의미를 부여하여 이미 알고 있는 것과 관련짓고자 하는 경향은 상당히 근본적인 것으로 보인다. 이 때문에 때로는 사소한 단서에 초점을 두거나 전체적으로 보아 잘못된 해석에 집착하게 되는 수도 있다. 이러한 사고와 판단 과정에 여러 가지 편(의)법(heuristics)이 동원될 수도 있고 또한 여러 종류의 편중(biases)이 발생할 수 있다(Kahneman, Slovic, & Tversky, 1982).

　　예컨대 가용성(availability) 편법은 어떤 사건 혹은 사물이 잘 기억되는 순서에 따라 판단하는 것이다. 예를 들어, 네 철자로 된 단어들 중, 'k'로 시작하는 단어와 셋째 철자가 'k'인 단어 중 어느 것이 더 많은가 하는 문제를 보자. 대부분 'k'로 시작하는 단어가 더 많다고 하였는데, 그것은 'k'로 시작하는 단어를 생각해내기가 더 쉽기 때문이다(실제로는 셋째 철자가 'k'인 단어가 약 3배 더 많다). 머리에 떠오르는 사건들의 빈도가 판단에 큰 영향을 준다는 사실은, 왜 사람들이 자주 발생하지 않지만 중요한 경고나 징후를 무시하는지를 설명해 준다. 그리고 자동차 사고보다 (뉴스에 더 강렬하게 등장하는) 비행기 사고가 비교적 더 일어나기 쉬운 것으로 생각하는가도 이해할 수 있다. 처음 제시된 정보가 더 큰 비중을 차지하는 거점두기(anchoring) 편법도 이와 유사하다. 실제 사건들의 발생 빈도에 대한 사람들의 추정치는 상당히 주관적인 것인데, 이로 인해 우리의 판단이 편중될 수 있다. 이런 문제를 해결하기 위해서는 가능한 대안들을 체계적으로 나열하여 제시하는 방법을 생각해 볼 수 있을 것이다. 대표성(representativeness) 편법은 어떤 범주를 대표하는 사례를 중심으로 판단하기 쉬운 경향성을 말한다. 예컨대, 이웃집에 사는 아저씨가 집을 수리하거나 모델을 만들거나 자동차를 관리하는 데에 관심이 많아 보인다고 해서, 그 사람은 아마도 엔지니어이거나 공과 계통을 공부하였을 것으로 판단한다면, 이 판단은 대표성 편법에 기초한 것이다.

　　사람들은 자신의 상태나 결정에 대해 지나치게 낙관적인 경향이 있는데, 예컨대 '신호위반을 해도 사고는 나지 않겠지!' 라고 생각하는 것이다[과잉신뢰 편중(overconfi-dence)]. 이것은 종종 실제의 위험을 과소평가하게 만든다. 그리고 사람들은 자신의 생각(가설)을 확증해 주는 증거를 찾는 데에 능숙하지만('이번에도 사고가 나지 않았다!'), 그것을 반증하여 기각시키는 가설을 찾는 데에는 능숙하지 못하다[확증 편중(confirmation bias)]. 다른 예를 들면, 기기가 작동하지 않을 때, 오래 써서 고장났다는 가설을 가지고 있으면, 외관이 낡아 보이는 데서 자신의 가설이 옳다고 생각하게 되고, 전원 연결(접촉)이 좋지 않아 작동하지 않을 수 있다는 대안 가설을 세우지 못하기 쉽다. 그런데 나중에 진정한 원인을 발견하게 되면, 우리는 '(사실이) 그럴 줄 알았다.' 는 식으로 결론을 내리곤 한다. 이를 사후판단 편중(hindsight bias)이라

하는데, 이것은 사고의 원인을 제대로 분석하는 것을 방해한다(박창호, 2006). 또한 결과의 호오가 선행하는 행동이나 원인에 대한 가치 판단에 영향을 주는 현상인, 결과 편중(outcome bias)도 유의해야 한다.

　여러 대안들을 놓고 선택할 때, 사람들은 아무 선택도 하지 않는 것을 선호하거나 생략 편중(omission bias), 이미 내린 결정을 고집하는 '현상 유지' 경향이 있다(박수애, 2006). 이러한 경향성은 결정 단계에서 대안들을 올바르게 평가하는 것을 방해한다. 또한 선택지를 진술하는 방식에 따라 선택지에 대한 평가를 달리하였는데, 예컨대 같은 수술을 성공 가능성이 75%라고 하느냐, 실패 가능성이 25%라고 하느냐에 따라 수술에 동의하는 정도가 달라진다는 것이다. Tversky와 Kahneman(1981)은 동일한 사건을 보는 틀(긍정적 대 부정적)에 따라 사건의 지각이 달라진다는 틀 효과(framing effect)로 이를 설명하였다. 이런 틀에는 손익 문제뿐만 아니라 사건에 대한 가치관도 개입할 것이다(이영애, 이나경, 2005).

3. 지 식

우리는 앞에서 개념주도적 처리와 같이 지식 요인이 개입하는 경우들과 관련되는 몇 가지 주제들을 살펴보았다. 지식은 흔히 사물이나 사실에 대해 객관적으로 아는 것을 가리킨다. 그러나 각 개인의 머리에 있는 지식은 경험이나 학습을 통해 형성된 것으로서 다분히 주관적인 것이다. 지식이 인간의 사고와 행위에 영향을 준다는 것은 두 말할 나위 없지만, 지식이 심리적으로 표상되고 처리되는 방식에 대해서는 여러 가지 의견이 있다. 여기에서는 지식의 구조와 표상에 대한 주된 견해들과 이들이 인간-시스템 상호작용에 대해 함축하는 바를 살펴보도록 하자.

1) 서술 지식과 절차 지식

개인의 마음에 표상된 지식은 결국 장기기억의 일부이다. 따라서 지식의 표상에 대한 전통적인 견해는 장기기억체계에 대한 견해와 맥을 같이한다. 예컨대, 서술 지식(declarative knowledge)과 절차 지식(procedural knowledge)의 구별은 장기기억에서 의미 기억(semantic memory)과 절차 기억(procedural memory)의 구별에 상응한다.

서술 지식은 명제로 표현할 수 있는 사실들에 관한 지식인데, 예컨대 '지구는 둥글다.', '박지성이 공을 찼다.', '그 사람은 비빔밥을 좋아한다.' 등과 같은 것이다. 여기에서 지식은 매우 개인적인 사항도 포함한다. 서술 지식은 단순한 사실적 정보, 개념 및 명제와 같은 초보적인 지식 덩어리들이 연결된 망으로 표시될 수 있다(Anderson, 1990). 한편으로 지식은 중심이 없이 혼란스럽게 연결된 망처럼 보이지만 다른 한편으로 어떤 지식 단위들은 위계적으로 조직되어 있으며(예 : 범주화), 상호 결속하는 구조를 갖는 것처럼 보인다(예 : 도식). 지식의 이런 측면은 사물이나 사건들을 분류하고 요약하는, '아주 정확하지는 않은 대신 신속한 대처를 인도하는' 기능을 한다.

절차 지식은 어떤 목적을 달성하기 위해 수행하는 일련의 행위(혹은 조작)에 관한 지식으로서, 예컨대 자동차 운전하기, 팩스 보내기, 덧셈하기 등과 같은 것이다. 절차 지식은 Anderson(1990)에 의하면 조건-행위(condition-action) 단위를 일컫는 산출규칙(production rule)으로 표시될 수 있다. 예컨대 어떤 교통법규는 '만일(if) 신호등이 빨간불이면, 그러면(then) 차를 멈추어라.'라는 규칙으로 표현될 수 있다. 복잡한 절차는 여러 단계의 위계적인 산출규칙으로 풀이될 수 있다.

경험이 축적되고 학습하는 과정에서 서술 지식과 절차 지식의 구조는 점점 복잡해질 것이다. 이런 지식이 얼마나 잘 인출되는가의 여부는 연습 혹은 훈련의 양이 증가할수록 지수 함수 형태로 반비례할 것이다. 그리고 사용하지 않는 지식은 시간이 지날수록 망각될 것이다(Ebbinghaus의 망각곡선).

서술 지식과 절차 지식의 구별은 인간 수행 및 시스템과의 상호작용을 이해하고 평가하는 데에 유용하게 응용될 수 있다. 예컨대 Rasmussen(1991)은 시스템과 상호작용하는 인간 행동(수행)을 지식 기반(knowledge-based) 행동, 규칙 기반(rule-based) 행동 및 기술 기반(skill-based) 행동으로 구별하였다. 지식 기반 행동은 불확실하거나 단순 규칙이 적용되지 않는 복잡한 상황에서 관련된 배경 지식 혹은 상위 수준의 지식을 동원하는 것을 말하며, 규칙 기반 행동은 익숙한 상황에서 일련의 적합한 규칙을 적용하는 것을 말한다(기술 기반 행동은 감각운동적 기술에 의존하는 행동을 일컫는다). 이러한 구별은 인지적 오류를 구별하는 데에도 유용하다(Reason, 1990 참조).

2) 개념과 범주

개념은 지식의 구성 단위이다. '비행선'은 날아다니는 '배'이며, '우주선'은 우주에서 날아다니는 '비행선'인 것이다. 개념은 여러 속성으로 정의될 수 있다. '배'는 '물에 떠서', '사람이나 물건을 태우며', '사람이 조종할 수 있는', '인공적인' 물건인 것이다. 이런 속성들은 개념 지식에 핵심적인 것으로 간주될 수 있다(모든 개념이 핵심(필수) 속성으로 정의될 수 있다고 주장하는 것은 아니다). 그러나 수상생활을 하는 사람들의 경우에 배는 주거지로 사용되는데, 이런 속성은 도출된(추론된) 것으로 보인다. 핵심적인 속성과 도출된 속성에 대한 이해나 판단은 사람의 배경 지식이나 맥락에 따라 달라질 것이다.

　사람들이 사용하는 개념들은 일상생활에서 흔히 접할 수 있는 대상이나 사건들에 대한 것이다. Rosch(1978)는 개념들이 상위 범주(예 : 가구, 악기), 기본 수준 범주(예 : 탁자, 의자) 및 하위 범주(예 : 협탁, 교자상)로 조직되어 있으며, 이 중 일상생활과 관련이 깊은 기본 수준 범주가 가장 자주 사용된다고 주장하였다. 상위 범주들끼리는 공통점이 매우 적은 반면, 하위 범주끼리는 차이점이 적은데, 기본 수준 범주들은 그 중간에 있다고 볼 수 있다. 기본 수준 범주에서 그 수준의 높낮이는 전문가 집단처럼 집단의 특성에 따라 달라질 수 있다. 우리는 기본 수준 범주를 이용하여 더 세분화된 것 혹은 더 일반적인 것을 표현할 수도 있다.

　같은 범주에 속하는 항목들일지라도 어떤 것은 다른 것보다 그 범주를 더 잘 대표하는 것처럼 보인다. 한 범주에서 가장 대표성이 있는 항목을 '전형(prototype)'이라 부르고, 각 개념들이 그 범주를 대표하는 정도를 '전형성'이라고 한다. 예를 들어,

'사과'는 '키위'보다 과일을 더 잘 대표한다. 전형성이 높은 항목은 기억에서 더 신속하게 접근되고 정보처리된다. 그러므로 설계에 전형성을 적절히 도입할 필요가 있다. 전형성은 앞에서 언급한 대표성 편의법과도 관련된다.

범주화에 대한 최근의 이론들은 개념적 속성이나 전형이나 대표적 사례에 기초한 범주화보다 범주화를 위해 사람들이 사용하는 배후의 설명(이론)을 주목하고 있다. 예를 들어, 어떤 환자가 열이 있고, 기침을 하고, 혈액 속에 백혈구가 증가하였다는 증거만으로는 병명을 정확히 알 수 없을 때, 의사는 배후에 어떤 질병이 있는지를 알기 위해 환자의 증상을 설명해 줄 몇 가지 이론을 세우고 그것을 확인하기 위해 검사를 할 것이다. 훌륭한 의사라면 위의 증상이 어떤 병에 대표적이라는 이유만으로 처방을 내리는 오진을 범하지 않을 것이다. 어떤 개념에서는 공통되는 속성을 찾기 어려운 경우도 있는데, 예컨대 '생일 선물로 적합한 것'과 같은 개념이 그렇다. 범주화에 대한 설명 이론의 의의는 사람들이 설명을 찾고 이론을 세우려는 경향성이 있다는 것이다. 그리하여 어떤 사람은 몇 개의 단서로부터 거창한 배후의 이론을 만들기도 하는데 이것이 시스템을 오해하게 만들기도 한다. 예컨대 자동차에서 나는 냄새를 '브레이크를 자주 밟아서 그렇다.'라고 오판한 결과로 엔진이 과열되고 있는 것을 무시하게 되는 것이다. 여기에서 시스템과의 상호작용에서 발생할 수 있는 여러 상태와 조건들을 적절하게 개념화하고 범주화하는 것이 중요하다는 것을 알 수 있다.

3) 도 식

자주 사용하는 어떤 개념은 단순한 개념들이 연결된 덩어리들이다. 예를 들어, '패스트푸드'는 단지 빨리 조리되는 것을 가리키는 것이 아니라 과다한 지방이나 자극적 성분을 함유하고 있어, 영양의 불균형이나 결과적으로 비만을 일으키기 쉬운, 주로 서양식의 즉석요리를 가리킨다. 마찬가지로 '생일파티'나 '면접시험'이 어떻게 벌어지는가에 대해 대체적으로 이해하는 범위가 있다. 이처럼 일반적인 사물이나 사건, 상황을 이해하기 위한 지식의 틀(frame)을 도식(schema)이라 한다. 도식은 사물/대상 도식과 사건 도식[event schema, 각본(script)이라고도 한다]으로 구별되기도 한다.

　　도식은 이해에 편의를 제공하는데, 도식에 편입된 사물이나 사건들의 세부를 정확하게 처리할 필요가 없이 도식에 맞추어 지각하고 판단하면 대략 들어맞을 것이기 때문이다(이런 과정의 부정적 측면은 '도식적이다' 라는 말에 담겨 있다). 인간이 자신의 경험과 지식을 경제적으로 조직하는 과정에서 도식이 발달할 수 있다. 예를 들면, 자급식(self-service) 식당이 처음 등장하였을 때, 사람들은 이용법을 몰라 당황하였으나 이제는 그렇지 않다. 그동안 자급식 식당을 이용하는 절차 및 이때 발생하는 사건들에 대한 사건 도식이 형성된 것이다. 도식에는 많은 정보가 요약되어 있으므로 도식을 전달함으로써 상세한 세부 설명을 대체할 수 있기 때문에, 도식은 의사소통에서도 중요한 기능을 한다.

　　도식의 구조는 도식이 여러 정보를 결합하고 요약하는 방식을 말한다. 흔히 도식은 필수적인 속성들의 목록으로 된 빈칸(slot) 구조를 가지고 있다고 한다. 각 빈칸의 값은 추가되는 정보에 의해 채워지는데, 만일 추가되는 정보가 없을 때에는 미리 주어진 내정값(default value)을 갖는 것으로 여겨진다. 예를 들어 승용차라고 했을 때, 차의 크기에 대한 추가 정보가 없으면 대부분의 사람들은 차 길이가 대략 4m 내외 정도(즉, 차 길이의 내정값)일 것으로 생각하지, 8m의 대형 리무진으로 예상하지 않을 것이다.

　　도식은 한번 형성되면 매우 효율적이기 때문에 인간의 사고와 판단에 매우 강력한 영향을 끼칠 수 있다(고정관념을 바꾸기 어렵다는 것을 생각해 보라). '선택한 다음 돈을 지불한다.' 는 도식은 전철 승차권 자동발매기에서 '돈을 먼저 넣고 행선지를 선택' 하는 절차를 이해하기 힘들게 만든다. '작동시키기 위해 조작을 해야 한다.' 는 도식은, 사용자의 행동을 감지하여 자동 반응하는 시스템에 사용자가 적응하는 것을 어렵게 만든다. 그러므로 낯선 표시판이나 새로운 조작은 사용자가 기존에 갖고 있는 도식과 연결될 수 있도록 적절히 변형 혹은 조정하여 도입하는 것이 좋을 것이다.

4) 전문성

어떤 영역의 지식이 계속 활용되고 축적되면 전문성(expertise)이 발달한다. Ericsson,

Krampe, Tesch-Roxmer(1993)는 전문가 수준의 기량을 갖기 위해 적어도 10년간의 세심한 훈련이 필요하다고 주장하였다. 이런 점은 기예뿐만 아니라 학문이나 그 밖의 전문 영역에도 적용될 것이다. 전문가의 지식이 자신의 전문 영역에 국한하여 발달하는 것인지(영역 특정적), 아니면 인접 영역을 포함하여 일반적인 능력으로 발달하는 것인지(영역 일반적)는 분명하지 않으나, 전문가는 단지 초보자보다 더 많은 양의 지식을 갖고 있는 것 이상으로 지식의 구조 및 운용에서도 큰 차이를 보인다. 예컨대, 전문가에게 범주의 기본 수준은 일반인에게 하위 범주 수준에 해당하는 것으로 상세한 구조를 가지고 있다.

전문가들은 방대한 지적 데이터베이스(DB)를 가지고 있다. 보통 복잡한 문제가 발생하면 그것을 해결하기 위해 다각도의 접근과 다단계의 문제해결을 수행해야 할 것이다. 그러나 전문가의 방대한 데이터베이스는 이런 단계적인 접근 대신에 이전에 발행한 유사한 문제와 그것에 적합하였던 해결책을 인출하여 활용할 수 있게 한다. 그뿐만 아니라 주어진 문제의 여러 유사형태(변형)들과 대책들을 손쉽게 비교할 수 있게 한다. 이런 측면에서 전문가가 갖는 우위성은 인지적 계산 능력이 떨어지는 장노년기에도 나이와 더불어 경험이 많은 전문가가 활약하게 되는 이유가 된다. 도식이나 기억의 연합망/의미망에서 보듯이, 지식과 경험은 복잡한 망적 구조를 형성하게 되어 직접적이지 않고 원격적으로 연결된 관계를 추리하거나 판단할 수 있게 되는데, 이것도 전문성 발달의 이점이다. 전문가들이 가지고 있는 복잡한 지식 구조는 인공지능 시스템의 구축에 활용될 수 있다.

전문성이 발달하면서 전문가는 자주 반복되는 사건들을 잘 조직하게(chunking) 되고, 요소들보다 요소들 간의 관계에 대해 더 많은 주의를 준다. 전문가들은 사건이나 상황에 대해 표면적인 특징에 반응하는 것이 아니라 더 많은 시간을 투입하여 문제 요소 간의 구조적인 관계성을 파악하고 그것의 유형(pattern)을 판단한다. 그 결과 전문가들은 문제로부터 해결책으로 전진적으로 풀어가는 경향을 보이는데, 초보자들은 이와 다르게 여러 가능성을 차례대로 고려하거나 반대 상황을 고려하여 대안들을 줄여 나가는 방식을 보인다. 자주 반복되는 절차 혹은 판단에 대해서는 자동화(automatization) 혹은 절차화(proceduralization)가 일어난다. 자동화된 판단은 때때로 오류를 일으킬 수는 있으나, 진단과 판단과 실행에 있어서 자칫하면 장시간을 소요할 수 있는 복합적인 사태에 대해 효율적으로 대응할 수 있게 한다. 예컨대 화재 현장에 많은 경험이 있는 소방관들은 화재의 상태와 주변 여건을 보고, 즉시적으로 적합한 조치를 생성하여 실행에 옮기는데(인식 주도 결정 모델)(Klein, 1997), 이것은 일각이 아쉬운 장면에서 매우 효율적인 경우가 많을 것이다.

4. 기억

시스템을 쉽고 편리하고 안전하게 사용하기 위한 한 조건으로서, 조작자가 시스템의 사용법이나 유의 사항을 잘 학습하고 기억하는 것이 중요하다. 사용법을 익히는 것도 쉬운 일이 아니다. 우리는 체계적인 훈련을 받아야 될지 모른다. 그런데 익혀 둔 사용법도 모처럼 활용하고자 할 때, 그 사용법이 제대로 기억나지 않아 곤란을 겪을 때가 있다. 그러므로 효과적으로 학습하고 기억할 수 있도록 인간-기계의 상호작용 방식을 체계화하는 것이 필요하다. 기억의 문제를 체계화함으로써 많은 조작자들이 겪는 오류와 실패를 크게 줄일 수 있다.

　우리가 기억이라 부르는 것은 심리학자들이 보통 장기기억이라 부르는 것이다. 장기기억은 세계와 문제해결 방식들에 대한 지식과 사실의 저장창고인데, 여기에 저장(storage)된 정보는 과제의 요구나 단서에 의해 작업기억으로 인출(retriveal)되어 활용될 수 있다. 장기기억은 비교적 영속적으로 정보를 저장할 수 있고, 아직 그 용량의 한계가 밝혀지지 않은 기억장치이다. 그러나 외부로부터 입력된 정보가 바로 장기기억에 저장될 수는 없고, 그 중간에 있는 작업기억을 경유해야 한다.

　작업기억은 우리가 새로운 정보(예 : 새 전화번호)를 사용(다이얼 돌리기)할 때까지 그것을 유지하기 위해 사용하는 일시적이고 주의 요구적인 저장고이다. 또 상이한 정신 표상을 평가하고, 비교하며, 검토하기 위한 일종의 의식의 '작업대' 로서 작업기억을 사용한다. 예를 들어, 우리는 여러 방법들 중 이 방식으로 일을 계획한다면 어떻게 될 것인가에 대한 암산 혹은 정신적 시뮬레이션을 수행하기 위해서 작업기억을 사용한다. 마지막으로 작업기억은 우리가 새로운 정보를 기억 내에서 좀 더 영구적인 지위를 줄 수 있을 때까지, 즉 우리가 정보를 장기기억에 부호화(encoding)할 때까지 그 정보를 유지(store)하는 데 사용된다.

1) 장기기억의 분류

장기기억에 대한 한 분류는 절차기억(procedural memory)과 서술기억(declarative memory)을 구별하고, 서술기억을 다시 의미기억(semantic memory)과 일화기억(episodic memory)으로 구별한다.

절차기억은 절차 지식에 대한 앞의 논의에서 보았듯이, 어떤 행위나 조작을 수행하는 절차에 대한 기억이다. 여기에는 지식뿐만 아니라 운동이나 예술적 표현의 기술(skill)도 포함된다. 예컨대 수영하기나 피아노 연주하기가 그것이다. 절차기억은 비록 의식되지 않거나 의식적으로 그 내용을 서술할 수 없는 경우에도 유지되는, 암묵기억(implicit memory)의 일종이다. 암묵기억의 효과는 지각이나 운동 수행(의 향상)을 통해 간접적으로 드러난다. 연습을 통해 어떤 패턴이나 일련의 절차를 학습한 결과로 남는 암묵적인 흔적은 상황에 대한 조작자의 자각이 떨어진 상태에서도 작용할 수 있다는 점에서 주목할 만하다. 또한 암묵기억은 매우 오랜 유지 시간을 보이며, 대체로 학습할 때와 유사한 수행 과제에서 기억의 효과가 드러난다. 예컨대, 자판에 어떤 키가 어디에 있는지 잘 기억나지 않다가도 자판에 손을 얹고 글쇠를 누르려고 하면, 무리 없이 손가락이 제자리를 찾아 움직인다. 그러므로 절차/암묵기억은 인간-기계 시스템의 인터페이스를 디자인하는 데에 중요한 요인이 될 수 있다. 다시 말해, 암묵기억의 이점을 위급하거나 스트레스가 높은 상황에서 수행해야 할 중요한 조작들을 학습시키는 데에 활용할 수 있다. 논리적으로 같은 구조를 가지고 있으나 시스템이 개정(update)될 때마다 조작 단추의 위치나 순서가 달라진다면, 조작 절차는 효과적으로 저장되기 힘들어지고 결과적으로 위급한 상황에서 조작자는 실수할 가능성이 높아질 것이다.

서술기억은 문장(명제)으로 표현할 수 있는 일반 지식(의미기억)이나 자신의 신변에 벌어진 사건들에 대한 사적 기억(일화기억)으로서, 외현기억(explicit memory)의 일종이다. 의미기억은 앞에서 언급한 서술 지식과 거의 같다(나는 ~을 안다). 일화기억은 특정 시공간이라는 맥락 속에서 발생한 개인의 구체적인 경험을 저장한다(나는 ~한 일을 기억한다). 의미기억은 여러 맥락에서 다양하게 반복 발생한(일화적) 경험 내용이 맥락으로부터 독립하게(일반화) 된 결과로 보기도 한다. 서술기억의 내용들은 대체로 의식적 노력에 의해 외현적으로 인출된다. 그러나 단어들 간의 연상에 의해 단어 식별 등의 처리가 촉진되는 현상인, 점화는 암묵적으로 그리고 자동적으로 일어날 수 있다.

2) 연합망 모델과 기억 조직화

장기기억에 대한 유력한 모델인 연합망(associative network) 모델은 인간의 기억이 기억 항목들과 그들 간을 잇는 고리(link)들의 망으로 된 구조를 가지고 있다고 본다. 서로 연합되어 있는 항목들은 고리로 연결되어 있으며, 연합의 강도는 고리의 굵기(굵을수록 강하다)나 고리의 길이(짧을수록 강하다)로 표시될 수 있다. 그리고 기억 항목들은 보통 비활성 상태에 있다가 어떤 자극을 받으면 활성화(activate)되는데, 이때 기억 항목이 활성화되기 쉬운 정도를 나타내기 위해 역(threshold)이란 개념이 사용된다. 또한 기억 항목의 활성화 정도를 활성화 강도라고 한다. 활성화 강도가 클수록 고리로 연결된 인접 기억 항목으로 활성화를 파급시키는 힘이 크다. 이처럼 한 기억 항목의 활성화가 인접 기억 항목의 활성화를 일으키거나 활성화의 역을 낮추는(활성화되기 쉽게 하는) 현상을 점화(priming)라고 한다.

　어떤 기억 항목들끼리 고리로 연결되어 있을지는 연합강도(association strength)로 모델화될 수 있다. 주어진 한 개념(단어)에 대해 다른 개념(단어)이 연상되는 정도는 두 개념 간의 연합 강도에 의해 영향을 받는다고 볼 수 있다. 일반적으로 한 개념에 대해 잘 연상되는 개념들을 연합 강도가 높은 순으로 나열해 보면, 해당 개념의 반대어, 동의어, 유의어, 근접성이 높은 단어 등의 순이다. 그러나 이러한 순서는 다른 조건이 비슷한 경우에 개연적으로 성립하는 것이므로, 이 순서가 언제나 지켜지는 것은 아니다. 실제로는 단어가 제시되는 맥락, 특정 단어에 대한 기대 등 여러 변수가 개입할 가능성이 높다. 다른 한편으로 연합 강도는 경험적으로 결정될 수 있다. 예컨대, 함께 짝짓는 빈도가 높을수록 둘 간의 연합 강도는 높아질 것이다.

연합망으로 본 장기기억에는 어떤 체계적인 조직도 없는 것처럼 보이지만, 사람들은 장기기억의 내용들을 조직화(organization)하여 저장할 수 있다. 예컨대 여러 범주의 사례들을 섞어 놓은 목록을 학습시키고 검사하는 시행을 여러 번 거듭하면, 사람들은 점차 같은 범주에 속하는 사례들을 묶어서(한꺼번에) 회상하는 경향을 보인다. 앞에서 언급한 Bransford와 Johnson(1972)의 연구처럼 글의 제목과 같은 맥락을 주면, 더 많은 내용들을 기억해 내는데, 이것도 조직화의 효과로 볼 수 있다. 우리가 가지고 있는 개념, 범주, 도식, 정신모델, 이론, 이야기, 공변성의 탐색 등은 모두 장기기억의 내용들을 효과적으로 조직하는 도구로 활용될 것이다. 이 점은 메뉴체계의 구성에 응용될 수 있다. 예컨대 시스템 개발자가 임의로 분류한 색인어체계보다 사용자의 분류 방식에서 도출된 색인어체계에서 사람들은 더 빨리 정보를 검색하였다(박창호, 염성숙, 이정모, 2000).

3) 기억 인출과 실패

연합망 모델에서는 활성화가 일정 수준(역)에 도달하면 그 항목은 작업기억으로 인출되어 의식될 수 있다. 기억 항목이 직접 자극(예 : 단어를 듣는다)을 받거나 연합관계에 있는 인접 기억 항목들의 활성화로부터 점화되어 활성화가 역에 도달할 수 있다. 앞에서 보았듯이 연합관계에 있는 단어들은 기억해야 할 표적 단어를 활성화시킬 수 있다.

그러나 인접 단어들이 여러 상이한 단어들을 점화시킨다면 표적 단어에로의 활성화가 분산되어 기억 인출이 일어나지 않을 수 있다. 기억 재료들을 제시할 때의 순서로 인해 의도적이든 비의도적이든 기억 인출을 방해받을 수 있다. 그 결과로 소위 순행간섭(proactive interference)과 역행간섭(retroactive interference)이 관찰된다. 순행

간섭은 이전에 경험한 일이 나중의 기억(학습)을 방해하는 것을 말하는데, 예컨대 이전에 소개 받은 사람의 이름에 주의가 팔려, 그 다음으로 들은 사람의 이름을 잘 기억하지 못하게 되는 것이다. 역행간섭은 조금 전에 수행한 과제가 그 이전에 수행한 다른 과제의 기억을 방해하는 것을 말한다. 식당의 종업원이 주문을 받는 도중에 방해를 받아서, 옆 좌석에서 먼저 주문 받은 내용을 기억하지 못하는 것이 역행간섭의 예이다.

기억나지 않는 것은 내 머리에서 영원히 사라진(망각된) 것이 아니다. 그것의 인출이 실패한 것이다. 그 말은 조건이 맞으면 기억이 날 수 있다는 것이다. 컴퓨터에 저장된 기억은 시스템이 작동하고 데이터가 보존되어 있는 한 언제든 불러올 수 있다. 그러나 인간 기억은 그렇지 않다. 간밤에 공부해 둔 많은 것들이 시험 볼 때에는 기억나지 않다가 종료되자마자 갑자기 생각나는 일을 종종 경험해 보았을 것이다. 여기에서 간섭은 인출 실패의 주요 원인이다. 인출 실패를 줄이기 위해서는 기억재료들 간의 변별성을 높이거나 아니면 기억재료들과 연관되는 맥락 정보를 적절하게 활용해야 한다. 변별 단서나 맥락에서 얻을 수 있는 단서들은 유용한 기억단서로서 회상이나 재인을 촉진시킬 수 있다. 또한 특히 기억하고자 하는 재료에 대해 독특한 처리를 함으로써(예 : 심상화) 정교한 부호화를 꾀할 수 있다.

기억의 한 특징은 기억이 맥락의존적(context-dependent)이라는 것이다. 특정 맥락에서는 어떤 일들이 다른 일들보다 더 잘 기억난다. 이는 맥락이 많은 기억 인출에 도움이 되는 많은 단서들을 제공하기 때문일 것이다. 맥락의 효과는 기억을 저장할 때의 맥락과 인출할 때의 맥락이 일치할 때 극대화되는데, 이를 부호화 특정성의 원리(principle of encoding specificity)라 한다(Tulving & Thomson, 1973). 표적 단어(예 : 검은)를 인출하는 데에 통상적으로 도움이 되는 단서(예 : 흰)보다 표적 단어를 부호화(기억 등록)할 때 결합된 단서('검은-기차' 쌍에서 '기차')가 더 효과적이다. 이러한 연구는 중요한 지시나 명령어를 학습시키는 맥락을 설계할 때 응용될 수 있다. 즉, 가급적 실행하는 상황과 유사한 상황에서 학습하는 것이 효과적일 것이라고 예상할 수 있다. 정서도 일종의 맥락으로 작용할 수 있는데, 이와 관련해서는 상태(state)의존적, 기분(mood)의존적 기억 등을 찾아보기 바란다.

기억보조장치가 여러 가지 등장하고 있다. 단순한 메모지에서부터 PDA에 이르기까지 여러 가지가 나오고 있는데, 이 장치들은 인출 단서와 맥락의 효과를 잘 활용할 필요가 있다.

4) 작업기억과 단기기억

작업기억(working memory)은 일을 하는 기억이다. 인간이 외부로부터 경험한 내용은 여러 단계의 선별 과정을 거쳐서 작업기억에서 의식되고, 분류되고, 정체가 식별되고, 필요한 대응 행동의 결정과 명령이 내려진다. 작업기억에서 처리한 내용들 중 중요하거나 인상적인 것들은 장기기억으로 옮겨져(전이) 저장된다. 장기기억에서 저장된 기억 항목들은 적절한 자극이 주어지면 활성화되어 의식될 수 있게 되는데, 즉 단기(작업)기억으로 인출(retrieval)된다(그림 3-2).

작업기억은 필요한 작업을 수행하기 위해 기억 항목들을 일시 저장할 수 있는 단기기억 장치를 필요로 한다. **단기기억**(short-term memory)이란 말은 장기기억에 대응하는 표현이지만, 단기기억은 단지 짧은 기간 동안 저장한다는 것 이상으로 인간의 '특히 의식적' 행동의 수행에 능동적으로 개입하는 동적 장치이다(이에 비해 작업기억은 기억의 유지 시간이나 용량이란 측면보다 기억의 기능을 강조하는 용어이다).

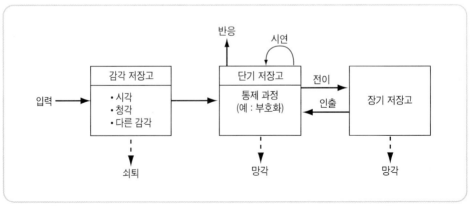

그림 3-2 ▮ Atkinson과 Shiffrin(1971)의 기억 모델. 단기저장고에 작업기억의 특성이 더해져 있다.

그동안의 연구들을 종합해 볼 때 단기기억은 다음과 같은 특성을 가지고 있다(자세한 내용은 인지심리학 교재를 참조). 첫째, 단기기억의 내용은 한번 등록된 후 그대로 내버려 두면 약 20초 후에 거의 망각된다. 망각의 일반적 원인은 쇠퇴(decay)이지만 간섭에 의해 일어날 수도 있다. 그러나 기억 내용을 계속 유지시키는 '시연(rehearsal)'과 같은 조작이 있으면, 저장 기간은 더 길어진다. 둘째, 단기기억은 특히 언어적 정보에 대해 주로 음운적 부호로 정보를 저장하나 시공간적 부호로도 정보를 저장할 수 있다. 셋째, 단기기억의 저장 용량의 기준은 철자 수나 단어 수가 아니라 하나의 의미로 묶어질 수 있는 덩어리, 즉 청크(chunk) 단위이다. 그러나 청크는 객관적인 것이 아니라 사람이 기억할 재료를 어떻게 의미적으로 조직화하느냐에 달려 있는 것이다. 예컨대 1592는 모르는 사람에게는 4개의 기억 항목(숫자)이지만, 역사적 의미를 아는 사람에게는 1개의 청크(임진왜란 발발 연도)로 처리된다. 그러므로 기억의 저장량은 의미적 조직화(청킹)를 얼마나 잘 하느냐에 따라 크게 차이날 수 있다. 넷째, 단기기억에서 유지할 수 있는 정보의 양(용량)은 매우 제한되어 있는데, 그 범위는 대략적으로 '7±2'(청크)이다. 그러나 정확한 저장용량은 사람에 따라 조금씩 차이가 난다. 그리고 비록 저장용량의 단위가 청크이기는 하지만, 기억 항목이 숫자, 기호, 문자, 단어, 구절 등의 순으로 복잡해질수록 저장 가능한 크기는 조금씩 줄어든다. 다섯째, 단기기억의 내용을 계속 유지하기 위해서는 시연이 필요하다. 그러나 시연의 총량은 제한된 것으로 보이기 때문에 현재 기억 중인 항목 수가 많으면 각 항목에 배당되는 시연의 양이 줄어들게 되고, 복잡한 항목들에 대해서는 각 항목을 시연하는 데에 더 많은 용량이 필요하므로 기억 수행이 떨어지게 된다. 마지막으로 단기기억의 용량에는 개인차가 있다.

단기기억의 제한된 용량과 유지시간을 고려해 보면, 왜 우리가 종종 기억 실패를 보이는가를 쉽게 이해할 수 있다. 예컨대 '고도가 3,500피트에 이르면, 45° 방향으로 기수를 돌리고 시속 250마일을 유지하라.'와 같은 지시는 거의 기억 용량의 한계(7±2 청크)에 다다르는 기억 부하를 일으킨다. 마찬가지로 선택지의 수가 너무 많으면, 여러 가지를 충분히 고려하여 합리적인 판단을 할 수 없을 것이다. 그리고 수를 세고 있는 사람에게 간단한 질문에 답하게 하여 몇십 초 동안 방해를 하면 방금 세고 있던 수를 잊게 될 것이다.

기억 실패를 줄이기 위해 기억할 내용들을 외부(예 : 표시판, 메모장)에 기록하고 표시해 두는 것이 도움이 되겠지만, 이것은 또한 가외의 부담을 일으켜서 오히려 방해가 되는 일도 있다. 이런 방법 대신에 기억의 특성을 잘 이용하여 단기기억의 제한을 늘릴 수 있다. 첫째 방법은 기억 내용들이 서로 잘 변별되게 하는 것이다. 청각적으로 유사한 문자들의 기억보다 청각적으로 독특한 문자들의 기억이 더 좋다. 서로 잘 구별해야 하는 임의적인 부호들을 만들 때에는 문자나 숫자들을 조합하여 서로 이질적인(독특한) 부호가 되도록 하는 것이 좋다.

단기기억의 저장 단위는 청크이므로, 여러 항목이 한 청크 아래 묶이도록 함으로써 기억 용량을 늘이는 효과를 얻을 수 있다(그 결과 작업기억에서 여유 용량이 생길 수 있다). 또한 유의미하게 조직된 단위인 청크는 장기적으로 기억하기에 유리한 의미부호(semantic code)로 전환되기 쉽다. 청크를 크게 만드는 방법은 기억 항목들을 분절하거나 결합시키는 것이다. 예컨대, 775610754989 등의 숫자열은 7756 1075 4989로 분절할 때 기억이 더 잘될 것이다. 또 전화번호를 독특하게 재결합하여 더 기억하기 쉽게 만드는 것도 가능할 것이다. 또한 이미 잘 알고 있는 것과 연결시킴으로써 더 강하게 결합된 청크를 만들 수 있다. 예컨대, 위의 7756 1075 4989를 '꽃'(←'ㄱ ㄱ ㅗ ㅊ'), '한방치료', '사고팔고' 등 익숙한 단어/구절로 대신한다면 더 잘 기억될 것이다. 청크를 만드는 실력은 훈련에 의해 증가할 수 있다. 예컨대, 대학생 피험자는 훈련을 통해 82개의 숫자들을 정확하게 기억하고 회상하도록 발전할 수 있었다(Chase & Ericsson, 1981). 그는 육상선수였는데, 임의의 숫자열들을 자신이 잘 알고 있는 육상기록으로 부호화하여 점점 더 큰(상위 수준의) 청크로 만들어 나갔다.

그리고 같은 수의 기억 항목들을 다수의 대상(조직화/청크)으로 조금씩 나누어 결합시킬 때보다 소수의 대상에 집중하여 결합시킬 때 기억이 더 잘된다. 이것은 공항에 접근중인 여러 대의 비행기의 고도, 속도, 방향 등과 같이 계속적으로 입력되고 변경되는 항목들을 기억해야 하는 연발기억(running memory) 연구에서 얻어졌다(Yntema, 1963).

5) 작업기억 시스템과 수행에의 함의

현재 작업기억은 중앙집행부(central executive)와 그 하위 시스템인 시공간메모장 (visuospatial sketchpad), 음운루프(phonological loop) 및 일화버퍼(episodic buffer) 로 구성된 시스템으로 생각된다(Baddeley, 2000)(그림 3-3). 시공간메모장은 시각적 및 공간적 정보의 유지와 처리를 맡고, 음운루프는 청각적 및 음운적 정보의 유지와 처리를 맡으며, 일화버퍼는 여러 정보를 결합하여 임시적인 일화 표상을 만든다. 중앙 집행부는 과제 요구와 가용한 처리자원에 따라 각 하위시스템에 적절한 일을 맡기고 처리자원을 조정 배정하고 진행 상태를 감시한다. 하위시스템들이 비교적 독립적으로 작동하므로 시공간메모장과 관련된 공간적/시각적 부호와 음운루프와 관련된 청각적 /음운적 부호는 비교적 병행적으로 처리될 수 있는 반면, 같은 종류의 부호들은 처리 를 서로 방해할 수 있다.

　Brooks(1968)는 피험자에게 외곽선으로 그려진 대문자 'F'를 상상케 한 다음 글자 의 외곽선을 '따라가면서' 만나는 글자 모서리가 글자의 바깥쪽에 있는지 아닌지를

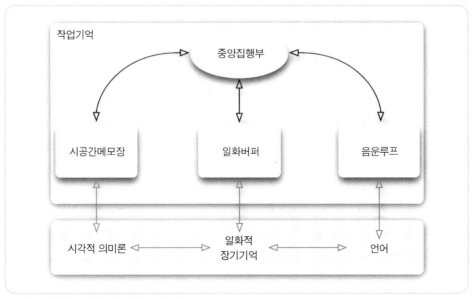

그림 3-3 ┃ 작업기억 모델의 최근 수정판

판단하여, 각각 '예' 혹은 '아니요' 라는 말로 대답하거나(언어 반응조건) 아니면 차트에 적힌 'Y' 와 'N' 을 막대기로 가리키도록(공간 반응) 하였다. 이때 언어 반응조건의 수행이 공간 반응조건의 수행보다 더 좋았는데, 이는 'F'를 '따라가기' 에 사용되는 공간적 처리자원과 말로 반응하는 처리자원이 서로 간섭하지 않는다는 것을 가리킨다. 반대로 F 대신 문장을 제시하고, 문장 속의 단어가 차례대로 명사인지 아닌지를 판단하게 할 때에는 공간 반응조건이 언어 반응조건보다 수행이 더 좋았다는 결과도 이를 지지한다.

그러므로 작업기억의 처리부담을 줄이기 위해서는 복합적인 과제를 각각 시공간적인 과제와 청각조음적인 과제로 분리하는 것이 좋다. 보조장치를 이용하여 중복성 이득(redundancy gain)을 얻고자 하는 경우에도 보조장치는 주장치와 다른 모드(mode)로 표시하도록 안배하는 것이 필요하다. 예컨대 자동차 항법장치의 화면(혹은 도로안내판)에 시각적으로 표시된 진행 방향은, 그것이 현재 운전자의 눈에 보이는 길의 진행 방향과 일치하지 않는다면 오히려 갈등을 일으키고 위험을 초래할 수 있다. 이로

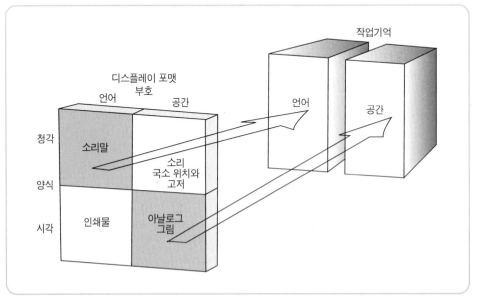

그림 3-4 ▌ 청각-언어적인 입력은 작업기억의 언어처리 기능(음운루프)과 시각공간적인 입력은 작업기억의 공간처리 기능(시공간메모장)과 잘 어울림을 보여 준다. 작업기억 모델은 이전 버전에 따랐다.

부터 감각입력의 양상, 처리 양상 및 조작 양상이 서로 잘 어우러져야 수행이 효율적이라는 것을 짐작할 수 있다(그림 3-4). 그러나 사람들은 소리를 시각 부호로 혹은 그 반대로 변형하여 표상할 수 있으며, 사람에 따라 선호하는 부호의 특성(시공간적 대 청각조음적)에도 차이가 있을 수 있음도 고려해야 한다.

6) 기억의 역동성

기억은 단순히 정보를 저장하는 것 이상이다. 대상의 정체 식별, 지시나 화면 표시의 기억, 관련된 정보의 인출, 의사소통 등 인간의 수행의 거의 모든 국면에 기억이 개입한다. 이때 기억은 정보를 유지할 뿐만 아니라, 부호의 형태를 변형시키거나 정보들 간의 관련성을 처리하고, 이곳에서 저곳으로 기억 항목을 옮기는 등의 능동적 작업을 한다. 이런 능동적 작업을 의식적으로 수행하지 않는 경우에도 기억은 '있는 그대로' 보존하는 것이 아니라, 어떤 내용을 만들어 나가는 '구성적인' 특성을 가지고 있다. 이런 점은 기억 재료에 대한 도식적 처리의 영향을 보여 주는 Bartlett(1932)의 연구에서 잘 알 수 있다.

겉보기에 안정적으로 유지되는 것처럼 보이는 장기기억의 내용도 맥락이나 기대, 정서적 흥분상태, 유관성 그리고 예측 곤란한 여러 요인에 따라 기억 항목들의 활성화와 점화 및 인출이 영향을 받는다. 이런 점은 대화 상황에서 잘 드러난다. 예컨대, 지난 주 상영된 영화에 대해 이야기하는 친구의 말을 들으면서, 나는 지난 주에 본 영화, 이 영화들과 관련된 다른 화제거리 혹은 데이트 상대 등을 기억하고, 지나치는 사람들이나 자동차에도 주의를 준다. 조금 전에 들은 친구의 말을 이을 만한 소재를 생각하는 중에도, 갑자기 미뤄 둔 보고서가 생각이 날지도 모른다. 비록 가상적인 예이지만, 이런 경우가 뜻하는 바는 시스템과 인간의 상호작용에서 기억의 안정성을 당연히 가정해서는 안된다는 것이다.

또한 인간기억은 상황(situation) 요인에 의해서도 많은 영향을 받는데, 여기에서 말하는 상황은 맥락보다 거시적인 것으로, 인간이 활동하고 과제 수행하는 실제 장면을 가리킨다. 사무실에 도착해서야 챙길 물건과 할 일들이 줄줄이 생각나고, 다른 곳에서는 잘 알아보지 못했던 사람이 사무실에서는 기억이 잘 나는 일에서 보듯이, 기억은 사람이 처해 있는 상황의 여러 측면으로부터 영향을 받는다. 이런 점에서 기억은 환경 속에 있는 사물들과 사람들 간에 분산되어(distributed) 있다고 볼 수 있다.

5. 정신모델과 상황자각

앞에서 과제 수행에서 개념주도적 처리의 중요성을 살펴보았다. 이것만으로 과제 수행과 관련된 인간 행동을 설명하는 데에는 부족함이 느껴지는데, 그 이유는 과제와 시스템 그리고 이를 둘러싼 맥락 혹은 상황 등에 대한 전반적 파악(understanding)이 필요하기 때문이다. 여기에서 중요한 것은 실재의 사태(세상)와 부합하는 표상을 갖는 것이다. 이와 관련하여 과제나 시스템에 대한 올바른 정신모델(mental model), 사태와 상황에 대한 올바른 상황자각(situation awareness) 그리고 시스템이나 다른 사람과의 적절한 의사소통(communication)이 중요하다.

1) 정신모델

시스템의 구조나 작동 방식에 대한 정신적 모델을 **정신모델**(mental model)이라 한다 (Carroll & Olson, 1987; Gentner & Stevens, 1983; Norman, 1996). 예컨대, '자동차의 엔진오일 온도 눈금이 자꾸 올라가는 사태에 대해 '냉각수가 부족하기' 때문이라고 판단한다면, 이는 자동차의 엔진과 냉각시스템에 대한 일종의 정신모델을 가지고 있기 때문이다. Carroll과 Olson은 정신모델에 대해, "시스템에 대한 사용자의 정신모델은 그 시스템이 무엇을 내포하고 있으며 어떻게 작동하고 왜 그런 방식으로 작동하는가에 대한 사용자의 이해를 반영하는 풍부하고 정교한 구조이다. 이것은 사용자가 실행하기 전에 정신적으로 행위를 시도해 보도록 할 만큼 충분한 시스템 지식이라 할 수 있다(p. 12)."고 하였다.

　이로부터 짐작할 수 있듯이, 시스템에 대한 정확한 정신모델은 시스템을 어떻게 운용할 것인지를 판단하는 데 기여할 뿐만 아니라 시스템 실패나 오류가 발생할 때 어떻게 대처하는 것이 좋을지에 대해서도 정보를 준다. 이러한 이점은 정신모델이 적절하다는 전제에서 얻을 수 있는 것이다. 사람들이 가지고 있는 정신모델들 중에는 종종 잘못된 것들이 발견된다. 에어컨의 설정 온도가 낮을수록 방안 공기를 냉각시키는 속도가 더 빠를 것이라고(그래서 온도를 아주 낮게 설정한다) 생각하는 것이 그 예이다(Norman, 1996). 사실상 보통 사람들이 주변의 장치들에 대해 원리를 이해하고 적절한 정신모델을 갖는 것은 쉬운 일이 아니다. 예컨대, 수도꼭지에서 냉온수량의 조절이 어떻게 되는가? 이럴 경우 사람들은 아무 정신모델도 없이, 조작－결과 간의 단순한 대응관계에 대한 지식을 가지고 있거나 아니면 대개의 경우 들어맞는 것으로 보이지만 사실은 올바르지 않은 편법적인(heuristic) 정신모델을 가지고 있기 쉽다. 이러한 부적절한 정신모델은 결정적인 순간에 조작자의 오판을 유발할 위험이 있다.

　무엇이 올바른 정신모델인가 하는 문제는 생각처럼 간단하지 않다. 시스템이 물리적으로 작용하는 방식에 대한 세세한 이해는 우리가 정신적으로 모델화하기에 너무 방대한 용량의 지식을 필요로 하며, 게다가 시스템의 운용이라는 목적에 부합하지 않을 가능성이 많다. 결국 사용목적상 시스템의 주요 단위들과 그 관계 그리고 시스템으로부터 가능한 사태들 등에 초점을 두어야 할 것인데, 이에 대한 판단은 시스템의 설계자인가, 사용자인가, 정비공인가에 따라 달라질 수 있다. 예컨대(자동차를 생각해 보라) 설계자는 시스템 작동의 이론적 원리와 이를 구현하는 단위를 중심으로 보겠지만, 정비공은 교체하거나 수리할 수 있는 부품 단위로 볼 가능성이 있다.

　사용자는 체계적인 이해나 훈련보다는 일상적인 경험을 통해 정신모델을 갖기 쉽다. 이때 사용자는 자신이 지각할 수 있는 시스템의 측면들, 직접 조작할 수 있는 조작단추나 제어기들 그리고 시스템이 보이는 반응으로서 피드백 등에 주목하기 쉽다. 이로부터 얻는 정보들이 시스템에 대한 정신모델을 구성하는 기반이 될 것이다(대부분의 사용자들이 제품의 사용설명서를 잘 읽지 않는다는 점을 고려해 보라). Norman(1996)은 이에 관해 시사점이 많은 몇 가지 개념들을 소개하였다. 그중 하나는 시스템의 가시성(visibility)으로서 이 개념은 시스템의 상태 및 조작할 수 있는 여러 대안들을 쉽게 파악할 수 있는 정도를 말한다. 자동차의 속도계는 속도를 알려 주는 가시성이 높다고 할 수 있다. 오븐의 속이 비치도록 하는 투명 창은 조리 정도를 쉽게 판단할 수 있게 함으로써 가시성을 높이는 효과를 가지고 있다. 다른 개념은 자연스러운 대응(natural mapping)이다. 이는 가능한 행위의 수와 제어기 간의 짝짓기가 자연스러워야 한다는 것인데, 그 예를 들면 시스템의 왼쪽 부분을 조작하려 할 때 사람들은 조작판의 왼쪽을 우선 살펴보게 될 것이다. 제약(constraints)도 중요한 요인이다. 시스템의 작동에 종종 여러 제약조건이 부과되는데, 이는 시스템의 전기적·기계적 한계에서 비롯될 수도 있고 시스템의 용도에 의한 것일 수도 있다. 그리고 시스템이 작동하면서 여러 상태 변화를 보일 수 있는데, 이는 사용자의 조작에 대한 피드백으로 간주될 수 있다.

앞에서 언급한 여러 측면들이 적절하게 제공되지 않으면 사용자는 부정확한 정신모델을 가지기 쉽다. 냉동실과 냉장실의 두 칸으로 구분된 냉장고는 그 안에 마치 2개의 냉각장치가 따로 있는 것으로 오해하도록 만들기 쉽다(Norman, 1996). 이는 가시성의 문제이다. 비슷한 모양의 몇 개의 조작단추로 많은 임의적 기능을 수행하는 요즘 디지털기기의 디자인은 제어기와 기능 간의 자연스러운 대응을 방해한다. 그리고 진행 상태에 대해 적절한 피드백을 주지 않는 시스템으로 인해 일이 거의 끝나 갈 즈음에 사용자가 중도 포기하는 경우도 종종 발생한다.

잘못된 정신모델로 인한 오류나 실패를 방지하기 위해 정신모델에 대한 학습과 훈련을 생각해 볼 수 있다. 이는 특히 전문적 사용자나 정비공에게 필요한 일일 것이다. 정신모델을 이용한 훈련이 다소 효과적이라는 결과가 있다. 예를 들어, Halasz와 Moran(1983)은 두 집단의 학생들에게 계산기 사용방법을 가르쳤는데, 한 집단에게는 계산기 조작에 관한 절차를 가르쳤고 다른 집단에게는 계산기 조작에 대한 정신모델을 주었다. 표준과제에서는 두 집단의 수행은 비슷하였지만 새로운 과제에서는 정신모델 훈련 집단의 수행이 우수하였다.

일부 관련자들은 시스템의 이해와 운영에 대한 관심을 넘어서 시스템의 진단과 개량, 필요하다면 임기응변적인 대처 등에도 관심을 가지고 있는 경우가 많다. 이러한 수준에 이르면, 정신모델은 복잡한 지식의 망의 일부로 이해되어야 할 것이며, 또한 전문성(expertise)의 한 주제로 고찰될 필요가 있다.

연습 : 정신모델 만들기

> 화장실의 세면대에서 흔히 볼 수 있는 수도꼭지를 생각해 보자. 수도꼭지의 내부 구조는 어떻게
> 되어 있어서, 물의 온도와 양을 하나의 손잡이로 모두 조절할 수 있는 것일까? 이에 관한 정신모
> 델을 만들어 보고, 기회가 되면 확인해 보라.
> 정신모델과 실제 작동 원리 사이에 어떤 차이가 있는가? 내가 만든 정신모델로 수도꼭지의 작동
> 에 관해 모든 것을 설명할 수 있었는가? (예컨대, 물의 전체량 조절을 설명하는 것을 잊지 않았는
> 가?)

2) 상황자각

꽉 막힌 도로에서 차에 갇혀 기다려 본 적이 있다면, 교통방송에서 알려 주는 도로 상
황 정보가 참 요긴하다는 것을 깨닫게 될 것이다. 이처럼 현재 우리가 어떤 상황에 처
해 있는가와 이 상황이 앞으로 어떻게 변할까에 대한 앎을 상황자각(situation
awareness)이라 한다. 상황자각은 지금 벌어지고 있는 사태에 대한 해석의 틀을 제공
하므로, 일반적인 맥락의 효과를 일으킨다. 그러나 올바른 상황자각에 필요한 여러 환
경 속성이나 단서들에 적절하게 주목하고 발생 가능한 상황(대안)들을 적절하게 고려
하는 것은 쉬운 일이 아니다. 즉, 사소한 단서에 지나친 비중을 두거나 실제 상황과
자신이 기대하는 상황을 제대로 구별하지 못하거나 규칙을 적용하는 조건들을 점검
에서 누락하는 일들이 없어야 할 것이다. 상황자각의 오류는 조작자로 하여금 틀린
결정과 잘못된 수행을 하게 이끄는 결정적인 원인이 될 수 있다. 예컨대, 항해사가 근
접해 오는 다른 배의 방향과 속도, 자신의 배의 경로 등에서 빚어지는 충돌 상황을 오
판한다면 심각한 재난이 발생할 것이다(이준범, 이재식, 2006).

상황자각은 상황에 대한 정신모델이라 볼 수 있는데, 상황이 계속 변하는 것에 맞
추어 상황자각도 역동적으로 갱신되어야 한다. 이것은 조작자로 하여금 상황의 여러
요소에 대한 분할된 주의를 지속적으로 줄 것을 요구하는데, 주의 배분에 대한 체계
적인 훈련이 상황자각 능력을 향상시킬 것임을 알 수 있다. 전자시계의 알람 시각을

현재 시각으로 착각하는 예에서 보는 모드(mode) 선택의 오류도 일종의 상황자각 오류(상황 착각)로 볼 수 있다(박창호, 2006).

협동 작업을 하는 경우에는, 상황자각을 공유함으로써 불필요한 의사소통을 줄일 수 있다. 누구나 볼 수 있게 높은 벽이나 천장에 매달아 놓고 수시로 참조할 수 있게 되어 있는 보드나 화면은 상황자각을 더 잘 공유할 수 있도록 도와준다.

6. 의사소통

기계 장치에 붙어 있는 계기판이나 조작판을 보면서 시스템과 의사소통한다는 생각은 들지 않을 것이다. 그러나 복잡한 기기를 만지거나 학습 사이트에 들어가서 나의 조작에 따라 시스템의 상태가 바뀌는 것을 관찰할 때에는 둘 간의 '대화'란 말도 성립되리라는 생각이 든다. 오늘날 소프트웨어나 디지털기기는 사용자가 한번 명령을 내리고 결과를 기다리는 장치가 아니라, 어떤 목표를 달성하기 위해 사용자가 계속 메시지와 신호를 주고받아야 하는 동반자적인 장치가 되어 가고 있다. 즉, 인간과 시스템은 상호작용하며 협동 작업을 하고 있는데, 이 상호작용은 대화 혹은 의사소통(communication)으로 개념화될 수 있다.

인간이나 시스템 간의 대화(의사소통)는 여러 채널을 통해 일어날 수 있는데, 이는 여러 가지 방식으로 분류된다. 예컨대, 언어적 대 비언어적으로 대비될 수도 있고 인지적 대 정서적으로 대비될 수도 있다. 대비되는 각각의 채널 안에도 여러 가지로 구별될 수 있는 의사소통의 차원이 있을 수 있는데, 예를 들면 비언어적 의사소통에 손짓, 얼굴표정, 억양이나 음조 등 여러 측면이 각기 다른 정보를 전달할 수 있다. 이런 점은 집단 작업을 하는 팀에서 구성원 간의 의사소통에 특히 중요할 것이다. 정보나 지식을 전달하는 의사소통 기능 외에, 비인지적인 측면의 의사소통이 실제의 협동작업이나 이해에 중요한 역할을 하는 경우가 많다. 또한 의사소통에 개인 인지의 요인들뿐만 아니라 그 이상의 언어적, 사회적, 상황적 요인이 크게 관련된다. 여기에서는 주로 인지적이고 언어적인 차원에서 의사소통을 살펴볼 것이다.

1) 매 체

단순한 신호(예 : 빨간 불빛)는 어떤 사건의 발생 여부를 알려 줄 뿐이지만, 기호나 단어(예 : 화재) 같은 상징은 사건의 내용도 알려 줄 수 있기 때문에 더 유용하다. 반면에 상징은 해독되어야 하므로 어떤 상징처리 시스템을 전제로 한다. 아무리 중요한 지시라도 그 의미가 파악되지 않으면 쓸모가 없을 것이다.

(1) 그림기호와 아이콘

그림기호(pictogram)나 아이콘(icon) 등은 단순한 신호 이상으로 어떤 내용을 전달할 가능성이 있기 때문에 특히 유용할 수 있다. 예컨대, 화장실이나 지하철, 공중전화 등과 같이 공공시설을 표시하는 데에 그림기호가 유용하게 사용될 수 있다. 휴대전화기나 컴퓨터에 아이콘이 널리 사용되는데, 이는 이름을 정확히 식별할 필요 없이 아이콘을 통해 소프트웨어나 자료물의 정체를 파악할 수 있기 때문이다. 그러나 그림기호나 아이콘은 그 자체로 애매하게 해석될 수도 있으며, 특히 좀 더 복잡한 관계를 표시하려는 경우 해석의 어려움이 가중된다. 이 점은 문서편집기에서 '돋보기'의 의미가 무엇인지를 짐작해 보면 혹은 여러 소프트웨어에서 비슷한 기능을 표시하기 위해 다양한 아이콘을 사용하는 것을 보면 알 수 있다.

그림기호나 아이콘의 또 다른 문제점은 상징을 임의적으로 조합하여 새로운 의미로 확장 사용하기 어렵다는 것이다. 또한 그림기호나 아이콘의 수가 많아지면, 이를 모두 기억하고 서로 식별하는 데에 많은 부담이 생긴다. 그래서 그림기호나 아이콘과 더불어 이름이나 메시지를 함께 제시하는 경우도 있으나, 이는 또다시 공간 배치의 문제를 일으킨다.

그림이나 도형은 전체적으로 동시에 처리되기가 쉬운데, 만일 둘 이상의 그림기호나 아이콘을 구별하는 특징이 세부적인 차이뿐이라면 곤란할 것이다. 또한 공간적으로 배치된 관계만으로 그림기호나 아이콘들이 구별된다면(예 : 승강기의 개폐 단추들은 주로 화살표의 서로 다른 방향을 써서 개폐를 표시한다), 역시 공간관계를 가외로 처리해야 하는 부담이 생길 것이다. 그러므로 그림기호나 아이콘은 전반적인 형태를 서로 다르게 하거나, 아니면 뚜렷한 여러 개의 변별 특징의 유무로 구별되도록 하는 것이 좋다.

문자메시지나 이메일에 사용되는 이모티콘(emoticon)은 간단한 도형들을 조합하여, 기분이나 감정 혹은 간단한 메시지를 전달한다. 때로는 단어로 전달하기 힘든 직관적 내용을 제공해 줌으로써 호소력을 가지기도 한다. 의사소통에는 여러 정보가 결합되기 때문에 이모티콘은 문장에서 발생할 수 있는 애매성을 줄이는 데에도 사용될 수 있다. 마찬가지로 상대방의 표정이나 움직임을 대략이나마 식별할 수 있는 방식(예 : 화상 통신)은 더 신속하고 정확한 의사소통을 가능하게 해 줄 것이다. 이러한 이점은 일종의 중복성 이득(redundancy gain)이라고 볼 수 있다.

(2) 상징부호 : 기호와 단어

기호나 단어와 같은 상징부호는 기본적으로 임의적이므로, 자유롭게 많은 상징을 만들어 낼 수 있는 이점이 있다. 그 대신 상징과 상징의 조작법을 학습하고 기억해야 한다. 언어는 가장 대표적이고 효용성이 높은 상징체계이다. 그러므로 단어를 사용하는 것은 숫자나 임의적 기호를 사용하는 것보다 더 효과적이다.

문자나 숫자 등 부호들을 이용하여 메시지를 만들 경우, 메시지의 총량을 경제적으로 사용하도록 설계한다는 측면에서 보면 메시지의 길이는 메시지의 정보량에 비례하도록 설계할 필요가 있는데(Shannon-Fano 원리), 이는 언어에서 단어 길이는 사용 빈도에 반비례하는 방식으로 드러난다(Zipf의 법칙). 즉, 정보량/사용량에 관계없이 일정한 길이로 모든 메시지를 만드는 것은 비경제적이다. 자주 발생하는 사건(신호, 단어)은 짧은 부호로 처리되어야만 빨리 처리될 수 있을 것이다. 메시지의 길이는 그 자체로 하나의 정보가 된다.

메시지(정보 전달)의 안전성도 중요한 측면인데, 이것은 위의 경제성과 갈등을 일으킬 수 있다. 예컨대 전화로 중요한 이름이나 번호를 알려 주는 경우처럼 각 글자나 숫자가 모두 중요하고, 다른 것과 혼동되어서는 안 되는 경우가 있다. 혼동을 줄이기 위해 글자의 크기나 색과 같이 신호의 감각 속성을 강조하는 방법이 있는데, 때때로 충분한 주의를 받지 못하면 이렇게 강화된 속성도 간과되는 수가 있다. 다른 효과적인 방법은 중복적인 신호/메시지를 추가하는 것이다. 예컨대, 신호등의 색(빨강)과 위치(맨 오른쪽 혹은 위쪽)는 '정지(STOP)' 사인을 중복적으로 표시한다.

상징들을 공간적으로 배치하는 것도 중요하다. 공간적으로 분리된 상징들은 한 덩어리로 처리될 가능성이 높기 때문이다(집단화에 기인한 청킹). 무선적인 숫자열을 가능한 한 빨리 키보드로 입력하도록 하였을 때, 입력하는 덩어리가 3개 또는 4개의 길이일 때 입력 속도가 가장 빨랐다(Klemmer, 1969). 네 글자로 된 고사성어나 셋, 넷으로 분절되어 읽히는 전통시를 볼 때 셋 혹은 넷의 길이가 숫자나 글자의 청킹에 적절한 것으로 보인다. 이 점은 이름이나 여러 종류의 번호나 기호, 데이터 형식 등에서 그 길이와 하위 집단을 배치할 때 유용한 시사점이 될 것이다.

단어는 풍부한 내용을 효과적으로 전달할 수 있지만, 순차적으로 처리되고 길이가 일정하지 않으며, 정확해야 한다는 문제가 있다. 이는 수직 방향으로 혹은 좁은 공간 안에 단어를 기록해야 하는 경우에 문제가 된다. 단어를 사용할 때에는 단어의 가독에 대해 글자의 크기, 명도, 대비, 배색 등을 고려하는 것 못지않게 글자체(꼴)도 고려해야 한다. 영문자의 경우 사람들은 일반적인 인쇄 형태인, 대문자 첫 글자와 소문자 본문으로 된 글들을 잘 인식한다. 그러나 단독으로 제시된 단어나 철자의 경우에는 대문자가 더 잘 식별되므로, 문장 속의 강조 부분은 대문자로 처리하는 것도 나쁘지 않다. 한글의 경우, 문장의 경우에는 명조체 혹은 이와 유사한 글자체로 하고, 단독 단어나 글자의 경우에는 고딕체나 유사한 글자체로 할 때, 인식률이 더 좋아질 것이다(김정오, 1982).

단어의 사용은 기본적으로 언어의 해독능력(literacy)을 전제로 한다는 점이 제약으로 작용한다. 일반적으로 사용빈도가 높은 단어들은 통상적으로 잘 이해되는 단어들이겠지만, 의외로 사람들은 일상적 단어의 특이한 의미 혹은 전문적 의미를 이해하지 못하는 경우도 많다. 그러므로 특정 직업에 널리 통용되는 단어나 표현이 보통 사람들에게 제대로 이해되리라는 보장은 없다. 그러므로 공공성이 있는 시스템이나 제품의 경우에는 통상적인 단어 및 통상적 의미를 사용하는 기준을 유지하는 것이 필요하다.

정확한 의미를 전달하려고 하면 메시지의 길이가 길어지게 되는데, 이는 더 많은 단어를 사용하거나 더 긴 단어를 사용하는 것으로 드러난다. 그리고 좁은 공간에 많은 단어 혹은 긴 단어를 넣는 것은 시각적 해상도를 떨어뜨리는 문제를 야기한다. 이런 문제로 인해 약자 혹은 약어가 흔히 사용된다. 약어는 편리해 보이지만, 그것에 익숙하지 않은 사람들에게는 해독해야 할 임의의 기호들로 주어진다. 단어의 인식은 단어를 구성하는 첫째 형태소에서 다음 형태소 순으로 벌어진다는 연구들을 토대로 할 때, 약어에서 첫 형태소를 유지하는 것이 더 잘 식별될 수 있다. 예컨대, 문서 편집기의 명령에서 link 대신 ln을, concatenate 대신 cat과 같은 약자는 쉽게 파악되지 않는다(Norman, 1981). Moses와 Ehrenreich(1981)에 따르면, 약자를 구성하는 기법에서 가장 중요한 원리는 일관된(consistent) 규칙을 사용하는 것이다.

(3) 소리와 말

소리나 말은 삭제하지 않아도 빨리 사라지고, 마음속에서 의미부호로 전환되지 않으면 잘 유지되지 않는다. 이런 이유로 동적 장면에서 소리나 말을 주로 사용하게 되는데, 여기에는 각각 장단점이 있다. 또한 소리는 울려 퍼지기 때문에 여러 사람에게 동시에 메시지를 전달하는 데 효과적이지만, 어느 정도 떨어진 거리에서는 음원이 불확실하게 되어 소음으로 취급되거나 사람들은 주의를 끌지 못하는 경우가 종종 있다.

말(speech)은 특정한 맥락 속에서 사용되기 마련인데, 대화 당사자들은 주로 같은 상황에 놓여 있게 된다. 비동기적인 글로 전달할 때에 필요한 배경 설명들이 말로 하는 경우에는 별로 필요하지 않게 되고, 의사소통이 잘되는지에 대한 상대방의 피드백을 빨리 받을 수 있으므로, 말은 매우 신속하고 효율적인 의사소통 방법이다. 그러나 방금 언급한 이점들은 인공장치에서 말을 사용하는 경우, 그것이 미리 녹음된 말을 이용하든 혹은 언어합성장치를 이용하든 간에, 충분히 활용되지 못하는 경우가 많다(그리고 이것이 시스템 설계에서 주로 직면하는 문제이다).

소리나 말은 제시된 후 흔적이 남지 않기 때문에 특정한 조작을 하기까지 혹은 일정한 회수만큼 반복 제시되는 식으로 사용되곤 한다. 이 점은 초보자에게는 도움이 되지만, 익숙한 사람에게는 성가실 뿐만 아니라 오히려 효율적인 수행을 방해하는 측면이 되기도 한다. 이 때문에 종종 음성메시지 시스템을 쓰지 않으려 하거나 꺼 놓는 일이 생긴다.

전자적으로 합성된 음성메시지(말소리)는 기본적 합성 문제 외에도 주파수대역 (bandwidth)과 연음 및 묵음 문제들이 생긴다. 신호전달속도를 빠르게 하기 위해서 혹은 음성메시지의 저장용량을 줄이려고, 소리 신호의 주파수대역을 줄이거나 샘플링 비율 혹은 신호 대 잡음 비(S/N ratio) 등을 낮추어 잡은 경우가 있다. 예컨대, 전화기 는 주로 사람들이 민감한 주파수대역(약 1,000~4,000Hz)을 사용한다. 그러나 이로 인해 소음이 있는 외부 환경에서 목소리를 높여도 말이 정확하게 들리지 않는 일이 생길 수 있다. 음성 합성은 미리 단어 단위로 저장된 소리파일을 사용하거나 혹은 단 어 단위로 합성하여 만들어진 소리를 사용한다. 글로 표기하는 경우에 단어는 시각적 으로 분명히 분리되는 단위로 작용하지만, 말소리의 경우에는 단어들 간의 연음이나 단어 내의 묵음 현상에 의해 같은 음운이라 할지라도 음가가 정확하게 같지 않을(어 떤 소리가 인접해 있는가에 따라 말소리가 조금씩 다르다) 뿐 아니라 단어들의 음성 적 경계조차도 명확하지 않다. 그런데 합성된 말에는 이런 측면들이 잘 처리되지 않 아 어색하게 들릴 뿐만 아니라 제대로 들리지 않는 경우가 생길 수 있다. 단어와 발음 의 대응 정도가 낮은 영어에 이런 문제가 더 심하다. 예컨대, 'She uses st*and*ard oil'에 대한 음성주파분석표는 단어 경계(여기에서는 연음이 발생)와 달리 한 단어 내 의 두 위치('*' 표)에서 묵음이 발생하는 것을 보여 준다. 이런 문제는 특히 인간의 말 소리를 시스템이 인식하도록 만드는 것이 매우 어려운 문제임을 시사한다.

2) 표시하는 방법

조작자는 계기판이나 표시판을 통해서 시스템의 상태를 지각하고 어떤 조치를 취할 지를 판단한다. 이것은 시스템과 인간(조작자) 간의 의사소통 문제이다. 양자 간의 의 사소통 방식은 사용자의 정신모델과 상황자각에 영향을 줄 수 있다.

이에 관한 한 가지 주제는 표시판(display)의 성질을 상태(status) 표시 방식과 명령 (command) 표시 방식으로 구분하는 것이다. 예컨대, 자동차에 부착된 항법장치

(navigator)는 다음 두 가지 방식으로 메시지를 전달할 수 있다. '이 지역의 제한 속도는 시속 60km입니다.' [상태 표시] '현재 (차량의) 속도는 시속 75km입니다.' 혹은 [명령 표시] '속도를 줄이십시오.' 어떤 경우에는 두 가지 방식을 함께 사용하여 메시지를 전달할 수도 있을 것이나, 계기판이나 지시기의 경우에는 두 가지 방식을 병행하는 것이 곤란할 것이다.

어느 방식이 유리한가를 결정하기 위해서는 여러 조건을 함께 고려해야 한다. 명령 표시는 즉각적으로 해야 할 일을 분명히 가르쳐 주는 이점이 있는 반면, 다른 목적을 위해 명령을 의도적으로 위배해야 하는 경우에는 명령 메시지가 방해 신호(noise)로 작용할 수 있다. 상태 표시의 경우, 조작자는 현 상태에 올바르게 대응하는 조작을 산출해야 하기 때문에 조작자에게 가외의 정신적인 부하가 주어지게 된다. 그러므로 여분의 처리용량을 가용하기 힘든 스트레스 상황 혹은 시간적 압박이 있는 상황에서는 명령 표시 방식이 비교적 더 유리할 것으로 생각되는데, 이는 자료주도적 처리가 더 적은 처리용량을 필요로 하는 것과 같은 이치이다. 그러나 일반적으로 어느 방식이 우월한지는 분명하지 않으며, 둘 간의 차이가 없다는 결과도 있는 반면, 중요한 것은 어떤 표시 방식이든 신뢰로운 정보를 제공하는 것이라는 연구도 있다(Wickens & Hollands, 2003). 신뢰로운 정보란 상태와 적절한 조작 혹은 명령과 적절한 조작 간에 일관성 있는 대응이 성립하는 것이며, 이러한 관계는 잘 학습될 수 있으며 자동적으로 처리될 수 있다는 것이 여러 실험적 연구에서 밝혀졌다.

가능하다면 더 좋은 해결책은 상태 표시와 명령 표시를 함께 제시하는 것이다. 이것은 소위 중복성(redundancy)의 이점을 살리는 것으로서, 일관적인 정보를 더 많이 제공함으로써 일반적으로 인지적 오류가 발생할 가능성을 줄여 준다. 예컨대, 비행기에 장착된 공포 충돌 회피 시스템(Threat Collison Avoidance System)에서 상태 표시는 위험한 방향에 있는 비행기들의 상대적인 위치를 보여 주는 동시에 명령 표시는 충돌을 피하기 위해 조종사가 할 일(조종간을 당겨라)을 지시한다(Wickens, Mavor, Parasuraman, & McGee, 1998). 중복적 제시는 시공간적 조작 능력이 더 우수하거나 청각적·언어적 조작 능력이 더 우수한 사람들에게 자신에게 더 유리한 표시 방식을 선택할 수 있는 기회를 준다.

그러나 두 가지 표시를 '같은' 감각 양상으로 제시할 경우 간섭이 일어날 가능성이 있고, 대부분의 시스템에는 많은 수의 표시판(display)이나 제어기들이 있어서 시각적인 처리 부담이 이미 높아져 있는 경우가 많다. 이 때문에 상태 표시는 시각적으로 제시하고 명령 표시는 언어적·음성적으로 제시하는 것과 같이 상이한 감각 양상으로 중복 제시를 하는 것이 유리할 것이다(그러나 음성 정보는 사라져 버리기 때문에 경우에 따라 반복될 필요가 있음을 유의하라). 이런 이점은 인간정보처리 시스템에서 시각 양상의 처리와 청각 양상의 처리가 서로 독립적인 처리자원을 사용함으로써 비교적 동시 병행적으로 처리될 수 있다는 연구 결과들과 일치한다.

중복성 이득은 상태 표시와 명령 표시 이외의 경우에도 일반적으로 관찰될 수 있다. 예를 들어, 그래픽(혹은 그림) 정보와 언어적 지시를 함께 제공하는 것은 사용자의 종합적 이해를 촉진시키며, 다양한 매체를 제공함으로써 사용자가 선택적으로 활용할 수 있게 해 준다. 비행기에 비치된 승객 안전카드에 대한 이해 정도를 검토한 연구를 보면, 대부분의 내용이 글로만 적힌 카드는 이해가 잘되지 않은 반면 다이어그램을 이용한 카드가 더 쉽게 이해되었으며, 글과 다이어그램을 함께 사용한 것이 가장 우수하였다(Schmidt & Kysor, 1987). 이처럼 둘 이상의 정보를 제공할 때, 어느 정보를 더 강조할 것인지 혹은 더 우선적으로 제시할 것인지도 결정해야 한다. 그래픽 혹은 그림 정보는 전반적 이해의 틀(frame)이나 일종의 식별표시(mark)의 역할을 할 가능성이 높으며, 언어적 정보는 상황이나 조작에 대한 설명을 제공하는 역할을 할 가능성이 높다(Stone & Gluck, 1980). 그래픽 혹은 그림 정보는 충분히 자세할 필요는 없다. 단순한 선그림이 세세한 삽화 못지 않게 좋은 수행을 낳으며, 도식적 선그림이 사진보다 더 좋은 수행을 낳는다(Wickens & Hollands, 2003).

3) 형식적 측면

언어의 형식적 및 구문적(문법적) 처리와 관련된 여러 주제를 모두 여기에서 다루는 것은 무리일 뿐만 아니라 필요하지도 않다. 아래에서는 의사소통이란 관점에서 주요한 몇 가지 형식적 문제들을 선별해서 다루고자 한다.

수화(sign language)는 일련의 손짓 말을 순서대로 만들어 의사를 전달한다. 손짓 말을 펼치는 순서가 달라지면 그 의미도 다른 것이 될 수 있다. 이와 마찬가지로 단어나 개념이 제시되는 순서는 언어 이해에 매우 중요하다. 언어 이해는 입력되는 정보의 순(first-in first-out)이라는 것이 언어심리학자들의 견해이다. 먼저 입력되는 정보는 이야기의 화제(topic)를 전환하여 설정하거나 이미 알고 있는 것을 확인하는 역할을 하는 경우가 많다. 소위 '흔히 ~라고 알려진 ○○○는 …' 식이다. 반면에 나중에 제시되는 정보는 화제에 관한 새로운 정보나 주장인 경우가 많다. 예컨대, '사실은 ○○○이다.' 이런 관계를 '주어진(given) 정보-새로운(new) 정보'의 관계라고 한다. 가끔 수사학적인 목적으로 정보 제시의 순서를 뒤집는 것이 오독을 불러일으킬 수 있다. 그러므로 꼭 필요한 경우가 아니라면, 이해의 흐름을 자연스럽게 유도하는 순서를 택하도록 해야 한다. 이것은 특히 순서대로 혹은 시간의 흐름대로 이해하거나 조작해야 되는 경우에 중요하다. 예를 들어, '최종 확인 단추를 누르기 전에 총액을 확인하시오.' 보다는 '총액을 확인한 후 최종 확인 단추를 누르시오.' 라고 표시하는 것이 더 적절하다.

언어 이해에는 개념이나 명제의 논리적 조작이 개입하는데, 논리적 조작의 요구가 클수록 더 많은 정신적 조작이 필요하고, 결과적으로 이해하기는 어려워지거나 오류가 발생하게 된다. 예를 들면, '~가 아닌 것이 아니다' 와 같이 이중부정은 '~이다'에 비해 어렵다. '불이 꺼져 있지 않다.' 는 '불이 켜져 있다.' 보다 이해하기 어렵다. 이처럼 부정문은 긍정문보다 이해하기가 어렵다(Carpenter & Just, 1975; Clark & Chase, 1972). 또한 사태와 일치하지 않는 거짓 진술문은 이해하기가 어렵다(그림 3-5). 참 진술문은 거짓 진술문보다 빨리 확증된다. 참 진술문 간에는 긍정 형식이 부정 형식보다 빨리 판단된다. 거짓 진술문들 간에는 오히려 부정 형식이 긍정 형식보다 빨리 판단된다.

그래서 가능하다면 참된 설명이나 지시는 부정적인 형식(DO NOT ~, 수위가 비정상적으로 높지 않다는 것을 알아보기 위해 체크하라)보다 긍정적인 형식(DO ~, 수위가 정상인지를 체크하라)을 사용해야 잘 이해된다. 도로의 로터리에 진입 방향을 표시할 때, 금지하는 방향(예 : 왼쪽 화살표에 'X'를 겹쳐 그림)을 표시하기보다는 진입

별은 십자가 위에 있다. 별은 십자가 위에 있지 않다.
십자가는 별 위에 있다. 십자가는 별 위에 있지 않다.

그림 3-5 ▍ 그림-문장의 진위 판단 과제에서 사용된 실험재료의 예(위 그림에 대해 아래 문장이 참인지 거짓인지를 판단해 보라)

해야 할 방향을 표시하는 것이 좋다(예 : 오른쪽 화살표). 부정어를 피해야 하는 또 다른 이유는 어떤 이유로든 메시지가 잘 처리되지 않을 경우, 부정문이 긍정문으로 오독되거나 오해되어 정반대를 의미하는 일이 발생할 수 있기 때문이다.

그림 3-5에서 알 수 있는 것은, 그림이 제시하는 방식과 이를 언어적으로 부호화하는 방식을 일치시키는 것이 이롭다는 것이다. 마찬가지로 사태의 진행에 부합하도록 하는 것도 중요하다. 이는 행위의 주체를 중심으로 혹은 능동 문형으로 표현을 할 것인지 아니면 행위의 대상을 중심으로 혹은 수동 문형을 쓸 것인지를 결정하는 데 중요하다. 다른 이유가 없다면 행위의 주체, 선행 사건, 원인 등이 능동문의 주어가 되는 것이 좋다(예 : 오기능이 그 증후를 일으켰다). 수동문의 처리와 유지에는 더 많은 정신조작과 처리자원이 필요하기 때문이다.

흔하고 자주 경험되는 것(상태)은 별로 주의를 받지 못하는 경향이 있다. 그래서 이런 상태는 보통 혹은 정상 상태로 간주되고, 이에서 벗어나는 사태가 주의해야 할 특이 사태로 간주된다. 종종 '정상' 상태가 경고등(램프)으로 표시되고(대표적으로 전원 스위치 On을 램프로 표시하는 것), 특이 상태는 경고등의 소멸로 표시되는 수가 있다. 이는 특이 상태에 주의한다는 원리에 맞지 않는 것이다. 이럴 경우, 지시문의 형태도 '램프의 불이 꺼졌는지를 확인하라.'와 같이 심적 표상으로 볼 때 부정적인 형태로 진술되기 쉽다. 그러므로 시스템의 표시판을 설계할 때부터 정상 상태와 가능한 지시의 언어적 형태 간의 관계를 잘 고려하는 것이 필요하다.

4) 화용적 측면

말의 의미는 여러 수준으로 해석될 수 있다. 예를 들어, 단어들의 사전적 의미를 결합하여 알 수 있는 자구적 의미(literal meaning)는 문장이 실질적으로 가리키는 심층적 의미와 구별되어야 할 것이다. 또한 말을 하는 사람의 의도나 목적이란 측면에서, 화용적(pragmatic) 의미도 있다. 이를테면, "음악 좋아해요?"라는 질문은 '음악을 듣고 싶다'는 기대를 함의한다고 볼 수 있다. 문장(말)과 그것이 가리키는 의미 간의 대응이 이처럼 다층적이므로, 우리는 언어적 표현을 자구대로 해석하지 않으려는 경향이 종종 있다. 이런 경향은 시스템과의 상호작용을 방해하는 요인이 될 수 있다. 예컨대, 수사적 표현으로 집어넣은 문구가 다른 사람에게는 중요한 암시를 하는 것처럼 보일 수 있다. 이런 문제는 설명문이나 지시문에서 종종 나타난다.

　의사소통은 교환되는 메시지만으로 이루어지는 것이 아니라, 메시지 배후에 있는 의사소통의 가정과 규범을 바탕으로 성립한다. 이를테면, 메시지는 어떤 의미를 가지고 있을 것이라는 가정을 한다. Grice(1975)는 의사소통에서 암묵적으로 따르게 되는 규범, 즉 대화의 격률(maxim)이 있으며, 대화의 의미는 이 규범을 배경으로 파악된다고 주장하였다. 이 격률의 네 가지는 첫째, 양(필요한 만큼의 내용), 둘째, 질(거짓이 아닌 내용), 셋째, 관계(화제와 관련된 것), 넷째, 방식(간결 명료하게 표현)이다. 만일 방금 한 말을 부연하여 장황하게 말한다면('양'의 격률) 듣는 사람은 그 말을 자구대로 받아들이기보다는 숨겨진 뜻이 있을 것으로 여길 것이다. 마찬가지로 전혀 상관없어 보이는 말을 꺼낸다 할지라도('관계'의 격률) 듣는 이는 모종의 연관성이 있지 않을까 하고 의심할 것이다.

　그러므로 인간과 의사소통하는 시스템의 설계에서 의사소통의 맥락과 의미적 수준 그리고 준수해야 할 격률을 적절하게 통제할 필요가 있다.

5) 모호성과 애매성

상징이나 메시지는 의사소통 과정에서 모호해지기도 하고 애매해지기도 한다. 예컨대 소음 때문에 잘 들리지 않는다면 그 메시지는 모호한 것이다. 반면에 명료하게 들리기는 하나 그것이 여러 가지로 해석될 수 있다면 그 메시지는 애매한 것이다.

단어나 중요한 상징 수준의 모호성은 신호의 강도를 높이거나 혹은 적절한 맥락을 줌으로써 감소될 수 있다. 예컨대 A, B, C 대신에 Alpha, Bravo, Charlie라고 함으로써 각 알파벳이 상대방에게 정확히 전달되도록 한다.

애매성은 메시지에 대한 여러 가지의 해석이 모두 가능한 경우이다. 이런 일은 메시지의 특성에 기인할 수도 있고, 메시지가 교환되는 맥락에 기인할 수도 있다. 일상어가 특정한 곳에서는 다른 의미로 쓰이는 경우가 많은 것처럼, 때때로 일반적으로 명확해 보이는 말뜻도 어떤 상황(맥락)에서는 애매한 경우도 있다. 의사소통이 효율적이려면 메시지가 갖기 쉬운 애매성과 모호성을 제거해야 한다. 이를 위해서는 더 많은 정보가 추가되어야 한다. 즉, 긴 글(메시지)로 자세하게 표현하는 것이다. 그러나 이 방법은 많은 공간, 사용자의 독해 능력 및 독해에 걸리는 긴 시간 등을 필요로 하므로 실천하기가 곤란하다.

메시지의 애매성을 줄이기 위해서는 메시지를 해석할 수 있는 대안의 수가 최소화되어야 한다. 이를 위해서는 메시지의 맥락이 적절하게 설계되어야 한다. 화자와 청자 혹은 시스템과 사용자는 공통되는 배경 지식과 상황인식을 가질 때 효율적으로 의사소통을 할 수 있다. 이런 점은 협동 작업에도 적용된다. 비행기 승무원들은 비행기의 이륙과 착륙에서 무슨 일이 일어날 것인지 각자 무슨 일을 해야 하는지에 대한 생각이 비교적 서로 통한다. 그럼으로써 수행하는 일의 복잡성에 비해 실제로 교환되는 의사소통의 양은 크게 감소할 수 있게 된다.

6) 의사소통과 협동 작업

의사소통은 신호나 메시지를 교환하는 것 이상이다. 의사소통 과정을 통해, 특정한 환경 단서에 주목하거나 무시하게 되고, 특정한 기억이 인출되거나 간과되기도 하며, 이해가 발생하고, 정신모델이 (재)구성된다. 또한 의사소통을 통해 지식이 교환되거나 배분되면서 이해의 틀이 형성되고 상호 공유될 수 있다.

의사소통의 역할은 협동 작업(cooperated works)에서 특히 두드러지며, 좋은 의사소통은 전체적으로 더 좋은 성과를 낼 것이다. 예컨대, 의사소통은 다른 조원이 간과하는 신호나 환경 단서에 주목하게 하거나, 오관을 일으킬 수 있는 편중(bias)에 유의하도록 하거나, 이견이나 대안을 제시함으로써 여러 정보를 고려하여 상황을 더 객관적으로 판단하게 하거나, 불확실한 상황에서 책임감 있는 결정을 내리고 실행하도록 촉구하는 데에 관여한다. 여러 장면에서, 이를테면 원자력 발전소 같은 대형 공장설비의 제어실 직원, 항공기의 승무원, 병원의 의사와 간호사, 스포츠 팀원 등에서 효과적인 의사소통이 매우 중요하다. 어떤 조직이든 명시적거나(예 : 군대) 혹은 암묵적인(예 : 모임 내의 비공식적 소그룹) 의사소통 방식을 가지고 있을 것이다. 복잡한 시스템 혹은 조직에서 적절히 교류되지 않은 의사소통은 혼란이나 비효율, 경직성(예 : 극단적 판단)을 낳기 쉽다. 때때로 권위에 의존한 의사소통체계는 효과적인 의사소통에 방해 요인이 되기도 한다. 예를 들어, 부조종사가 조종사의 실수를 제때 지적하고 수정을 요구하지 못한다면 승무원들과 여행자들이 비행기 사고의 위험에 빠질 수 있는 것이다. 면대면 작업 및 원격 작업에서 효과적인 의사소통과 의사결정을 지원하는 시스템이 도움이 된다는 연구들이 나오고 있다.

7. 맺음말

지금까지 인간−시스템의 상호작용에 작용하는 '인지적 영향'을 이해하는 데에 도움이 될 만한 몇 가지 주제들을 살펴보았다. 소위 인지적 영향은 환경과의 상호작용을 통해 마음에 축적되어 있는 경험과 지식에서 비롯되는 것인데, 이것은 다시 이 상호작용을 이해하고 여기에 관여하는 방식에 영향을 준다. 인지적 영향은 이처럼 상호작용하면서 발달하는 인간−환경의 전체 시스템에서 한 국면으로 작용한다. 현대에는 인간−시스템의 상호작용의 장이 점차 물리적 실체에서 네트워크와 가상세계(cyber-space)로 옮겨 가고 있다. 이에 맞추어 상호작용의 이해에 인지적 측면의 비중은 점차 더 높아질 것이다.

　인지 요인에 대한 연구들은 방대하고, 개개의 연구 주제도 매우 세부적이다. 이 장은 그중에 매우 한정된 부분만을 발췌하고 정리한 것으로서, 인간-시스템의 상호작용 이해의 기초적 입문을 위해 쓰인 것이다. 더 다양하고 자세한 내용에 관심이 있는 독자는 인지심리학 교재를 참조하고 나아가 고급 수준의 저술들과 관련 논문을 읽어 보기 바란다.

참고문헌

김정오(1982). 시각적 정보처리에 영향하는 요인과 글자의 지각적 집단화 및 지각학습. 어학연구, 18(2), 285~302.

박수애(2006). 안전과 결정회피 현상. 2006년 공군 항공안전 세미나 논문집, 11~33.

박창호(2006). 인간오류의 이해와 안전행동의 수행. 2006년 공군 항공안전 세미나 논문집, 37~64.

박창호, 염성숙, 이정모(2000). 사용자 중심의 홈페이지 분류 체계가 분류 검색에 미치는 효과. 인지과학, 11(1), 47~65.

이영애, 이나영(2005). 위험지각에 대한 한국인의 심리적 구조. 2005 PMORP 워크샵(위험지각의 심리적 메카니즘) 논문집, 1~12.

이준범, 이재식(2006). 항해사의 상황인식 훈련이 항해 수행에 미치는 효과. 한국심리학회지: 실험. 18(3), 221~237.

Anderson, J. R.(1981). *Cognitive psychology and its implications(3rd Ed.)*. New York: Freeman & Co.

Atkinson, R. C., & Shiffrin, R. M.(1971). The control of short-term memory. *Scientific American*, 225, 82~90.

Baddeley, A.(2000). The episodic buffer: a new component of working memory? *Trends in cognitive sciences*, 4(11), 417~423.

Bartlett, F. S.(1932). *Remembering: A study in experimental and social psychology*. New York: Macmillan.

Bower, G. H., Clark, M. C., Lesgold, A. M., & Winzenz, D.(1969). Hierarchical retrieval schemes in the recall of categorical word lists. *Journal of Verbal Learning & Verbal Behavior*, 8, 323~343.

Bransford, J. D., & Johnson, M. K.(1972). Contextual prerequisites for understanding: Some investigations of comprehension and recall. *Journal of Verbal Learning & Verbal Behavior*, 11, 717~726.

Brooks, L. R.(1968). Spatial and verbal components in the act of recall. *Canadian Journal of Psychology*, 22, 349~368.

Carpenter, P. A., & Just, M. A.(1975). Sentence comprehension: A psycholinguistic processing model of verification. *Psychological Review*, 82(1), 45~73.

Carroll, J. M., & Olson, J.(Eds.).(1987). *Mental models in human-computer interaction: Research issues about what the user of software knows*. Washington, DC: National Academy Press.

Chase, W. G., & Ericsson, A.(1981). Skilled memory. In S. A. Anderson(Ed.), *Cognitive skills and their acquisition*. Hillsdale, NJ: Erlbaum.

Clark, H. H., & Chase, W. G.(1972). On the process of comparing sentences against pictures. *Cognitive Psychology*, 3, 472~517.

Ericsson, K. A., Krampe, R. T., & Tesch-Römer, C.(1993). The role of deliverate practice in the acquisition of expert performance. *Psychological Review*, 100, 363~406.

Fowler, F. D.(1980). Air traffic control problem: A pilot's view. *Human Factors*, 22, 645~654.

Gentner, D., & & Stevens, A. L.(1983). *Mental models*. Hillsdale, NJ: Erlbaum.

Grice, H. P.(1975). Logic and conversation. In P. Cole & J. M. Morgan(Eds.), *Syntax and Semantics 3: Speech Acts*. New York: Seminar Press.

Halasz, E. G., & Moran, T. P.(1983). Mental models and problem solving in using a calculator. In A. Janda(Ed.), *Human factors in computing systems: Proceedings of CHI 1983 Conference*(pp. 212~216). New York: Association for Computing Machinery.

Kahneman, D., Slovic, P., & Tversky, A.(Eds.).(1982). *Judgment under uncertainty: Heuristics and biases*. New York: Cambridge University Press.

Klein, G.(1997). The recognition-primed decision(RPD) model: Looking back, looking forward. In C. E. Zsambok & G. Klein(Eds.), *Naturalistic decision making*(pp. 285~292). Mahwah, NJ: Erlbaum.

Klemmer, E. T.(1969). Grouping of printed digits for manual entry. *Human Factors*, 11, 397~400.

Moses, F. L., & Ehrenreich, S. L.(1981). Abbreviation s for automated systems. In R. Sugarman(Ed.), *Proceedings of the 25th annual meeting of the Human Factors Society*. Santa Monica, CA: Human Factors Society.

Norman, D. A.(1981). The trouble with UNIX. *Datamation*, 27(12), 139~150.

Norman, D. A.(1996). 디자인과 인간심리.(이창우, 김영진, 박창호 역) [원저 The psychology of everyday things는 1988년 출간). 서울: 학지사.

Rasmussen, J.(1991). 인터페이스의 인지공학.(이근철 역) 서울: 기전연구사.

Reason, J.(1990). Human error. New York: Cambridge University Press.

Rosch, E.(1978). Principles of categorization. In E. Rosch & B. B. Lloyd(Eds.), *Cognition and Categorization*. Hillsdale, NJ: Erlbaum.

Schmidt, J. K., & Kysor, K. P.(1987). Designing airline passenger safety cards. *Proceedings of the 31st annual meeting of the Human Factors Society*(pp. 51~55). Santa Monica, CA: Human Factors Society.

Stone, D. E., & Gluck, M. D.(1980). *How do young adults read directins with and without pictures?*(Technical Report). Ithaca, NY: Cornell University, Department of Education.

Tulving, E., & Thomson, D. M.(1973). Encoding specificity and retrieval processes in episodic memory. *Psychological Review*, 80, 352~373.

Tversky, A., & Kahneman, D.(1981). The framing of decision and the psychology of choice. Science, 211, 453~458.

Wickens, C. D., & Hollands, J. G.(2003). 공학심리학(제3판).(곽호완, 김영진, 박창호, 남종호, 이재식 역) [원저 Engineering psychology and human performance(3rd ed.)는 2000년 출간]. 서울: (주)시그마프레스.

Wickens, C. D., Mavor, A. S., Parasuraman, R., & McGee, J. P.(Eds.).(1998). *The future of air traffic control: Human operators and automation*. Washington, DC: National Academy Press.

Yntema, D.(1963). Keeping track of several things at once. *Human Factors*, 6, 7~17.

4

인간-기계 상호작용의 모델

김성일

1. 서 론

회사원인 인기상(人機相) 씨는 아침에 자동차를 직접 운전하여 출근하고 휴대용 전화기, 컴퓨터, 팩스, 복사기 등의 기계를 사용하여 사무를 보고, 퇴근 후 집에서는 전자오븐이나 전기밥솥으로 식사를 준비하고, TV나 VCR 혹은 비디오 게임 등을 즐기며 휴식을 취한다. 이처럼 인간은 다양한 기계와의 상호작용이 필수불가결한 시대에 살고 있다. 이제 인간은 기계가 제공해 주는 편리함에 익숙해져 있을 뿐만 아니라 기계를 사용하지 않고서는 아무 일도 할 수 없게 되어 버렸다. 더구나 첨단 과학기술의 급속한 발달로 인해서 현대사회에서 기계가 차지하는 비중은 날로 높아지고 있다. 여러 가지 전자 시스템의 복합체인 멀티미디어의 등장으로 전자우편이나 화상회의, 시뮬레이션 등이 가능해진 것은 물론이고, 홈오토메이션(home automation)에서 산업, 교육, 의료, 우주과학에 이르기까지 복잡하고 다양한 시스템과의 상호작용은 이미 보편화되어 있으며 앞으로도 더욱 급속도로 증가할 추세이다.

그러나 인간은 이처럼 새롭고 복잡한 기계의 기능을 제대로 이해하고 편리하게 사용하고 있는 것일까? 불행하게도 그렇지 못하다. 우리는 지나치게 복잡한 기계로 인해 좌절감을 느끼기도 하고, 이해할 수 없는 전문용어를 학습하는 데 상당한 시간을 소비해야 하며, 아무리 읽어 보아도 도무지 도움이 되지 않는 매뉴얼 때문에 짜증을 내게 되고, 혹시라도 시스템을 제대로 작동시키지 못하게 되면 불안감, 무력감, 소외감마저 느끼게 된다.

효율적인 기계란 사용자에게 만족감, 자신감, 성취감 등의 긍정적인 감정을 유발시키고, 사용자가 기계에 방해받지 않고 자신의 행동에 따라 나타날 결과를 예측할 수 있도록 해야 한다. 가장 이상적인 인간-기계 상호작용 시스템은 인터페이스가 사라지고 사용자로 하여금 작업에 몰입할 수 있게 하는 것이다. 혹자는 첨단기술의 발전 속도가 너무나 빨라서 사람들이 이를 따라오지 못하는 사실을 걱정하기도 한다. 언뜻 그럴듯해 보이는 지적이지만 사실은 그리 심각한 것은 못된다. 왜냐하면 대부분의 사람들이 이해할 수 없거나 사용할 수 없을 정도로 복잡하거나 새로운 시스템은 사람들에게 외면 당하게 되고 따라서 시스템의 제작자 입장에서는 보다 사용하기 편리한 인터페이스를 개발할 것이기 때문이다.

본래 기계는 인간의 작업이 원활하고 효율적으로 수행되는 것을 돕기 위해 고안된 것이다. 인간의 목적은 기계를 통해 과제를 완수하는 데에 있는 것이지 기계를 사용하는 것 자체가 목적이 아니다. 따라서 사용자가 기계의 조작법을 쉽게 배우고 능숙하게 사용할 수 있는 사용자 중심의 기계를 만들어야 하는 것은 당연지사이다. 새로 개발된 첨단 멀티미디어 관련 기계를 사용하기 위해서 오랜 기간의 훈련을 받아야만 하거나 과제 수행 중 실수가 계속 유발된다면 이는 분명 잘못 디자인된 기계라 할 수 있을 것이다. 만약 이러한 기계가 개인의 생활용품이 아니라 여러 사람의 생명이나 안전과 관련되어 있는 기계라면 그 실수의 대가는 엄청날 것이며, 훈련의 비용이나 훈련받은 사용자가 느끼는 스트레스 또한 엄청날 것이다. 사용자 중심의 기계를 디자인하기 위해서는 특정 과제 수행시 사용자의 행위나 인지구조의 특성뿐만 아니라 신체적, 심리적, 사회 조직적 요인에 대한 이해가 선행되어야 한다. 이러한 이해를 바탕으로 한 보다 실용적이고 구체적인 디자인 가이드라인을 통해 시스템 디자이너는 시스템을 설계하고 지속적으로 평가·검증하는 과정을 거쳐야 할 것이다.

2. 상호작용과 인터페이스

1970년대의 시스템 설계자와 연구자들은 사용자 인터페이스(user-interface) 혹은 인간-기계 인터페이스(Man-Machine Interface, MMI)에 관심을 가졌다. **인간-기계 인터페이스**란 사용자가 접촉하게 되는 시스템의 측면들, 즉 사용자를 위한 입력장치, 기계를 위한 출력장치, 상호작용을 위한 프로토콜을 의미하였다. 이 시기에는 주로 사용자 인터페이스의 물리적인 측면의 개선이 강조되었다. 예를 들어, 컴퓨터의 경우 자판의 배열이나 모양을 달리함으로써 인터페이스를 개선하려 하였다. 그러나 1980년대 중반 이후 컴퓨터의 급속한 발전과 보급으로 인해 많은 기계에서 컴퓨터가 차지하는 비중이 커지게 되고 기계 자체보다는 컴퓨터와의 상호작용이 중요해짐에 따라, 인간-기계 상호작용 분야는 인간-컴퓨터 상호작용(Human Computer Interaction, HCI)으로 대체되게 되었다. 좁은 의미의 인간-컴퓨터 상호작용이란 주어진 환경에서 컴퓨터와 상호작용하는 과정을 통해 인간 사용자가 사용하는 일련의 처리과정(process), 대화(dialogue), 행위(action) 등을 말한다(Baecker & Buxton, 1987). 보다 넓은 의미의 인간-컴퓨터 상호작용이란 인간을 위한 효율적 상호작용이 가능한 시스템의 설계, 구현 및 평가와 컴퓨터 시스템 사용의 성공과 실패에 영향을 주는 여러 요인들(예 : 작업환경, 훈련 등)에 관한 학문 분야라 하겠다(ACM SIGCHI, 1992).

엄밀한 의미에서 인간-기계 상호작용은 '인간이 기계를 사용하여 어떤 작업을 한다.' 라는 사실에 초점을 맞추는 것이지, '인간이 기계를 사용한다.' 라는 사실 자체에 초점을 맞추는 것이 아니다. 따라서 기계와의 상호작용 측면만을 강조한 '인간-기계 상호작용' 이라는 용어는 정확한 표현이라 하기 어렵다. 오히려 특정 과제 수행을 위해서 '기계라는 매개물을 통한 인간-작업 상호작용' 이라는 표현이 더 가깝다고 하겠다. 인간-기계 상호작용은 인간, 기술, 기계에 관한 독립적인 연구가 아니라 인간과 기계를 연결시키는 연구이다. 따라서 인간-기계 상호작용을 연구할 때는 다음과 같은 두 가지 종류의 물음을 항상 염두에 두어야 한다. 첫 번째는 '이 기계가 무엇을 할 수 있는가?', '이 기계를 어떻게 만들 것인가?'이고 두 번째는 '사람들은 이 기계를 가지고 무엇을 하는가?', '이 기계가 사람들에게 적합한가?'라는 물음이다.

1) 인간의 인지시스템과 컴퓨터시스템의 비교

인간-컴퓨터 상호작용을 이해하기 위해서는 우선 인간의 인지시스템과 컴퓨터시스템의 특성을 비교해 볼 필요가 있다. 표 4-1에서 알 수 있듯이 인간의 인지시스템은 상당히 많은 제약을 가지고 있는 데 반해, 컴퓨터는 이러한 제약을 극복하도록 고안된 기계이다. 인간-컴퓨터 인터페이스는 이러한 인간의 제약을 고려하면서 컴퓨터의 장점을 극대화시키는 방향으로 진행되어야 할 것이다.

표 4-1 ┃ 인간의 인지시스템과 컴퓨터시스템의 비교

구분	인지시스템	컴퓨터시스템
처리범위	한정된 수준의 자극만을 감지	인간의 지각범위를 넘어서 감지
처리속도	느림	빠름
기억용량	적음	큼
기억내용	원리, 전략, 중요한 내용	세부적인 정보까지 정확히 기억
처리의 융통성	새롭거나 예기치 못한 상황에서의 행동 가능	이미 프로그램된 행위를 반복적으로 수행함
추리방식	귀납적 추리	연역적 추리
행위	목적 지향적	논리 지향적

2) 자동화

만일 어떤 작업이 완전 자동화(automation)된 기계시스템에 의해 수행되고 인간의 직접적인 감독조차도 필요 없게 된다면, 인간의 작업수행 능력 및 과정에 기초하여 시스템을 디자인할 필요는 없을 것이다. 그러나 우리가 사용하는 대부분의 시스템은 완전 자동화가 어려울 것 같다. 그 첫째 이유로 인간은 자신의 생명에 영향을 줄 수 있는 중요한 결정을 책임감이 없는 자동화된 기계에 맡기지는 않을 것이기 때문이다. 둘째, 기계는 자발적 문제해결 능력이 제한되어 있으므로 기계가 갑작스레 고장이 나거나 잘못 작동되는 상황이 발생하면 이를 대처할 능력이 없다. 예상되는 몇 가지 단순한 문제 상황에 대해서는 자동화된 기계가 자동적인 반응을 할 수 있도록 설계될 수 있으나, 가능한 모든 문제 상황을 예상하고 이의 조합에 반응하는 기계를 설계하는 것은 불가능하다. 또한 자동적인 감지나 해석만을 할 수 있는 기계에 의해서는 탐지될 수 없는 중요한 의사결정 요인이 있다. 의사결정의 개인적 요인, 개인 간 요인 그리고 사회적 요인이 기계의 완전 자동화가 실현되기 어려운 또 다른 이유이다.

3) 인간-기계 상호작용 연구의 목적

복잡한 시스템에서 인간-기계 상호작용을 개선하려는 노력은 실수의 결과로 발생하는 사고를 줄이고 사용상의 불편함을 줄이기 위함이다. 고도의 테크놀로지와 관련된 사고나 재난들의 원인을 살펴보면 기계적인 요소의 고장이나 무식한 조작자의 실수보다는 주로 인간-기계의 잘못된 상호작용이 주된 원인임을 알 수 있다. 즉, 기계의 조작자가 특정 순간에 어떤 일을 수행하지 않거나 특정 행위를 지시하는 정보의 부족으로 인해 잘못된 행위를 취함으로써 사고를 초래한다.

1979년에 발생한 스리마일 섬의 원자력 발전소 핵 누출 사고의 경우는 몇 가지 기술적인 문제로 인해 엄청난 재난을 불러일으켰다. 사고의 원인으로 생각되는 가장 중요한 기술적인 문제는 냉각기의 압력을 줄이기 위해 자동적으로 열리고 닫히는 밸브가 제대로 닫히지 않았기 때문이었다. 그러나 더욱 심각한 문제는 이 밸브가 실제로 닫히지 않았음에도 불구하고 계기판의 지시등에는 닫힌 것으로 표시되었다는데 있다. 왜냐하면 밸브의 상태를 표시하는 지시등은 밸브의 실제 위치를 감지하여 표시하는 것이 아니라 밸브에 대한 제어 신호 여부만을 감지하도록 잘못 디자인되어 있었기 때문이었다. 게다가 사고 발생 후 2분 동안 무려 100개 이상의 경보가 작동하였기 때문에 조작자는 사고의 원인을 파악하고 적절한 조치를 취하는 데 도움이 될 만한 정확한 정보를 찾을 수가 없었다. 사고를 피할 수 있는 가능한 조치들이 있었지만 적절한 정보가 조작자에게 제대로 제공되지 않았기 때문에 발생한 사고이므로 이를 단순히 인간의 실수에 의한 사고라고 볼 수는 없을 것이다. 이는 인간의 인지과정 및 한계에 대한 이해를 토대로 복잡한 과제를 수행할 때의 인간과 기계의 효율적인 상호작용을 증진시키는 시스템 디자인을 하지 못했기 때문에 생긴 결과이다. 따라서 비상사태와 같은 상황에서의 인간의 오류를 예측 가능하게 하고 나아가서는 이러한 오류를 줄이기 위해서는 인간의 과제 수행이나 인지과정에 관한 적절한 모델의 제안이 필수불가결하다.

Landauer(1988)는 인간-시스템 상호작용 연구의 목적을 다음의 네 가지 범주로 나누어 기술하였다.

(1) 시스템의 상대적 비교 평가

인간-시스템 상호작용 연구는 두 가지 이상의 시스템을 비교 평가하거나 한 가지 인터페이스의 두 가지 대안을 비교 평가하는 데 사용된다. 세부적인 연구 주제로는 실제 수행에서의 차이를 정확하게 예측할 수 있는 측정치와 빠르고 경제적인 자료 수집 방법 등을 수립하는 것 등이 있다.

(2) 시스템이 해야 할 일과 방법을 결정

사용자의 목적은 시스템을 통해 과제를 완성하는 데 있으므로 각 시스템의 기능이나 조작 방법 등에 관한 정보는 사용자에게 유용한가라는 측면에서 평가되어야 한다. 따라서 사용자 중심의 시스템이 되기 위해서는 과제와 사용자에 대한 체계적인 분석이 필수적이다.

(3) 인간행동에 관한 과학적 원리 도출 및 모델 검증

인간-기계 상호작용 연구는 인지적 과제 수행을 쉽게 만들거나 어렵게 만드는 요인들에 관한 모델이나 이론을 제안하게 할 뿐만 아니라 이를 통한 인간행동의 이해를 증진시킬 수 있다.

인간-기계 상호작용의 연구 결과가 디자이너나 인간 요인 전문가들의 사고를 확장시켜 주며 구체적인 디자인 기준과 가이드라인을 제공해 줄 수 있을 것이다. 보다 확실한 디자인 가이드라인의 표준화를 위해 다양한 실험적 검증이 필요하다고 본다.

4) 인간-기계 상호작용에 영향을 주는 요인

인간-기계 상호작용을 이해하기 위해서는 상호작용의 다양한 측면에 관한 이론이 필요하게 마련이다. 인간-기계 상호작용에 관한 이론은 사용자의 행위를 관찰, 기술하고, 사용자 중심의 시스템을 디자인하고, 사용자를 교육시키는 데 매우 중요한 역할을 담당한다. 뿐만 아니라 수행시간이나 오류율 등의 사용편의성(usability) 측면에서 이미 완성된 시스템들 간의 비교, 평가를 가능하게 한다. 과제의 어떤 특성에 초점을 맞추는 이론인가에 따라서 운동적, 지각적, 인지적 과제에 관한 이론으로 구분될 수 있다. 그 가운데에서도 운동과제에 관한 이론은 확고한 수준으로 정립되어 있어서 이 이론에 따라 자판이나 마우스를 누르는 시간 등을 정확하게 예측할 수 있다(예 : Fitts' Law). 지각과제에 관한 이론 역시 목차나 메뉴, 일반적인 글 혹은 특정 형태로 배열된 문서의 읽기 시간을 예측하는 데는 매우 성공적이었다. 그러나 복잡한 인지과제(예 : 하위과제의 결합)를 수행하는 데 다양한 전략이 사용되고, 사용자의 특성(예 : 전문가와 초보자)에 따른 수행의 개인차가 크게 나기 때문에 인지과제의 수행시간이나 수행의 정확도를 예측하기가 상당히 어렵다. 실제로 복잡한 인지과제에서는 전문가와 초보자의 수행시간이 100배가 넘게 차이날 수도 있다.

3. 인간-컴퓨터 상호작용에서의 심성모델

1) 심성모델의 목적

심성모델(mental models)이란 본래 인간의 사고에 관한 일반적인 설명을 제공하기 위해 인지심리학 분야에서 제안된 개념으로, 인간이 실제 세상의 여러 현상을 이해하기 위해 마음속에 지니고 있는 세상에 대한 구조적 표상이라 할 수 있다. 보다 좁은 의미로 인간-컴퓨터 상호작용에서의 심성모델이란 인간이 상호작용하고 있는 컴퓨터시스템의 구조 및 기능에 대한 내재화된 표상이라 정의할 수 있다. 컴퓨터와 상호작용하는 사용자는 컴퓨터에 관한 특정 정보가 어떠한 방식으로 제시되는가에 따라 컴퓨터의 내부 작용에 대한 나름대로의 심성모델을 형성하게 된다. 일단 형성된 심성모델의 내용과 구조는 사용자가 어떻게 컴퓨터를 사용하는가에 많은 영향을 준다. 부가적인 정보의 활용과 사용자의 훈련 및 가이드라인의 제공 등으로 인해 심성모델의 내용이 지속적으로 변경, 수정된다.

Wahlstr(1988)는 인간-기계 상호작용에서 심성모델이 필요한 이유를 의사소통의 수단, 인간인지 이해의 수단, 예측과 평가의 도구, 교육과 훈련을 위한 수단 등의 네 가지로 요약하고 있다.

(1) 의사소통의 수단

심성모델의 주요 목적 중 하나는 특정 시스템을 사용하는 특정 사용자의 심성모델을 기술하는 것이 아니라, 인간 인지의 일반적인 원리와 한계를 기술하여 디자이너가 설계시 이를 고려할 수 있도록 하는 것이다. 예를 들어, 사용자가 복잡한 시스템을 다루는 방식이나 사용자가 저지르는 오류에 영향을 주는 요인 등을 기술함으로써 시스템 디자이너에게 디자인의 가이드라인을 제시할 수 있다. 상위 수준의 심성모델을 토대로 제시된 구체적인 원리들은 사용자 중심의 시스템(user-centered design)을 디자인하는 데 유용한 정보를 제공한다.

(2) 인간 인지의 이해의 수단

사용자 심성모델의 또 다른 목적은 인간의 인지과정에 대한 이해를 증진시키는 것이라 할 수 있다. 정신구조와 과정에 관한 사용자의 심성모델은 비유(metaphor) 혹은 유추(analogy) 등의 형식을 통해 인간의 인지를 이해하는 여러 관점을 제시함으로써 보다 종합적이고 근본적인 인지모델의 구성에 도움을 줄 수 있을 것이다. 이 경우의 심성모델은 다분히 심리학적인 모델로 간주될 수 있으며, 사용자의 수행이나 시스템의 학습 및 응용에 관한 측면을 설명 가능하게 한다.

(3) 예측과 평가의 도구

디자이너는 특정한 인간-기계 시스템의 실제적인 수행이나 잠재적인 수행에 대해 알고 싶어하면서도 사람을 통한 직접적인 실험은 시간과 비용을 이유로 회피하는 경향이 있다. 이러한 경우 심성모델은 과제분석을 통해 인간의 수행이나 능력 등을 예측하고 시스템을 평가할 수 있다. 예를 들어 특정 시스템의 프로토타입이 제작된 경우, 심성모델에 기초한 시스템의 사용편의성 평가를 통해 부적절한 디자인 결정을 지적하여 디자인을 다시 하거나 계속적인 평가를 하도록 하여 보다 유용한 시스템을 제작하게 한다.

(4) 교육과 훈련을 위한 수단

심성모델은 사용자의 입장에서 시스템을 유용하게 사용하는 데 도움을 줄 뿐만 아니라, 잠재적인 사용자에게 시스템을 교육시키거나 훈련시키는 사람의 입장에서 보면 심성모델은 효과적인 교육 및 훈련 지침의 역할을 한다. 복잡한 시스템의 다양한 기능을 숙지하여 정확하게 조작할 수 있게 하기 위해서는 각 수행에 필요한 절차를 심성모델에 기초해서 가르치면 매우 효율적인 학습이 될 수 있을 것이다.

2) 심성모델의 유형

인지심리학자인 Johnson-Laird(1983)가 인간 사고에 대한 일반적인 설명으로서의 심성모델을 제안한 것과 유사한 시기에 HCI 영역에서는 특정 시스템과 이해와 과제의 수행과 관련된 인지적 기제에 대한 설명으로 심성모델을 제안하고 검증하기 시작하였다(Gentner & Stevens, 1983; Norman, 1983; Young, 1983). Johnson-Laird가 제안한 심성모델 이론이 주로 텍스트와의 상호작용에 의한 이해와 추리에 대한 것이라면, HCI에서의 심성모델은 '읽기'와 '쓰기'를 통한 컴퓨터와의 상호작용 행위에 관한 이론이라 할 수 있다. 그러나 많은 연구자들이 서로 다른 의미의 심성모델을 주장하게 되었고, 연구 목적으로 제안된 모델들과 인지적 과제분석의 모델들과의 혼동으로 인해 사용되는 용어가 저마다 다르게 해석되고 있다.

(1) 개념적 수준에서의 심성모델

Norman의 사용자 모델과 디자인 모델　Norman(1983)은 인간-시스템 상호작용에 영향을 주는 표상으로 사용자의 심성모델(user mental model)과 디자이너의 개념모델(designer conceptual model)을 구분하였다(표 4-2 참조). 사용자의 심성모델이란 특정 시스템에 대해 사용자가 구성하는 내적인 표상을 말하며, 디자이너의 개념모델이란 디자이너가 시스템에 대해 지니는 일관성 있고, 정확하고, 완전한 표상을 말한다. 1986년에 Norman은 이러한 개념을 인지공학의 개념적 틀에 맞추어 수정하여 보다 정교화된 이론을 제안하였다. 시스템의 개념을 확장시켜 시스템 이미지(system image)라 하였고, 디자이너는 시스템 이미지와 의사소통이 가능한 디자인모델(design

표 4-2 ▮ 심성모델에 관한 용어

구분	사용자		디자이너
Norman(1983)	심성모델		개념모델
Norman(1986)	심성모델		디자인모델
	개념모델		
Young(1983)	사용자 개념모델		디자이너의 사용자 개념모델
	대리모델	대응모델	
DiSessa(1986)	분산모델		
	구조적 모델	기능적 모델	

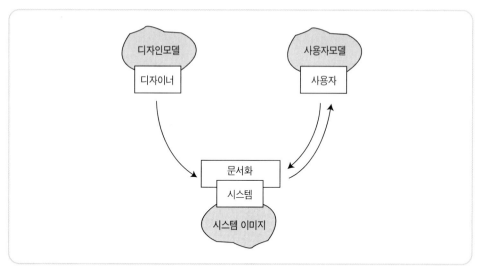

그림 4-1　┃Norman의 디자인 모델, 사용자 모델, 시스템 이미지(1986)

model)을 구성하며, 사용자는 사용자모델(user model)을 구성한다고 보았다(그림 4-1 참조). 여기서의 사용자 모델이란 각 사용자 개인에 의해 구성된 고유한 모델뿐만 아니라 디자이너가 생각하기에 사용자에게 적합하다고 판단되는 이상적인 모델도 포함된다. 따라서 디자인모델과 사용자모델 모두 시스템의 개념적 모델을 형성한다고 할 수 있다. 사용자와 디자이너는 시스템 이미지를 통해 의사소통을 하게 되며, 사용자의 모델이 디자인모델과 일치할수록 시스템을 효율적으로 사용할 수 있게 된다. 디자이너는 사전지식이 부족한 사용자가 지니는 사용자모델을 고려하여 시스템을 디자인해야 효율적인 상호작용을 유도할 수 있다.

Young의 대리모델과 과제-행위 대응모델　　Young(1983)은 Norman의 심성모델과 사용자 모델을 사용자 개념모델이라 부르고 이를 다시 대리모델(surrogate model)과 과제−행위 대응모델(task-action mapping model)의 두 가지 모델로 나누었다. 대리모델이란 기계적인 모델로 시스템을 대신해서 사용될 수 있는 형식적인 모델을 말한다. 사용자가 이러한 대리모델을 가지는 것은 분명 바람직하지만, 복잡한 시스템의 경우 대리모델을 구성하기 위해서는 상당한 시간과 노력이 필요하다. 따라서 대리모델은 주로 전문 사용자에게서 발견되는 모델이다. 과제-행위 대응 모델은 실제 세상에서 주어진 과제와 과제를 수행하는 데 필요한 행위 간의 직접적인 대응에 대한 모델을 말한다. 예를 들어, 전자계산기를 조작하는 것은 실제 세상에서 종이와 연필을 가지고 계산하는 과제와 대응된다. 과제-행위 대응모델은 마치 운전기사가 자동차라는 시스템의 작동과정을 이해하지 못하면서도 자동차를 잘 운전하는 것과 마찬가지로 시스템의 작동에 대한 세부적인 지식 없이도 특정 과제를 능숙하게 수행할 수 있도록 하는 특성을 지니고 있다.

DiSessa의 구조적 모델과 기능적 모델 Young의 대리모델과 과제-행위 대응모델의 구분과 유사하게 DiSessa(1986) 역시 구조적 모델(structural model)과 기능적 모델(functional model)을 구분하였다. 구조적 모델은 특정 과제와 상관없이 독립적으로 시스템에 대한 상세한 이해를 제공하는 반면 기능적 모델은 특정 과제를 수행하는 데 필요한 시스템의 속성을 선택적으로 표상한다. 기능적 모델은 적은 시간과 노력만으로도 습득할 수 있으므로 컴퓨터를 도구로 사용하는 비전문적 사용자에게 매우 이상적인 모델이라 할 수 있다. 그러나 컴퓨터는 한 가지 특정 과제만을 위한 것이 아니라 여러 가지 과제를 수행하도록 개발된 도구이기 때문에 여러 과제에 중복되는 기능모델들을 획득해야 한다는 제한점이 있다. DiSessa는 구조적 모델과 기능적 모델의 구분이 명확할 수 없는 두 가지 이유를 들고 있다. 첫 번째 이유는 대부분의 시스템이 다양한 기능을 수행하도록 고안되었기 때문이며, 다른 이유는 대부분의 사용자가 정해진 방식으로 시스템을 배우고 추리하지 않을 뿐만 아니라 모델 자체도 불완전한 특성을 지니고 있기 때문이다. 이러한 견해는 Norman(1986)이 관찰한 사용자 모델의 다음과 같은 특성과 일치한다.

- 사용자모델은 불완전하다.
- 사용자가 모델을 운영하는 능력이 제한되어 있다.
- 사용자모델은 불안정하다 : 사용자들은 시스템의 세부적인 특성을 망각하는 경향이 있다.
- 사용자모델은 확고한 경계를 지니고 있지 않다 : 유사한 시스템이나 조작이 혼동

되는 경향이 있다.

- 사용자모델은 비과학적이다.
- 사용자는 더 좋은 수행방식이 있는 것을 잘 아는 경우에도 이전의 방식을 고집하는 경향이 있다.
- 사용자모델은 간결하다.
- 사용자는 모델의 복잡성을 줄이기 위해서 부가적인 행동을 취하는 경향이 있다.

DiSessa는 이러한 특성을 지닌 사용자 모델을 분산된 모델(distributed model)이라 명명하였다. 분산된 모델에 따르면 사용자모델이란 사용자의 현재 지식이나 경험과 연결되는 특정 시스템에 대한 여러 가지 단편적인 설명들의 축적이라고 할 수 있다.

(2) 인지모델

인간의 인지구조에 관한 통합된 이론은 마음의 이해뿐만 아니라 사용자 인터페이스 디자인의 사용성을 평가하는 데 유용하게 사용될 수 있다. 인지심리학자들은 인간의 인지구조에 관한 모델로 SOAR(State, Operator and Result; Laird, Newell, & Rosenbloom, 1987), ACT-R(Adaptive Characteristics of Thought)(Anderson, 1983)와 같은 모델을 제안하였으나, 이들 모델은 인간 인지의 일반적인 이해를 목적으로 제안되었으므로 인간과 기계의 상호작용을 통한 특정 과제 수행을 예측하는 데는 제한점이 있다(자세한 내용은 인지심리학 교재 참조). 반면, 인간의 정보처리 모델에 기초하여 Card, Moran 및 Newell(1983)이 제안한 MHP(Model Human Processor)는 HCI 분야에서 자주 인용되는 인간의 인지에 관한 공학적 모델로 컴퓨터를 사용하는 특정 과제 수행시 인간의 행동과 수행을 예측하기 위한 것이다(그림 4-2 참조). MHP는 인간의 정보처리 능력을 양화하는 4개의 모수치(parameter)로 기술되는 7개의 구성요소로 이루어져 있다(그림 4-3 참조). MHP를 이루는 구성요소는 지각처리기, 인지처리기, 운동처리기, 작업기억, 장기기억, 시각이미지 저장고, 청각이미지 저장고 등이며, 이와 관련된 모수치는 정보를 부호화하는 방법(음운적, 시각적 혹은 의미적으로 부호화 : A로 표시) 각 저장고의 저장용량(μ로 표시), 저장고에서의 망각 시간(δ로 표시), 각 처리기의 주기(각 구성요소가 자극을 처리하기 위해 준비하는 시간 : τ로 표시)로

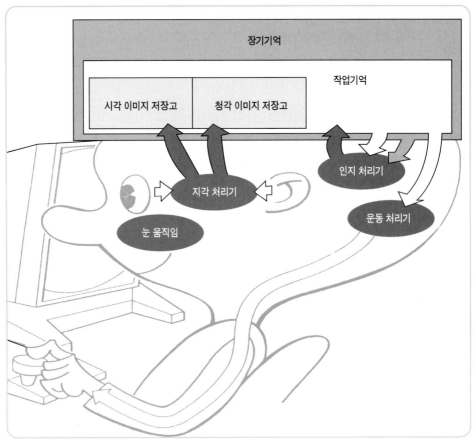

그림 4-2 ▌ 인간 기대에 부응하는 기계의 변천

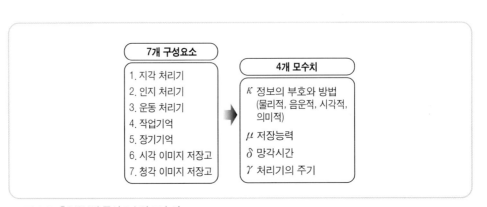

그림 4-3 ▌ MPH의 구성요소와 모수치

구성되었다. MHP는 읽기나 자판 누르기와 같은 과제가 다양한 환경에서 얼마나 빨리 수행되는가에 대한 예측을 가능하게 하였다. 그러나 MHP는 문제해결이나 의사결정과 같은 장기적인 인지능력을 요구하는 복잡한 과제보다는 주로 단기적이고 단순한 과제에만 적절하다는 제한점이 있다.

(3) 과제 수행 모델

GOMS Card, Moran 및 Newell(1983)에 의해 처음 제안된 GOMS 모델은 Goals, Operators, Methods, Selection의 약어로 사용자가 목표를 가지고 특정 과제를 수행하기 위해 지녀야 하는 지식에 관한 모델이다. 목표(Goals)는 사용자가 성취하고 싶어하는 특정 상태의 세상에 대한 상징적인 표상으로, 사용자가 과제 수행 동안 간직하고 있는 목적을 의미한다. 예를 들면, 컴퓨터 사용자가 문서편집기에서 문서를 수정하기나 VTR의 사용자가 예약녹화하기 등이 이에 해당한다. 조작자(Operators)는 사용자의 정신상태나 과제상황의 변화를 유발하는 기본적인 지각, 인지, 운동행위를 지칭하는 용어로(기계를 조작하는 사람이라는 뜻의 조작자와는 다른 의미임), 물리적으로 자판을 누르는 행위나 마우스로 손을 옮기기, 파일이름을 기억하기와 같은 인지적, 지각적 기제에 의해 수행되는 처리 등이 이에 해당한다. 방법(Methods)은 기본 조작자 혹은 하위 목표(subgoals)에서부터 목표에 도달하기 위한 수단으로 수행되는 조작자의 순서를 말하는 것으로, 사용자가 특정 과제를 수행할 수 있다는 것은 사용자가 과제를 수행하는 데 필요한 적절한 방법을 학습하여 그 방법이 사용자의 일상적인 인지적 기술이 되었다는 것을 의미한다. 특정 과제나 상황하에서는 과제를 수행할 수 있는 여러 가지 방법이 존재할 수 있는데, 이 경우에 선택규칙(Selection rules)이 적용된다. 선택규칙은 IF-THEN의 형식으로 여러 가지 방법 중에서 어떠한 방법이 실행되어야 하는가를 결정짓는다.

GOMS 모델의 보다 정확한 이해를 위해 문서편집 영역의 예를 들어 목표, 조작자, 방법, 선택규칙의 개념을 상세하게 살펴보기로 하자. 사용자가 문서편집기를 사용하여 보고서를 작성하고 초고를 인쇄한 후 인쇄된 초고에 펜으로 많은 수정을 가하였다고 가정하자. 이러한 수정은 보고서의 많은 부분을 이동시키고, 철자를 교정하고, 마음에 들지 않는 단락을 다시 쓰는 등의 여러 가지 작업을 포함하기 마련이다. 여기서의 과제는 인쇄된 초고에 표시된 내용을 검토하고 다시 문서편집기를 이용해서 전자형태의 문서를 수정하는 것이다. 이때 사용자는 원고의 수정이라는 상위 수준의 목표를 가졌다고 할 수 있는데, 이를 GOMS의 기호로 표시하면 다음과 같다.

목표 : 편집-원고

이러한 최상위 목표는 다시 세분화되어 사용자는 각각의 수정을 하기 위한 낮은 수준의 세부 목표를 형성한다. 개개의 실수를 수정하기 위한 목표를 단위과제(unit task)라 한다. 사용자는 모든 실수가 수정되어 최상위 목표가 성취될 때까지 단위과제의 목표를 성취해야 한다. 이러한 정보를 GOMS 모델에 첨가하면 다음과 같다.

목표 : 편집-원고
    목표 : 편집-단위과제, 더 이상의 단위과제가 없을 때까지 반복

단위과제는 행위의 순환으로 구성된다. 사용자는 과제를 수행하기 전에 어떠한 단위과제가 수행되어야 하는지를 알아야 하므로 각 단위과제의 목표를 다시 하위목표로 나누어야 한다. 이를 GOMS 모델로 표현하면 다음과 같다.

목표 : 편집-원고
    목표 : 편집-단위과제, 더 이상의 단위과제가 없을 때까지 반복
        목표 : 획득-단위과제
        목표 : 실행-단위과제

이러한 구조는 다시 하위 목표를 이루기 위한 더욱 간단한 세부 목표로 나누어지고 여기에서 방법과 기본 조작자에 부여된 명칭이 도입되어 다음과 같은 모델이 생성된다.

목표 : 편집-원고

    목표 : 편집-단위과제, 더 이상의 단위과제가 없을 때까지 반복

        목표 : 획득-단위과제

            이동-다음 쪽 만약 현재 쪽의 맨 아래 줄이면

            이동-다음 과제

        목표 : 실행-단위과제

            목표 : 찾기-줄

                [선택 : 사용-찾기 방법

                      사용-화살표 방법]

            목표 : 수정-글

                [선택 : 사용-S 명령어

                      사용-M 명령에]

              확인-편집

  이상에서 본 바와 같이 원고를 편집하는 데 필요한 과제지식에 관한 GOMS 모델의 기술에서 많은 방법이 소개되었는데, 각 방법에 대해서는 특정 문서편집기에서 사용되는 명령어를 지칭하는 명칭이 부여된다. 현 수준에서 소개된 방법은 이동-다음 쪽(다음 수정을 하기 위해서는 인쇄된 초고의 다음 쪽으로 넘어가라), 이동-다음 과제, 사용-찾기 방법(특정 문자열이 포함된 줄을 찾기 위해서는 문서편집기의 찾기 방법을 사용하라), 사용-화살표 방법(원하는 줄에 도달할 때까지 화살표를 계속해서 눌러라), 사용-S 명령어(글의 특정 부분을 바꾸려면 Substitute 명령을 사용하라), 사용-M 명령어(글의 특정 부분을 수정하려면 Modify 명령을 사용하라), 확인-편집(원하는 대로 수정이 이루어졌는지를 확인하라) 등이었다. 이러한 명칭은 GOMS 모델에서 기술된 내용을 이해해야 하는 시스템 디자이너를 돕기 위해 의미 있는 명칭이어야 한다. 또한 타당한 방법들 중에서 한 가지 선택이 필요한 경우 선택규칙이 사용되어야 한다. 예를 들어, '만약 현재 커서가 있는 줄과 다음에 편집해야 할 줄 간의 간격이 10줄 이내이면 사용-화살표-방법을 수행하라.' 와 같은 선택규칙이 포함되어야 한다.

  컴퓨터 시스템 사용자의 과제 수행을 예측하기 위해 GOMS 모델이 제안된 이래로 많은 연구가 GOMS 모델이 실제 과제 수행 시 인간의 행동과 얼마나 일치하는가에 관

한 타당도 연구에 초점을 맞추어 왔다. 예측 도구로서의 GOMS 모델 신뢰도는 분석의 세밀한 정도에 따라 감소하는 것으로 나타났다. 즉, 단위과제 수준(unit task level)에서는 GOMS가 실제 사용자와 약 90% 정도까지 일치하는 것으로 나타났으나, 타자 수준(keystroke level)에서는 실제 사용자와 약 60% 정도만 일치하는 것으로 나타났다. 이처럼 타자 수준에서 GOMS의 정확도가 감소되는 이유는 타자 수준이 GOMS가 예측할 수 없는 행위를 포함하기 때문이다. 예를 들어, 타자 수준에는 사용자가 과제 수행 중에 코를 긁는다거나 안경을 만지는 행위와 같은 수많은 사소한 물리적 운동들이 포함될 수 있는데, 이러한 행위들은 과제 모델의 견지에서는 분류될 수 없는 행위들이다. 또한 정신적인 준비상태를 일정한 실행시간을 가진 간단한 조작자에까지 일반화하는 것이 모델을 지나치게 단순화하고 부정확하게 하는 이유이다. 그러나 인간의 수행에 관한 동일한 가정과 이론적 틀 안에서 여러 가지 경쟁 디자인들이 서로 비교되는 한, GOMS 모델은 분석과 디자인의 도구로서 타당하고 유용한 모델로 간주될 것이다.

GOMS 모델의 다른 한 가지 문제점은 이 모델이 사용자의 실수 없는 수행을 가정하고 있다는 데 있다. 연구에 따르면 숙련된 타자수들조차도 오류를 범하거나 오류를 수정하는 데 컴퓨터 사용시간의 약 25%를 소모하는 것으로 알려졌다. 만약 GOMS 모델이 오류를 다루는 행동까지도 포함한다면, 부가적인 방법들을 추가함으로써 더욱 복잡한 모델이 될 것이다. 가령 입력된 문자가 정확한지를 검토하고, 정확하지 않으면 수정하는 다음과 같은 방법을 추가할 수 있을 것이다.

> 목표 : 수정(부정확한 문자)
>   검토−화면
>   비교
>   타자(CONTROL D)
>   타자(정확한 문자)

타자 수준의 모델　　KLM(Keystroke-Level Model) 모델은 GOMS의 타자 수준에서 시스템의 모델로 과제, 명령어, 사용자의 운동 기술 모수치, 시스템의 반응시간 모수치, 과제 수행을 위해 사용되는 방법 등이 주어질 때, 숙련된 사용자가 오류 없이 과제를 수행하는 데 걸리는 시간을 예측하기 위한 모델이다. 이 경우 숙련된 사용자란 과제 수행을 위한 방법을 이미 학습하여 일상적 기술이 되었으므로 목표를 성취하기 위한 방법을 새롭게 계획할 필요가 없는 사람들을 일컫는다. KLM은 목표의 최하위 수준을 기술하기 위해 6개의 조작자(K, P, H, D, M, R)를 사용하며, 각 조작자는 물리적 행위의 이름의 약자로 표시한다(표 4-3 참조).

　　실행시간은 각 조작자와 관련이 있으며, 한 방법을 시행하는 데 소요되는 시간은 그 방법을 시행하는 동안 위의 6개의 조작자를 수행하는 데 걸린 시간의 합으로 표시된다. KLM의 각 조작자들의 실행시간이 표 4-4에 제시되어 있으며, KLM 조작자를 사용한 부호화 방법에 대한 휴리스틱(heuristics)이 표 4-5에 제시되어 있다. 모든 타자 행위는 KLM의 K조작자로 전환되어야 하며, 모든 조작자를 실행하기 전에는 정신적 준비 조작자인 M이 선행되어야 한다. 규칙 0은 초기 부호화할 때 사용되며, 규칙 1에서 4까지는 불필요한 M을 제거할 때 사용한다. 마지막 부호화가 일어나면 그 방법의 실행시간이 계산된다.

표 4-3 ▎ KLM의 조작자

조작자	물리적 행위
K(Keystrokes)	사용자와 컴퓨터 시스템과의 상호작용을 가능하게 하는 자판을 누르는 행위
P(Pointing)	컴퓨터 화면의 특정 영역이나 문자 등을 지적하기 위해 마우스나 트랙볼 등의 입력장치를 사용하는 행위
H(Homing)	입력장치 간에 손을 옮기는 행위(예 : 마우스를 사용하기 위해 자판에서 마우스로 손을 이동시키는 행위)
D(Drawing)	일련의 직선들의 조합을 구성하는 행위 : 이 조작자는 응용 프로그램에 적합하다.
M(Mental preparation)	물리적 조작자가 실행되기 전에 조작자가 수행하는 정신적 준비상태
R(Response time)	사용자가 시스템에게 한 가지 명령을 내린 후 시스템이 반응하는 데 소요되는 시간 : 시스템의 반응시간이 상당히 길어서 사용자가 다른 명령을 내리려면 오래 기다려야 하는 경우에만 이 조작자를 주목할 필요가 있음

표 4-4 ┃ KLM 조작자들의 실행시간

조작자	설 명	실행시간(초)
K	최고의 타자수(분당 135타)	.08
	숙련된 타자수(분당 90타)	.12
	보통 타자수(분당 55타)	.20
	비숙련 타자수(분당 40타)	.28
	단어 아닌 것을 칠 때	.50
	복잡한 코드를 칠 때	.75
	초심자	1.20
P	Fitts 법칙으로 계산된 평균시간	1.10
H	상수	.40
D	d cm인 선을 n개 그릴 때	$.9n + .16d$
M	상수	1.35
R(t)	시스템의 반응시간	t

표 4-5 ┃ KLM 조작자를 사용한 부호화 휴리스틱

규칙	휴리스틱
규칙 0	논항이 아닌 모든 K 앞에 M을 두어라. 명령어를 선택하는 모든 P 앞에 M을 두어라.
규칙 1	M 다음에 오는 조작자가 완전하게 예측되는 경우는 M을 삭제하라. (예 : PMK → PK)
규칙 2	연속되는 MK가 하나의 명령어 이름이면 처음 M만 제외하고 나머지 M은 삭제하라.
규칙 3	K가 논항 바로 다음에 오는 명령어의 끝이면 앞에 있는 M을 삭제하라.
규칙 4	K가 명령어의 끝이면 다음에 오는 M을 삭제하고, K가 논항의 끝이면 M을 보유하라.

이러한 휴리스틱을 사용하여 문서편집기의 예를 들어 보자. 바꾸기 명령을 사용하여 문서에 있는 Venus란 단어를 Earth로 바꾸는 것이 과제이다. 이 과제를 수행하는 방법은 아래의 일곱 가지 단계로 구분할 수 있다.

1. 다음 줄로 가기

2. 바꾸기 명령어(S) 치기

3. Venus 타자하기

4. 새 단어 입력 마치고 Enter 치기

5. Earth 타자하기

6. 이전 단어 입력 마치고 Enter 치기

7. 명령어 종료를 위해 Enter 치기

규칙 0을 사용하여 위의 단계들이 KLM 조작자로 부호화된다면 다음과 같다.

MK[Linefeed] **MK**[S] **MK**[V] **MK**[e] **MK**[n] **MK**[u] **MK**[s] **MK**[Enter]
MK[E] **MK**[a] **MK**[r] **MK**[t] **MK**[h] **MK**[Enter] **MK**[Enter]

K 조작자의 수행 동안 실제 눌러진 자판이 괄호 안에 표시되어 있다. 여기서 규칙 1을 적용하면, V를 치고 나면 Enter를 제외하고는 나머지 모두 M이 필요 없게 된다.

MK[Linefeed] **MK**[S] **MK**[V] **K**[e] **K**[n] **K**[u] **K**[s] **MK**[Enter] **K**[E]
K[a] **K**[r] **K**[t] **K**[h] **MK**[Enter] **MK**[Enter]

연결된 단어는 하나로 묶이게 되고, 규칙 4를 적용하면 명령어 다음에 M은 삭제해야 한다.

MK[Linefeed] **MK**[S] **5K**[Venus] **MK**[Enter] **5K**[Earth] **MK**[Enter] **K**[Enter]

따라서 각 조작자들의 수행시간을 더하면 이러한 부호화 방법을 사용하였을 때 소요되는 시간을 계산할 수 있다. 즉, 이 부호화 과정은 4개의 M(정신적 준비, 각 1.35초 소요) 조작자와 15번의 K(타자 행위, 각 타자 행위당 0.20초 소요) 조작자로 구성되는데, 이들의 총합은 $4 \times 1.35 + 15 \times 0.20 = 8.4$(초)가 소요된다.

$$총\ 소요시간(sec) = 4번의\ 정신적\ 준비 + 15번의\ 타자\ 행위$$
$$= 4 \times 1.35 + 15 \times 0.20$$
$$= 8.4$$

KLM 모델은 각 방법의 수행시간을 정확하게 예측하여 최종 시스템에 포함될 방법을 결정하는 데 매우 유용하지만, 20초 이내의 수행시간에 초점을 맞춤으로써 지나치게 세부적인 수준의 모델로 간주되었다. 또한 수행시간만을 예측할 뿐 과제의 습득에 필요한 시간을 예측하지 못하며, GOMS 모델과 마찬가지로 KLM 모델 역시 전문가의 오류 없는 수행에 초점을 맞추기는 하였으나 학습, 문제해결, 오류처리 및 주관적인 만족이나 기억 등은 포함시키지 못하는 제한점이 있다.

인지적 복잡성 이론과 NGOMSL　Kieras와 Polson(1985)은 문서편집기에서 사용되는 행위와 그 행위가 발생하는 조건을 기술하기 위해 GOMS 모델에 기초한 산출체계(production systems)와 일반화된 전이 네트워크(Generalized Transition Network)를 사용한 인지적 복잡성 이론을 제안하였다. 인지적 복잡성 이론(Cognitive Complexity Theory)의 주요 목적은 과제에 대한 사용자의 지식표상과 사용자와 시스템 간의 상호작용을 통해 시스템에 대한 사용자의 표상을 명세화하고, 과제의 복잡성 정도를 분석하여 사용자의 능력을 벗어나지 않는 인터페이스를 디자인하는 것이다. 인지적 복잡성은 사용자의 학습이나 기억 부담의 정도, 학습되어야 하는 시스템의 기능 수 그리고 각 기능의 학습 용이성 등의 영향을 받게 된다. 불필요한 복잡성을 줄이는 시스템일수록 유용한 시스템인 것이다. 산출체계란 작업기억 내에서 과제 수행의 목표를 달성하기 위한 방법과 현재의 조건을 평가하는 선택규칙을 만들고 이러한 방법의 수행을 통제하기 위한 'IF-THEN'의 형식을 지닌 규칙체계를 말한다. 작업기억에서의 산출체계 규칙의 수가 계산될 수 있으므로, 많은 산출체계를 만들어야 할수록 학습하기 어려운 시스템으로 평가받게 된다.

Kieras와 Polson(1985)은 상호작용적 시스템 사용을 모델화하기 위해 일반화된 전이 네트워크(Generalized Transition Network, GTN)를 사용하였다(그림 4-4 참조). GTN은 시스템의 목표위계를 표상하는 도표로서 각 상태는 원으로 표시되고, 사용자의 행위와 시스템의 반응에 의해 야기되는 상태 간의 전이는 화살표로 표시되어 있다. 그림 4-4에서는 원고의 편집 과제 수행 시 문서편집기의 목표에 대한 위계적이고 순환적인 표상의 예를 보여 주고 있다. 사용자가 Edit 상태에서 Delete 명령을 하면, Delete의 하위도표에서 나타난 경로를 따라 과제를 수행하게 된다. 이러한 네트워크

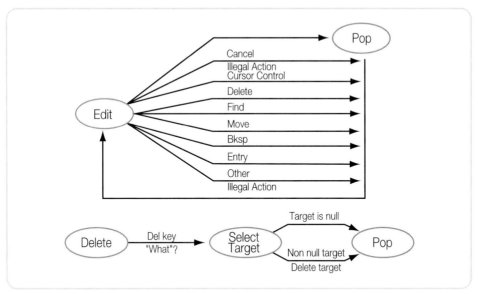

그림 4-4 ┃ Generalised Transition Network

출처 : Kieras & Polson(1985)

도표는 문서편집기의 디자인 과정에서 전문가뿐만 아니라 초보자의 학습시간과 수행시간 및 오류 정도를 예측하는 데 매우 유용하게 사용되었다. 실제로 산출규칙의 수와 복잡성의 정도가 다섯 가지의 문서편집의 조작(삽입, 삭제, 복사, 이동 및 가로세로 바꾸기)에 대한 학습 및 수행시간을 정확히 예측하였다.

　Kieras(1988)는 GOMS 모델이 어떻게 기호가 작용하는지에 대해 자세히 설명하지 않고 있어 실제 사용하기가 불편할 뿐만 아니라 각 기호가 인지 이론과 관련성이 적다는 점을 비판하였다. 그는 보다 이해하기 쉬운 언어의 기호체계를 사용하여 GOMS 모델의 분석방법을 자세하게 제시하는 NGOMSL(Natural GOMS Language)를 제안하였다. 또 GOMS 모델을 사용해서 과제를 분석하는 경우에 분석자의 주관적인 판단이 필요한 상황, 사용자가 어떻게 시스템을 이해하고 있는가에 대해 가정을 해야 하는 상황, 분석하기 어려운 복잡한 과제(예 : 적절한 단어 찾기, 프로그램의 오류 찾기 등)를 무시해야 하는 상황, 일관성에 대해 확인해야 하는 상황 등을 명시하였다. Elkerton과 Palmiter(1991)는 이러한 NGOMSL을 on-line 도움말(Help)을 만드는 과정에 적용시켜 보았다. 그들은 목표를 달성하는 데 필요한 행위를 세부 단계로 나누고 선택규칙을 적용하도록 하였다. 28명의 실험참가자를 대상으로 한 연구에서 NGOMSL을 적용한 도움말이 사용자가 정보를 찾는 데 소요되는 시간을 절반으로 단축시키는 것으로 나타났다.

TAG 과제를 문법으로 표현하려는 모델들의 기본 입장은 과제나 복잡한 명령어를 과제 수행에 필요한 기본 행위로 표현할 수 있다는 것이다. 이것은 마치 단어를 가지고 문장을 구성하는 것이나 컴퓨터 프로그래밍 언어에서 사용되는 기본적인 명령어로 프로그램을 구성하는 것과 마찬가지이다. Reisner(1981)는 그래픽 시스템 인터페이스의 두 버전을 비교하기 위해 행위 문법(action grammer)을 제안하였다. 두 버전을 비교한 결과보다 간단한 문법을 가진 버전(문법에서 규칙의 수가 적은 버전)이 더욱 학습하기 쉬운 것으로 입증되었다. Payne과 Green(1986)은 Reisner의 이론을 확장시켜, 과제 행위 문법(Task Action Grammer)이라 불리는 기호체계를 통해 여러 수준(어휘적 수준, 통사적 수준, 의미적 수준)의 일관성을 검토하였다. 예를 들어, 컴퓨터에서 cursor 움직임의 통제에 관한 TAG 모델의 정의에는 다음과 같은 네 가지 과제가 포함된다.

> 이동–cursor - 한 글자–앞으로　　[방향=앞으로, 단위=글재]
> 이동–cursor - 한 글자–뒤로　　　[방향=뒤로, 단위=글재]
> 이동–cursor - 한 단어–앞으로　　[방향=앞으로, 단위=단에]
> 이동–cursor - 한 단어–뒤로　　　[방향=뒤로, 단위=단에]

그 다음 이것을 명령어라는 통사로 기술하는 TAG에서의 상위 수준 통사규칙의 도식은 다음과 같다.

1. 과제 [방향, 단위] → 상징 [방향] + 문자 [단위]
2. 상징 [방향=앞으로] → "CTRL"
3. 상징 [방향=뒤로] → "ESC"
4. 문자 [단위=단에] → "W"
5. 문자 [단위=글재] → "C"

이러한 규칙이 다음과 같은 일관성 있는 문법을 만들어 낸다.

cursor를 한 글자 앞으로 이동시켜라   CTRL-C
cursor를 한 글자 뒤로 이동시켜라   ESC-C
cursor를 한 단어 앞으로 이동시켜라   CTRL-W
cursor를 한 단어 뒤로 이동시켜라   ESC-W

4. 인간-기계 상호작용에 관한 일반적 모델

1) 행위 7단계 모델

Norman(1988)은 인간-기계 상호작용의 모델로서 행위의 7단계(Seven Stages of Action)를 제안하였다(그림 4-5 참조). 이 모델에 따르면 기계의 사용자는 ① 우선 목표를 형성하고, ② 목표를 보다 구체적인 의도로 세분화한 후, ③ 행위 순서를 규정하고, ④ 각 행위를 수행한다. 그리고 ⑤ 기계의 상태를 지각하고, ⑥ 기계의 상태를 해석한 후, ⑦ 결과를 평가한다. Norman은 이러한 단계를 행위의 주기(cycles of action)와 평가의 주기(cycles of evaluation)라는 맥락에서 설명하였고, 나아가 수행의 차(gulf of execution)와 평가의 차(gulf of evaluation)로 구분하였다. 수행의 차란 사용자의 의도와 행위와의 불일치를 말하며, 평가의 차는 기계의 상태와 사용자의 기대

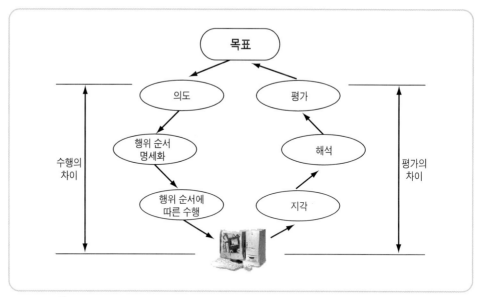

그림 4-5 ▮ Norman의 행위 7단계 모델

간의 불일치를 말한다. 불일치가 적을수록 행위의 효율은 높아지게 되므로, 기계는 이러한 두 종류의 불일치가 적게 일어나도록 설계되어야 한다. 이 모델을 토대로 Norman은 좋은 디자인의 네 가지 원칙을 제시하였다.

- 가시성(visibility) : 여러 가지 행위와 기계의 상태를 볼 수 있어야 한다.
- 일관성(consistency) : 기계의 이미지와 일치하는 일관성 있는 개념적 모델이 있어야 한다.
- 대응성(mapping) : 각 단계들 간의 관계를 나타내는 자연스러운 대응이 있어야 한다.
- 피드백(feedback) : 사용자는 지속적인 피드백을 받을 수 있어야 한다.

사용자의 지식에만 초점을 맞춘 다른 모델들과는 달리 Norman의 모델은 행위의 역동적인 과정을 강조하였다는 점에서 의의가 있다고 하겠다.

2) Rasmussen의 의사결정 사다리 모델

Rasmussen(1983)은 원자력 발전소에서의 복잡한 제어 행동과 관련된 정보처리에 관한 모델을 제안하였다. 그는 제어 과제에 대한 인지적 과제 분석과 오랫동안의 프로토콜 분석을 통해 의사결정 사다리(Decision Ladder) 모델을 제안하였으나 정형화된 모델을 제안한 것은 아니었다. 그림 4-6에서 볼 수 있듯이 이 모델에서는 신호의 탐지에서 행동의 실행 사이에 일어날 수 있는 정신적 활동이 분석되었다. 사다리의 높이는 추상 수준을 나타내는데, 높을수록 추상적인 수준을 의미한다. 또한 사다리의 왼쪽은 지각적인 단계로 구성되며, 오른쪽은 의사결정이나 행동의 단계로 구성된다. 의사결정자는 신호를 탐지하고 개입의 필요성을 파악한 후, 다음 행동의 방향을 정하기 위해 주의를 기울여서 관찰한다. 관찰을 통해 현재 상태를 파악한 다음 최종 목적과 일치하는지 평가하고 애매성을 해석한다. 이러한 평가와 해석에 기초하여 시스템의 목표 상태를 선택하고, 시스템의 조건에 따라 과제를 정의한다. 과제가 결정되면 적절

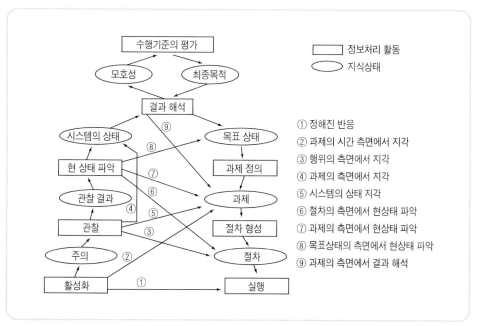

그림 4-6 ▌Rasmussen의 의사결정 사다리 모델

한 절차를 선택하여 실행을 하게 된다. 이 모델의 중요한 특징 중의 하나는 의사결정이 의식적인 단계에 따라 이루어질 수도 있으며 미리 프로그램된 행동과 같이 무의식적으로도 이루어질 수 있다는 점이다. 이러한 측면이 정보처리에서의 지름길로 표현되어 있다.

한편 Rasmussen(1983)은 인간의 행동을 기술에 근거한 행동(skill-based behavior), 규칙에 근거한 행동(rule-based behavior) 및 지식에 근거한 행동(knowledge-based behavior)의 세 가지로 구분하였다. 기술에 근거한 행동은 주로 의식적인 자각이 없는 숙련된 행동으로, 환경으로부터 직접 신호를 받고 낮은 추상 수준(levels of abstraction)에서 취하는 자동적 행위를 의미하며, 숙련자의 행동이 이 범주에 속한다. 이 경우 자극과 행위가 직접적으로 연결되는데 이때의 자극을 시그널(signal)이라고 한다. 규칙에 근거한 행동은 언어적 표현이 가능한 수준에서 특정 반응을 요구하는 상황에서의 목표 달성을 위해 필요한 규칙들을 산출해 나가는 행동을 말한다. 이 수준에서의 정보는 신호(sign)로 간주될 수 있다. 지식에 근거한 행동은 특정 상황을 지배하는 미리 확립된 적절한 규칙이 없을 때(익숙하지 않은 상황일 때)의 행동을 일컬으며, 이러한 행동은 목표에 따라 해석, 계획 및 탐색을 고려하게 된다. 이 경우에 해당하는 정보의 형태는 의미를 지닌 상징(symbol)이 된다. Rasmussen은 이러한 세 가지 행동 수준을 인지적(cognitive), 연합적(associative), 자율적(autonomous) 기술학습의 세 가지 단계와 연결시켰다. 즉, 학습 초기에 발달하는 지식에 근거한 행동은 인지적 단계에 있으므로 비교적 느리게 나타나는 반면, 학습 후기에 발달하는 기술에 근거한 행동은 자율적 단계에 있으므로 빠르게 나타난다. 이러한 점은 복잡한 제어 행동이 기술에 근거한 행동이지만 처음 학습할 때에는 지식에 근거한 정보처리라는 점을 시사한다.

3) Shneiderman의 통사-의미-객체-행위 모델

Shneiderman(1987)은 컴퓨터 사용자의 행동에 관한 통사-의미-객체-행위 모델(Syntactic-Semantic-Object-Action, SSOA Model)을 제안하였다. 이 모델에 따르면, 컴

퓨터 사용자가 지니고 있는 지식의 표상을 살펴보면 크게 통사적 지식(syntactic knowledge)과 의미적 지식(semantic knowledge)의 두 가지로 구분될 수 있다. 통사적 지식이란 각 장치의 고유한 세부사항에 관한 지식을 지칭하는 반면, 의미적 지식이란 과제에 관한 개념과 컴퓨터에 관한 개념을 지칭하는 것으로 각 개념은 다시 객체(object)와 행위(action)로 나누어진다. 그림 4-7에서 (a)는 의미적 지식과 통사적 지

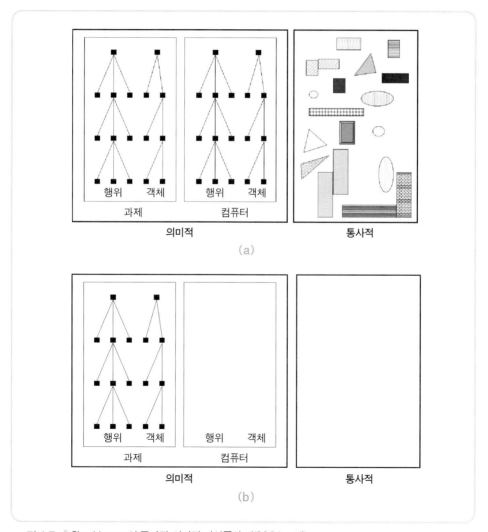

그림 4-7 ▮ Shneiderman의 통사적-의미적 지식표상 예(SSOA 모델)

표 4-6 ▌ 통사적 지식과 의미적 지식의 비교

구분	통사적 지식	의미적 지식
표상	변함	일정한 구조화를 지님
장치와의 의존 정도	장치 의존적	장치 독립적
획득방법	기계적 암송	의미적 학습
파지기간	짧다	길다

식이 풍성한 전문 사용자의 지식표상의 예이고, (b)는 컴퓨터에 대한 의미적 지식과 통사적 지식 없이 과제에 대한 의미적 지식만을 지니고 있는 초보 사용자의 지식표상의 예이다.

의미적 지식과 통사적 지식은 다음과 같은 몇 가지 특성에서 차이를 보인다. 통사적 지식은 특정 장치의 종류에 따라 달라지는 지식으로 기계적인 암송에 의해 획득되며 쉽게 망각되는 경향이 있는 반면, 의미적 지식은 장치의 종류에 상관없이 일정한 구조를 지니고 있으며 의미적인 학습에 의해 획득되므로 기억에 오래 남는다(표 4-6 참조).

(1) 통사적 지식

컴퓨터를 사용할 때 사용자는 각 장치와 관련된 수많은 규칙에 관한 세부사항을 기억해야만 한다. 예를 들어, 글자를 지우기 위해서 필요한 행위(예 : delete 키 혹은 backspace 키를 누르기, 마우스의 오른쪽 버튼을 누르기, 단축키 사용)에는 어떤 것이 있는지, 각 function 키가 어떤 기능을 하는지, 각 기능이 어떤 상위 메뉴에 포함되어 있는지 등에 관한 지식이 통사적 지식에 포함된다. 이러한 지식은 획득하고, 기억 속에 보존하기도 힘들 뿐만 아니라 사용하기도 어렵다. 이처럼 통사적 지식을 학습하기 어려운 첫 번째 이유는 이러한 통사적 지식이 시스템 의존적이기 때문이다. 즉, 각 시스템마다 서로 다른 세부사항(명령어, 단축키, 행위 순서)을 사용하여 일관성이 결여되기 때문이다. 실제의 예를 들면, 한 시스템에서는 'K' 키를 파일을 보관(keep)하는데 사용하는가 하면 다른 시스템에서는 파일을 삭제(kill)하는데 사용하기도 한다. 문서편집기에서 'S' 키는 저장(save)으로 사용되기도 하나 전자우편시스템에서는 파일 보내기(send)로 사용되기 때문에 사용자의 혼동을 초래한다. 두 번째 이유로는 이러한 통사적 지식의 임의성을 들 수 있는데, 이는 통사적 지식이 사용자의 의미지식과 쉽게 연합되도록 만들어지지 않았기 때문이다. 특정 문서편집기의 경우를 예로 들면, 파일을 다른 이름으로 저장하기 위해서는 'Alt+V'를 사용하고 문서편집 중 붙이기를 하기 위해서는 'Ctrl+V'를 사용해야 하는데, 이 경우 각 기능과 명령어 간의 의미 있는 연합이 이루어지지 않아서 왜 이러한 명령어를 사용해야 하는지가 불분명하기 때문에 학습하기가 어렵게 된다. 이 경우에 효율적인 과제 수행을 위해서는 기계적인 암기나 반복을 통해 통사적 지식을 잘 기억하는 수밖에 없다.

각 시스템에 익숙한 전문가에게는 이러한 통사적 불규칙성이나 임의성이 별 문제가 되지 않지만, 초보 사용자가 통사적 지식을 학습하는 데는 상당한 시간과 노력이 필요하게 되고 경우에 따라서는 아예 시스템의 사용을 포기하거나 거부하는 등의 많은 문제점을 낳는다. 통사적 지식의 이러한 문제점은 잘 범주화된 메뉴를 사용하거나 임의적인 키 사용을 줄이고, 의미 있는 명령어를 일관성 있는 방식으로 사용하는 등의 방법을 통해 사용자의 기억부담을 줄임으로써 극복될 수 있다.

(2) 의미적 지식

의미적 지식은 하위 수준의 행위에서부터 중간 수준의 전략 그리고 상위 수준의 목표를 모두 포함하는 위계적인 구조를 가지고 있다. 이러한 의미적 지식은 단순히 사용례를 보는 것에서부터 일반적인 사용방식이나 이론을 통해 학습하거나, 유추를 통해 개념과 사전 지식을 연결시키거나, 잘못 사용된 경우의 예를 보는 등의 다양한 방법을 통해서 습득된다. 의미적 지식은 컴퓨터 개념과 과제 개념의 두 가지로 나누어진다.

컴퓨터 개념　컴퓨터 개념은 하위 및 상위 수준에서 각기 객체와 행위로 나누어진다 (그림 4-8 참조). 가장 주된 컴퓨터 객체는 정보의 저장과 관련된 것이다. 사용자들은 컴퓨터가 정보를 저장한다는 상위 수준의 개념을 이해하게 되고, 저장된 정보라는 개념은 다시 디렉토리와 파일이라는 객체로 나누어진다는 사실을 알게 된다. 디렉토리는 이름, 길이, 생성날짜 등의 하위 수준의 객체로, 파일은 줄, 필드, 문자, 폰트, 이진수 등의 하위 수준의 객체로 각각 나누어진다. 컴퓨터 행위 역시 하위 수준의 행위로

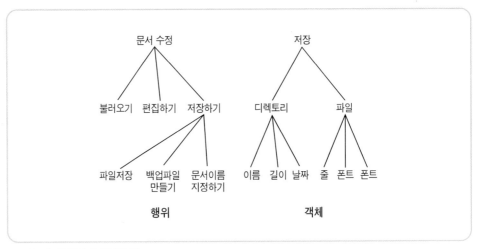

그림 4-8 ┃ 컴퓨터 개념의 예

세분화 될 수 있는데, 가령 문서 수정하기와 같은 상위 수준의 행위는 문서 불러오기, 편집하기, 저장하기 등의 행위로 나누어질 수 있다. 또 저장하기와 같은 중간 수준의 행위는 다시 파일 저장하기, 백업 파일 만들기, 문서 이름 지정하기, 이전 파일 덮어쓰기 등의 행위로 세분화되며, 특정 명령어를 입력하기 등의 하위 수준의 행위가 있다.

과제 개념 　방대하고 복잡한 문제를 다루는 사람들이 주로 사용하는 방법은 문제를 여러 개의 하위문제로 위계적으로 나누어 각 하위문제를 하나씩 해결해 나감으로써 상위문제를 해결하는 것이다. 책을 쓰는 경우, 저자는 책의 내용을 우선 장으로 나누고 장을 다시 절로, 절을 다시 문단으로, 문단을 문장으로 나누어 문장, 문단, 절, 장의 순서로 책을 완성할 수 있다. 이러한 과제 개념 역시 객체와 행위로 나누어질 수 있는데, 책을 쓰는 과제의 경우 책은 과제 객체에 해당하고 쓴다는 것은 과제 행위에 해당한다.

　사용자는 시스템을 통해 특정 과제를 수행하기 위해 지금까지 살펴본 세 종류의 지식(통사적 지식 및 두 종류의 의미적 지식, 컴퓨터 개념, 과제 개념)을 자연스럽게 통합해야 한다. 예를 들어, 컴퓨터를 사용해서 편지를 작성한다고 하자. 이 경우 사용자는 편지(과제 객체)를 쓴다(과제 행위)는 상위 수준의 개념을 가지고 있어야 하며, 편지가 파일로 컴퓨터에 저장된다(컴퓨터 객체)는 사실과 이를 위한 세부적인 행위의 단계(예 : 문서 이름 지정하기, 이전 파일 덮어쓰기 등)와 저장이라는 명령어에 관한 세부지식(컴퓨터 행위 및 통사적 지식)을 알고 있어야 한다. 또한 사용자는 각 단어의 철자에 관한 하위 수준의 지식(과제 개념)까지 지니고 있어야 하며, 화면에서의 커서의 움직임(컴퓨터 개념)에 대해서도 이해해야 하고, 각 글자에 해당하는 키를 알고 있어야 한다.

SSOA 모델에 따르면, 시스템 디자이너는 과제 객체의 의미가 명시적으로 나타나고 사용자의 과제 행위가 분명히 드러나도록 설계해야 한다. 그 다음 컴퓨터 객체와 컴퓨터 행위를 파악하고 통사적 세부사항은 맨 나중에 고려해야 한다. 이러한 방식으로 설계된 시스템은 특정 하드웨어에 의존하지 않기 때문에 사용자가 이해하기 쉬운 장점이 있다.

5. 맺음말

인간–기계 상호작용에 관한 여러 가지 모델이 제안되고 있음에도 불구하고 실제 기계나 시스템의 설계과정에서 이러한 모델들은 그다지 유용하게 사용되지 못하고 있다. 그 첫 번째 이유는 실제 기계의 디자인 과정에서 디자이너들이 합리적인 문제해결 방식에 의존하기보다는 이전의 경험을 통해 얻어진 시스템의 직관적인 이해와 상상력에 주로 의존한다는 점이다. 이러한 현상은 사용자의 형식적인 심성모델에 대한 시스템 디자이너의 개념적 이해가 부족하기 때문에 나타날 수도 있으며, 지금까지 제안된 형식적 심성모델이 지나치게 복잡하여 난해할 뿐만 아니라 실제 과제 수행이 일어나는 다양한 상황이나 맥락을 무시한 일반적 모델이기 때문에 디자이너들에게 모델의 효용성을 인정받지 못하고 있기 때문이라고도 볼 수 있다.

두 번째 이유는 심성모델에 관한 용어의 혼동과 분석 수준의 다양성을 들 수 있다. 심성모델이란 용어는 기계에 대한 사용자의 일반적인 인지모델을 지칭하기도 하고 특수한 과제에 관한 모델을 지칭하기도 한다. 한편 연구자가 생각하는 사용자의 심성모델이 가능할 뿐만 아니라 디자이너가 생각하는 사용자의 심성모델 등이 가능하여 동일한 용어가 서로 다른 맥락에서 다른 의미로 사용되고 있기 때문에 의사소통의 많은 어려움이 있다. 뿐만 아니라 인간-기계 상호작용에 관한 각 모델이 서로 다른 차원의 분석 수준에 초점을 맞추고 있어 일관성 있는 모델을 구성하기 어려우므로 실제 사용자의 모델을 정확하게 표상하기 어려울 가능성도 있다.

마지막으로 대부분의 인간-기계 상호작용에 관한 모델이 인간의 정보처리 패러다임에 의거한 형식적 인지모델이기 때문에 조직 내에서의 비공식적인 의사소통이나 오류에 대한 과소평가와 같은 문제점을 낳을 수 있다. 최근 들어 이러한 인지적 모델에 대한 대안으로 활동이론(Activity Theory)이 등장하고 있다(Draper, 1992; Leontjev, 1978; Kaptelinin, 1994). 인지과학과 인공지능 분야에서의 인지모델이 컴퓨터를 인간과 유사한 정보처리 과정을 지닌 인공물이나 인간의 작업을 대신하는 인공물로 간주되는 데 반해, 활동이론은 컴퓨터와 상호작용하는 마음에 대한 보다 포괄적인 개념틀로 작업행위를 분석단위로 간주하고 컴퓨터가 사용되는 맥락을 강조한다고 할 수 있다. 지각심리학자인 Gibson(1966)에 따르면, 인간은 환경으로부터 들어오는 정보를 처리하는 것이 아니라 현재의 동기상태와 목표에 적절한 정보를 능동적으로 채집(pick-up)한다. 인간-컴퓨터 상호작용 분야가 초점을 맞추어야 할 부분이 바로 이러한 정보채집의 조절이라고 볼 수 있다. 활동이론에 따르면 인간의 활동(activity)은 동기에 따라 구분되며, 행위(action)와 조작(operation)으로 구성된다. 행위는 다시 목적에 따라 구분되고 조작은 각 행위가 수행되는 조건에 따라 구분된다. 인간이 고안해 낸 컴퓨터는 인간의 행위를 변형시키는 맥락적 역할을 수행하게 되고 인간의 활동은 지속적으로 발달하므로, 컴퓨터가 사용되는 사회적 맥락과 사용자 개인의 동기에 대한 고려가 반드시 필요하다. 예를 들어, 컴퓨터와의 상호작용은 놀이나 학습의 목적으로 발생할 수 있으며, 계산과 의사소통을 비롯한 다양한 과제 수행의 목적으로도 발생할 수 있다. 이처럼 다양한 목적에 따라 인간-컴퓨터 상호작용 과정은 다른 의미를 지니게 되므로, 분석 수준이 인간-컴퓨터 상호작용에서 이러한 상호작용이 발생하는 작업활동으로 전환되어야 할 것이다. 즉, 디자인을 위한 과제 분석은 작업활동 내에서 이루어져야 한다. 시스템을 설계한다는 것은 작업상황에서의 조건, 조직의 구조 및 커뮤니케이션 유형을 디자인하는 것을 의미하며, 궁극적으로는 컴퓨터를 사용하는 사람의 사고를 향상시킬 수 있도록 설계되어야 한다.

요약하면, 지금까지 제안된 다양한 형식적 모델이 인간의 인지와 마음을 바라보는 시각과 분석 단위 등에서 차이가 있긴 하지만, 인간의 마음에 대한 이해를 토대로 효율적인 시스템을 설계하여 최적의 과제 수행을 유도하고자 하는 공통의 목표를 가지고 모델의 지속적인 수정과 보완이 진행되고 있다. 인간의 인지모델에 관한 여러 가지 제한점에도 불구하고 이를 토대로 한 디자인 프로세스의 개발, 디자인 가이드라인 제작, 사용성 평가 등이 확산되고 있는 추세임은 분명하다. 앞으로 보다 유용한 기계나 시스템을 개발하고 디자인하기 위해서 인간 인지에 관한 모델들을 제안하고 검증하고 이해하는 작업은 끊임없이 계속될 것이다.

참고문헌

ACM SIGCHI.(1992). *Curricula for Human-computer Interaction*. ACM Special interest Group on Computer-Human Interaction Curriculum Development Group, New York.

Anderson, J. R.(1983). *The Architecture of Cognition*. Harvard University Press, Cambridge, MA.

Baecker, R. M. & Buxton, W. A. S., edc(1987). Readings In Human-Computer: A Multi-disciplinary Approach. Los Altos, CA: Morgan kaufmann.

Card, S. K., Moran, T. P., & Newell, A.(1983). *The Psychology of Human-Computer Interaction*. Lawrence Erlbaum Associates, Hillsdale, NJ.

DiSessa, A.(1986). Models of Computation. In Norman D. A. & Draper S. W.(Eds), *User-Centered System Design: New Perspectives in Human-Computer Interaction*. Hillsdale, NJ: LEA.

Draper, S. W.(1992). Activity Theory: the new direction for HCI? *Int. J. Man-Machine Studies*, 37, 812~821.

Elkerton, J. & Palmiter, S. L.(1991). Designing help using a GOMS model: An information retrieval evaluation, *Human Factors*, 33(2), 185~204.

Gentner, S. & Stevens, A. L.(Eds).(1983). *Mental Models*. Hillsdale, NJ:Erlbaum.

Johnson-Laird, P. N.(1983). Mental Models: *Towards a Cognitive Science of Language, Inference, and Consciousness*. Cambridge University Press, Cambridge, England.

Kaptelinin, V.(1994). Activity Theory: Implication for Human Computer Interaction. In: Brouwer-Janse, M. D., Harrington, T.(Eds), *Human-Machine Communication for Educational Systems Design, NATO ASI Series: Computer and Systems Sciences*, v. 129. Berlin etc.: Springer-Verlag, pp. 5~16.

Kieras, D.(1988). Towards a practical GOMS model methodology for user interface design. In Helander, M.(Ed.), *Handbook of Human-Computer Interaction*, Elsevier Science Publishers: Amsterdam.

Kieras, D. & Polson, P. G.(1985). An approach to the formal analysis of user complexity. *Int. J. Man-Machine Studies*, 22, 365~394.

Laird, J. E., Newell, A., & Rosenbloom, P. S.(1987). SOAR: An architecture for general intelligence. *Artificial Intelligence*, 33, 1~64.

Landauer, T. K.(1988). Research Methods in Human-Computer Interaction In Helander, M.(Ed.), *Handbook of Human-Computer Interaction*. Elsevier Science Publishers: Amsterdam.

Leontjev, A. N.(1978). *Activity, Consciousness, and Personality*. Prentice-Hall.

Norman, D. A.(1983). Some observations on mental models. In Gentner, D. and Stevens, A. L.(Eds.), *Mental Models*. Lawrence Erlbaum Associates, Hillsdale, NJ.

Norman, D. A.(1986). Cognitive Engineering. In Norman D. A. & Draper S. W.(Eds), *User-Centered System Design: New Perspectives in Human-Computer Interaction*. Hillsdale, NJ: LEA.

Payne, S. J. & Green, T. R. G.(1986). Task-action grammars: A model of the mental representation of task languages. *Human-Computer Interaction*, 2 93~133

Rasmussen, J.(1983). Skills, rules, and knowledge; signals, signs, and symbols, and other distinctions in human performance models. *IEEE Transactions on Systems, Man and Cybernetics*, 13, 257~266.

Reisner, P.(1981). Formal grammar and human factors design of an interactive graphics system. *IEEE Transactions on Software Engineering*, 7(2), 229~240.

Shneiderman, B.(1987). *Designing the User Interface*: *Strategies for Effective Human-Computer Interaction*. Addison-Wesley, Reading, MA.

Wahlstr, B.(1988). On the use of models in human decision making. In: Goodstein, L. P., Andersen, H. B., and Olsen, S. E.(Eds), *Tasks, Errors and Mental Models*. Taylor & Francis, London.

Young, R. M.(1983). Surrogates and mappings: Two kinds of conceptual models for interactive devices. In: Gentner, D. & Stevens, A. L.(Eds), *Mental Models*. Lawrence Erlbaum Associates, Hillsdale, NJ.

5

인터페이스와 디자인

박창호

1. 서 론

현대인은 타인과 어울리는 시간 못지않게 많은 시간을 기계와 더불어 살고 있다. 사무/작업 요구의 성격이 까다로워지고 이와 더불어 갈수록 강력하고 다양한 기능을 가진 복합적인 기계(제품, 컴퓨터, 시스템 등)가 등장함에 따라 사람과 기계 간의 보조를 맞추는 일이 점점 중요하게 되었다. 예컨대, 200개의 전화번호를 기억하고 있는 전화기가 있어도 필요한 전화번호를 어떻게 불러와야 할지를 사용자가 기억하지 못한다면 쓸모없게 될 것이다. 또한 사소한 오류가 복잡한 시스템에서는 재난으로 이어질 수 있다(곽호완, 박창호, 2005). 만능 기계라는 컴퓨터가 대중과 산업 속으로 널리 보급됨에 따라 이런 문제는 특히 두드러진다. 이제 사용자는 컴퓨터를 일방적인 조작 장치로 여기는 것이 아니라, 인간과 의사소통하면서 작업하는 시스템으로 보게 되었다. 그래서 지각, 인지, 학습 등의 인간 요인(human factors)이 컴퓨터에 기반을 둔 작업 혹은 활동의 특성과 어떤 관련을 맺는지가 중요하게 되었다. 즉, 인간과 컴퓨터의 상호작용 문제가 대두되었다.

이런 점은 소프트웨어의 개발에도 반영되어 왔다. 해가 거듭할수록 소프트웨어의 '기능' 부문보다 인간과 소프트웨어의 원활한 접촉을 위한 '사용자 인터페이스(user interface)' 부문에 더 많은 노력(프로그램, 자원)이 투입되고 있으며(Myers & Rosson, 1992), 이러한 변화는 정책이 되고 있다. 즉, 소프트웨어 또는 시스템은 인간(사용자) 중심으로 사용성(usability)이 높게 디자인되어야 한다는 것이다. 사용성 문제는 단지 사용자를 위한 것만이 아니라, 시장 점유율을 확대하고자 하는 여러 경쟁사들이 심혈을 기울여 개발하고자 하는 초점들 중 하나이기도 하다. 사용자 인터페이스의 개발도 '투자 대 수익비'라는 효율성의 문제에 직면하고 있으며, 효과적으로 인터페이스를 디자인하는 문제가 제기된다.

사용자 인터페이스 디자인 및 사용성의 문제는 종종 소프트웨어 공학, 소프트웨어 시스템 공학, 사용성 공학, 인간-컴퓨터 상호작용(HCI) 등의 이름 아래 다루어진다. 그러나 비록 오늘날 컴퓨터 소프트웨어가 인간-기계 상호작용을 대표한다고 볼 수 있지만, 인터페이스 및 사용성의 문제는 이에 국한되지 않는다. 같은 문제가 우리가 일상적으로 쓰는 여러 도구나 가전제품뿐만 아니라 건축물이나 설치물, 정보 등에도 적용될 수 있다.

2. 인터페이스

흔히 인간-컴퓨터 인터페이스(interface) 혹은 사용자 인터페이스라고 불리는 것을 여기에서는 간단히 인터페이스라고 하겠다. **인터페이스**는 인간의 활동과 시스템의 활동 사이를 중개하는 장치이다. 인터페이스에는 제품 자체, 디스플레이와 조작장치 등과 같은 하드웨어 측면과 이들의 기능을 지원하는 소프트웨어 측면이 있다(Lansdale & Ormerod, 1994). 소프트웨어 측면은 액정과 같은 화면 표시기(display) 및 컴퓨터의 발달과 더불어 점차 더 큰 비중을 차지하고 있는데, 사용자가 컴퓨터를 다룰 때의 상

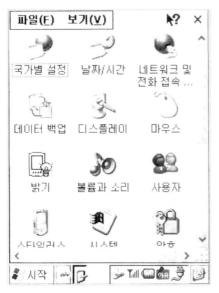

그림 5-1 ▌ PDA의 윈도우 화면은 소프트웨어적 인터페이스의 예를 보여 준다

호작용 양식을 결정짓는 아이콘, 그래픽 또는 메뉴, 명령어 등이 들어간다(그림 5-1).

1) 인터페이스의 이해

인터페이스는 시스템의 작동 방식을 인간의 지각 및 인지 방식과 조화롭게 연결시키는 데에 일차적 목표가 있다. 특히 사용자의 필요를 만족시키고 사용자의 실수를 고려하고자 하는 인간 중심 인터페이스(Raskim, 2003)에서는 이 점이 더욱 중요하다. 사용자는 시스템의 상태를 판단하고 적절한 조작을 수행하게 된다는 점에서 인터페이스는 인간과 시스템의 상호작용(interaction)의 중심에 있다. 그러므로 이 상호작용을 얼마나 잘 지원하느냐가 인터페이스의 관건이다. PC, PDA, 휴대폰에 모두 일정 기능이 있지만, 일정을 표시하는 기능 측면이나 이동의 편리성 측면에서는 서로 차이가 나며, 사용자는 자신의 사용 방식에 어울리는 시스템을 더 좋은 것으로 선호할 것이며, 이에 따라 사용자의 일정 관리 방식도 달라질 것이다. 여기에서 인터페이스 디자인은 상호작용의 디자인임을 알 수 있다.

인터페이스는 상호작용을 적절히 설계함으로써 시스템의 기능성(functionality)을 높여야 하는데, 기능성이란 시스템의 목적과 가장 긴밀히 관련되어 있다. 예컨대, 메뉴 혹은 조작단추의 디자인 차이로 인해 소프트웨어나 기기의 효용이 크게 달라질 수 있다. 기능성과 병행하여 문제가 되는 것이 인터페이스의 심미성(esthetic)이다. 심미적인 디자인은 사용자/소비자의 호감과 애용을 이끌어 낼 수 있으므로 이 역시 인터페이스의 생존에 중요하다 할 수 있다. 그러나 심미성의 강조가 때때로 기능성의 약화로 이어지는 경우가 있으므로 양자를 조화롭게 결합하는 문제가 대두된다. 인터페이스는 사용편의성 혹은 사용성(usability)의 문제도 고려해야 하는데, 아무리 기능이 좋고 심미적으로 뛰어나도 사용이 불편하고 고장이나 오류가 자주 발생한다면 그 시스템은 사용자로부터 버림을 받을 것이다.

인터페이스는 그 자체로서가 아니라, 시스템과 인간의 가교 역할을 하는 데에서 존재 의의가 있다. 인터페이스의 탄생, 생산, 소비, 사용 및 소멸에는 여러 당사자가 개입한다. 예컨대 인터페이스 설계자, 주문자 및 생산자, 구매 담당자(부서), 사용자, 상업적 네트워크, 사회조직 등이 관련되어 있다. 이들 집단이 제기하는 요구와 제약들은 조화롭기보다는 갈등적인 경우가 더 많다. 그러므로 인터페이스 그 자체 못지않게 인터페이스를 둘러싼 여러 영향력들을 이해할 필요가 있다.

2) 인터페이스에 대한 접근

인터페이스의 구성 방식에 따라 시스템과 인간의 상호작용 방식도 달라진다. 예컨대, 많은 부분을 '자동화'에 의존하는 인터페이스와 '수동 조작'을 허용하거나 필요로 하는 인터페이스를 비교해 보자. 자동화된 인터페이스는 복잡한 판단을 필요로 하지 않고, 신속하게 작용하고, 대부분의 경우 오동작을 하지 않을 것이다. 그러나 사용자가 특별한 사용법을 시도할 경우 자동화는 오히려 방해가 되며, 자동화 시스템에 발생한 작은 문제로 시스템 전체가 불능이 될 가능성도 있다. 반면에, 수동 조작 인터페이스는 때때로 조작법이 어렵거나 효율성이 낮은 경우도 있지만, 임기응변이 필요한 상황에서는 더 유리할 수 있으며 한꺼번에 전체가 고장나는 일이 드물다. 무엇보다 '내가 무엇인가를 다룰 수 있다'는 통제의 느낌을 준다.

이와 관련하여, 인터페이스가 무엇을 표시하는 것이 좋은가에 대해 생각해 보자. 이를테면 시스템의 현 상태를 표시하는 기능을 하는 것이 좋을지, 아니면 사용자가 할 일을 명령하는 것이 좋을지를 생각해 보자(제3장 참조). 상태를 표시하는 인터페이스는 사용자에게 판단과 최종 결정을 넘기므로, 유능하고 현명한 사용자를 필요로 한다. 반면에 명령하는 인터페이스는 사용자가 지시를 잘 따르기를 요구한다. 어느 쪽을 선택하는 것이 좋은지는 과제의 복잡성에 달려 있다. 시스템 상태(조건)와 필요한 조작(행위)이 일대일로 대응한다면 명령 표시 인터페이스는 충분할 것이고, 상태 표시 인터페이스도 별로 문제가 되지 않을 것이다. 그런데 조건과 행위의 대응의 가지 수가 많아지면, 사용자의 능력에 따라 아주 좋은 결과에서 아주 나쁜 결과에 이르기까지 여러 가지 사태가 벌어질 수 있는데, 명령 표시 인터페이스는 보통의 경우 최악의 사태는 모면하게 해 줄 것이다.

어떻게 표시할 것인지도 문제가 된다. 현대의 많은 시스템들은 신호 처리와 회로를 이용한 디지털 표시기를 사용한다. 시스템의 상태가 디지털 신호로 변환시키면 표시기에서 이 신호에 해당하는 값을 디지털이나 아날로그 방식으로 다시 변화하여 표시하는 것이다. 원리적으로는 같은 디지털 표시기이지만, 사용자에게 보이는 최종 화면은 디지털 방식(예 : 숫자나 문자로 표시)일 수도 있고, 아니면 아날로그 방식일 수 있다(그림 5-2). 후자에는 그래픽(예 : 전자시계의 액정 문자반)을 이용하거나 전기기계적으로 움직이는 부분(예 : 실제로 움직이는 시계바늘)을 이용할 수 있다. 최종 표시 방식이 디지털식인지 아날로그식인지에 따라 사용자가 경험하는 편의성의 종류, 더 적합한 용도 그리고 심미성과 만족도 등에서 차이가 난다. 숫자나 문자는 임의적으로 의미를 표시하는 반면에, 아날로그 방식은 물리적 대응관계에 기초하여 의미를 표시하며 직관적이다.

다음으로 조작 방식을 살펴보자. PC의 '윈도우'(전신은 애플사의 매킨토시이다)는 운영체제(OS)인 DOS(Disk Operating System)에 이어 개발된 인터페이스의 일종이다. DOS에서 특정 프로그램을 실행하기 위해서 사용자는 DOS 명령어나 프로그램 이름

그림 5-2 ▮ 시간을 표시하는 두 가지 방식. 디지털 방식과 아날로그 방식은 눈에 보이는 차이로 끝나는 것은 아니다.

을 직접 화면에 입력하고, 필요하면 여러 옵션(예: '/s', '-a' 등)을 명령어 뒤에 붙인다. 명령어나 옵션들은 기억하기가 쉽지 않을 뿐만 아니라 사용하는 응용소프트웨어마다 다르기 일쑤였다. 반면에 윈도우에서는 프로그램이나 문서의 아이콘을 클릭하거나 끌어당겨 놓으면 원하는 프로그램이 실행되므로, 사용자는 필요한 조작을 직관적으로 이해할 수 있으며 명령어를 일일이 기억할 필요가 없다. 이것이 소위 WYSIWYG (What You See Is What You Get)의 방식이다. 윈도우는 많은 초보자들이 PC에 친숙해지게 만들었다. 그러나 전문가들 중에는 DOS 방식처럼 명령어를 기억하고, 효율적으로 PC를 조작하기를 선호하는 사람도 있다. 그러므로 조작 방식에 따라 사용자의 과제와 여러 사용성 요인들이 달라짐을 유의해야 한다.

인터페이스 문제에서 간과하기 쉬운 축은 사용자이다. 사용자의 습관이나 성격은 인터페이스와의 상호작용에 중대한 영향을 미친다. 그러나 대개의 경우 '일반 사용자'라는 이름으로 사용자의 구체성은 무시되기 쉽다. 사용 목적, 연령, 성, 취미, 동기에 따라 여러 하위 사용자 집단이 존재하며, 이에 따라 상호작용 방식이 달라지고 인터페이스에 대한 요구도 달라진다. 예컨대 휴대전화기의 경우, 어떤 사람(집단)은 전화 기능이 중요하지만, 다른 사람에게는 오락 기능이 중요하고, 또 다른 사람에게는 과시하는 기능이 중요한 것이다. 어떤 사용자(집단)를 위주로 하느냐에 따라 인터페이스의 특성은 크게 달라질 수밖에 없다.

그러므로 인터페이스가 무엇을 목적으로 하며, 인간과 시스템의 상호작용을 어떤 형태로 규정지을 것인지, 사용자에게 무엇을 요구하고 무엇을 제공하는지, 그것이 또한 어떻게 변할 것인지 등에 대한 종합적인 고려가 필요하다.

3) 인터페이스 은유

새로운 시스템을 사용자들에게 이해시키기는 쉽지 않다. 그래서 인터페이스 개발자들은 사용자들이 쉽게 이해할 수 있는 모델로 은유(metaphor)를 도입한다. 유명한 은유 중 하나는 바로 'Desktop'으로, 여러 종류의 소프트웨어(예 : 문서편집, 편지 주고받기, 그림 편집 등)를 책상 위에서 하는 작업들의 종류에 비유하여, 이런 과제를 암시하는 아이콘이나 그림으로 표시하는 것이다. 이런 대응 관계는 어느 정도까지는 직관적이고 간단명료하지만, 과제의 수가 많아지고 아이콘이 복잡해지면 쉽게 탐지되거나 분명히 이해되지 않게 되는 문제점이 있다.

또 다른 은유는 'Folder'로서 모든 문서와 프로그램들을 '서류철(folder)' 개념으로 위계적으로 정리하는 것이다. 이런 은유들은 명백하고 별다른 경쟁자도 없어 보이지만, 그 동안의 인터페이스 발달이 보여 주듯이, 새롭고 더 유용하고 더 편리한 인터페이스를 개발할 여지는 많다고 할 수 있을 것이다. 예컨대, Desktop이나 Folder는 잘 정리된 책상이나 책장을 연상시킨다. 그러나 문서와 멀티미디어 자료의 수가 기하급수적으로 증가하면서 이것들을 체계적으로 분류하고 여러 곳에 흩어져 있는 자료를 적시에 인출한다는 것은 매우 힘든 일이 되었다. 그러므로 최근에는 방대한 자료들이 저장되어 있는 PC에서 원하는 문서를 검색하여 인출하는 방식이 채택되고 있다. 이로 미루어 볼 때 Folder 구조라는 은유는 계속 유지되지 못할 것이며, 이에 상응하여 PC의 인터페이스에도 변화가 있어야 할 것이다.

4) 그 밖의 고려 사항

앞에서 언급한 것 외에도 인터페이스가 현장에서 구체적으로 적용되기 위해 고려해야 할 여러 가지가 있다. 이런 점들은 디자인 일반과 관련해서도 흔히 논의되는 사항이다.

(1) 문화 요인 : 보편성 대 특수성

인터페이스에는 여러 가지 상징이 사용되며, 감각적 속성인 '색'이나 상하좌우와 같은 공간적인 특성도 상징적인 의미를 가질 수 있다. 문제는 이런 상징성이 그다지 보편적이지 않다는 것이다. 한 사회 혹은 문화에는 중립적인 표현도 다른 사회나 문화에는 특정한 의미나 암시를 가지는 경우가 많다. 국제적십자는 '십자가'가 가진 종교적 상징성 때문에 이슬람 문화권에서는 '달' 문양 기호(적신월)를 인정하고 있으며, 최근에 이스라엘에는 적수정 기호를 승인하였다. 불교의 '만'자는 나치 기호와의 유사성 때문에 오해를 불러일으킨다. 이슬람 문화권에서는 왼손(왼쪽)이 불결한 것으로 상징되는 경우가 많다. 또한 특정한 움직임(예 : 손이나 목의 움직임)이나 방향(예 : 오른손 대 왼손)이 특정한 의미를 지니는 수가 있다. 색과 관련해서는 그 상징성이 문화적으로 매우 다양하다. 예컨대, 노란색은 인도에서는 승려의 색이지만, 한국에서는 왕의 색이고, 어떤 경우에는 아동과 활달함을 상징하고, 또 다른 경우에는 질투나 '신경질적 징후'를 상징하기도 한다.

인터페이스 요소의 상징을 각 문화나 국가별로 조정하게 되면, 디자인의 '보편성'이라는 새로운 문제가 대두된다. 국제 여행과 국제 무역이 보편화된 요즘, 나라별로 디자인의 상징성이 크게 차이난다는 것도 곤란한 것이다. 예컨대, 화장실의 남여를 표시하는 색이 나라별로 다르다면 어떻게 될까? 다행히도 공공시설이나 도로 교통과 관련된 많은 기호들에는 국제적인 표준이 통용되고 있으며, 표준이 없다 할지라도 상당히 직관적으로 디자인되어 의미 전달에 큰 오해가 없는 경우가 많다(예 : 공중전화 표시에는 대체로 수화기 그림이 있다). 보편적인 디자인 혹은 디자인의 표준화는 각 문화나 지역의 특수성이나 관습과 갈등적인 결과를 낳을 수 있으므로, 이런 불일치를 중재할 수 있는 방안을 인터페이스 디자인에 고려해야 할 것이다.

(2) 특정한 사용자 집단

인터페이스의 사용자는 성, 연령, 장애, 지식이나 기술 수준, 사용 빈도 등 여러 기준에 따라 다양하게 분류될 수 있다. 대부분의 인터페이스는 일반 사용자를 대상으로 하고 있는데, 일반 사용자의 범위는 막연한 경우가 많다. 그리고 인체공학적 기준(예 : 의자 높이)에서는 사용자의 80% 범위 혹은 90% 범위라는 식으로 사용자 집단의 범위를 정할 수 있지만, 이런 기준이 확립되어 있지 않은 지각 및 인지적 인터페이스에서는 이를 적용할 수 없다. 그리고 보통 사람을 대상으로 한 인터페이스라 할지라도 특정한 집단의 사용 가능성을 어느 정도 염두에 두어야 한다.

흔히 고려되는 특정한 집단은 장애자와 노약자이다. 장애자의 경우 시스템에 접근할 수 있는 여러 보조 수단을 최소한 두 가지 이상의 상이한 방식(예 : 시각과 음성, 수동 조작과 음성 명령 등)으로 개발할 필요가 있다. 그러나 현실에서는 모든 가능한 장애는 차치하고 시각이나 청각 등 주로 발생하는 한두 가지 장애에 대한 보조 수단을 지원하는 것조차도 쉽지 않은 일이다. 정부나 공공기관에서 이 문제에 더 많은 관심을 가져야 할 것이다.

누구나 노약자의 단계들을 거치게 되며, 특히 기대수명이 늘어남에 따라 노인 인구가 크게 증가하고 있다는 사실에서 노약자를 지원하는 인터페이스 개발은 매우 중요한 과제가 되고 있다. 아동은 단추를 누르는 힘이 어른보다 작다거나 키가 작다거나 하는 신체적인 차이점 외에도 주의, 지각, 판단, 기억 등의 인지 기능이 능숙하지 않다. 그러므로 어른과 같은 수준의 인지 역량을 갖고 복잡한 과제를 수행하기를 기대해서는 곤란하다. 노인들은 근력의 저하뿐만 아니라 시력 및 청력의 저하, 주의 폭의 감소 및 억제 능력의 감소, 단순 기억력의 감퇴, 연산 능력 저하 등 여러 측면의 지각 및 인지 능력의 저하를 보인다. 반면에 과거의 여러 경험을 인출하여 활용하는 능력, 이해 및 종합적인 판단 능력 등은 크게 저하되지 않는다. 그러므로 노인 인지의 강점을 활용하고 약점을 보완하는 방식으로 인터페이스를 개발해야 할 것이다.

이러한 문제와 관련하여 사회심리적 측면도 고려해야 한다. 흔히 아이들은 어른처럼 보이길 좋아하는 반면 노인들은 젊은이처럼 보이길 좋아한다. 소수 집단이나 사회적 약자는 그렇게 보이는 것을 좋아하지 않는다. 이런 점들을 배려하는 인터페이스는 사용자에게 기능적인 만족뿐만 아니라 정서적인 만족도 제공하게 될 것이다.

(3) 보안과 프라이버시 보호

전자상거래, 인터넷뱅킹, 전자정부 등 인터넷의 발달과 더불어 대두되는 문제가 정보보안(information security)과 인터넷 프라이버시(internet privacy)이다. PC 및 인터넷 사용은 시스템에 여러 가지 사용 흔적을 남긴다. 예컨대, PC에서 사용한 소프트웨어의 이름이나 사용 시간, 인터넷 사이트에 접속하거나 로그인한 기록, 업/다운로드한 기록, 메일이나 메시지를 주고받은 기록과 상대방 주소, 첨부파일들 등이 자동으로 시스템에 남겨지고, 이러한 정보들은 다른 사람들에게 누출되어 악용될 수 있다. 이 밖에도 시스템에의 불법적 접근(예 : 해킹)이나 본인의 잘못된 접속(예 : 피싱)에 의해서도 중요한 정보가 누출될 수 있다. 불법적으로 수집된 개인 정보는 신용 정보 도용, 사기 등 여러 가지로 심각한 피해를 일으킬 수 있다. 그러므로 인터페이스는 개인 정보뿐만 아니라 사용 기록과 같이 악용될 가능성이 있는 모든 정보가 함부로 누출되지 않도록 설계되어야 한다. 가장 좋은 방법은 시스템 운영에 필수적이지 않은 정보는 수집하지 않는 것이다. 그 밖에도 여러 가지 이유로 사용자는 개인 정보나 기록이 공개되는 것을 원치 않을 수 있다. 사용자에게 공개 여부에 대한 선택권을 주고, 사용자의 의사를 최대한 존중해야 할 것이다.

(4) 부속물과 사용설명서

인터페이스가 다른 부속물 없이 그 자체로 충분히 이해되고 사용될 수 있다면 좋겠지만, 유감스럽게도 시스템이나 인터페이스의 복잡성, 여러 기기와의 접속 문제, 돌발사태나 고장에의 대비 등 여러 가지 이유로 부속물(accessory)과 사용설명서(manual) 등을 필요로 하는 경우가 많다. 사소한 부속물의 필요 여부에 따라 인터페이스 사용의 편리성이 크게 달라질 수 있다. 게다가 부속물을 시장에서 다시 구매할 수 없어서 시스템 전체를 사용할 수 없게 될 수도 있다. 인터페이스 설계자는 부속물을 최소한도로 줄이는 것이 좋겠지만, 다른 한편으로는 제작비용을 줄이거나 혹은 부속물 시장의 확대를 위해 주요하지 않은 기능은 부속물로 처리하도록 요구받을 수도 있다(예 :

애플사의 iPOD에 연결하는 수많은 부속장치들을 보라).

사용설명서도 중요한 고려사항이 된다. 종종 시스템 혹은 인터페이스와 따로 보관되는 사용설명서는 한쪽에 보관되어 있다가 필요할 때에는 찾을 수 없다. 그렇다고 시스템의 사용법이나 주의사항과 응급조치 등을 모두 기억할 수도 없으며, 모든 경우에 대비하여 설계할 수도 없다. 또한 여러 법적 책임과 관련된 사항들을 명기할 필요가 있기 때문에 사용설명서의 제작은 불가피한 경우가 많다. 최근에 전자제품의 사용설명서는 그림이나 흐름도를 이용하여 비교적 이해하기 쉽게 제작되고 있으며, 사용자가 사용법을 잘 이해할수록 생산자 입장에서는 교환이나 환불 비용이나 AS나 상담에 드는 비용이 절감되는 효과가 발생한다. 이제 많은 디지털 기기들은 기본적인 사용설명서는 기기에 내장하여 즉각 활용할 수 있도록 하고 있다. 그러나 책자에 있는 설명을 전자파일로 변환한 것에 불과한 경우가 많아 실질적으로 도움이 되지 않는 경우도 많다. 사용하는 국면별로 장애 유형별로 맥락에 알맞은 지원을 할 수 있도록 도움 시스템을 개발해야 할 것이다.

3. 인터페이스의 미래

불과 20년도 채 되지 않아서 PC는 급속도로 발달하였고, 인터넷과 사이버 공간이 새로운 삶의 영역이 되었으며, 가상현실이 새로운 체험 무대로 등장하였다. 인간을 둘러싼 환경은 더 이상 자연적이거나 사회적인 것만이 아니라, 그야말로 인공적이고 가상적이고 시스템적인 것이 되었다. 이와 더불어 우리가 환경과 접촉하는 면(interface)에도 많은 변모가 생겼다. 제품이나 기계의 계기판과 조작판을 통한 인터페이스는 골동품(antique)같이 보이기 시작하였으며, 화려한 액정 화면과 금속성의 조작단추, 터치스크린, (열, 운동)감지 조작장치, RFID 등이 전면에 나서고 있다. 그러나 이러한 변화는 오히려 표면적인 것일 수 있다.

인간과 환경, 시스템의 상호작용이 근본적으로 변하고 있다고 볼 수 있다. 인터페이스는 인간과 시스템 사이에 있는 중간자가 아니라 인간과 시스템을 능동적이고 유기적으로 결합시키는 대행자(agent)로 변해 가고 있는 중인지도 모른다. 예컨대, '사이버 비서'라는 개념에서 그 예를 발견할 수 있다. 이러한 상상은 다소 앞선 것일 수 있다. 다음에서는 인터페이스의 미래와 관련하여 고려해야 할 중요한 변화를 몇 가지 살펴보겠다.

1) 디지털 컨버전스

휴대전화가 변화하는 모습에서 알 수 있듯이, 최근 들어 결합될 수 있는 여러 디지털 기기들이 하나로 결합되는 경향이 있다. 이를 **디지털 컨버전스**(digital convergence)라고 하는데, 예컨대 MP3-디카폰, PMP-DMB-전자사전 등이 있다. 이는 대용량의 메모리와 모든 신호처리의 디지털화를 기반으로 한다. 컨버전스는 '하나로 모든 것(all-in-one)'을 해결해 줄 것처럼 보이지만 여기에는 함정이 있다. 여러 개의 다른 종류의 기기가 통합되면 각기 다른 사용 방식을 통합해야 하는 인터페이스에 커다란 부담이 생기기 때문이다. 예컨대, 휴대전화가 전자수첩 기능을 잘 하기 위해서는 커다란 액정 화면과 글자판이 필요하지만, 그럴 경우 휴대성은 떨어지게 될 것이다.

현재 복합기능 제품에서는 액정화면을 통한 시각적 인터페이스가 널리 사용되고 있다. 액정화면의 구성만 바꾸면 여러 모드의 인터페이스를 자유롭게 표시할 수 있는 이점이 있기 때문이다. 그러나 이 방식에는 Norman(1996)이 소위 '양식(mode) 오류'라 부른 치명적인 약점이 있다. 즉 음악 모드, 전자수첩 모드, 디지털 카메라 모드 등이 있을 때, 사용자는 모드 선택을 혼동하여 엉뚱한(간혹 치명적인 실수가 되는) 단추를 누르게 될 수 있다. 또한 음악을 듣고 있는 동안에 전화벨이 울리거나 하는 경우처럼, 사용자로 하여금 이중 과제를 수행하게 하여 인지적 처리부하가 높아지고 이는 사용상의 불편뿐만 아니라 안전에 위협 요인이 될 수 있다.

디지털 컨버전스는 소비자의 요구와 마케팅 요인에 힘입어 당분간 지속적인 추진력을 가질 것이다. 그러나 맹목적인 복합화의 한계는 명백해 보이므로 앞으로 사용 성향에 맞춘 다양한 변종들 중에서 소비자가 원하는 것을 선택하게 하거나, 필요에 따라 단위 기능들을 조합하여 맞춤식의 컨버전스가 가능하게 하는 방향으로 발전할 수 있을 것이다.

2) 맞춤식과 적응형

인터페이스는 초기에는 보통 사용자를 대상으로 개연성 있게 개발되지만, 이는 필연적으로 어떤 사용자들을 암묵적으로 배제하는 효과를 일으킨다. 만일에 인터페이스의 적용 영역 혹은 고객층이 한정되면 인터페이스는 초점을 두는 주 사용자 층의 특성이나 취향에 맞추어지게 될 것이다(그 결과 브랜드에 따른 인터페이스 특성이 생긴다). 이러한 점은 특정 회사나 특정 고객을 위해 개발된 시스템의 인터페이스에서 발견할 수 있다. 이것은 특정 사용자의 편의를 최대한 높인다는 점에서 긍정적이지만, 다른 사용자들의 이해와 접근을 어렵게 한다는 점에서 확장성이나 업그레이드 등에는 제한이 따르게 된다. 그러므로 범용성의 원리에 바탕을 둔 맞춤식이 적절한 타협이 될 것이다.

사용자의 인지적 특성에 따라 인터페이스에서 더 많이 요구되는 특성이 다를 수 있다. 예컨대, 공간 중심적 인지 양식 소유자는 시각 패턴의 처리나 학습이 능숙한 반면, 언어 중심적 인지 양식 소유자는 언어 정보의 처리나 학습에 더 능숙하다. 이 경우 사용자가 자신에게 더 유리한 것을 선택할 수 있도록 이중적인 인터페이스를 제공하는 것도 도움이 될 것이다.

사용자의 습관이나 요구를 미리 예언할 수도 없지만, 이것들은 변화하기도 한다. 가장 일반적인 예는 초보 사용자가 익숙한 사용자로, 나아가 전문적 사용자로 발전하면서, 필요로 하는 인터페이스가 달라진다는 것이다. 예컨대, 직접 조작이나 메뉴 방식에 기반을 둔 인터페이스는 초보 사용자에게는 이해하거나 쓰기가 쉽지만, 속도와 효용을 중시하는 전문적 사용자에게는 그렇지 않을 수 있다. 그러므로 사용자의 습관이나 숙련도에 맞추어 가는(적응하는) 인터페이스의 필요성을 많은 사람들이 공감하고 있다(김재갑, 1998). 실제로 이런 시스템을 제대로 만들기는 매우 어렵고 많은 비용이 든다. 그러므로 사실상 여러 수준의 맞춤식 인터페이스 중에서 사용자가 원하는 것을 선택하도록 할 수 있다.

3) 사이버 공간과 이러닝

인터넷의 발달로 많은 일들이 시간과 장소의 구애를 받지 않고 수행될 수 있게 되었다. 그리고 인터넷 자체가 일을 하고 시간을 보내고 쇼핑을 할 수 있는 하나의 독자적 공간(즉, 사이버 공간)이 되어 가고 있다(그림 5-3). 현재의 웹페이지 디자인은 언어 정보와 장식적인 그래픽 자료 위주인 반면에, 장차의 사이버 공간의 디자인은 현실이 공간과 사물을 더 적극적으로 모사하면서도(가상현실) 기능성을 잃지 않는 방향으로 발전할 것으로 보인다. 앞으로 사이버 공간의 인터페이스 디자인이 중요한 개발 영역이 될 것이다(박창호, 2004). 그러나 '은둔형 외톨이(히키코모리)'나 게임 중독에서 보듯이 사이버 공간에 지나치게 의존하는 것으로 인해 심각한 사회적 문제가 발생하

그림 5-3 ▌사이버 공간은 제2의 삶을 위한 공간이 될 수 있다. 사진은 린든랩사가 제공하는 세컨드라이프 사이트(http://secondife.com)의 한 장면.

출처 : Copyright 2007. Linden Research, Inc.

고 있다.

이러닝(e-learning)은 인터넷을 원격 교수와 학습에 응용하는 것을 말한다. 이러닝 시스템에서는 여러 곳에 흩어져 있는 사람들이 이러닝 사이트에 접속하여 수업을 듣고, 질문을 하고, 토론을 하고, 보고서를 제출한다. 사이버대학이 대표적인 예이지만, 거동이 불편한 사람에게나 긴급한 출장이나 질병으로 면대면 학습이 불가능한 경우에도 제공될 수 있으며, 사이버강의 내용은 나중에 재활용될 수 있다. 이러닝은 면대면 학습의 대체물 이상의 의의를 가질 수 있는데, 이동 상황에서도 언제 어디서나 접속할 수 있는 편리성 외에도 학습자의 특성에 맞추어 학습 서비스를 제공할 수 있다. 또한 인터넷의 다양한 자료들을 손쉽게 활용할 수 있고, 사이트에 남아 있는 학습 기록을 이용하여 학습자에게 적절한 조언을 할 수도 있으며, 교수 시스템 개선에 활용할 수도 있다.

이러닝은 이미 산업 장면에서 활발하게 응용되고 있다(Rosenberg, 2001). 사이버대학 외에도, 예컨대 인터넷을 이용한 기업체의 원격 연수와 사내 대학 교수, 아동의 교과 학습 사이트, 여러 가지 취미나 기술에 관한 원격 강좌, 개인 교수 등에 응용되고 있다. 면대면 수업이나 현장 체험과 연계하여 통합적으로 운영되는 이러닝 체제도 가능할 것이다. 이 외에도 앞으로 인간 학습과 사회적 조직에 미칠 영향력은 지속적으로 확대될 것으로 보인다. 이러닝이 제대로 이루어지기 위해서는 적절한 콘텐츠(contents)의 개발이 필수적이고, 이것이 효과적인 인터페이스에 의해 학습자에게 전달되어야 한다. 현재 웹에서 제공되는 일부 강좌들은 단순히 교재의 본문을 웹 문서 형태로 바꾸어 놓은 것에 불과한 경우가 많고, 당연히 학습자들로부터 외면 받는 경우가 많다. 사이버 공간의 특성에 맞게 콘텐츠와 인터페이스가 설계되어야 할 것이다.

4) 사회적 인터페이스

사람들은 인터넷 정보검색만 하는 것이 아니라 인터넷을 이용하여 편지도 주고받고 친구도 만나고 일도 한다. 인터페이스는 사람을 시스템에만 연결시키는 것이 아니라 다른 사람과 연결시켜 주기도 한다. 이와 같이 다른 사람과의 연결을 중개하는 시스템의 인터페이스를 사회적 인터페이스(social interface)라고 한다(Spolsky, 2004). 예컨대, 인터넷에서 토론이나 회의 그리고 공동 작업 등에서는 여러 사람이 생각이나 일을 공유할 수 있도록, 동시성과 적절한 상호작용을 유지하는 것이 특히 중요할 것이다. 예컨대, 원격 회의에서 목소리는 방향성이 없어서 방심하면 누가 말했는지를 잘 알아차리지 못할 수 있으며, 메신저에서 상대방의 메시지에 의해 줄이 연결되지 않는 글 토막들은 읽기에 불편을 준다.

사회적 인터페이스 개념은 최근에 등장하여, 여러 장면에서 시험되는 중이다. 사회적 인터페이스가 발달하기 위해서는, 예컨대 대화, (쇼핑의) 흥정, 설득, 눈치 등과 같은, 사람들 간의 사회적 상호작용 및 사람의 관심사나 태도 등의 사회적 지각에 대한 연구가 필요할 것이다. 그리하여 사회적 인터페이스는 특정 관심사를 공유하는 커뮤니티를 개발하고, 사회적 상호작용을 촉진하고, 커뮤니티에 동참할 수 있는 성원(네티즌)들을 발견하며, 사회적 성원으로서의 만족감을 높이는 데에 기여할 수 있다. 나아가 사회적 인터페이스가 갖는 어떤 특성이 그 자체로 하나의 문화적 부호(code)로서의 역할을 할 가능성이 있다. 예컨대, '싸이월드'에서 같은 '일촌'으로 연결된 네티즌들은 다른 사람들과 구별되면서 자기들 사이에 공유되는 어떤 유사점에 기초한 유대감 혹은 문화적 색깔을 가질 수 있다.

5) 유비쿼터스 컴퓨팅 시스템

유비쿼터스 컴퓨팅(ubiquitous computing) 시스템과 서비스의 발전은 인터페이스 디자인에 새로운 도전을 제기한다. 유비쿼터스 컴퓨팅은 도처에 퍼져 있으면서 상호 연동되어 필요한 처리를 수행하는 시스템을 말한다(개괄서로 하원규, 김동환, 최남희, 2003 참조). 이처럼 강력한 감찰(monitor) 능력과 처리 능력을 바탕으로, 유비쿼터스 컴퓨팅 서비스는 사용자의 조작(사용)을 기다리는 수동적인 서비스에서 벗어나, 상황이나 맥락에 따라 전향적으로 대응하여 능동적으로 사용자의 필요를 충족시켜 주고, 상황의 변화에 적응하여 발달해 가는 대행자(agent) 수준의 서비스를 제공할 수 있을 것으로 생각된다. 예컨대, (과거에 미래학자들이 생각한 'smart home'처럼) 집 안 구석구석에 초소형 센서와 컴퓨터와 조작 장치들이 있어서 주인의 의도와 행동 성향을 파악해서 필요한 것을 '맞춤식'으로 준비하여 주인의 활동을 방해하는 일 없이 유연하게 서비스를 제공하는 것을 상상해 보자. 이와 같은 유비쿼터스 서비스에서 인터페이스는 더 이상 한두 제품에 국한되지 않고, 사용자를 에워싼 환경 자체가 되며, 이것은 배후의 서비스 시스템에 의해 유기적으로 통합되고 조정되도록 설계되어야 할 것이다.

유비쿼터스 서비스는 사용자에게 새로운 문제를 일으킨다(박창호, 2004). 즉, 상호작용해야 할 인터페이스가 분산되어 있고, 외형적으로 명백하게 보이지 않을 수 있고, 서비스 범위가 어떠한지를 잘 파악하기 힘들 수 있다. 그래서 연구자들이 상상하는 완벽한 유비쿼터스 서비스 환경은 사용자에게는 『이상한 나라의 앨리스』에 나오는 집처럼 당황스러운 일들로 가득 찬 공간이 될 가능성도 있다. 상황이 비슷하다고 해서 경험이나 기대 그리고 의도가 같아지는 것이 아니며, 생각이 같다고 해서 똑같이 행동하는 것도 아니다. 인간 행동이 보이는 다양성과 변산성을 예측 가능한 것으로 바꾸기 위해 유비쿼터스 서비스 및 인터페이스 시스템은 사용자의 행동과 그 조건에 대한 치밀한 분석을 수행하고 그 결과를 공식화하는 것이 필수적이다. 유비쿼터스 서비스는 앞으로 많은 시간을 기다리게 할 것이지만, 미래의 인터페이스에 대한 상상을 불러일으키고, 서비스와 인터페이스에 대한 심사숙고를 필요로 한다는 점에서 흥미롭다.

4. 인터페이스의 종류

인터페이스들을 체계적으로 분류할 수 있는 한 가지 방법이란 존재하지 않을지도 모른다. 인터페이스는 다양한 장면에서 다양한 수준으로 존재하기 때문이다. 어떤 제품의 경우에는 가장 중요한 부분 그 자체가 인터페이스인데, 예컨대 시계가 그렇다. 다른 경우에는 제품의 어떤 부분이 인터페이스로서 시스템과 사용자를 중개한다. 인터페이스에서 시스템의 상태를 표시하는 표시기 부분과 사용자가 시스템에 조작을 하는 통제기 부분을 구별할 수 있는데, 터치스크린처럼 이 두 부분이 결합되어 있는 경우도 있다. 표시기와 통제기의 특성에 따라 여러 개의 하위 분류가 가능하다.

현대의 많은 첨단 제품은 액정 화면을 가지고 있는데, 예컨대 개인용 컴퓨터(PC), 휴대전화, PMP나 MP3 등이 대표적이다. 표시기와 관련하여 고려할 측면들은 다음과 같다. 표시기의 작동 원리는 전기기계적인 것인지 디지털 신호처리를 이용하는 것인지, 최종 화면이 디지털인지 아날로그인지, 시각, 청각, 촉각 등의 감각 양상 중 어떤 것 혹은 조합을 이용하는지, 시스템에서 어느 수준의 상태를 표시하는지, 시스템의 상태와 표시들 간의 질적 및 양적 대응관계는 어떠한지, 변화 혹은 동적 요소는 어떻게 표시하는지 등(표시기에서 상태를 지각하고 주의하고 판독하는 문제는 별도의 장과 참고문헌들을 살펴보기 바란다).

통제기는 전기기계적 장치로 볼 수 있는 것도 있는 반면, 동작기에 필요한 신호를 전달하는 신호처리 장치로 볼 수 있는 것도 있다. 대부분의 스위치, 레버 등은 후자에 속하는데, 이들은 동작기를 움직이는 동력원(예 : 모터)에 신호를 전달할 뿐이다. 이러한 통제기 혹은 인터페이스에 대해서는 행위(action)의 선택과 제어에 대한 참고문헌들을 볼 필요가 있다(Wickens & Hollands, 2003). 여기에서는 주로 컴퓨터 소프트웨어나 디지털 기기로 문제의 범위를 좁히고자 한다. 결국 키보드로 문자나 숫자를 입력하고 마우스로 어떤 아이콘이나 링크를 클릭하는 것도 신호를 발생시킨다. 그러나 소프트웨어나 디지털 기기에 대한 조작은 단순 신호가 아니라 시스템과 사용자 간의 정보를 전달하고, 사용자의 지식과 의도를 전달한다는 점에서 특별히 고려되어야 한다.

1) 질문-답변형

이 방식은 사용자에게 차례대로 일련의 질문들을 하고, 사용자는 '예, 아니요' 혹은 선택지 중의 하나를 선택하는 식으로 제한된 형식의 답을 하게 하는 인터페이스 형태이다. 이 방식은 단순하고 사용자도 이해하기 쉬우나 차례대로 답을 하는 데에 시간이 많이 걸릴 뿐만 아니라, 입력 오류가 발생하였을 경우 '되돌아가기'의 문제가 발생할 수 있고, 간단한 질문들로 분석되기 힘든 복잡한 과제에는 적용하기가 힘들다.

2) 양식 채우기형

인터넷 사이트에 있는 개인 정보 입력처럼, 주어진 양식이 있고 사용자가 해당 정보를 입력하도록 되어 있는 인터페이스를 말한다. 이것 역시 위의 질문-답변형과 같이 간단하고 이해하기도 쉬우며, 과제의 성격상 이 방식을 채택할 수밖에 없는 경우도 있다. 그러나 필수 입력 사항과 공란(혹은 불완전한 입력 정보)의 처리 문제가 까다로울 수 있으며, 자료의 입력이 끝날 때까지 조작한 결과를 알 수 없다는 문제가 있다. 그래픽 편집과 같은 시각적 작업이나 신속한 피드백을 필요로 하는 동적 과제에는 적합하지 않다.

3) 메뉴형

문서편집기의 메뉴에서 보듯이, 시스템에서 가능한 명령어들을 적절하게 목록화하고 분류하여 제시하고, 사용자는 필요한 명령을 선택하게 하는 방식이다. 메뉴 인터페이스는 윈도우 소프트웨어에서 가장 보편적으로 채택되는 방식이며, 이에 대해 비교적 많은 연구들이 있는 편이다.

예컨대, 메뉴에서 명령어들을 어떻게 분류하고 조직하는 것이 좋은가, 메뉴를 제시하는 형태(예 : 풀다운, 팝업)는 어떻게 할 것인가 혹은 메뉴는 한 가지로 하는 것이 좋은가, 여러 가지가 가능하게 할 것인가, 메뉴의 구조와 수준의 깊이(depth)는 어떻게 하는 것이 좋은가, 메뉴의 지도(map)를 제시할 것인가, 메뉴에서의 이동은 어떻게 지원하는 것이 좋은가, 메뉴 상태와 입력 상태의 전환과 같이 모드의 전환은 어떻게 하는 것이 좋은가 등 여러 가지 주제를 검토해 볼 수 있다.

메뉴 인터페이스의 경우, 사용자는 쉽게 이해하고 배울 수 있지만 처리속도는 비교적 느린 경향이 있으며, 사용자의 선택지(메뉴의 옵션들)가 다양하게 제공되지 못할 가능성이 있다.

4) GUI형

GUI(graphics-user interface)는 컴퓨터의 그래픽 능력을 인터페이스에 적극 도입한 예이다. 현재 윈도우에서 보는 대표적인 아이콘(icon)들은 그것이 어떤 소프트웨어인지 혹은 어떤 문서인지를 즉각적으로 알려 준다(특히 아이콘 설명문의 도움과 더불어). 대체로 아이콘을 클릭하면 해당하는 과제가 수행되기 때문에 사용자는 쉽게 배우고 사용할 수 있으며, 언어 이해의 부담도 덜어 준다. 그러나 GUI형은 그래픽을 사용해야 하므로 많은 시각 공간을 차지하며, 아이콘이 많아지면 서로 잘 구별되지 않아 혼란을 증가시킬 수 있다. 비교적 높은 해상도의 시각출력장치를 필요로 하기 때문에 이에 따른 비용도 증가하게 된다.

5) 직접 조작형

사용자가 필요로 하는 조작을 화면에서 직접 수행할 수 있도록 지원하는 방식을 말한다. 예컨대, 스프레드시트(spreadsheet)에서 사용자가 특정 영역을 마우스로 선택한 다음 다른 위치로 옮기거나 해당 지역에만 적용되는 조작을 메뉴나 아이콘 선택을 통해 수행하는 방식이다. 이 외에 그래픽 소프트웨어에서 직접 조작 인터페이스가 많이 활용되고 있다. 직접 조작 인터페이스는 공간적 자료의 처리에 유리하며 직관적이다. 이를 위해서는 자료구조나 관련 조작을 적절하게 시공간적으로 표시할 수 있어야 한다(즉, 시각화). 그러나 모든 기능, 특히 고차적 기능을 시각화하는 것은 매우 어렵고, 때때로 혼동을 일으킬 수 있다는 문제점이 있다. 초보자에게 직접 조작 인터페이스는 사용자의 일상 행동과 친화적이며, 가상현실 시스템은 기본적으로 직접 조작 인터페이스를 전제로 한다. 그러나 직접 조작 인터페이스 시스템이 제대로 작동하기 위해서는 강력한 처리속도와 용량이 필요하다. 소프트웨어적인 수준에서도 다양한 가능성에 대한 고려가 필요하고 높은 수준의 정교성을 필요로 한다. 직접 조작 인터페이스를 전적으로 지원하는 시스템은 매우 드물다. 오히려 여러 종류의 소프트웨어에서 인터페이스의 일부로 채택되는 수가 많다.

6) 명령어 입력형

DOS의 경우와 같이 사용자가 명령어를 직접 입력하는 방식을 말한다. 이 방식은 한 번 배워 두면 신속하게 기억에서 인출하고 사용할 수 있으므로 효율성이 높은 반면, 그 정도의 숙련 수준에 이르기까지 많은 연습과 훈련을 필요로 한다는 점에서 부담이 많다. 명령어 입력형의 경우에는 명령어나 그 약어를 서술하는 일종의 규칙(문법)이 있고, 여기에 옵션을 추가함으로써 여러 세부적인 조작을 허용하는 경우가 많다. 그러 므로 초보 사용자가 아니라 숙련자를 대상으로 하는 인터페이스에 적합하다.

7) 자연어 인터페이스

자연어를 사용하는 인터페이스는 명령어 입력형의 한 종류라고 볼 수 있으나, 사용자 의 일상 언어로 명령을 한다는 점에서 자연스러우며 학습의 필요도 낮다고 할 수 있 다. 그러나 일상 언어가 갖는 애매성/다의성과 발음의 불명료성, 문장의 불완전성 등 을 해소하기 위해서는 매우 우수한 처리 능력과 방대한 지식 데이터베이스를 갖춘 시 스템이 필요하다. 그러므로 특정 영역(예 : 말로 전화 걸기)으로 한정되지 않은, 범용 의 일상 과제를 자연어 인터페이스로 지원한다는 것은 이른 시기에 구현되기가 불가 능한 것으로 보인다.

5. 인터페이스 디자인

인터페이스를 디자인하고자 할 때 일반적으로 고려해야 할 점들을 살펴보기로 하자. 특정한 종류의 인터페이스를 디자인하는 경우에는 디자인의 구체적 특성을 함께 고 려해야 할 것이다. 이를 위해서는 인간의 지각, 인지, 행위 선택 및 운동 조작 능력 등 에 대한 총체적인 검토가 필요하다. 이에 관한 자세한 내용은 인간공학, 공학심리학 및 인지공학 관계의 저술들을 참조하기 바란다(Sanders & McCormick, 1995; Wickens, Gordon, & Liu, 2001; Wickens & Hollands, 2003).

1) 디자인 문제의 정의

디자인의 필요를 느낀다는 것은 바꾸어야 할 어떤 상황이 있다는 뜻이다. 예를 들면, 열차표 판매, 고객 관리, 디스플레이 등에서 기존의 방식으로는 곤란한 상황이 발생할 때, 디자인의 목적은 이를 해결하는 것이다. 디자인에 앞서 먼저 해야 할 일은 디자인의 목적, 즉 디자인 문제(design problem)를 명확히 정의하는 일이다. 여기에는 다음 측면들이 고려되어야 한다(Newman & Lamming, 1995).

① 시스템이 지원할 인간의 활동(activity)
② 사용자
③ 시스템의 지원 수준(levels of support) 혹은 사용성(usability)
④ 기본적인 해결 형태(form of solution)

이상의 네 측면을 한 문장으로 연결하여 진술하면 '승객들(②)이 빠르고 쉽게(③) 기차표를 구입할(①) 수 있는 자동발매기(④)를 디자인하라.' 가 된다.

(1) 활 동

디자인이 지원해야 할 활동은 개별적인 과제(task)일 수도 있고, 과제들의 연결된 집합인 과정(process)일 수도 있다. 이때 중요한 것은 복잡하게 연결된 여러 활동들 중에서 문제의 활동을 어떻게 식별하느냐와 그 활동을 지원하는 것이 무슨 의미인지를 살펴보는 것이다.

과제 활동의 단위로 어떤 목적을 수행하기 위해 순서대로 수행되는 일련의 단계(step)들로 이루어진다. 예를 들면, 차표를 구입하는 과제의 단계들은 시간표를 보고, 시간과 플랫폼 번호를 기억하고, 줄을 서서, 창구에 닿으면 목적지와 차편을 말하고, 돈을 지불하고, 표와 거스름돈을 받고, 기다리는 것 등이다. 이 사이 사이에 직접 관련이 없는 다른 활동이 끼어들 수도 있는데, 디자이너는 과제 수행에 중요한 단계 혹은 활동들을 식별해야 한다. 과제와 단계들의 관계는 목표와 하위 목표들의 위계적 조직화로 이해될 수 있으며, 적절한 다이어그램을 써서 이를 나타낼 수 있다.

과정　전체적으로는 통합된 목적을 가지고 있지만, 여러 사람에 의해 여러 시간대에서 벌어지는 일련의 과제들을 말하는 것으로서, 각 과제의 순서는 상호의존적이면서 변경될 수 있다. 예를 들면, 은행을 이용하는 과정은 현금이나 수표를 입금 또는 출금하기, 계정을 정리하기, 이체 또는 송금하기, 통장 정리와 같이 상황에 따라 달리 벌어질 수 있는 여러 과제들로 구성된다. 과제를 수행하기 위한 자원 혹은 과제 대상(task object)의 특성이나 가용성에 따라 과제 수행이 제약받는다. 예컨대, 통장 정리에서 계정 기록의 형식이 다르거나 전송되지 않는다면 과제 수행은 실패하거나 지연될 것이다. 과제 대상은 첫째, 파일, 목록, 데이터베이스, 둘째, 사람, 셋째, 다른 진행 중인 과정으로 구별될 수 있다. 이들 과제 대상과 관련되는 작업(과제)들의 연결망이 과정을 구성한다고 볼 수 있으므로 과제 대상을 올바르게 파악하는 것이 중요하다. 과정을 지원하기 위해서는 시스템의 관점에서 과제들을 지원해야 하는데, 이를 위해서 과제를 자동화하거나 과제들 간의 상호의존성을 줄일 필요가 있다.

시나리오와 사례　활동을 묘사하는 다른 방법은 시나리오를 구성하는 것이다. 여기에서 시나리오는 다소간 개연성이 있는 사건의 발생 및 인간의 행동 패턴이라 할 수 있다. 예컨대, '갑자기 PC를 통해 팩스를 보내야 하는 상황' 의 시나리오에 등장하는 인물과 활동을 통해, 사용자의 요구와 필요, 시스템의 조작과 반응들을 생각해 볼 수 있다. 시나리오는 우리에게 그런 상황의 개연성 및 시스템의 필요성을 전달해 주기는 하지만, 충분하게 구체적이지 않을 수 있다. 구체적인 조건이나 요인들이 의외로 중요하고 시스템을 실패하게 만들 수 있다.

　사례(case)는 구체적으로 발생한 사건을 말한다. 여기에는 여러 실제 조건들이 관련되어 있으므로, 연구자는 사례를 철저히 분석함으로써 시스템 혹은 인터페이스 개발에 중요한 요소를 발견할 수 있다. 사례는 매우 구체적이지만 그만큼 특수한 것일 수 있다. 너무 특수한 사례에 집착함으로써 시스템 혹은 인터페이스의 디자인이 특이한 것이 되어서는 곤란하다.

(2) 사용자

사용자가 시스템에 대해 어떤 요구(필요)를 갖고 있는지를 정확하게 이해하는 것이 중요하다. 사용자 요구(user needs)에는 일반적인 측면과 특수한 측면이 있다. 일반적인 측면의 이해를 위해서는 인간의 인지, 정서, 동기 및 수행 등에 관한 심리학적 연구 결과들을 응용할 수 있을 것이다. 의사소통이 중요한 경우에는 사용자 언어의 의미와 용법에 대한 정확한 분석이 필요하다. 또한 인터페이스가 제공되는 물리적 환경의 특성도 고려할 필요가 있다.

이와 더불어 상호작용 장면이 갖는 사회문화적인 요인도 고려해야 한다. 이런 지식들이 종합되면서 인간-컴퓨터 상호작용에 관한 구체적 모델이 형성될 것이다. 일반 사용자는 사실 존재하지 않을 가능성도 있다. 그러므로 인터페이스와 관련된 사용자 특성을 사전에 분석하여 통계적인 경향을 파악하고, 필요하다면 하위 집단을 구성할 필요가 있다. 이와 관련하여 초보 사용자 대 전문가 집단의 차이, 특수 사용자 집단, 학습과 훈련에 따르는 문제, 책임 여부, (노약자, 장애인의 경우처럼) 조력의 문제 등을 제기할 수 있다.

(3) 사용성

시스템의 디자인은 과제와 과정의 수행(performance)에 여러 가지 영향을 준다. 특히, 사용자가 시스템을 얼마나 잘/편리하게 사용할 수 있는가의 측면을 가리켜 사용성(usability)이라 한다. 사용성은 사용자와 시스템이 상호작용하는 모든 국면에서 드러나는데, 시스템을 설치하는 것부터 유지/보수하는 것까지 포함된다. 사용성은 사용자 집단에 따라 달라질 수 있다. 말하자면, 한 소프트웨어에 대해 초보자와 숙련자가 평가하는 사용성은 서로 어긋날 수 있다. 마찬가지로 자주 쓰는 사람과 가끔 쓰는 사람의 평가도 다를 수 있다. 사용성의 개별 측면들은 사용성 요인(usability factor)이라고 불리는데, 연구자마다 언급하는 요인들에서 차이가 있다(더 자세한 내용은 제6장 참조). Newman과 Lamming(1995)은 다음 항목들을 제시하였다.

- 수행속도
- 오류(error)의 발생 빈도
- 사용자가 오류를 복구하는 용이성
- 시스템 사용법의 학습 정도
- 학습된 기술의 파지(retention) 정도
- 사용자에 시스템을 맞출(customize) 수 있는 정도
- 활동을 재조직하는 것의 용이성
- 시스템에 대한 사용자의 만족(satisfaction)

사용성을 평가하기 위해서는 과제나 과정을 잘 이해해야만 한다. 그리고 모든 사용성 요인에 주목할 수 없으므로 더 핵심적인 요인을 선정해야 한다. 사용성을 향상시키는 데에서 현실적인 목표를 설정할 필요가 있고 이를 위해서는 디자인 문제와 친숙해질 필요가 있다.

(4) 해결 형태

해결 형태(form of solution)란 사용자의 활동을 지원할 수 있는 방법을 구체화한 것으로서 디자인 대상이 되는 것이다. 그런데 시스템은 여러 층(수준)에서 파악될 수 있고, 마찬가지로 여러 층의 기술과 자원이 관여한다. 컴퓨터를 예로 들면, 사용자 인터페이스, 응용 소프트웨어, 운영 시스템(OS), 시스템 자원, 하드웨어 등의 수준이 있다. 여러 수준들 중, 특히 디자인의 목적과 관련된 수준에 주목할 필요가 있다.

이때 인터페이스가 적용되는 장면 혹은 상황을 충분히 고려할 필요가 있다. 의료 장비나 첨단 산업 기기의 인터페이스는 정확한 메시지와 정확한 조작을 주고받을 수 있어야 한다. 운전대와 같이 연속적인 조작이 요구되고 상태도 연속적으로 변하는 경우에는 조작과 피드백 간의 선형적이고 즉각적인 대응이 필요하다. 반면에, 문서 작업이나 그래픽 편집과 같은 경우에는 사용자가 문서나 그래픽을 계속 수정하고 이전 형태를 재검토 혹은 복원할 수 있도록 지원할 필요가 있다.

2) 인터페이스 디자인 과정

상호작용적 시스템의 디자인은 ① 사용자 연구, ② 모델화, ③ 요구의 명세, ④ 디자인 분석, ⑤ 프로토타입의 제작 및 평가, ⑥ 디자인/프로토타입의 수정 등의 과정을 거친다(Newman & Lamming, 1995). 이런 과정은 반드시 순서대로일 필요는 없으며, 필요에 따라 병행될 수 있으며 또한 순환적으로 진행될 수도 있다. 경우에 따라 첫 단계인 사용자 연구에 앞서 다른 디자인(들)을 비교 분석하는 과정도 포함될 수 있을 것이다. 디자인의 사용성을 시험(test)하는 방법으로 실험법이 쓰이기도 하는데, 본고에서는 생략하기로 한다.

(1) 사용자 연구

상호작용적 시스템은 궁극적으로 사용자의 활동을 지원하기 위함이다(Norman & Draper, 1986). 좋은 디자인은 사용자의 요구와 사용자의 활동을 잘 파악하는 것이다. 즉, 사용자의 의도와 활동에 대한 모델이 필요하다. 이를 위해 먼저 할 일은 시스템의 잠재적 사용자를 연구하고 관련 자료를 수집하는 일이다. 자료 수집과 분석 결과에 따라 디자인이 전혀 다른 각도에서 출발할 수도 있다. 만일 사용자 연구가 잘 이루어지지 않은 디자인의 결과는 매우 위태로운 것이 될 수 있다.

사용자 연구 방법으로는 ① 면접, ② 관찰, ③ 질문, ④ 사용흔적 조사 등이 있겠다(홍대식, 1993 참조). 중요한 것은 원자료 그 자체가 아니라 시스템의 디자인에 도움이 되는 정보이므로, 연구자는 사용자의 응답이나 객관적 자료 못지않게 배후의 문제에 주의를 기울여야만 한다.

면접　면접(interview)을 통해 연구자는 중요한 정보를 신속하게 수집할 수 있지만, 반면에 연구자의 주관이 개입하거나 중요한 점이 간과될 위험도 있다. 면접을 하기 전에 먼저 면접 대상자, 면접의 양과 심도, 일정 등을 결정해야 한다.

구조화된 면접은 질문이 미리 상세하게 정해져 있고 응답자는 간단히 답하게 되어 있는 것이다. 이보다 더 자주 쓰이는 비구조화된 면접은 응답자가 더 자유롭게 진술하도록 한다. 면접에는 적어도 다음 사항들, ① 면접의 목적, ② 가능한 활동들, ③ 작업 방식, ④ 작업의 상호연관성, ⑤ 과제/과정의 수행 수준 등이 포함되어야 한다.

관찰　사람들의 과제 수행을 직접 관찰(observation)하는 것 이상으로 좋은 방법은 없다. 그러나 관찰이 과제의 수행을 방해해서는 안 된다. 관찰법으로는 특히 비디오 녹화와 동시적 언어 설명의 두 가지 방법이 유용하다. 그러나 관찰 대상의 종류나 규모에 따라, 자연 관찰이나 참여 관찰, 민속지적 현장연구 등의 방법을 응용할 수 있을 것이다.

- 비디오 녹화 : 비디오는 세세한 행동 자료를 얻고 분석할 수 있는 이점이 있다. 그러나 사용자의 활동을 방해할 가능성이 있으며, 녹화된 자료를 문서화하는 것도 만만치 않은 작업이 된다.
- 동시적 언어 설명(concurrent verbal accounts) : 과제를 수행하는 동시에 자신의 사고와 행동을 설명하게 하는데, 그 결과가 동시적 언어 프로토콜(protocol)이다. 이 방법은 비디오 녹화와 병행될 수 있다. 과제 수행에 방해되지 않도록 익숙하게 언어 설명/보고를 하는 데에 훈련이 필요하다.
- 민속지적 현장연구(ethnographic field study) : 객관적 관찰 자료는 피상적인 것일 가능성이 있다. 관찰 자료와 더불어 관찰 대상자와의 면접 자료를 보충하고, 관찰 내용의 의미를 분석하는 여러 기법들을 동원한다.

질문지　동시에 많은 자료를 얻고 통계처리하기 쉬운 이점이 있는 반면, 상황/맥락과 떨어진 상태에서 응답한다는 한계도 있다. 좀 더 신뢰할 만한 결과를 얻을 수 있도록 질문지(questionnaires)는 조심스럽게 구성되어야 한다. 고려할 사항으로는 첫째, 질문이 간편해야 한다. 둘째, 질문의 의미가 명확해야 한다. 셋째, 정확한 응답이 가능해야 한다. 넷째, 의도한 분석에 도움이 되어야 한다.

사용 흔적 조사　사용자들이 시스템이나 소프트웨어 혹은 제품을 사용한 흔적을 추적하는 것도 좋은 방법이다. 예를 들면, 접속 횟수, 사용 시간, 주로 많이 사용한 항목들 등을 직접 관찰하거나 질문하지 않고도 조사할 수 있으며, 사용자들이 의식하지 못하였으나 중요한 행동적 특성이 드러날 수도 있다.

(2) 모델화 : 시스템 분석

시스템을 분석하는 데에 사용자 활동에 대한 모델은 특히 중요하다. 모델을 통해 시스템의 지원 기능 및 예외적인 결과를 이해할 수 있으며, 무엇보다 시스템 디자인의 사용성(요인)을 예측할 수 있게 한다. 이때 추상적인 접근이 아니라 상황에 따라 변화하는 사용자 활동을 구체적으로 예언할 수 있는 모델이 쓸모가 있다. 예컨대, 대상의 지적(pointing), 위치 이동, 건반 누르기, 준비 시간 등에 관한 구체적 함수 관계나 탐색 행동의 세부 단계들을 들 수 있다(모델 일반에 관해서 제4장 참조).

모델은 규범적(normative) 모델과 서술적(descriptive) 모델로 구분된다. 일반적으로 알려진 법칙에 기초하여 규범적인 모델을 세우고, 그 다음 사용자 연구를 통해 구체적 자료를 수집하면서 서술적 모델로 전환시킬 수 있을 것이다. 모델의 규모와 관련하여 과제 모델과 과정 시스템 모델로 구별할 수 있다.

과제 모델　분석의 대상이 특정한 목적과 관련된 활동/과제로 한정되므로, 비교적 정확한 모델을 만들 수 있고, 자세한 사용성 분석 및 수행 예측이 가능하다. 이 점은 사용자 인터페이스를 디자인할 때 특히 중요하다. 이런 접근을 과제지향적(task-oriented) 모델화 혹은 과제 분석(task analysis)이라고 한다.

과제(목표)는 하위 과제(하위 목표)들의 위계적 조직으로 표현될 수 있다. 한 과제를 여러 하위 과제로, 각 하위 과제를 다음 수준의 하위-하위 과제로 분석해 가는 것을 위계적 과제 분석(hierarchical task analysis)이라고 한다. 실제의 과제 수행에서 연계성이 높은 하위 과제들은 통합될 수 있다(예 : 잔액 부족일 때 자동 반환되는 것). 이러한 과제 분석을 통해, 적합한 수준의 기술 모델을 발견할 수 있다.

시스템 모델　개별 과제들보다 과제들의 집합, 작업 과정 및 사용자 집단 내의 협동 작업 등에 초점을 둔다. 이런 접근을 과정 지향적(process-oriented) 모델화 혹은 시스템 분석(system analysis)이라 부른다.

연구 범위가 과제 수준 이상이 되면 또는 일단의 사용자들(혹은 조직)을 함께 지원해야 할 때 시스템 분석의 필요가 생긴다. 시스템에 대한 전통적인 관점은 시스템을 자료의 흐름으로 보았으며, 자료의 처리 단계(processing step) 및 처리를 수행하는 기능적 단위(functional unit)를 중시한다. 최근의 대상 지향적(object-oriented) 견해는 시스템의 기능을 처리보다도 특정 처리와 연관되는 자료의 덩어리(collections), 즉 대상(object)이란 측면에서 고려하고 있다. 이밖에도 다양한 관점이 적용될 수 있을 것이다.

소프트웨어 시스템의 경우에 시스템 분석은 다음 과정들을 거치게 될 것이다. 우선, 자료의 모델화를 위해, 즉 자료의 흐름, 상호관계, 다양한 형태를 파악하기 위해 자료흐름도(data-flow diagram)를 만든다. 둘째, 자료흐름도와 같은 모델을 사용함으로써 자료의 기능적 행동(정확성, 효율성)을 조사한다. 셋째, 시스템의 처리, 저장, 통신(communication)의 성분들이 어떻게 결합하는지에 관한 시스템 모델을 만든다. 이때 시스템의 모델이 사용자의 활동에 어떤 영향을 미치는지를 알아야 하며, 시스템과 사용자의 역할을 적절히 짝지어야 한다. 즉, 시스템 모델의 어떤 부분이 사용자의 활동을 필요로 하며 어떤 부분이 자동화될 것인지를 결정해야 한다.

참여적 디자인　사용자(의 활동)에 대한 모델을 충분하고 정확하게 세우기란 어렵다. 사용자를 시스템의 디자인에 함께 참여시킴으로써 사용자의 필요를 수집하고 이를 디자인 과정에 피드백할 수 있다. 이런 과정을 통해 사용자 활동에 대한 더 정교한 모델을 얻을 수 있으며, 실제의 디자인 과정도 더 좋아지는 경향이 있다. 그러나 참여자의 대표성과 신뢰성 그리고 참여자와의 의사소통의 한계 등의 문제도 제기된다.

(3) 요구의 명시

디자인을 명시한다는 것은 곧 그 시스템이 무엇인지를 서술하는 것이다. 그러나 디자인 명시는 일회적인 것이 아니라, 최초의 문제 진술에서 최종적인 명시에 이르기까지 여러 단계의 개선을 필요로 한다. 먼저 문제 진술에서 시스템이 달성해야 하는 기능과 성능에 대한 요구들(requirements)이 명시된다. 이때 중요한 것이 요구의 타당성(validity)이다. 즉, 사용자의 요구가 정확히 전달되어야 하며 요구의 실현 가능성이 충분히 검토되어야 한다.

요구는 무엇이 디자인되고 만들어지고 서비스 될지를 정의한다. 여기에는 시스템의 입출력, 조작과 같은 기능적인 것뿐만 아니라 품질이나 비용과 같은 비기능적인 것도 포함되고 결정적인 것이 있는가 하면 2차적인 것도 있다(이주헌, 1993). 디자인 요구는 첫째, 그것이 사용자의 활동에 적절한 지원을 제공하는가, 둘째, 비용과 자원의 제약 하에서 그것이 어떻게 만들어질 수 있는가 하는 측면에서 검토되어야 한다. 요구는 디자인이 직면해야 하는 표적으로 비추어질 수도 있는데, 디자이너는 일단의 요구들을 비교적 정례적(routine) 디자인 과제로 바꿀 줄 알아야 한다. 여러 수준의 해결 형태를 생각할 수 있듯이, 요구도 여러 수준에서 이해할 필요가 있다.

상호작용 시스템　요구의 정의도 다른 시스템의 경우와 마찬가지로, 최초의 문제 진술을 시스템이 제공해야 하는 각각의 기능으로 바꾸는 것과 같다. 즉, 해당 시스템에 대해 사용이 용이한 기능적 형태(usable functional form)를 정의하는 문제이다. 요구의 정의도 디자인 문제 정의의 경우와 같이, ① 지원되는 활동에 대한 모델, ② 사용자, ③ 수행 요구(performance requirements), ④ 해결 형태를 설정할 필요가 있다(앞의 해당 절 참조).

요구의 확증　요구는 문제에 관한 최초의 정의와 해결(책) 모두와 관련되어 있으므로, 양 측면을 계속 점검해야 한다. 즉, 요구가 문제와 관련해서 타당한지를 확실히 해야 한다. 타당성을 점검하는 분석적 방법은 해결 형태를 분석하고 수행에 대한 예측을 하는 것으로서, 인지적 시찰(법)이나 타자 수준 모델을 적용할 수 있다. 그러나 철저한 분석법은 사실상 어려우므로 프로토타입을 구성하고 시험함으로써 문제가 해결되고 있는지 사용자의 요구가 처리되고 있는지를 알아볼 수 있다. 그러나 프로토타입을 쓰는 것은 시간의 지체를 가져올 수 있는 단점이 있다.

(4) 디자인의 사용성 분석과 검열

사용성 분석(usability analysis)은 여러 대안 중 어느 것이 가장 사용이 용이한지를 결정하는 일이므로 종종 가장 어려운 작업으로 평가된다. 사용성 분석은 디자인의 요구를 잘 명시함으로써 도움을 받는다. 사용성 분석의 첫 단계는 시스템이 사용자 활동의 조직에 주는 영향을 검토하는 일이다. 즉, 사용자가 시스템을 이용하여 어떻게 활동하는가에 대한 모델을 세운다. 여기에서 그럴 법한 조작 연쇄를 구성하여 각 단계마다 사용자가 할 만한 행동을 예측하고 관련 요인을 분석하는 인지적 시찰(cognitive walkthrough) 기법이 적용될 수 있다.

사용성 측정의 두 접근은 첫째, 분석적 방법(시뮬레이션), 둘째, 경험적 방법(프로토타입의 구성과 시험)이다. 예를 들면, 모델인간처리자 모델의 적용과 같이, 분석적 방법은 매우 빨리 수행될 수 있으며, 실제의 사용자를 필요로 하지 않는다(Card, Moran, & Newell, 1983). 경험적 방법은 프로토타입을 제작하는 것과 같이 많은 준비를 필요로 하며, 실험의 수행과 분석에 의존한다.

분석의 두 단계 분석의 첫 단계는 활동이 수행되는 순서(sequence)나 방법(method)을 결정하는 것이며, 둘째 단계는 순서 내의 단계들을 분석하여 사용성을 측정하는 것이다. 각각의 분석 단계는 사용자의 활동에 관한 모델에 기초하고 있으며, 결과적으로 모델이 정밀하게 된다. 처음에는 일반적 모델에서 시작하지만 점차 행위의 순서에 관한 모델을 만들 수 있게 되고, 사용성 요인을 식별할 수 있는 모델을 만들 수 있게 된다.

만일 순서가 잘못 결정되면 사용성 분석이 타당하지 못할 것이다. 순서 분석은 주로 시찰(walkthrough) 방법에 의존하는데, 여기에서 순서의 각 단계는 이전 단계의 결과 상태에서 사용자의 현재 목적에 따라 결정된다. 그런데 많은 상호작용 맥락에서 여러 가능한 순서가 있을 수 있으므로, 때때로 여러 대안적인 순서를 모델화할 필요도 있다.

인지적 시찰 처음 사용하거나 디자인이 변경된 경우와 같이 친숙하지 않은 상황에 사용자들이 맞닥뜨리게 될 때, 사용자의 활동과 시스템을 분석하는 데에 유용하며, 역으로 보면 사전 훈련 없이 쓰이게 되는 시스템을 디자인하는 데에 적용될 수 있다. 인지적 시찰(cognitive walkthrough) 기법은 탐색학습(exploratory learning)이란 틀에서 사용자의 행동을 시뮬레이션한다. 탐색학습 모델은 ① 목표 설정, ② 과제 수행을 위한 시스템의 탐색, ③ 적절한 행위의 선택, ④ 시스템의 반응을 통해 직전 행위의 평가 등의 과정으로 분석한다. 이 기법을 통해 시스템의 학습 용이성이나 발생 가능한 오류 등을 밝힐 수 있다.

사용성 검열　GOMS 모델 분석이나 인지적 시찰이 적용될 수 있는 디자인 문제는 제한되어 있다(조작 방식, 사전 지식 등의 문제). 그러므로 좀 더 융통성이 있는 기법이 요청되는데, 사용성 검열(usability inspection) 혹은 편의적 평가(heuristic evaluation)는 일단의 전문 분석가들이 나름대로의 지침에 따라 사용성을 평가하는 것을 말한다. 이를 위해서는 일단의 평가자들을 선정하고, 평가의 일반적 지침(guidelines)이라 할 수 있는 디자인 편의법(design heuristics)을 마련할 필요가 있다. 사용성 검열은 간편하고 적은 비용으로 할 수 있으나, 문제점을 지적하는 데 초점을 두게 되는 단점이 있다(개관을 위해서 Nielsen & Mack, 1994 참조).

(5) 프로토타이핑과 평가

앞에서 소개한 분석적 방법은 디자인에 대한 부분적인 평가만을 가능하게 한다. 이를 보충하기 위해서는 경험적 방법이 필요한데 그것은 프로토타입을 시험하는 것이다(다른 경험적 방법으로는 실험이 있다). 프로토타입은 현재의 디자인 요구 명세를 바탕으로 만들어지지만, 흔히 완전한 시스템보다는 시험용의 시스템으로서 한두 수준의 기능만 허용하거나 중요한 몇 가지 기능만 수행할 수 있도록 제작된다. 프로토타입의 시험(또는 평가)은 실험적으로 혹은 현장에서 수행된다. 디자인을 개선하고 문제의 해결을 위해 프로토타입과 그 개작들을 평가하는 것을 형성적(formative) 접근이라 하고, 최종적인 디자인을 전체적으로 평가하는 것을 요약적(summative) 접근이라 한다.

프로토타이핑을 통한 학습　사용자 인터페이스의 프로토타입을 만드는 과정에서 분석법으로 드러나지 않는 디자인의 문제점, 예를 들면 세부사항의 생략이나 불확실한 명세, 상호작용의 문제 등을 발견할 수 있다.

비공식적 시험　프로토타입이 만들어지면 연구자 자신이나 사용자들이 시험하게 된다. 이때 사용자 요구, 수행과 사용성 측면을 점검한다. 비공식적 시험도 실험 설계를 포함하는 체계적인 시험 단계들을 거쳐 진행되면 더 효과적인 결과를 얻을 수 있다.

순환적인 현장 시험　　여러 실제 상황에서 프로토타입을 평가함으로써 평가자들은 시스템에 대한 철저하고 충분한 자료를 얻을 수 있다. 이를 위해서 그리고 사용자들이 시스템에 적응하기 위해서는 상당한 시간을 필요로 한다. 현장 시험은 의료, 안전, 상거래와 같이 핵심적인 부문에서는 꼭 필요하다. 또한 여러 사람이 협동 작업하는 시스템의 경우에도 비공식적 시험이나 실험으로 접근하기 어려우므로 현장 시험이 필수적이다. 현장 시험에서도 실험법을 응용할 수 있다.

연습 : 인터페이스 디자인의 평가

국내에서 사용되고 있는 휴대폰의 자판을 보면 한글 자모의 배열이 회사별로 다르다. 문자 메시지를 자주 보내는 사용자 입장에서는 같은 문장에 대해 눌러야 하는 단추의 횟수가 적을수록 사용이 편리할 것이다. 잡지나 방송에서 흔히 보고 듣는 메시지와 기본적 구두점을 기준으로 어느 배열 방식이 더 편리한 것인지를 비교하고자 한다.

휴대폰 자판 디자인들을 비교, 평가하기 위해 비교 기준, 메시지 표본들, 사용자의 활동 모델, 디자인 평가 모델을 만들어라. 그리고 평가해 보라.

5. 가이드라인

디자인의 원칙이 가이드라인보다 더 일반적인 규칙을 가리킨다고 생각되지만, 실제로 이 둘은 혼용되는 수가 많다. 디자인의 일반적인 원칙은 디자인 문제에 충실하는 것이다. 그러나 앞에서 서술한 디자인 과정을 통해서 디자인의 여러 문제를 모두 해결하는 것은 불가능하다. 가이드라인은 디자인 문제를 해결할 수 있는 가능한 전략 또는 조언을 말한다. 그러므로 좀 더 세부적인 디자인 영역별로 적용될 수 있는 적절한 가이드라인이 필요하게 된다. 사용자 인터페이스 디자인의 경우, 가이드라인은 사용성 편의법(usability heuristics)과 밀접한 관련이 있다.

가이드라인은 디자인의 전 과정에 걸쳐 문제를 제기하고, 디자인의 선택을 도우며, 가능한 해결 전략을 제시하고, 평가를 돕는 식으로 사용될 수 있다. 그러나 가이드라인의 한계도 있다. 예를 들면, 여러 가지 관련된 가이드라인들 중에서 가장 적절한 것을 선정하는 문제, 가이드라인을 디자인에 구체적으로 적용하는 문제, 여러 가지 가이드라인을 결합하는 문제 등이 제기될 수 있다.

　가이드라인은 연구자에 따라 서술 수준도 다를 뿐만 아니라 수효에서도 큰 차이가 난다. 다음 가이드라인들에 어떤 일반성이 있는지를 생각해 보라.

(1) Shneiderman의 상호작용 디자인의 황금률

먼저 Shneiderman(1992)은 일반적인 상호작용 디자인(dialogue design)의 황금률로서 다음 여덟 가지를 제안하였다. Shneiderman의 목록 중 일부는 사용성과 직접 관계되지만, 어떤 것은 그보다 더 근본적인 인간 정보처리 과정을 배경으로 하고 사용성과는 간접적으로 관련된다.

- 일관성을 추구하라.
- 자주 쓰는 사용자들에게는 지름길을 제공하라.
- 정보가 담긴 피드백을 제공하라.
- 상호작용(dialogue)이 완결성을 갖도록 하라.
- 오류 처리가 쉽도록 하라.
- 행위의 역전(되돌리기)이 쉽도록 하라.
- 내적 통제 소재(시스템 통제감)를 지원하라.
- 단기기억 부담을 줄여라.

(2) Nielsen의 가이드라인

위의 목록과 유사하지만 이보다 사용성을 좀 더 염두에 두고 Nielsen(1993)이 제시한 가이드라인을 하나씩 살펴보자.

- 단순하고 자연적인 대화(dialogue) : 간단할수록 탐색의 부담이 준다. 사용자의 과제(개념)와 인터페이스는 가능한 한 자연스럽게 대응이 되어야 한다. 지각 조직화와 주의의 원리를 응용한다.

- 사용자의 언어로 말하라 : 시스템이 아닌 사용자의 관점에서 말하고, 사용자의 개념 모델에 잘 대응하는 적절한 비유를 활용하라. 전문어, 외국어, 비표준어를 사용하지 말라.

- 사용자의 기억부담을 최소화하라 : 회상보다는 재인이 쉬우므로 가시성(visibility)을 높여라. 내정값(default value), 범위, 단위 등을 제공하라. 여러 하위 시스템/단위가 있을 경우, 일반적 명령어(generic command)를 활용하라.

- 일관성 : 기호와 의미, 지각과 조작의 대응을 일관적으로 하라. 같은 문제가 과제, 기능 구조 등에도 적용된다. 표준(standards)에만 의지해서는 안 된다.

- 피드백 : 오류가 발생할 때에만 피드백을 주는 것이 아니라, 긍정적/부분적 피드백도 필요하다. 피드백은 사용자 인터페이스 변화(user-interface change)를 실시간으로 반영하고, 의미 있는 정보적 피드백(informative feedback)을 주어야 한다.

- 출구(exit)를 분명히 표시하라 : 언제든지 현 상태에서 빠져나가거나 원위치(undo)할 수 있다면 탐색 학습이 촉진될 것이다. 시스템은 사용자의 최근 행동에 우선적으로 반응해야 한다.

- 지름길 : 생략, 기능키, 핫키, 더블클릭, 구조 생성기(structure generator), 미리 입력하기(type-ahead), 이전 상호작용 재사용, 내정값 등을 활용하라.

- 오류 메시지를 잘 만들어라 : 오류를 알려 줄 뿐만 아니라 시스템을 더 잘 이해하는 데에도 필요하다. 오류 메시지는 사용자의 언어로 정확하고 정중하게 그리고 문제 해결에 도움이 되도록 전달하라.

- 오류를 방지하라 : 오류의 빈도와 심각성을 고려하라. 사용자의 조작에 대한 확인을 너무 자주 요구하면 응답이 자동화되는 오류가 생긴다. 특히, 모드는 혼란을 일으키므로 가급적 피하라. 그런데 불가피하면 모드별로 다른 피드백이나 모드의 차별화를 하라.

- 도움 기능 및 문서 : 사용자는 매뉴얼을 거의 읽지 않는다. 과제 중심적이고 찾아보기식의 온라인 매뉴얼이 필요하다. 매뉴얼의 양보다 질이 중요하다. 사용자 중심의 관점에서 수준에 따라 여러 단계의 매뉴얼을 준비하라.

(3) Norman의 가이드라인

Norman(1996)은 '사용자 중심의 디자인'이라는 표어를 걸고, 생활용품의 디자인과 관련하여 다음 원칙들을 제안했다. 아래의 원칙들은 소프트웨어 시스템보다도 일상 제품에 관한 것이므로, 앞의 가이드라인과 비교해 보는 것도 흥미로울 것이다.

- 머릿속의 지식과 세상 속의 지식을 모두 이용하라 : 사용자가 시스템에 대해 가지고 있는 정신모델(mental model)이 시스템이 드러내는 외적 이미지(system image)와 일치할 때 사용자는 효율적으로 수행할 수 있다.
- 과제의 구조를 단순하게 하라 : 과제들이 서로 비슷하게 하거나, 숨겨져 있는 것을 가시적으로 만들어라. 자동화를 하라. 그러나 통제를 할 수 있도록 하라. 이런 일이 잘 되지 않으면 아예 과제 자체를 바꿀 수도 있다.
- 일이 가시적이게 만들고 실행의 간격과 평가의 간격을 좁혀라 : 실행 가능한 행동들은 사용자의 의도와 일치해야 하고, 시스템의 상태는 즉시 지각될 수 있고 해석될 수 있어야 한다.
- 대응관계가 올바르게 만들어라 : 의도와 행동, 시스템 반응, 시스템 상태에 대한 사용자의 지각 간의 대응이 쉬워야 한다.
- 자연스러운 제약 및 인공적 제약의 위력을 활용하라 : 물리적, 의미적, 논리적, 문화적 제약들은 가능한 행동들의 수를 줄여 준다.
- 만일의 오류에 대비한 디자인을 하라 : 오류의 원인 발견, 복구 등을 가능하게 하고, 비가역적인 행동은 하기 어렵게 만들어라.
- 이 모든 것이 잘 되지 않으면, 표준화하라.

(4) 심리학적 원칙에서 도출한 가이드라인

이상의 원칙/가이드라인은 비교적 그 수가 적고 각 가이드라인은 개별적으로 서술되어 있다. 그런데 Marshall, Nelson, Gardiner(1987)는 심리학적인 원칙들에 기초해서 가이드라인들을 도출하고자 했다. 그들은 다음의 14개의 범주로 분류된 총 162개의 가이드라인을 제시하였는데, 이들은 인간 수행의 여러 장면들에 포괄적으로 걸쳐 있다. 그들이 제시한 구체적인 가이드라인은 Marshall 등(1987)을 참고하기 바란다.

- 절차와 과제의 디자인
- 유추와 비유
- 훈련과 연습
- 과제–사용자 짝짓기
- 피드백
- 용어, 구절, 대상의 선택
- 일관성

- 화면 디자인
- 조직화
- 다중모드 및 멀티미디어 상호작용
- 항법(navigation)
- 적응
- 오류 관리
- 통제 소재

7. 맺음말

인터페이스는 우리 생활과 작업의 곳곳에 침투해 있다. 좋은 환경을 만든다는 의미의 상당 부분은 좋은 인터페이스를 디자인하는 것과 관련이 있다. 인터페이스에 따라 인간과 시스템의 상호작용 방식이 달라진다. 그런 점에서 인터페이스 디자인은 인간의 활동을 디자인하는 것으로 볼 수 있다. 그리고 인터페이스를 통해 인간 수행의 여러 측면을 분석적으로 탐구할 수 있다.

인터페이스 디자인과 평가는 인간 인지에 대한 이해를 실제 장면에 응용하는 중요한 분야이다. 시스템과 사용자의 활동을 분석하고 모델화하는 데에 인간의 지각, 인지, 학습, 정서, 동기적 요인에 관한 지식과 심리학적 기법들이 응용된다. 현대 사회의 여러 시스템 혹은 제품들이 점점 더 복합화되고 네트워크가 발달함에 따라 인간과 시스템의 상호작용은 더욱 더 긴밀해질 것이다. 이처럼 시스템/제품의 디자인을 위해 인지심리학 혹은 인지과학적 지식과 기법을 적용하고자 하는 노력을 일컬어 인지공학(cognitive engineering)이라 부르기도 한다. 인간과 기계/컴퓨터/시스템의 상호작용에 관한 연구와 이해가 앞으로 더욱 깊어질 것이다.

참고문헌

곽호완, 박창호(2005). 대구지하철 화재사고에 대한 분석 1: 인간에러와 시스템. 한국심리학회지: 실험, 17(3), 311~326.

김재갑(1998). 인간-컴퓨터 인터페이스. 1998년도 한국심리학회 동계연수회 논문집, 5~22.

래스킨, 제프(2003). 인간 중심 인터페이스.(이건표 역) [원저, human interface는 2000년에 출간] 서울: 안그라픽스.

로젠버그, 마크 J.(2001). e-Learning: 디지털 시대의 지식 확산 전략.(유영만 역) 안양: 물푸레.

박창호(2004). 가상공간 탐색의 인지과정. 한국심리학회지: 실험, 16(4), 403~420.

이주헌(1993). 실용 소프트웨어 공학론. 서울: 법영사.

하원규, 김동환, 최남희(2003). 유비쿼터스 IT혁명과 제3공간. 서울: 전자신문사.

홍대식(1993). 심리연구법. 서울: 양영각.

Card, S. K., Moran, J. P., & Newell, A.(1983). *The psychology of human computer interaction.* Erlbaum.

Lansdale, M. W., & Ormerod, T. C.(1994). *Understanding interfaces: A handbook of human-computer dialogue.* Academic.

Marshall, C., Nelson, C., & Gardiner, M. M.(1987). Design guidelines. In M. M. Gardiner & B. Christie(1987)(Eds.). *Applying cognitive psychology to user-interface design.* Wiley & sons.

Myers, B. A., & Rosson, M. B.(1992). Survey on user interface programming. *Proc. ACM CHI' 92 Conf.*(Monterey, C.A., 3~7 May)

Newman, W. M., Lamming, M. G.(1995). *Interactive system design.* Addison-Wesley.

Nielsen, J.(1993). Usability engineering. Academic.

Nielsen, J., & Mack, R. L.(1994). *Usability inspection methods.* John Wiley & Sons.

Norman, D. A.(1996). 디자인과 인간심리.(이창우, 김영진, 박창호 역) [원저 The psychology of everyday things는 1988년 출간). 서울: 학지사.

Norman, D. A., & Draper, S. W.(1986)(Eds.). *User centered system design.* Erlbaum.

Sanders, M. S., & McCormick, E. J.(1995). 인간공학. (조영일 역) [원저는 1994년 출간] 서울: 대영사.

Schneiderman, B.(1992). *Designing the user interface*(2nd Ed.). Addison Wesley.

Spolsky, J.(2004. 9. 6). *It's Not Just Usability.* http://www.joelonsoftware.com/ 에서 인출.

Wickens, C. D., Gordon, S. E., & Liu, Y.(2001). 인간공학.(이재식 역) [원저는 1998년 출간] 서울: (주)시그마프레스.

Wickens, C. D., & Hollands, J. G.(2003). 공학심리학(제3판).(곽호완, 김영진, 박창호, 남종호, 이재식 역) [원저, Engineering psychology and human performance, 3rd ed.는 2000년 출간]. 서울: (주)시그마프레스.

6

사용성

이종구

1. 서 론

> 1993년 2월 13일 뉴욕의 현금인출기를 작동시키는 소프트웨어를 바꾸는 과정에서 프로그램이 잘못되는 바람에 4시간이나 작동이 중단된 적이 있다. 이때 사용자들은 뭐가 잘못되었는지도 모르고 단지 그 기계만 잘못된 것으로 알고 온통 이 기계, 저 기계를 찾아 돌아다녔다. 시스템이 다운된 이유 한 줄만 남겨놓았더라도… (Nielsen, 1993, *Usability Engineering*).

아무리 좋은 기능을 갖추고 있더라도 시스템이 복잡하고 사용하기 어려우면 사용자는 위축되고 잘 접근하지 않게 된다. 설령 시도한다고 하더라도 학습이 잘 안되고 자꾸 틀리게 되어 사용자는 시스템을 사용함으로써 하고자 하는 목적을 달성하기는커녕 다른 시스템도 아예 겁먹고 접근하지 않게 된다. 개인이나 기업 또는 정부에서 일의 효율을 높이기 위해 도입된 시스템이 오히려 작업 효율을 저하시키는 경우가 많다. 1960년대 케네디 행정부에서 1980년대 후반의 레이건 행정부에 이르기까지 백악관의 정보 통신망 구축과 활용에 대한 Ronfeldt(1992)의 분석 결과, 막대한 비용이 낭

비되었고 숱한 시행착오와 비효율을 경험한 것으로 나타났다. 이러한 결과는 시스템의 기능이 신통치 않아서 사용자의 과제 수행에 도움이 되지 않았거나, 사용하기에 지나치게 어렵게 제작된 탓으로 볼 수 있는데, 이것이 곧 사용성(usability)의 문제이다.

예전에는 시스템의 사용성이 제품사용 후의 평가 및 만족도에 영향을 주며, 제품 및 제조회사의 전반적인 평판에 영향을 주어 구매행동에 간접적으로 영향을 주는 요인으로 간주되었다. 그러나 최근에는 사용성이 소프트웨어 제품의 구매에 직접적으로 영향을 주는 요인 중 가장 중요한 요인으로 다루어지고 있다. 최근 컴퓨터 광고에서 가장 강조되는 부분이 사용성인 점으로 미루어(예 : 버튼 하나로 인터넷까지 또는 버튼 하나로 고장진단과 복구까지) 사용성이 제품사용상의 만족은 물론 판매에도 크게 영향을 주는 요인임을 짐작할 수 있다. 1980년대 미국 정보화 산업의 성장률이 20%이던 것이 1990년에 6% 이하로 떨어지게 되었으나 최근 다시 예전의 성장률을 회복한 이면에는 컴퓨터의 사용성에 대한 개선 노력이 상당한 역할을 한 것으로 보인다.

사용성 연구의 목적은 인간과 기계 간의 상호작용을 가장 쉽고 효율적이게 해 주는 사용자 인터페이스를 디자인하는 데 있다. 소비자는 기계가 지닌 모든 기능에 대해 비용을 지불하고 기계를 구매하는데 사용성의 문제로 말미암아 일부 기능밖에 사용할 수 없게 된다면 소비자로서는 사용하지도 않는 기능까지 비용부담을 한 셈이 된다. 따라서 사용성 개선은 기업의 제품판매 증진 목적 이전에 기업이 사용자에게 당연히 제공해야 하는 하나의 기업윤리로 간주할 수 있을 것이다.

우리나라 정부는 학교 및 공공기관을 통해 2002년까지 2,500만 명에게 컴퓨터 교육을 시키겠다는 엄청난 계획을 수립한 적이 있다. 그러나 정책입안자들은 사용자들이 실수하기 쉽게 디자인된 기계는 반드시 실수를 유발하며, 어렵게 디자인된 시스템은 교육을 해도 안되는 것이 더 많다는 사실을 간과하고 있는 듯하다. 교육을 받지 않아도 사용할 수 있는 쉬운 시스템을 만드는 데 드는 비용은 교육효과도 기대하기 어려운 교육을 실시하는 데 드는 비용의 10분의 1만으로도 충분한 것으로 알려져 있다.

그러나 다양한 특성을 지닌 사람들이 수행하는 다양한 과제를 그것도 쉽게 사용할 수 있도록 사용성 원칙에 맞게 인터페이스를 디자인하는 일이 쉽지는 않다. 사용성 문제를 이야기할 때 실제 사용자뿐만 아니라 판매자나 A/S 담당자 또는 교육자도 사용자 범주에 포함되며, 상호작용 대상도 인터페이스 자체뿐만 아니라 사용설명서 (manual)나 컴퓨터의 도움말(on-line help) 또는 Tutor 시스템이 포함된다.

이 장에서는 사용성의 문제 중 주로 소프트웨어의 사용자 인터페이스 디자인과 관련하여 사용성을 개선하기 위한 디자인 과정과 디자인 원칙에 의거한 휴리스틱 (heuristic) 평가방법 및 객관적인 사용성 평가방법을 중심으로 다루고자 한다.

2. 사용성

시스템의 사용성은 크게 다섯 가지 요소—학습용이성(learnability), 효율성(efficiency), 기억용이성(memorability), 적은 오류와 오류의 복구용이성 및 주관적 사용만족도—로 이루어진다. 인터페이스의 사용성을 평가할 때도 이 다섯 가지 측면에서 이루어지는 경우가 많다.

1) 학습용이성과 효율성

시스템 사용성의 가장 기본적인 요소는 배우기 쉬워야 한다는 것이다. 사용자가 시스템을 이용하고자 하는 전체 과제 중에서 아주 기본적인 부분만은 가능한 한 빠른 시간 내에 가장 단순한 방법으로 할 수 있게 해 주는 것이 좋다. 여기서 시스템 조작의 결과(과제 수행)가 일종의 보상의 역할을 하게 되는데 이 보상은 즉각적일수록 학습이 잘 되며, 시스템 사용의 효능감을 높여 주게 되어 학습에 긍정적인 효과를 가지게 된다.

효율적인 시스템은 숙련되었을 때 적은 노력을 들이고도 빠른 시간 내에 과제목표를 달성하게 해 주는 시스템이다. 시스템이 아주 단순할 경우 배우기는 쉽지만 효율성이 떨어질 수 있고 효율성을 강조하다 보면 시스템이 복잡해져서 학습용이성이 떨어질 수 있다. 일반적으로 효율성보다는 학습용이성이 더 중시되어야 하지만 전문가

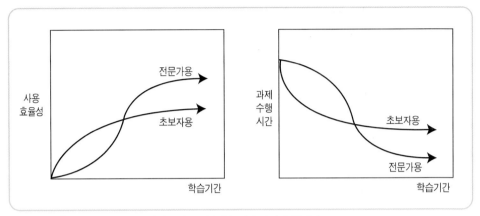

그림 6-1 ▌ 소프트웨어의 학습기간에 따른 사용효율성과 과제 수행시간

용은 배우기는 다소 어렵더라도 배우고 나면 고도의 효율적인 시스템이 되어야 할 것이다. 그림 6-1은 초보자용과 전문가용 소프트웨어의 학습곡선을 시각적으로 제시한 것이다. 초보자용은 빠른 기간에 시스템을 효율적으로 사용할 수 있게 되지만 충분히 학습되어도 효율성이 높아지지는 않는 반면, 전문가용은 시스템이 복잡하기 때문에 초기 학습은 느리지만 숙달되면 효율성이 매우 높아진다(그림 6-1의 왼쪽). 이로 인해 동일한 과제를 수행할 경우 초보자용은 전문가용에 비해 빠른 기간 내에 과제 수행시간이 크게 단축되지만 숙달된 이후에는 전문가용 인터페이스의 작업속도가 훨씬 빠르게 된다(그림 6-1의 오른쪽). 예컨대, 워드프로세서를 이용한 문서편집에서 메뉴를 이용할 경우 배우기 쉬워 빨리 숙달은 되지만 숙달되었을 경우에도 작업이 그렇게 빨라지지는 않는다. 반면, 단축키를 사용할 경우 학습은 더디지만 숙련된 이후에는 메뉴를 사용하는 것보다 훨씬 더 빠르고 효율적이다.

　그러나 소프트웨어를 개발하는 쪽에서는 초보나 전문가 중 한 집단만을 대상으로 하는 것이 아니라 두 집단 모두의 요구를 충족시킬 수 있는 소프트웨어를 제작하려고 하며 또 그렇게 되어야 한다. 이를 위해 가장 보편적으로 사용하는 방법이 초기에는 배우기 쉬운 상호작용 방식(interaction style)으로 배우고 나중에 보다 효율적인 상호작용 방식으로 바꿀 수 있는 다중 상호작용 방식(multiple interaction style)을 지닌 인터페이스를 만드는 것이다. 학습용이성과 효율성 모두를 달성하기 위한 가장 전형적인 방법이 사용자 인터페이스에 액셀러레이터(accelerator)를 포함시키는 방법이다. 액셀러레이터란 소프트웨어를 이용하여 과제를 수행함에 있어서 다소 느리고 비효율적이기는 하지만 배우기 쉬운 보편적인 방식에 비해 과제수행을 빨리 하게 해 주는 인터페이스 요소를 말하는데, 기능키(function keys), 단축키(shortcut), pop-up 메뉴 등이 이의 예이다.

학습용이성은 대개 해당 소프트웨어에 대한 사전경험이 없는 사용자들이 정해진 숙달 수준에 이르기까지 걸린 시간으로 측정한다. 따라서 학습용이성을 정확히 측정하기 위해서는 컴퓨터 경험이 없는 완전한 초보자를 대상으로 해야 하는데, 대부분이 일부 소프트웨어의 사용 경험이 있고 또 소프트웨어 간 어느 정도의 일관성이 있기 때문에 이러한 사용자를 선정하는 것은 상당히 어렵다. 단, 해당 소프트웨어가 표적으로 삼고 있는 사용자 집단을 잘 대표하는 사람들을 선정한 후 여러 소프트웨어에 대한 학습용이성 검사를 실시한다면 소프트웨어 간 상대적 비교는 가능할 것이다.

2) 기억용이성

컴퓨터 사용자 중에서 여러 개의 소프트웨어를 늘 사용하는 사람도 있지만 대부분은 한두 가지만 자주 사용하고 나머지는 필요한 경우에 한하여 가끔 사용하는 편이다. 이런 경우, 즉 소프트웨어를 가끔 사용하는 사람(casual user)에게 중요한 인터페이스 요소가 기억용이성(memorability)이다. 물론 학습용이성이 높은 인터페이스는 기억하기도 쉬운 경우가 많으나 특정 프로그램을 처음 사용할 때와 다시 사용할 때의 사용성이 다르기 때문에 이 두 가지 요소가 완전히 같은 것은 아니다.

기억과 관련된 디자인 원칙의 공통점은 '가능한 한 기억의 부담을 줄이라' 는 것이다(Norman, 1988). 최근의 인터페이스는 가급적이면 기억하지 않아도 될 수 있도록 많은 것을 사용자에게 보이려고 하지만, 이는 인터페이스의 복잡성을 오히려 증가시킨다는 문제를 지닌다.

인간의 기억특성과 관련하여 인터페이스의 기억가능성을 높일 수 있는 몇 가지 디자인 원칙은 다음과 같다(우치수, 한혁수, 1994; Nielsen, 1993a; Shneiderman, 1992).

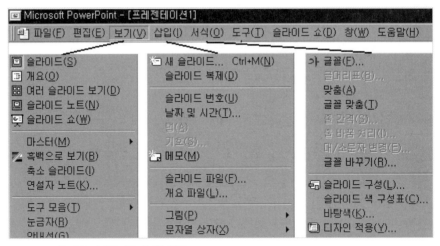

그림 6-2 ▌한글 파워포인트의 메뉴항목

첫째, 청각적으로 유사한 정보는 작업기억에서 혼동가능성이 높다. 따라서 메뉴항목이나 명령어의 이름은 발음상 뚜렷하게 구별될 수 있는 단어를 사용하는 것이 좋다. 그림 6-2는 한글 파워포인트의 보기, 삽입 및 서식의 메뉴 항목이다. 각각의 주메뉴 내에 있는 부메뉴들에 '슬라이드' 라는 발음상 동일한 이름들이 많이 들어 있어 초보자들을 곤혹스럽게 한다.

둘째, 인터페이스는 단순해야 한다. 인간의 주의와 단기기억의 용량은 매우 제한되어 있으며, 복잡한 인터페이스는 초기 접근가능성을 떨어뜨리는 핵심요인이기도 하다. 인터넷 검색 엔진의 초기 화면은 지나치게 복잡하다는 점이 지적되고 있다. 대화상자를 디자인할 때도 단순성을 확보하기 위해 단순형을 기본으로 하고 확장형을 옵션으로 하는 이원 대화상자를 구성할 수도 있다. 그림 6-3은 훈글의 이원 대화상자인데 '문단모양' 을 선택하면 기본형이 제시되고 확장 버튼을 누르면 확장대화상자가 추가로 제시된다. 오류 메시지나 on-line help도 이원체계로 구성하는 것이 더 바람직할 수 있다.

응용 소프트웨어의 입력란(field)의 수가 많지 않으면 대화상자에 입력란의 명칭을 잘 사용함으로써 그리고 초보자와 전문가 집단 모두에게 적절한 default 값을 제시함으로써 양쪽의 요구를 모두 충족시킬 수 있다.

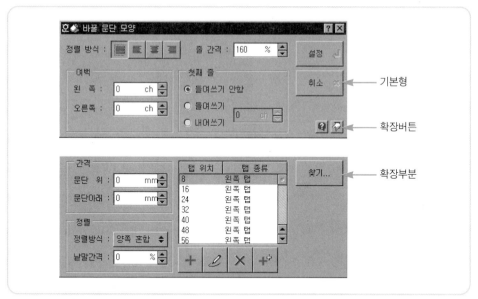

그림 6-3 ▎ 호글에서의 확장 대화상자

대화상자를 확장할 때는 화면에서 기본형 대화상자의 위치를 고정한 상태에서 우측이나 아래 또는 우하 방향으로 확장하는 것이 권고된다(그림 6-4 참조). 기본형의 왼쪽이나 위쪽으로 확장될 경우 응시의 초점이 변경되어 다시 주목해야 한다는 불편

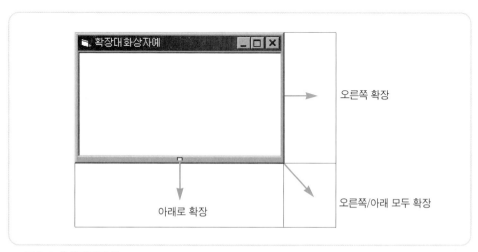

그림 6-4 ▎ 확장의 방향

그림 6-5 ▌홈쇼핑 매장 아이콘 그림   그림 6-6 ▌파워포인트의 도구 아이콘

감이 따른다.

셋째, 언어적인 것보다는 그림기억이 더 우수하다. 따라서 명령어보다 색깔이나 아이콘 같은 시각적 형태의 상호작용 방식이 더 낫다. 그러나 시각적인 형태라고 하더라도 기존의 지식과 부합되어야 효과적이다. 그림 6-5에서 '식품 매장' 아이콘은 '식당 또는 휴게소' 아이콘으로 사용되고 있으며, '아동, 유아용품' 아이콘은 인공기를 연상케 한다. 나머지 2개도 기존 지식과 부합되지 않고 매우 임의적이어서 기억되기 어려울 것이다. 그림 6-6의 파워포인트의 도구 아이콘들도 기존 지식을 이용하여 의미를 유추하기 어렵다. 풍선 도움말로 도구 아이콘의 의미를 제공하지만 보통은 도움말의 의미조차 애매한 경우가 많다.

넷째, 완전히 새로운 개념보다 기존 지식에 쉽게 통합시킬 수 있는 개념이 더 잘 기억된다. 사용자가 실세계에서 경험하여 이미 기존 지식에 있는 개념이나 도식을 인터페이스에 적용할 경우 학습과 기억가능성을 높여 준다. 대표적인 경우가 메타포(은유)의 사용이다. 메타포의 사용이 인터페이스의 절대적 복잡성을 줄여 주는 것은 아니다. 그러나 이미 알고 있는 행위, 절차, 개념과 인터페이스 사용에서의 행위, 절차, 개념을 유사하게 만들어줌으로써 친숙성을 높이고 새로운 것에 대한 학습과 기억의 부담을 줄여 주게 된다(Carroll, Mack, & Kellogg, 1988). 인터페이스에 이용되는 메타포는 보편적이고 친숙해야 하며, 메타포의 세부 항목들이 쉽게 떠올라야 한다. 데스크탑 메타포가 대표적인 예인데, 사무실에서 근무하는 사람의 환경을 빗대서 폴더, 서류함, 휴지통 등의 개념이 사용되었다.

입력	모양	도구	王
글자판	▷		
상용구...	^F3		
괘선 그리기	▷		
문자표...	^F10		
글자 겹침...			
한자로 변환...	F9		
부수로 입력...	^F9		
날짜/시간	▷		
주석	▷		

그림 6-7 ▌ 메뉴 항목의 집단화

다섯째, 인터페이스의 내용들을 의미적으로 유사한 내용끼리 조직화하여 제시될 경우 기억가능성이 높아진다. 이는 메뉴 항목의 집단화에 중요한 요소이다. 그림 6-7에서 메뉴 항목들이 가로 선으로 구분되어 집단화되어 있다. 집단 내 항목들 간에 어떤 유사성을 발견할 수 있는가?

마지막으로 독특한 정보의 재인기억이 더 우수하다. 중요한 메뉴 항목이나 아이콘은 일관성과 기존지식과의 부합성을 잃지 않은 범위 내에서 독특하게 구성되는 것이 좋다.

3) 적은 오류 및 오류의 복구용이성

확연하게 오류 메시지가 제시되거나 시스템이 다운되는 것만이 오류가 아니다. 소프트웨어를 이용하여 과제를 수행하는 동안 원하는 과제 달성 방향이 아닌 다른 길로 들어가는 모든 행위들이 수행 오류에 포함된다. 우선 시스템을 사용하는 동안 오류가 적어야 하고 설령 오류가 발생하더라도 복구하기 쉽게 디자인되어야 하며 심각한 오류는 아예 발생하지 않게 디자인하는 것이 좋다.

4) 주관적 만족도

좁은 의미에서의 주관적 만족은 소프트웨어를 사용할 때 즐거움을 느끼는 정도를 말하지만 이를 측정하고자 할 경우에는 좀 더 넓은 의미로 사용된다. 이 요소는 초기 접근가능성, 동기부여에 중요한 역할을 하며, 게임용 소프트웨어의 가장 중요한 요소이고, 최근 교육용 소프트웨어 등에서도 매우 중요한 요소로 다루어지고 있다. 주관적으로 만족을 느끼게 하려면 시스템에 긍정적인 몰입경험을 하게 해 주는 활동(뚜렷한 목표, 피드백, 적절한 도전성)들이 포함되어 있어야 한다(『생각 있는 디자인』, p. 59).

주관적 만족도는 질문지를 사용하여 주관적인 의견 자료를 수집하거나, EEG (electro encephalogram), 동공확장, 심장박동, GSR(galvanic skin response) 등의 간접적인 생리적 측정치들을 이용하여 알아볼 수 있다. 주관적인 의견 자료에는 시스템을 사용할 때의 즐거움 또는 좌절 경험 정도, 문제점이 있다고 느끼는 조작이나 불평 횟수, 긍정적 또는 부정적 진술의 비율, 안정성 등이 포함된다.

이 외에도 학습 이전에 학습의 효능감에 영향을 주는 사전난이도 지각도 소프트웨어의 수용 및 학습에 영향을 줄 수 있다. 통상 컴퓨터 초보사용자는 인터페이스가 복잡하게 보이거나 사용설명서가 너무 두꺼울 경우 시도해 보지도 않고 프로그램의 사용을 포기하는 경우가 많다. 프로그램을 사용하기 전에 인터페이스를 보고 프로그램의 난이도를 평가한 결과는 비록 실제의 학습용이성과는 무관하지만, 프로그램의 초기 접근가능성(approachability)에는 상당한 영향을 줄 수 있다. 현재 하나의 소프트웨어에 대해 출판사별로 수십 가지의 사용설명서가 제작, 배포되고 있는데 대부분은 초보자와 전문가 모두를 대상으로 하고 있어 어느 편의 구미에도 맞추지 못하고 있다. 초보자용 사용설명서라면 너무 두껍지 않아야 하며 아주 쉬운 것부터 예 중심으로 기술되어야 한다. 처음부터 관심도 없는 어려운 역사를 기술하거나 또는 하나의 요소도 잘 모르고 있는데 전체적인 그림을 심어주려고 할 경우 접근가능성을 아예 차단하는 꼴이 된다.

3. 사용성과 시스템 디자인의 개발 주기

소수의 전문사용자를 위한 예전의 소프트웨어와는 달리 최근의 소프트웨어는 다양한 사용자의 욕구를 충족시켜야 하기 때문에 본격적인 개발 이전의 시장분석 단계에서부터 개발의 전과정 및 제품 출시 이후에 이르기까지 지속적으로 사용자로부터 피드백을 받고 이를 제품에 반영해야 한다. 디자인 시작단계의 사용자 및 과제 분석에서 제품 출시 이후의 팔로업(follow-up) 연구에 이르기까지 사용성 개선을 위해 요구되는 작업 목록은 다음과 같다(Instone, 1997; Nielsen, 1993a).

- 실제 사용자의 특성과 과제 분석
- 경쟁 제품의 사용성 평가
- 사용성 목표 설정
- 복수(parallel) 디자인
- 디자인 과정에서 실제 사용자의 참여
- 통합된 디자인 : 전체 인터페이스의 조화
- 가이드라인에 의거한 휴리스틱 평가
- 프로토타입 제작
- 경험적(객관적) 사용성 검사 및 평가
- 반복 디자인
- 팔로업 연구 : 현업 사용자로부터의 피드백

1) 실제 사용자 특성과 과제 분석

(1) 사용자의 특성

대상으로 삼고 있는 사용자(target user)의 특성을 파악하는 일은 모든 제품의 디자인 상황에서 가장 중요하고 가장 먼저 이루어져야 한다. 정의된 사용자 집단이 개발하려는 제품과 유사한 기존의 제품을 어떤 식으로 사용하고 있는지, 개발 중인 제품에 대해 그들이 원하는 기능이 무엇인지를 조사함으로써 제품에 포함시켜야 할 주요 기능을 파악할 수 있다.

사용자 집단이 특정 직무의 종사자로 제한되어 사용자의 특성 파악이 쉬운 경우도 있으나 전체 인구가 모두 대상인 경우도 있다. 인터페이스의 복잡성 및 학습의 난이도는 사용자의 사전 경험, 배경지식 수준, 교육 수준, 연령, 성별, 작업환경, 컴퓨터에 대한 태도 및 사회적 맥락에 따라 달리 고려되어야 한다. 최근에는 시각, 청각장애인이나 신체장애인용 인터페이스 개발 연구가 활발히 이루어지고 있다. 사용자의 특성 중

지식 수준이 가장 중요하게 고려되는데 지식 중에서도 컴퓨터 일반 지식, 과제 영역 및 시스템에 대한 지식 수준에 따라 사용자 인터페이스가 달리 제작되어야 할 것이다.

컴퓨터 일반지식 개발 중의 소프트웨어가 다른 소프트웨어와 공통점이 많다면(일관성) 여러 가지 소프트웨어를 사용해 본 경험이 있는 사람은 그렇지 않은 사람보다 새로운 시스템을 더 빨리 학습할 가능성이 있다.

과제영역에 대한 지식 회계업무에 관한 소프트웨어를 만들 경우 회계 영역에 관한 지식이 있는 사람이 주된 사용자라면 인터페이스나 매뉴얼에 회계 분야의 전문용어를 사용할 수 있으나 영역지식이 없는 사람이 주된 사용자라면 용어 사용이 제한적이고 옵션들에 대한 설명이 부가되어야 할 것이다.

시스템에 대한 지식 특정 소프트웨어 이용자 중 10~20%가 전문가 수준(또는 power user)에 이른다. 이들을 대상으로 디자인을 할 경우 나머지 80% 이상의 사용자는 그 제품을 이용할 수 없게 된다. 보통은 사용자들을 전문/초보로 구분하지만 전문사용자라고 하더라도 소프트웨어 제품의 전 부분에 대해 포괄적인 전문성을 가지고 있지는 않다. 따라서 이들도 보편적으로 사용되지 않는 부분에 대해서는 초보자나 다름없기 때문에 하나의 소프트웨어에 초보자용을 기본으로 하고 전문가용이 함께 구현되어 있는 이원 상호작용 방식을 제공해 주어 학습용이성과 효율성을 높여 주는 것이 좋다.

완전한 초보자를 대상으로 하는 인터페이스(현금인출기와 같은 walk-up-and-use system, 설치 또는 포맷 프로그램)는 '도움말 시스템'이나 지시문을 거의 읽지 않아도 될 수 있게 해야 하며, '도움말 시스템'이 필요한 경우에도 초보자 방식을 취하게 하는 것이 전문가나 초보자에게 도움이 될 것이다.

(2) 과제 분석

과제 분석에서는 우선 사람들이 컴퓨터를 이용하지 않고 어떻게 과제를 수행하는가를 알아본 다음 컴퓨터가 그런 과제 수행을 어떻게 향상시킬 수 있는지를 살펴보아야 한다. 이 과정에서 사용자가 시스템을 사용하여 달성하고자 하는 과제 목표, 과제 수행 과정에서 필요한 정보를 요구하는 방법, 예외적인 상태를 다루는 방법 등이 파악되어야 한다. 이를 위해 사용자가 시스템을 가지고 수행하는 작업에 대한 관찰이 필수적이다.

이에 더하여 과제에 대한 사용자의 심성모델(mental model)이 파악되어야 하는데 사용자의 심성모델이란 어떤 시스템에 대해 그와 유사한 시스템의 사용경험 또는 지금까지의 일화적 기억(episodic memory)을 이용하여 '이 시스템을 이렇게 하면 이런 식으로 작동할 것이다' 라는 사용자가 가지고 있는 일련의 지식을 말한다. 새로운 시스템 사용자는 다른 시스템에 대한 직·간접 경험(심성모델은 이러한 경험이 누적되어 구조화된 지식)에 비추어 사용하게 되는데(Eberts, 1994), 새로운 시스템의 작동방식이 사용자의 심성모델과 크게 다를 경우 오류가 많고 학습 부담이 커지게 된다. 이러한 심성모델은 다음과 같은 특징을 지닌다(Eberts, 1994; Norman, 1988).

- 심성모델은 시스템의 보이는 부분과 보이지 않는 부분이 어떻게 연결되어 있는지에 대한 가정과 전제를 가지고 있다.
- 사람들이 시스템을 처음 접했을 때 개념적 논리보다는 기존의 경험이나 유사한 심성모델을 사용하여 그 심성모델의 가정과 전제를 이용하여 해결해보려고 시도한다. 따라서 사용자의 심성모델에 부합되지 않는 시스템일수록 사용하기 어렵게 된다.
- 심성모델을 적용하여 문제해결을 시도하는데 아주 명백한 부정적인 결과가 초래되지 않으면 심성모델이 잘 수정되지 않는 경향이 있다.
- 심성모델은 완전하지 않고, 심성모델 간 경계도 애매하여 유사한 모델끼리 혼동을 유발하는 경우가 많다.
- 심성모델은 비과학적이며 비효율적일 수도 있다.

이러한 사용자의 심성모델은 인터페이스 디자인에서 메타포의 원천으로 사용된다. 예컨대, 예전에는 책을 보다가 중요한 페이지는 접어두거나 책갈피를 끼워 두곤 했는데 요즘은 '포스트잇' 을 가장 많이 이용한다면 '책갈피' 보다는 '포스트잇' 메타포를 사용하는 것이 더 적절할 수 있다.

이에 더하여 과제 분석을 할 때 시스템의 작동을 방해하는 요소들도 파악되어야 한다. 즉, 목표 달성을 하지 못하게 하는 요소들, 시간을 많이 잡아먹는 과정, 사용하기 불편한 점 등을 알아야 신제품에 대한 개선이 이루어질 수 있다.

2) 경쟁제품의 사용성 평가

이미 출시된 제품들은 완제품이고 실제로 사용되고 있기 때문에 실제적인 상황에서 다양하고 구체적인 사용성 검사를 수행할 수 있다. 현재 개발 중에 있는 제품은 완제품으로 출시되기 전의 시험제품(prototype)을 대상으로 사용성 검사를 해야 하기 때문에 결과가 제한적일 수밖에 없다. 여러 개의 경쟁 제품을 분석할 수 있다면 이들 간의 비교분석이 가능해지고 이의 결과는 새로운 디자인에 대한 아이디어 제공과 함께 반드시 고려되어야 할 사항과 피해야 할 사항에 대한 지침으로 이용될 수 있다.

3) 사용성 목표 설정

사용자가 불평하는 제품요소는 모두 불량품을 산출하게 하는 제품요소들이다. 사용성의 모든 요소는 합격품이냐 불량품이냐를 결정하는 중요한 요소들이다. 보통의 제조회사는 매출액의 10~20%가 수리(repair) 및 재작업(rework)의 비용으로 들어가는데, 사용성을 개선할 경우 이 비용의 상당 부분을 절감할 수 있다. 그러나 사용성의 모든 요소들(학습용이성, 기억용이성, 오류의 수 등)을 한번의 디자인에서 모두 충족시킬 수는 없다. 사용성의 각 요소마다 사용자가 부여하는 가중치가 다르며(고객이 부여하는 가중치를 파악하기 위한 조사가 별도로 수행될 수 있다) 각 요소의 구현에 들어가는 비용 및 효과가 다르기 때문에 사용자 및 과제 분석과 아울러 비용/효과 분석(cost/benefit analysis)을 토대로 각 요소의 우선성과 목표 수준을 설정해야 한다.

기존제품의 새로운 버전이나 경쟁제품보다 더 나은 제품을 디자인하고자 하는 경우 사용성의 목표를 설정하는 데 큰 어려움이 따르지는 않는다. 대개 자사의 기존제

표 6-1 ┃ 300명의 주문처리 담당자를 위한 소프트웨어의 사용성 개선의 효과분석 예

이득 요소	금 액
• 담당자 비용	시간당 10,000원
• 담당자들의 시스템 사용시간	1일 평균 4시간
• 시스템의 사용기간	향후 3년(연간 300일)
• 사용성 개선으로 절약되는 시간 비율	20%
총이득 = 10,000 × 4(일일 작업시간) × 900(3년×300일) × 300(작업자 수) × 0.20(절약률) 　　　= 21억 6천만 원	
사용성 개선 프로젝트 비용	6억 원

품의 사용성 수준이 최소 요건이 되고 새로운 버전으로 바꿀 만한 정도의 개선이 목표 수준이 된다. 이 목표의 수준은 자사의 공정 수준을 감안하여 설정되기도 하지만 월등한 경쟁제품이 있다면 그 제품의 사용성이 곧 목표 수준이 되기도 한다. 단, 개선된 제품을 사용할 때의 효과가 개선하기 위해 부담해야 되는 비용보다는 커야 개선된 인터페이스를 구입할 수 있을 것이며, 조직으로서도 사용성 연구에 상당한 액수를 투자할 것이다. 표 6-1은 고객의 주문을 처리하는 소프트웨어의 사용성을 개선했을 때 나타나는 이득과 비용을 산출한 예이다.

표 6-1에서 회사에 직접적인 이득을 주지 않지만 고객에게서 절약되는 이득 부분은 빠져 있다. 주문처리 시간을 단축시킴으로써 고객 만족의 부분도 이득에 포함되면 사용성 개선에 더 많은 비용 지출도 가능할 것이다. 완전히 새로운 제품일 경우 우선성 결정이나 요소별 목표 설정이 어렵지만, 대표적인 표본 과제를 설정한 후 예상 수행 시간과 오류 등에 대해 전문가의 의견을 참조하는 것이 좋을 것이다.

4) 복수 디자인

복수 디자인(parallel design)은 하나의 디자인 개념이 수립된 후 세부적인 개발이 이루어지기 전에 여러 가지 대안을 탐색하고 다양한 디자인 아이디어를 얻기 위해 수행된다. 특히 어떤 인터페이스가 최상인지에 대한 지침이 거의 없는 새로운 시스템을 디자인할 때 여러 개의 디자인을 해 놓고 이들을 통합하는 것이 좋다. 경쟁제품이 많

이 있는 시스템의 경우 경쟁제품에 대한 분석을 복수 디자인으로 간주할 수 있기 때문에 새롭게 여러 개를 디자인할 필요는 없다.

복수 디자인의 목표 중 하나는 가능한 한 많은 아이디어를 산출하는데 있다. 그런데 사람들에게 문제 상황을 제시하고(예 : 자기 동네의 홍수대책) 해결책을 제안하게한 연구 결과(Fischhoff, Slovic, & Lichtenstein, 1978), 개인별로 제안된 해결책이 그리많지 않으며, 제안된 것 중에서도 핵심에서 벗어난 해결책이 많은 것으로 나타났다.또 중요한 해결책을 뺀 해결책 목록을 제시한 후, 제시된 해결책 외에 다른 해결책을생각해보라고 한 경우에도 주로 제시된 것 중에서만 고려하고 다른 해결책은 잘 생각해내지 못하는 것으로 나타났다. 현실에서 자주 마주치는 문제를 제시하고 해결책을제안하게 하여도 사람들 간의 제안된 내용의 일치율은 매우 낮다. 따라서 복수 디자인을 할 때 여러 디자이너가 같이 작업하는 것보다는 각자의 디자인에 대한 의사소통없이 개별적으로 작업한 후 각 디자인의 장점만 골라 새로 조합된 디자인을 만드는것이 좋다.

복수 디자인은 일견 비용이 많이 드는 것처럼 보이지만 초기에 여러 가지 디자인에대한 접근이 가능하고 디자인상의 많은 문제를 제거해 주기 때문에 오히려 제품 개발의 시간을 단축해 주어 많은 이득을 가져다 준다(House & Price, 1991).

그림 6-8은 네 가지 디자인 중 1과 2는 통합 디자인에 거의 모두 반영되고, 4는 일부만이, 3에서는 전혀 반영되는 부분이 없음을 의미한다.

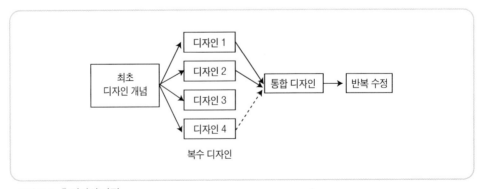

그림 6-8 ▌ 디자인 과정

5) 디자인 과정에 실제 사용자의 참여

본격적인 디자인을 시작하기 전에 사용자의 특성 파악과 과제 분석이 이루어졌다고 하더라도 이 정보가 디자인 과정에서 제기되는 모든 문제에 답할 수 있을 만큼 충분하지는 않다. 보통은 실제 사용자의 과제 수행 과정과 이 과정에 관한 개발자의 생각 (개발자의 개념 모델)이 상당히 다르기 때문에 실제 사용자가 디자인 과정에 참여하지 않으면 이러한 불일치가 해소되기 어렵다.

디자인 과정에 사용자를 참여시켜 최대한의 이득을 보려면 사용자가 이해할 수 있고 조작과 조작의 결과를 확인할 수 있는 형태의 구체적인 시험제품(prototype)을 제시해 주고 이에 대한 사용성 검사를 하는 것이 좋다. 시뮬레이션이 가능한 시험제품이 없다고 하더라도 최소한 인터페이스가 단계별로 묘사된 시나리오와 스토리보드 (story board)를 갖춘 검사가 이루어져야 할 것이다. 인터페이스를 기술한(description) 것만 가지고 인터페이스의 유용성을 평가한 결과는 신뢰롭지 않다. Root와 Draper(1983)의 연구에서 편집 프로그램의 새로운 특징에 대한 기술을 사용자에게 제시하고 그 유용성을 평가한 결과와 실제로 수행해 보고 평가한 결과 간에 상관은 매우 낮게 나타나(r = 0.28, n.s) 기술문만 가지고는 평가가 제대로 이루어진다고 보기 어렵다. 덧붙여 시스템 개발이 진행되고 사용자의 디자인 회의 참석 횟수가 늘어날수록 사용자의 사고방식은 점차 디자이너와 유사하게 되어 실제 사용자와는 사뭇 다른 사용자가 되어 간다. 따라서 새로운 실제 사용자로 교체해야 하는데, 이 경우 추가 비용이 들어가기는 하지만 다양한 사용자가 디자인 과정에 참여하게 되어 일반화 가능성이 증가된다는 장점이 있다.

6) 통합 디자인 : 전체 인터페이스의 조화

하나의 워드프로세서 내에 문서편집기, on-line help 시스템, Tutorial, 도구상자 등이 있는 것처럼 하나의 소프트웨어의 전체 사용자 인터페이스 내에는 여러 개의 하위 인터페이스들이 포함되어 있다. 이들 인터페이스들에서 명령어, 메시지의 제시 형식이나 내용, 대화 형식 등이 통일되어 있을 경우 새로 학습해야 할 부분이 적어 배우기가 쉬워진다. 인터페이스의 규모가 클 경우 개발 부서 내에서 인터페이스의 여러 측면을 조정하고 일관성을 유지하기 위한 별도의 팀이 운영되기도 한다.

7) 가이드라인과 휴리스틱 평가

가이드라인은 보다 나은 인터페이스를 디자인하기 위해 따라야 하는 잘 알려진 원칙들로 사용성 개선을 위한 일종의 권고사항이다. 가이드라인은 적용되는 범위에 따라 여러 수준으로 나누어 볼 수 있다(표 6-2 참조). 사용자를 대상으로 하는 사용성 검사를 하기 전에 소수의 사용성 전문가가 가이드라인에 의거하여 시스템의 사용성을 휴리스틱을 바탕으로 평가하여 비교적 심각한 디자인 문제를 해결한다.

표 6-2 ▌ 가이드라인의 수준과 예

수준	예
총체적(general) 모든 인터페이스에 적용	• 시스템의 현재 상태와 조작에 관해 피드백을 제공하라. • 명령 취소(undo, cancel)는 어디서나 이용할 수 있게 하라.
제품군(category-specific) 유사한 제품범주 내에서는 공통적으로 적용	• 그래픽 사용자 인터페이스(GUI)에서는 주요 관심 대상을 화면에 보이게 하라. • 명령어 입력 방식의 인터페이스에서는 정보 입력순서의 예를 입력라인에 제시하라.
개별 제품(product-specific) 개별 제품에 적용	• 우리 회사의 파일 관리 시스템에서는 폴더나 파일을 아이콘으로 제시하되 자료 파일, 실행 파일, 폴더를 각각 다른 아이콘으로 표시하라

8) 프로토타입 제작 및 검사

여러 개의 디자인이 하나의 디자인으로 통합되면 이를 토대로 프로토타입을 만들어 사용성 검사를 실시할 수 있다. **프로토타입**(prototype)이란 개발 제품의 기능, 사회적 영향력 등을 포함하는 완전한 가상 시나리오를 의미하는데, 보통은 시나리오뿐만 아니라 스토리보드 및 일부 특징이나 기능만이 구현되어 있기는 하지만 컴퓨터에서 실제 작동이 되는 시뮬레이션용 프로토타입 모두를 포함한다. 그러나 제품검사를 할 때 컴퓨터에서 실제 작동되는 정도의 제품이 좋고 최소한 스토리보드 수준이 요구되기 때문에 프로토타입을 시험제품으로 간주하면 될 것이다.

시험제품 제작의 주된 목적은 완제품을 내놓기 이전에 비용과 시간을 줄이면서 실제 사용자의 의견을 보다 구체적으로 구하고 이를 인터페이스 디자인에 반영하는데, 있다. 따라서 프로토타입은 완전한 시스템에 비해 특징들의 수나 각 특징에 부여된 기능이 줄어들기 마련이다. 어떤 부분이 축소된 프로토타입을 제작하여 검사하느냐는 검사 목적에 달려 있다.

(1) 깊이 중심(vertical) 프로토타입

시스템의 다양한 내용 중에 제한된 소수의 내용을 검사하되 해당 내용에 대해서는 실제 현실에서 사용되는 시스템과 유사하게 다양한 조작이 가능하게 한다. 검사하는 내용에 한해서는 최대한 실제 사용자의 과제와 유사하기 때문에 깊이 있는 검사가 가능하다.

(2) 너비 중심(horizontal) 프로토타입

시스템의 모든 내용을 포함하되 각 내용에서 이루어지는 조작은 아주 단순화되거나 실제 작업이 수행되지는 않는다(예 : tutor system에서와 같이). 실제 과제 수행에 대

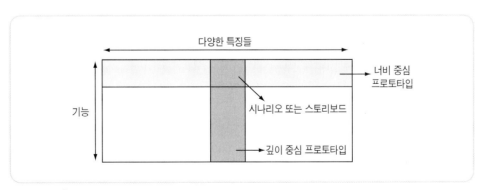

그림 6-9 ▮ 프로토타이핑의 두 차원

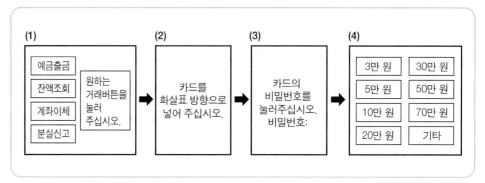

그림 6-10 ▌현금인출기에 대한 스토리보드

한 자료수집은 불가능하지만 시스템의 다양한 특징들을 평가할 수 있다.

그림 6-10은 현금인출기에 대한 간단한 스토리보드의 예이다. 이러한 스토리보드만으로도 거래 항목이 적절하게 구성되었는지, 거래금액이 가장 대표적인 금액으로 구성되었는지 등의 사용성 검사를 수행할 수 있다.

9) 주기적인 경험적 사용성 검사

인터페이스를 평가할 때 적절한 평가 항목을 찾아내는 것도 중요하지만, 실제 사용자가 실제 시스템을 가지고 수행하는 것을 검사하는 것이 가장 중요하다. 그러나 실제로 완성된 시스템을 이용할 수 없는 개발 초기에는 시험제품이나 시나리오를 대상으로 사용성 전문가에 의한 휴리스틱 평가방법을 이용하기도 한다. 단, 시험제품을 사용하더라도 평가자는 원칙적으로 실제 사용자인 것이 좋다.

평가방법이 어떠하건 평가의 주된 목적은 인터페이스의 사용성 문제를 찾아 내고 이의 개선방략을 제시하는 데 있다. 모든 문제를 일거에 해결할 수는 없기 때문에 사용자에게 미치는 심각성 정도가 높은 문제 순으로 해결 노력을 기울인다. 문제의 심각성에 대한 평가는 사용성 전문가 집단이나 실제 사용자를 대상으로 이루어지는데 주로 2개 차원의 결과를 토대로 해결 노력의 우선 순위를 결정한다(표 6-3 참조).

표 6-3 ▮ 사용성 문제의 심각성 분석

문제의 심각성＼문제 발생 수	소수	다수
작다	낮은 심각성	중간 심각성
크다	중간 심각성	높은 심각성

10) 디자인의 반복 수정

디자인 과정에서 특정 문제를 발견한 후 이 문제를 해결하기 위해 디자인을 수정한다고 해서 무조건 사용성이 증가되는 것은 아니다. 하나를 고치면 또 다른 사용성 문제가 생겨나기도 하며, 고친 후의 인터페이스를 더 어려워하는 사람이 있을 수도 있다. 수정 과정이 모든 문제를 대상으로 하는 것이 아니라 가장 심각한 문제부터 이루어지기 때문에 반복된 검사를 통해 심각한 문제를 순차적으로 제거해야 한다. 이것이 디자인-평가-수정을 반복해야 하는 또 다른 이유이다. 반복적인 디자인의 효과를 살펴본 Nielsen(1993b)의 연구 결과, 1회 반복당 평균개선비율이 38% 정도로 나타났다. 단, 디자인을 반복적으로 수정하는 과정에서 원래 세워두었던 원칙을 염두에 두지 않고 사소한 목표 달성만을 염두에 두고 작업할 경우 원래의 디자인 목표 및 원칙이 지켜지지 않는 경우가 많다. 따라서 바로 직전의 디자인만 고려할 것이 아니라 원래 디자인 원칙과 반복 과정 전체의 변화 과정을 항시 염두에 두는 것이 원칙을 지키고 일관성을 유지하는 데 유리하다.

11) 팔로업 연구 : 현업 사용자로부터의 피드백

출시된 제품을 대상으로 하는 연구는 사용성 평가와 마케팅 연구의 목적으로 수행된다. 이미 시장에 내놓은 제품을 대상으로 할 경우, 실제 사용자가 실제 상황에서 인터페이스를 어떻게 사용하는가에 대한 평가자료를 얻을 수 있다. 이 결과는 다음 버전 또는 신제품의 사용성 개선을 위한 자료로 이용되기 때문에 현 제품 또는 경쟁제품은 후속제품을 위한 최상의 프로토타입 역할을 한다. 팔로업(follow-up) 자료는 현장조사

표 6-4 ▍ 중요 단계와 중요도 평균

단 계	중요도 순위
• 반복적 디자인	①
• 실제 사용자의 과제 분석	①
• 실제 사용자를 대상으로 한 경험적 검사	③
• 디자인 과정에 실제 사용자의 참여	④
• 디자인 시작 전에 현장 방문/관찰	⑤
• 인스톨 후 현장 연구	⑤

또는 관찰 연구, 시스템을 이용하는 동안의 키 조작과 사용한 기능 및 사용시간 등 모든 조작이 기록된 로깅(logging) 자료, 고객서비스 전화에서의 고객 불평, 소프트웨어를 가르치는 사람들에게서 얻어질 수 있다.

  이상에서 사용성의 구현 과정을 단계별로 살펴보았다. 하드웨어와 소프트웨어의 기술적 진보 수준, 예산 및 시간 제약으로 인해 이 과정에서 드러난 사용성의 문제를 한번에 모두 해결할 수 없듯이 사용성의 구현 과정에서의 여러 단계들도 예산 및 시간 제약으로 생략될 수 있다. 따라서 사용성 활동의 모든 단계를 수행할 수 없다면 이 또한 중요한 활동 순으로 진행해야 할 것이다. 표 6-4는 사용성 전문가들이 상대적으로 중요하다고 판단한 단계들이다. 6개 항목 각각의 중요도 평균은 모두 4점 이상(5점 만점)이다.

  이에 더하여 시간이 아주 촉박할 때를 대비하여 다음의 내용은 평소에 준비해 두는 것이 좋다.

• 좋은 사용자 인터페이스 제작툴들을 구비하되 능률적으로 사용할 수 있게 습득하라.
• 사용성 검사와 휴리스틱 평가방법을 배우고 관심 있는 제품의 인터페이스 표준과 지침을 알아 두라.
• 전형적인 사용자, 이들 사용자의 과제, 이들이 현재 사용하고 있는 소프트웨어 및 컴퓨터 플랫폼에 대한 이해를 높이라.
• 필요할 때 사용성 검사에 참여시킬 사용자를 모집할 수 있는 절차를 배우라.

- 상근 사용성 전문가가 없을 경우 현 개발팀 내의 구성원 중에서 뽑아 훈련시켜 놓으면 간단한 사용성 문제를 제기할 수 있음은 물론 사용성 전문가와 접촉 시에 효과적이다.
- 책과 논문을 토대로 사용성에 관해 보다 많은 지식 획득과 함께 컨퍼런스에 지속적으로 참여하라.

4. 휴리스틱에 의한 사용성 평가를 위한 주요 원칙

인터페이스의 사용성을 정확하게 평가하는데는 실제적인 과제에 대해 실제 사용자를 대상으로 한 경험적인(또는 객관적인) 사용성 검사가 가장 기본적이다. 그러나 경험적인 사용성 검사는 실시, 분석 및 해석에서 시간과 비용이 많이 든다는 단점이 있다. 휴리스틱에 의한 평가의 목적은 소수의 평가자가 제작 중인 인터페이스가 사용성 원칙에 부합되는지의 여부를 빠른 시간 내에 찾아 디자인을 반복적으로 수정하는 과정에 반영하는 데 있다. 지금까지 가이드라인에 제시된 디자인 원칙들은 수천 가지이지만 여기서는 대부분의 사용성 전문가들이 동의하는 중요한 원칙들만을 제시하였다(Gould, 1988; Nielsen, 1993a; Whiteside, Bennett, & Holtzblatt, 1988).

1) 단순하고 자연스런 Dialogue

첫째, 디자인이 복잡하면 학습과 기억이 어려워지는 등 사용성의 모든 요소가 악화될 가능성이 있다. 디자인 과정에서 디자이너들이 보편적으로 빠지게 되는 함정은 가급적 많은 사람을 만족시킬 수 있도록 많은 옵션과 여러 가지 방식을 제공하려 한다는 점이다. 그러나 인터페이스에 한 요소라도 추가되면 그만큼 탐색과 학습이 어려워지고, 속도가 느려지며, 개발기간이 길어지고, 오류횟수가 증가하고, 사용설명서도 커져 접근가능성이 줄어든다는 점을 염두에 두어야 한다. 사용자 인터페이스는 가능한 한 단순해야 한다. 미국의 전화 안내 시스템에서 가입자 정보를 스크린에 꽉 차게 제시했을 때 찾아내는 데 걸린 시간은 6.2초, 스크린의 반만 차게 제시했을 때는 5.3초로 나타났는데(0.9초 차이) 이는 연간 4,000만 달러의 절감효과를 지닌다.

기능을 많이 넣어야 하는 경우 인터페이스를 여러 수준으로 만들고 우선 가장 보편적인 상황에서 선호되는 하나의 일반적인 방법만을 기본 인터페이스에 제시하고 나머지는 단축키 등에 포함하는 것이 학습시간을 단축해 준다. 또 초보 사용자는 오류를 복구하는 데 가장 많은 시간을 들인다. 따라서 다소 기능이 떨어지더라도 오류를 많이 범하게 하는 기능은 없애 버리는 것도 하나의 방법이다.

둘째, 인터페이스는 사용자의 실제 과제 수행과 가능한 한 자연스럽게 합치되는 것이 좋다. 시스템을 이용한 과제 수행 절차가 실제 과제를 수행하는 순서대로 이루어질 경우 쓸데없는 길로 들어가는 것을 줄일 수 있다.

그래픽 디자인은 단순하고 자연스런 대화 형식을 만드는 데 중요한 요소이다. 좋은 그래픽 디자인을 위해서는 인간의 지각, 주의, 기억의 특성에 맞게 디자인 요소들이 구현되어야 한다. 예컨대 스크린에 정보요소들을 제시할 때 관계에 대한 이해를 증진시키는 지각적 게슈탈트(gestalt) 원리를 이용하는 것이 좋다. 계기판이 많을 경우 유사한 기능을 하는 것들을 비슷한 모양(유사성)으로 디자인하거나 인접하여 배치하는 것(근접성)이 좋을 것이다. 또 요소 항목이 많을 경우 보다 유사한 항목끼리 구분선을 이용하여 범주화 할 수도 있다. 그림 6-11의 A의 경우 잔액은 20만 원(근접성의 원리)으로 묶여질 가능성이 높지만 B는 15만 원으로 지각할 가능성이 높다.

주의의 우선성을 부여하고자 한다면 글자체, 색상, 움직임 등을 가미하여 중요한 요소를 두드러지게 해야 할 것이다. 그러나 하나의 화면에서 강조해야 할 부분이 많아 움직임이나 깜빡임을 너무 많이 이용할 경우 오히려 산만한 인터페이스가 될 가능성

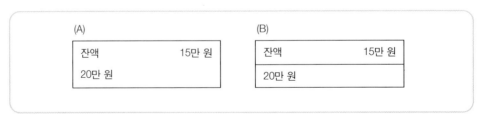

그림 6-11 ▌ 근접성의 원리

이 있다. 단, 색을 사용할 경우 소수의 색(5~7가지)을 일관되게 사용하는 것이 좋으며, 남자의 8%가 색맹인 점을 감안한다면 색 구별을 하지 않고도 인터페이스 이용이 가능하게끔 제작되어야 한다. 예컨대, 중지 또는 삭제 아이콘에는 빨간색뿐만 아니라 ✗ 표시도 같이 들어 있어야 한다.

2) 사용자가 쓰는 언어 제시하기

대화 형식에 사용되는 단어는 사용자 집단에서 대표적으로 사용되는 용어를 쓰는 것이 기억의 부담을 줄여 준다. 무조건 일반인이 보편적으로 사용하는 단어를 사용하라는 것은 아니다. 가령 어떤 사용자 집단에서 그들만이 자주 쓰는 전문적인 용어가 있다면 그 용어를 쓰는 것이 오히려 더 이해하기 쉬울 것이다.

그런데 사용자가 보편적으로 쓰는 용어를 파악하기 위해 사용자에게 직접 물어 볼 경우, 예컨대 어떤 기능을 사용자에게 말해 주고 그 기능을 표현하는데 적절한 용어를 생성하게 했을 때 생성된 용어의 일치율이 매우 낮게 나오는 것이 보통이다. 예컨대, 메일머지 프로그램에 어떤 용어를 사용하는 것이 좋은가를 알아보기 위해 세 가지 종류의 용어(① 시스템 개발자가 선정한 기술적 용어, ② 사용자가 생성한 용어 중 가장 많이 생성된 것, ③ 여러 개의 용어를 사용자에게 제시하여 가장 적절하다고 판단된 용어)를 사용하여 시스템을 만든 후 사용자 검사를 실시한 Bloom(1987)의 연구 결과, 여러 용어 중 사용자가 적절하다고 판단한 용어로 된 시스템이 학습과정에서 가장 적은 오류를 범하는 것으로 나타났다. 표 6-5는 잘 알려진 통계패키지인 SAS와 SPSS의 언어 사용 예이다. 사용된 단어의 의미와 문장 끝의 표현(SPSS에서는 마침표 사용)에서 SPSS가 SAS에 비해 사용자가 쓰는 언어에 훨씬 가깝다.

표 6-5 ┃ SAS와 SPSS의 언어 사용 예

기능	SAS	SPSS
자료의 시작	CARDS;	Begin data.
자료의 끝	;	End data.

3) 사용자 메타포

사용자 중심의 디자인이 되기 위해서는 시스템에서 정보가 제시되는 방식이나 실행 과정이 이에 대한 사용자의 생각(사용자의 개념 모델)과 자연스럽게 대응되어야 할 것이다. 시스템에서의 개념이나 작업과정과 실세계에서 사용자가 참조하는 개념이나 작업과정을 잘 대응시키기 위해 메타포(은유)를 사용한다. 대표적인 메타포의 예로 윈도우, 사무실의 작업환경에 대한 데스크탑 메타포, 인터넷 홈쇼핑에서의 장터나 장바구니 메타포를 들 수 있다. 단, 메타포가 사용자의 시스템 이해, 기억 및 학습을 돕지만 시스템에 대한 사용자의 이해가 메타포에서 추론될 수 있는 측면에만 제한될 수도 있다는 문제를 지닌다. 덧붙여 모든 메타포가 모든 문화에 동일한 의미를 지니는 것은 아니기 때문에 국제적인 인터페이스를 제작할 경우 각국의 문화적 측면을 고려해야 한다. 예를 들어, 국가별로 우체통의 모양이 다르다면 우체통 아이콘도 국가마다 다른 모양으로 제작되어야 할 것이다.

4) 사용자의 기억부담 최소화하기

과제를 수행하는 데 필요한 정보가 dialogue에 제시되어 있다면 그만큼 학습과 기억 부담이 줄어들게 된다. 그러나 하나의 메뉴나 dialogue에 제시된 속성이 많아지면 상대적으로 오류의 수도 증가한다. 이런 상황에서 오류를 줄이려면 허용된 행동만 가시적으로 하고 나머지 요소는 비가시적으로 하거나 제약을 하면 될 것이다. 그림 6-12는 현재 이용할 수 없는 메뉴의 요소들을 선택하지 못하게 한 예이다.

부득이 사용자가 직접 입력해야 할 경우, 기억에 의존하게 하기보다는 그림 6-13이나 그림 6-14에서와 같이 요구되는 입력형식(포맷)의 예를 제시하던가 default 값을 제시해 주는 것이 좋으며, 잘못 타자할 가능성이 있으면 그림 6-15에서와 같이 선택할 대안을 제시하고 선택하게 하는 것이 낫다. 기억 부담을 줄이기 위해 시스템 전체에서 통용되는 규칙의 수를 줄이는 것이 좋다.

각각의 기능이 아무리 단순하다고 하더라고 사람들은 수많은 도구들과 시스템의

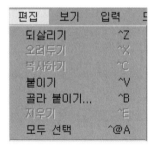

그림 6-12 ▌ 메뉴선택 제약의 예

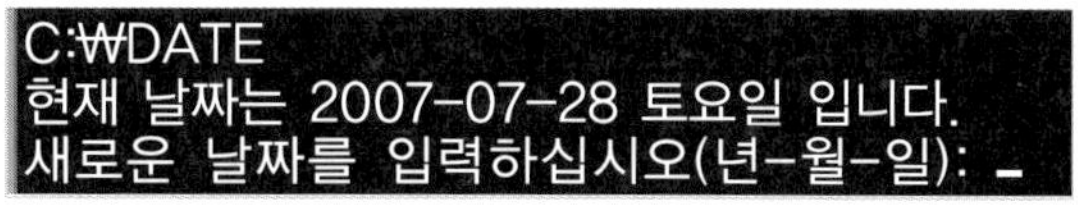

```
C:\DATE
현재 날짜는 2007-07-28 토요일 입니다.
새로운 날짜를 입력하십시오(년-월-일): _
```

그림 6-13 ▌ 요구된 입력형식 제시 예

그림 6-14 ▌ 연월일 default 값 제시 그림

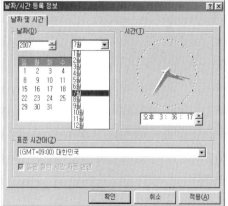

그림 6-15 ▌ 월에 대한 메뉴

수많은 기능을 사용한다는 점을 항상 염두에 두어야 한다. 예컨대, 사람들은 전화기의 예약 기능이나 VTR의 예약 녹화 기능을 잘 사용하지 않는다. 그 이유는 하나의 버튼에 두 가지 이상의 기능이 부여되어 있거나 하나의 과제를 완성하는 데 여러 개의 버튼을 순서대로 눌러야 하는 등 상당한 기억 부담을 주기 때문이다.

5) 일관성 유지하기

새로운 시스템을 사용하는데 시스템 내에서 인터페이스들 간에 동일한 명령어 또는 동일한 행위가 동일한 효과를 갖는다면, 또는 다른 시스템에서 사용하던 방식이 새로운 시스템에서도 동일한 효과를 갖는다면 사용자로서는 새로운 시스템을 조작하는 데 요구되는 지식을 이미 갖춘 셈이 된다. 이 경우 사용자는 시스템을 사용하는데 더 자신감을 가지게 되고 탐색적 학습전략을 더 많이 시도해 볼 것이다. 하나의 시스템 내에서 일관성(consistency)을 유지하려면 동일한 정보는 모든 화면과 대화상자에서 같은 위치, 같은 방식으로 제시되어야 한다.

하나의 전체 인터페이스 내에서의 일관성뿐만 아니라 기존의 것과 개정판 간, 한 회사의 여러 소프트웨어 간, 보편적으로 사용되는 다른 회사의 제품과의 일관성도 요구된다. 일관성을 높이는 가장 확실한 방법은 인터페이스의 표준을 마련하는 것이다. 표준 인터페이스가 있으면 사용자에게는 사용성 면에서, 디자이너에게는 인터페이스의 모든 측면을 디자인하지 않아도 된다는 이득이 있으며, 프로그래머에게는 인터페이스의 표준이 들어있는 코드를 그대로 사용할 수 있는 이득을 준다. 표준적인 인터페이스 요소를 사용할 경우 표준적인 동작방식을 그대로 사용하는 것이 좋다. 새로운 동작이 필요한 경우에는 새로운 요소를 디자인해야지 표준을 바꾸어 버리면 인터페이스의 동작을 예측하기 어려워지기 때문에 학습이 잘 이루어지지 않는다.

한편, 일관성을 강조한 나머지 표준에 지나치게 초점을 둘 경우 신제품 개발 시에 혁신특성을 억제하고 디자인의 융통성이 줄어들게 되어 대안적인 디자인을 탐색하게 될 수도 있다.

6) 피드백 제공하기

시스템은 사용자의 입력을 어떻게 해석하며, 어떻게 작업하는지에 관한 정보와 목표 달성 여부에 관한 정보를 사용자에게 계속 알려주어 불확실감을 줄여 주어야 한다. 피드백이 언어적으로 제시될 경우 이 또한 사용자 집단이 보편적으로 사용하는 용어로 제시되어야 한다.

학습에 영향을 주는 피드백의 요소 중 가장 중요한 것이 사용자의 조작과 시스템의 반응 간 시간 간격이다. 시스템의 반응시간이 느려지면 과제 수행에 대한 사고의 흐

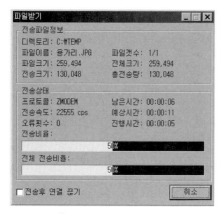

그림 6-16 ▌ 파일전송의 progress indicator

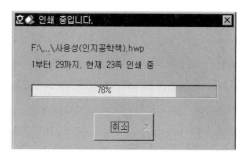

그림 6-17 ▌ 현재 작업 중임을 알림

름이 중단될 수 있고 주의가 분산될 가능성이 있기 때문에(10초 이상 지연) 시스템의
응답지연에 관한 별도의 피드백이 요구된다. 시스템의 응답지연 피드백으로 현재의
많은 시스템들은 진행과정을 퍼센트로 나타내 주는 표시기(progress indicator)를 사용
하고 있다. 지연이 10초 이내일 경우 동작중임을 표시하는 커서 움직임(busy cursor)
으로 나타내도 충분하지만 10초 이상일 경우에는 진행표시기를 사용하는 것이 좋다.
그림 6-16, 그림 6-17의 두 그림 모두 진행표시기인데 부가적인 언어 정보는 진행 중
의 작업에 따라 다르다.

　progress 표시기는 시스템의 응답이 지연될 경우 사용자에게 시스템이 현재 작업
중에 있음(미작동 또는 down된 것이 아니라)을 알리고, 앞으로 얼마나 기다려야 할
지를 알려 주며, 뭔가 볼거리를 제공함으로써 사용자를 덜 지루하게 한다는 장점을
지닌다. 작업시간을 도저히 측정하기 곤란한 경우에도 현재까지 작업한 양이라던가
현재 작업 중인 내용이라도 제시하는 것이 좋다(예 : 인터넷에서 검색할 때 찾고 있는
데이터베이스명 제공).

페이지 여는 중: http://www.mcse.co.kr/i

　한편, 시스템의 응답시간은 가능한 한 빠른 것이 좋지만 너무 빠르면 사용자가 피
드백의 제공 여부를 판단하기 어렵게 된다. 너무 빨라지면 시스템의 처리시간과는 관

계없이 사용자가 인식할 수 있는 별도의 피드백을 제공해야 할 것이다.

마지막으로 현재 많은 시스템들은 다운될 때 그냥 중지되는 것 외에 사용자에게 아무런 피드백을 제공하지 않는다. 이 경우 뭐가 잘못되었는지는 전적으로 사용자의 추측에 맡기는 셈이 되기 때문에 사용자는 무관하거나 올바르지 않은 조작을 많이 하게 된다. 따라서 시스템이 다운될 때 이의 원인과 위치에 관한 최소한의 피드백을 사용자에게 제공해 주어야 할 것이다.

7) EXIT 표시 명확히(쉽게) 하기

인터페이스가 아무리 개선된다고 하더라도 사용자는 오류를 범한다. 오류의 복구가 가능한 한 쉬워야 시스템에 대한 통제감을 높여줄 수 있다. 이전 상태로 돌아갈 수 있는 'cancel', 'undo', 'escape' 기능은 항상 가시적이어서 쉽게 이용할 수 있어야 잘 모르는 옵션들에 대한 접근가능성이 높아지고 이는 시스템을 더 빨리 배우게 할 것이다.

8) 숙련 사용자에게 빠른 상호작용 방식 제공하기

초보사용자를 위해서는 소수의 일반규칙만을 알고도 인터페이스를 다룰 수 있도록 해야 되지만 숙련 사용자에게는 자주 사용되는 조작을 빠른 속도로 수행할 수 있게 해주어야 한다. 작업 속도를 증진시킬 수 있는 방법은 다음과 같다. 첫째, 시스템은 현재의 입력이 수행되기 전에 다른 입력이 들어와도 이를 처리할 수 있어야 한다(type-ahead 또는 click-ahead[*]). 단, 오류가 발생해서 중요한 경고메시지를 보여 주어야 하는 경우는 오류 발생 이후의 type-ahead 또는 click-ahead 내용은 삭제되어야 한다.

둘째, 많은 엑셀러레이터의 사용을 허용해야 한다. 전형적인 엑셀러레이터로 생략형, 기능키, 명령어 키, 더블클리킹, 펜 컴퓨터 등이 있다.

셋째, 자주 찾는 곳(location)은 직접적인 경로로 접근할 수 있게 해야 하며 사용자

---

[*] 컴퓨터가 명령을 수용할 준비가 되어 있기 전에 타이프 또는 클릭한 내용도 버퍼에 보관하고 있다가 준비가 완료되면 실행하게 하는 것.

별로 즐겨찾기(bookmark) 목록을 가질 수 있게 해야 한다. 현재까지의 상호작용 목록을 다시 사용할 수 있게 하는 것도 상호작용의 속도를 증진시킬 수 있는 한 가지 방법이다. Greenberg(1993)의 명령어 입력 시스템 연구에 따르면 하나의 작업에서 사용된 모든 명령어의 35%는 최근 사용된 5개 명령 중 하나이며 74%는 적어도 현재의 작업에서 이미 한 번 이상 사용된 것으로 나타났다. 그림 6-18에서와 같이 SAS 프로그램은 최근에 이용된 명령어 순으로 5개까지를 제공해 준다.

　워드프로세서, 하이퍼텍스트(hypertext) 시스템 등 사용자의 네비게이션이 많은 시스템에서는 이동경로(history)를 제공하되 경로에 포함된 곳으로 쉽게 찾아갈 수 있도록 해 주는 것이 좋다. 현재 웹 브라우저나 검색엔진에서 이동 경로를 제공하고 있지

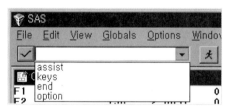

그림 6-18 ▌SAS Command Bar의 최근 사용 명령어 제시

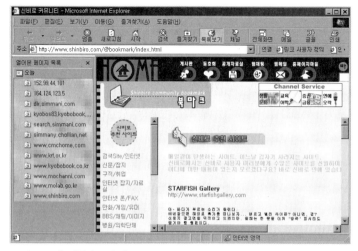

그림 6-19 ▌이동경로의 예

만 검색된 페이지의 주소를 제공하고 있기 때문에(그림 6-19 참조) 원하는 페이지로 쉽게 되돌아가기는 어렵다.

9) 오류를 줄이는 디자인

오류가 숙련, 비숙련에 관계없이 일어나는 것이라면 가급적이면 그런 상황에 처하지 않도록 디자인해야 하며, 그럼에도 불구하고 발생된 오류는 그 원인을 쉽게 발견하고 고칠 수 있도록 디자인해야 한다. 『디자인과 인간심리』(이창우, 김영진, 박창호 역, 1996)에서 제시된 오류를 줄이기 위한 원칙은 다음과 같다.

- 오류의 원인을 이해하고 그런 원인을 최소화하도록 디자인하라.
- 행동을 역으로 하는(원상태로 돌리는) 것이 가능하도록 하라. 역으로 돌려놓기 어려운 일은 조작하기 어렵게 만들어라.
- 발생한 오류를 발견하기 쉽고 고치기 쉽게 하라.
- 오류를 사용자 탓으로 돌리지 말라. 오류는 실수하기 쉽게 만들어진 디자인 탓이거나 제시된 정보가 불완전하거나 작업환경을 감안하지 않는 디자인 탓일 가능성이 높다.

오류를 최소화하기 위해 사용자의 기억 부담을 줄여 주고 다양한 제약(constraint)의 힘을 이용하여 오류가능성을 줄이되 심각한 문제를 일으키는 조작은 아예 하지 못하게 하는 방법도 생각할 수 있다. 예컨대, 3.5인치 디스켓을 디스크 드라이브에 넣을 수 있는 방향은 여덟 가지이지만 크기나 모양에 제약을 가함으로써 오직 한 방향으로만 들어갈 수 있게 되어 있다. 또 현 상태에서 이용할 수 없는 메뉴 항목은 선택할 수 없게 만들어 놓아 잘못된 경로의 선택가능성을 줄여 놓은 것도 제약의 예이다(그림 6-12 참조).

한편, 작업과정에서 반드시 해야 하는 일인데 자주 잊고 넘어가는 행동은 강제적으로 하게 유도할 수도 있다. 예컨대, 입출금기에서 카드를 두고 가는 일이 자주 발생한다면 카드를 뽑아야만 돈을 찾아갈 수 있도록 강제적 기능을 부여할 수 있다. 그러나 아무리 필요하다고 하더라도 사용자들이 원치 않는 행동을 강제로 하게 하는 일이 쉽지는 않다. 컴퓨터 바이러스 체크가 중요하다고 하여 컴퓨터의 시동단계에서 매번 강제로 바이러스 체크를 하게 할 경우 대부분의 사람들은 지겨워서 그 프로그램을 삭제해 버릴지도 모른다. 예컨대, 미국에서 안전띠를 매게 하기 위해 안전띠를 매야 자동차의 시동이 걸리게 만든 적이 있다. 더운 날 뜨거운 자동차 의자에 앉아 시동을 걸기 위해 안전띠를 매야 한다거나 어떤 때는 화물에 안전띠를 매지 않아 시동이 걸리지 않는 등 귀찮은 일이 자주 일어나자 사람들은 정비소에서 안전띠를 뜯어내 버렸다 [『디자인과 인간심리』(이창우 등, 1996)에서].

　사용자의 과제 수행에 대한 관찰, 사용성 검사 또는 로깅(logging) 자료를 통해 오류들을 발생빈도와 심각성에 따라 분류할 수 있는데 심각한 결과가 예상되는 오류는 위험한 행동을 취하기 전에 '진짜 할 거냐?' 는 식의 재다짐(reconfirm)을 받는 과정이 있어야 오류의 수를 줄일 수 있다. 단, 너무 자주 재다짐을 받으면 주의의 흐름이 방해되거나 경고메시지에 주의하지 않고 자동적으로 'OK' 버튼을 누를 가능성이 있다. 가장 많이 범하는 오류는 철자오류로서 단순한 철자교정기를 제공함으로써 수행을 크게 개선시킬 수 있다.

10) 알기 쉬운 오류메시지 제공하기

아무리 알기 쉬운 오류메시지(error message)도 오류가 없는 것보다는 못하지만, 오류가 발생할 경우 오류의 원인을 파악하기 쉽고 교정하기 쉽게 메시지를 제시해 주어야 한다. 오류의 정확한 교정 과정은 사용자로 하여금 시스템을 더 잘 이해시킬 수 있는 기회가 되기도 하며 효능감을 증진시키는 데도 일조한다.

　Shneiderman(1982)이 제시한 오류메시지를 작성할 때 따라야 할 규칙은 다음과 같다. 첫째, 사용자가 이해하기 어려운 코드를 삼가고 사용자의 언어로 분명하게 제시해야 한다. 부득이 코드를 제시해야 하는 경우는 사용자가 이해할 수 있는 메시지를 제시한 연후에 '시스템 관리자에게 도움을 청할 때 이것을 보여 주시오.' 라는 메시지와 함께 제시하는 것이 좋다.

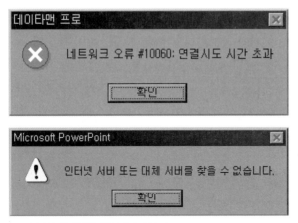

그림 6-20 ▌ 애매한 오류메시지의 예

둘째, 애매하고 일반적인 말보다는 오류의 원인을 분명하게 파악할 수 있는 정확한 언어로 표현하되 초보사용자도 이해할 수 있는 언어로 표현되어야 한다.

셋째, 사용자에게 문제를 해결할 수 있는 메시지를 제공해야 한다. 그림 6-20의 오류메시지는 초보자가 이해할 수 있는 언어도 아니며 설령 이해했다고 하더라도 그 다음에 어떻게 하라는 내용은 전혀 언급되어 있지 않다. 또 ✗ 표시나 느낌표(!) 자체만으로도 초보자에 겁을 주어 확인 버튼도 누르지 않은 채 전원을 내리게 할 수도 있다.

넷째, 불안을 조장하는 위협적인 언어 사용이나 사용자를 비난하는 언어 표현은 삼가야 한다. 오류를 범하면 사용자는 그것만으로도 불안하고 충분히 기분이 나빠지므로 컴퓨터가 나서서 더 속상하게 할 필요는 없다. 아래와 같은 오류메시지는 삼가야 한다(애매하고 위협적이며 대문자도 거슬림).

예 ① ILLEGAL USER ACTION, JOB ABORTED!
② FATAL ERROR!

초보사용자와 전문사용자 모두의 욕구를 충족시키기 위해 오류메시지도 여러 수준으로 구성할 수 있다. 짧게 제시되는 초기 메시지와 추가 정보를 볼 수 있는 버튼을 제시해 주는 두 수준의 메시지 구성이 가장 보편적이지만, 하이퍼텍스트를 이용하면 단어사전, 튜토리얼(tutorial) 등을 포함하는 여러 수준의 오류메시지를 작성할 수 있다.

11) On-line Help 시스템과 사용설명서

사용자들은 시스템의 사용법에 관해 잘 알고 있는 다른 사람에게 배울 수도 있으나 주변의 사람을 이용할 수 없는 상황에서는 사용법을 설명하거나 사용 절차를 연습시켜 주는 매체가 필요하다. 이들은 크게 시스템의 기능과 사용법을 설명해 놓은 인쇄된 사용설명서와 시스템 내부에 설치되어 있어 작업 중에 이용할 수 있는 온라인 사용설명서로 구분할 수 있다. 매체 특유의 특성이 고려되어야 하지만 사용설명서 작성의 원칙은 유사하다.

첫째, 사용설명서는 사용자가 보통의 과제 수행을 위해 필요한 정보만을 제시하거나 두 수준의 사용설명서를 따로 만드는 것이 좋다(minimal manual). 단순한 사용설명서는 사용자가 필요로 하는 모든 정보를 담고 있지는 않다. 그러나 많은 정보를 담고 있는 사용설명서는 나중에 '사용설명서 이용방법을 위한 사용설명서'가 필요하게 되는 등 복잡하게 되어 사용자가 읽지 않게 되기 때문에 오히려 더 나쁠 수 있다.

둘째, 사용자의 심성모델에 부합되게 작성되어야 한다. 사용자에게 도움이 되기 위해서는 전문적인 용어의 남용을 피하고 사용자가 하고자 하는 과제 및 과제를 수행하는 순서와 대응되게 작성되어야 한다. 새로 산 기계에 대해 잘 모르는 사람은 작동 순서에 대한 설명을 듣고 난 후 메모해 두고 기계를 사용하게 되는데 그러한 메모방식을 따르는 것도 한 가지 방편이다.

셋째, 작업의 내용을 기술(description)하기보다는 대표적인 작업 표본의 예를 드는 것이 이해하기 더 쉽다. 가능하면 둘 이상의 예를 들어주는 것이 학습 전이에 더 유리하다.

넷째, 지시를 따랐을 때 오류가 제대로 교정되었는지를 사용자가 점검할 수 있는 피드백을 제공해 주어야 한다.

다섯째, 사용의 시작부터 끝까지 작업 순서를 제시해 주어 사용자로 하여금 작업에 관한 전반적인 지도(map)를 형성하게 함으로써 작업에 대한 기억 부담을 줄여 줄 수 있다. 그러나 공학적인 작업 흐름도(flow diagram)는 오히려 거부감을 줄 수 있다.

여섯째, 사용자는 사용설명서를 처음부터 순차적으로 읽어 나가는 것이 아니라 자주 건너 뛰며 필요하다고 생각되는 부분만을 참조하기 때문에 하나의 과제를 설명하는 부분에서는 다른 부분을 참조하지 않고 그 부분만 읽어도 문제해결이 가능하게끔 작성되어야 한다.

그러나 대개의 사용설명서는 시스템의 제작과 검사가 끝난 후에 짧은 시간 동안 소수 인원에 의해 작성되기 때문에 별로 도움이 되지 않으며, 제대로 된 사용설명서를 내놓더라도 사용자들이 이를 잘 읽지 않으며 분실되는 경우도 많다. 이런 이유로 작업 중에 이용할 수 있는 on-line help를 제공하는 경우가 많다. on-line help의 내용은 파일을 지우지 않는 한 시스템에 들어있기 때문에 분실될 염려가 없고 컴퓨터를 이용할 때면 언제든지 즉시 정보를 이용할 수 있다는 장점을 지닌다. 또 그래픽이나 동영상을 이용할 수 있어 복잡한 절차지식을 설명할 때 더 유리하다. 단, 인쇄된 자료에 비해 읽기용이성(readability)이 떨어지며 on-line help 자체가 인터페이스를 복잡하게 만드는 것이기 때문에 이 또한 사용성 원칙에 입각해서 제작되어야 한다.

이상에서 설명한 바와 같이 디자인 원칙에 의거한 휴리스틱 평가 결과에서 나타난 사용성 문제는 개발 중의 인터페이스에 대한 사용성 문제들의 목록이 된다. 휴리스틱 평가는 사용성 문제를 평가하고 수정하는 데 체계적인 방법은 아니지만 이미 어느 정도 확립된 원칙에 의거하여 나타난 사용성 문제이기 때문에 지침에 따라 디자인을 고치기도 쉽고, 자료를 쉽게 그리고 빠른 시간에 수집할 수 있다는 장점을 지닌다. 단, 어떤 사람이 평가자이냐에 따라 찾아내는 문제의 수가 상당히 달라지는데, 이상적인 평가자는 사용성 전문가이면서 사용자의 과제 영역에 대한 지식도 갖춘 사람이다. 과제 영역에 대한 지식이 있는 사용성 전문가, 과제 영역 지식이 없는 사용성 전문가 그리고 프로그래머를 대상으로 인터페이스의 사용성 문제를 찾아내게 한 Nielsen(1992)의 연구 결과, 작업 영역에 대한 지식이 있는 사용성 전문가가 가장 많이 찾아냈고 (60%), 그 다음이 영역 지식이 없는 사용성 전문가(41%), 프로그래머(22%) 순으로 나타났다. 따라서 영역 지식이 없는 사용성 전문가만 있을 경우 평가과정에 대표적인 사용자와 제품 개발자를 포함시키는 것도 문제의 해결가능성을 높여 주는 하나의 방편일 수 있다. 평가자에게 지불되는 비용상의 문제가 크지 않다면 많을수록 좋지만 최소 3명 이상 5명 정도의 독립적인 평가가 권고된다. 그 이유는 한 명의 평가자가 발견하는 사용성 문제는 전체 사용성 문제 중 평균적으로 35% 정도이고, 다섯 명의 평가자가 발견하는 문제는 75% 정도이기 때문에 비용/이득 원칙에 따라 적절한 평가자 수를 결정하면 될 것이다.

5. 경험적인 사용성 검사 및 평가방법

실제 사용자를 대상으로 하는 경험적인(또는 객관적인) 사용성 검사는 사용자의 컴퓨터 사용방법, 인터페이스를 다루는 데서 발생하는 문제에 대한 정확하고 직접적인 정보를 제공해 준다.

경험적인 사용성 검사에서는 주로 장비를 갖춘 실험실에서 인터페이스의 중요한 부분을 포함한 현실적이고 대표적인 과제를 실제 사용자에게 제시하고 사용자의 수행을 수량적으로 측정하거나 think-aloud 프로토콜 자료를 수집한다. think-aloud 프로토콜은 실험참여자에게 과제를 제시하고 과제 수행 동안 일어나는 모든 생각을 말하게 하여 수집된 언어자료를 말한다.

올바른 사용성 검사 결과를 얻기 위해서는 대표적 검사 참여자 선정과 실험 실시 과정의 엄격한 관리(control)가 필요하며 유능한 실험자가 있어야 한다. 첫째, 검사에 참여하는 사용자는 사용자 집단을 잘 대표해야 한다. 특정 회사에서 사용할 시스템을 개발하면서 각 부서의 관리자에게 피검자를 요청할 경우 부서 간의 평가를 염두에 두고 제일 잘하는 사용자를 보낼 가능성이 있기 때문에 대표적인 사용자 선정에 각별히 신경써야 한다.

둘째, 실험관리상의 문제로, 예컨대 사용자들을 두 조건으로 나누어 각각 옛 버전과 새 버전으로 과제 수행을 하게 한 후 수행 차이를 보고자 할 경우, 두 집단의 실험참여자의 과제, 시스템 및 컴퓨터 일반에 관한 지식 수준 등이 유사해야 하며, 두 버전에 대한 검사의 실시환경이 유사해야 수행 차이를 버전의 차이 탓으로 볼 수 있을 것이다. 셋째, 실험자는 검사방법, 검사 소프트웨어 및 사용자 인터페이스에 대한 지식이 있어야 사용자의 의도와 수행과정을 이해할 수 있다. 이에 더하여 실험의 윤리 문제가 고려되어야 한다. 실험참여자는 실험과정에서 많은 오류를 범하며 자신의 무능함을 자책하는 경우가 많다. 검사 이전에 검사의 목적이 소프트웨어를 평가하는 것이지 실험참여자를 평가하는 것이 아님과 개인의 실험 결과가 결코 공개되지 않는다는 점을 주지시켜야 한다. 실험실은 이완된 분위기를 유지하고 실험의 초기 단계에서 쉬운 과제를 제시하여 과제 완수를 경험하게 해야 하며 실수나 느린 수행이 드러나지 않게 해주는 것이 좋다.

객관적인 수행측정치 목록은 표 6-6에 제시되어 있는데 보통은 이들 측정치 중 소수가 이용된다.

표 6-6 ▎ 수량화 가능한 전형적인 사용성 측정치

- 과제를 완성하는 데 걸린 시간
- 시간제한 내에 완성될 수 있는 과제의 수
- 시스템과의 성공적인 상호작용(interaction)이나 오류 비율
- 오류의 복구시간과 오류의 수
- 오류 직후 연속된 오류 행위의 수
- 사용자가 사용한 명령어 또는 특징들의 수(직접 사용해 본 명령어의 수 및 내용별 수)
- 한번도 사용하지 않는 명령어나 특징들의 수
- 검사 후 검사에 대한 사후 설명 과정(debriefing)에서 기억할 수 있는 시스템 특징의 수
- 매뉴얼 및 on-line help 사용빈도, 이를 사용하는 데 걸린 시간
- 매뉴얼 및 on-line help가 문제를 해결해준 빈도
- 시스템에 대한 정적 및 중요한 진술의 비율
- 좌절(또는 기쁨) 표현 횟수
- 경쟁제품보다 이 제품을 사용하는 것이 더 낫다는 사람의 비율
- 해결 불가능한 문제로 작업한 횟수
- (여러 사람이 있을 경우) 비효율적 또는 효율적 전략을 사용한 사람들의 비율
- 사용자가 시스템과 상호작용하지 않은 시간의 비율
  (여기에는 사용자가 컴퓨터와 상호작용하지 않고 기다리는 시간과 시스템이 사용자의 반응을 기다리는 시간이 구분되어야 한다)
- 실제 과제 수행에서 잘못된 경로로 들어가는 비율

표 6-7 ▌ 사용성 평가 방법들의 장단점

방법명	방법적용시기 (구현단계)	인원 (명)	장점	단점
Heuristics 평가방법	• 초기 디자인 • 반복디자인 주기 내에서	평가자 3~5	• 개별 사용성 문제 발견—목록화(전문 사용자에 의한 문제 제기)	• 실제 사용자가 참여하지 않기 때문에 실제 사용자와 관련된 문제를 찾지 못할 수도 있음
객관적 수행측정	• 경쟁제품 분석 • 최종사용성 검사	적어도 10 (실험 조건당)	• 다양한 수량적 측정치 수집 • 결과 비교 용이 • 제품별 종합적 평가 가능	• 평균적 자료만 이용하기 때문에 개별 사용자의 문제를 찾아내지 못할 수도 있음
Think-aloud	• 반복디자인 과정 주기내 • 정보적 평가가 요구되는 상황	3~5	• 시스템에 대한 사용자의 그릇된 생각을 정확히 찾아낼 수 있음 • 소수이어서 자료수집 비용이 적음	• 사용자의 과제 수행 상황이 자연스럽지 못함 • 자료정리 및 분석의 어려움 • 아동 또는 전문사용자의 자료를 얻기 어려움
관찰	• 시작전 과제 분석 • follow-up 연구	3 이상	• 생태학적 타당성 • 사용자의 실제 과제 수행을 드러냄 • 기능과 특징 제안	• 통제가 어려움
질문지	• 시작 전 과제 분석 • follow-up 연구	다수	• 사용자의 주관적 선호도 파악 • 반복 연구 용이	• 질문지는 융통성이 없기 때문에 철저한 사전 예비 연구를 통해 문항 선정 요구
FGI (Focus Group Interview)	• 과제 분석 • 사용자 관여	그룹당 6~9	• 자발적 반응 • group dynamics 관찰	• 분석이 어렵고 타당도가 낮음
로깅 자료	• 최종검사 • follow-up 연구	적어도 20	• 아주 많거나 적게 사용되는 기능 파악 • 계속 follow-up 가능	• 자료수집과 분석에 요구되는 별도의 프로그램 필요 • 프라이버시 침해
사용자의 피드백	• follow-up 연구	수백 이상	• 사용자의 요구와 관점 변화 추적	• 사용자 응대를 위한 별도조직 필요

출처 : Nielsen(1993a)

이 외에 사용성 평가방법으로 실제 과제를 수행하는 사용자를 관찰하거나 질문지나 면접, FGI(focus group interview)를 들 수 있으며, 사용자의 실제 작업 수행 과정에서 시스템과의 상호작용이 컴퓨터에 의해 기록된 로깅 자료나 시스템 사용 후 회사의 고객서비스 전화를 통해 사용자 또는 교육자가 제기하는 불만사항에 관한 자료에 대한 분석 결과도 유용한 정보를 제공한다. 여러 검사 및 평가방법의 장단점 비교표는 표 6-7에 제시되어 있다.

대개의 사용성 평가과정에서는 먼저 전문사용자를 평가자로 하여 중요한 원칙들에 의거한 휴리스틱 평가방법을 시도한다. 이 과정을 통해 뚜렷하게 제기된 사용성에서의 결함을 우선 제거한다. 이렇게 하여 수정된 디자인에 대해 실제 사용자의 수행평가 또는 언어반응 분석 결과를 토대로 휴리스틱 평가에서 집어내지 못한 문제를 발견해낸다.

6. 맺음말

미래의 변화를 예측하는 사람들은 기술의 발전에 대해서는 부분적으로 정확히 예측했으나 기술의 실질적인 영향, 즉 어떻게 사용될 것인지에 대해서는 거의 예측하지 못했다. 이는 기술의 구현에서 사용성 문제가 거의 고려되지 않았음을 의미한다(『생각 있는 디자인』, p. 257).

사용성 공학(usability engineering)의 주된 목적은 실제 사용자와 이들의 과제 특성을 알고 시스템의 수행능력-사용자-사용자의 과제 간을 대응시키는 창의적인 디자인 해결책을 이끌어내고, 인터페이스-사용자-사용자의 과제 간의 불합치 요소를 파악하고 이에 대한 해결책을 제시하는 데 있다.

생활 및 업무 영역에서 컴퓨터의 이용 요구는 갈수록 커지고 이 요구에 따라 새로 개발되는 소프트웨어 수의 증가와 기존 소프트웨어의 버전업되는 속도는 이들 소프트웨어를 일일이 사용설명서를 보고 익혀서 이용하기에는 너무나 빠르다. 따라서 예전의 구매자는 제품의 가격과 외관에, 사용자는 제품의 기능과 사용성에, 서비스센터는 유지보수성(maintainability)에 더 주의하리라고 보았으나(Norman, 1988), 미래 소프트웨어 사용자는 사용성을 제품 선택의 가장 중요한 요소로 고려할 것으로 보인다.

기업에서도 사용성의 개선이 새로운 시스템에 대한 직원들의 학습시간을 단축하고 업무처리속도 증가에 따른 고객의 만족을 증가시켜 준다는 것을 인식하고 있다. 많은 선도적인 회사는 인터페이스 디자인과 사용성 연구에 연구개발 직원 중 4~6%를 배정하고 있다.

미국, 일본, 유럽공동체연합 등의 선진국에서는 1980년대 이후 인간-컴퓨터 상호작용 문제가 산업계, 학계, 정부에서 가장 중요한 문제의 하나로 인식하기 시작하였다. 1988년에 시작하여 1994년에 종료된 일본의 FRIEND21(Future peRsonal Information ENvironment Development)은 통상성 주관으로 〈차세대 인간-컴퓨터 인터페이스〉 기술개발의 목적으로 수행되었다. 1990년 이후 미국의 국가연구자문회의(National research council)의 컴퓨터 과학과 기술 분과의 주요 연구보고서에도 인간-컴퓨터 상호작용 분야가 주요 응용 분야로 지정되어 있으며 현재 수많은 연구 프로젝트들이 진행되고 있다. 유럽공동체 또한 마찬가지이며 아직은 매우 모호한 형태이지만 인터페이스 표준의 증가가 뚜렷한 추세에 있다. 그럼에도 불구하고 아직 사용하기에 편리한 시스템, 쉽게 배울 수 있는 시스템을 구현하는 데는 여러 가지 어려움도 있고 앞으로 풀어나가야 할 과제들이 많다.

첫째, 사용자의 과제 파악이 어렵다. 사용성의 구현 과정의 첫 단계가 사용자의 특성과 과제 이해이다. 그러나 동일 학문 내에서도 분야별 이해가 어려운 실정에서 사용자의 과제 영역에 대해 최소한의 전문 지식을 획득하는 것도 대단히 어렵다. 앞에서 시스템의 사용성 문제를 찾아내는 데 영역 지식이 있는 사용성 전문가의 수행이 가장 높은 것으로 나타났으나 사용성 전문가이면서 사용자의 업무 영역의 전문가를 찾기는 지극히 어렵다. 결국 사용성 전문가 편에서 프로젝트의 시작 단계에서 사용자를 관찰하고 그들의 과제를 이해하려고 부단히 노력해야 할 것이다.

둘째, 사용자 중심의 인터페이스의 구현이 쉽지 않다. 소프트웨어의 개발 과정에서 인터페이스 구현에 들어가는 코드의 양이 전체 코드의 약 40~50%를 차지하는 것으로 알려져 있다. 또 코드뿐만 아니라 설계시간, 구현시간, 유지시간 등에서도 전체의 약 50%를 차지하는 것으로 알려져 있다. 다행히 최근 사용자와 code의 중간쯤 되는 소프트웨어 도구(예 : User Interface Management System, UIMS)들이 개발되어 사용자 인터페이스를 구현하는 데 요구되는 시간과 노력을 대폭 줄이는 데 기여하고 있다.

셋째, 지금까지 좋은 인터페이스 개발을 위한 수많은 이론, 방법론 및 지침이 제안 되었고 이들을 적용하여 시스템의 사용성을 높여 주었다는 연구 보고와 사례 연구가 많지만 실무자에게 쉽게 이용될 수 있는 것은 별로 없다. 가장 잘 알려진 사용성 분석 방법으로 현업에서도 유용한 것으로 입증된 바 있는 Card 등(1983)에 의해 개발된 GOMS(Goals, Operators, Methods, Selection rules) 모델을 비롯하여 여러 모델이 제 안되었으나 대부분의 실무자들이 이용하기에는 여전히 어렵다. 이로 인해 인터페이스 의 질에 주로 기여한 요인이 방법 또는 이론보다 디자이너의 숙련도라는 증거가 훨씬 많다. 그럼에도 불구하고 이론은 기술(technology)의 변화만큼 빨리 변하지 않으며, 새로운 변화에도 적용될 수 있다. 무엇보다도, 이상적이기는 하지만 좋은 이론적 방법 은 사용성 목표에 대해 잘 기술하는 것만으로도 복잡한 검사 절차 없이 인터페이스 디자인을 가능하게 하기 때문에 계속 추구되어야 한다.

넷째, 차세대의 다양하고 혁신적인 인터페이스의 기술 향상 노력만으로 편리한 시 스템이 사용되리라고 기대하기는 어렵다. 다음 세대의 인터페이스는 현재 대표적으로 사용되는 WIMP 시스템(windows, icons, menus, and a pointing device)을 넘어서 음 성인식, 가상현실(virtual reality), 머리 부착용 디스플레이(head mounted display, HMD) 등의 요소와 연관될 것이고, 자연언어, 비명령, 지능형 인터페이스가 개발될 것이다(많은 사람들은 지능형보다 시키는 것이나 제대로 할 줄 아는 컴퓨터를 더 원 하지만). 미래의 사용자 인터페이스의 사용성은 다양한 대화채널로 말미암아 현재보 다는 나아질 가능성이 있다. 그러나 컴퓨터가 아닌 사람에게 정확한 작업지시를 하는 것도 쉽지 않은 것처럼 미래의 인터페이스도 여전히 사용성 문제를 가질 것이다. 물 론 아직 WIMP 시스템도 계속 발전 중에 있고 다른 인터페이스 요소들이 도입된다고 하더라도 지금까지 알려진 일반적인 사용성 원칙은 계속 적용될 것이지만 컴퓨터와 의 대화채널 별로 새로운 사용성 검사방법 및 평가 원칙들이 지속적으로 개발되어야 할 것이다(박경수, 임치환, 박재희, 1997).

참고문헌

박경수, 임치환, 박재희(1997). 사용자 인터페이스의 변화와 사용성 평가의 발전. *HCI* '97 학술 대회 발표논문집. 281~284.

우치수, 한혁수(1994). 사용자 인터페이스. 서울: 영지문화사.

이창우, 김영진, 박창호(1996). 디자인과 인간심리. 서울: 학지사.

인지공학연구회 역(1998). 생각있는 디자인. 서울: 학지사.

Bloom, C. P.(1987). Procedures for obtaining and testing user-selected terminologies. *Human-Computer Interaction*, 2, 155~177.

Card, S. K., Moran, T. P., & Newell, A. L.(1983). *The psychology of human computer interaction*. Hillsdale, NJ: Erlbaum.

Carroll, J. M., Mack, R. L., & Kellogg, W. A.(1988). Interface metaphors and user interface design. In M. Helender(ed.). *Handbook of human-computer interaction*. Elsevier Science Publishers B. V. North Holland.

Eberts, R. E.(1994). Four approaches to human-computer interaction. *User interface design*. Prentice-Hall International, INC.

Eberts, P. E., & MacMillan, A. G.(1987). Longitudinal study of a distributed system. *Human factors society 28th annual meeting*, 704~708.

Fischhoff, B., Slovic, P., & Lichtenstein, S.(1978). Fault tree: Sensitivity of estimated failure probabilities to problem representation. *Journal of Experimental Psychology: Human Perception and Performance*, 4, 330~344.

Gould, J.(1988). How to design usable systems. In M. Helender(ed.). *Handbook of human-computer interaction*. Elsevier Science Publishers B. V. North Holland.

Gradin, J.(1990). Obstacles to user involvement in interface design in large product development organizations. *IFIP INTERACT* '90 *Third Interactional Conference Human-Computer Interaction*, 219~224.

Greenberg, S.(1993). *The computer user as toolsmith*: *The user, reuse, and organization of computer-based tools*. Cambridge University Press, Cambridge, U.K.

House, C. H., & Price, R. L.(1991). The return map: Tracking product teams. *Havard Business Review*, 92~100.

Instone, K.(1997). Usability engineering for the web. http://www.w3j.com/5/s3.instone.html.

Landauer, T. K.(1995). *The trouble with computers: Usefulness, usability, and productivity.* Massachusetts Institute of Technology.

Mantei, M. M., & Teory, T. J.(1988). Cost/benefit analysis for incoporating human factors in the software lifecycle. *Communication of the ACM*, 31, 418~439.

Nielsen, J.(1992). Finding usability problems through heuristic evaluation. Proc. ACM CHI '92 Conference, 373~380.

Nielsen, J.(1993a). *Usability engineering*. Academic Press, Inc.

Nielsen, J.(1993b). Interactive user interface design. *IEEE computer*, 26, 11, 32~41.

Norman, D. A.(1988). *The psychology of everyday things*. Basic Books.

Rieman, J., Franzke, M., & Resmiles, D.(1995). Usability evaluation with the cognitive walktrough. *Computer-human interaction procedings. CHI '95 Procedings.*

Ronfeldt, D.(1992). *Cybercracy is coming*. Taylor & Francis.

Root, R. W. & Draper, S.(1983). Questionnaire as a software evaluation tool. *ACM CHI '83 Conference.* 83~87.

Shneiderman, B.(1982). Designing computer system messages. *Communication of the ACM.* 25, 9, 610~611.

Shneiderman, B.(1992). *Designing the user interface*. Addison-Wesley.

Whiteside, J., Bennett, J., & Holtzblatt, K.(1988). Usability engineering: Our experience and evolution. In M. Helender(ed.). *Handbook of human-computer interaction*. Elsevier Science Publishers B. V. North Holland.

7

감성과학

한광희

1. 서 론

인간은 자신의 환경과 상호작용하면서 신속하게 변모하여 왔다. 인간은 좀 더 안락한 삶을 위하여 과학기술의 발전을 기반으로 주변 환경을 여러 가지로 변모시키면서 인공물들을 개발하였다. 초기에는 생존을 위하여 자신의 물리적인 힘을 확대하는 일환으로 다양한 도구들을 개발하였다. 무기를 이용하여 자기보다 강한 자들을 정복하고, 자동차나 비행기를 이용하여 다른 장소로 신속히 이동하고, 모닥불과는 비교가 안 되는 원자력을 개발하여 다양한 인공물들로 자신의 생활을 물리적으로 개선하였다. 또한 인간은 문자나 역사 등의 무형물을 이용하여 자신의 인지적인 힘을 확대하여 왔다. 총이나 자동차 등을 이용하여 자신의 물리적인 힘을 뛰어넘은 것처럼 문자를 이용하여 자신의 기억능력을 뛰어넘었다. 이러한 인공물들을 이용한 결과로 우리는 산업사회를 거쳐 정보화 사회로 나아가고 있다.

정보화 사회가 되면서 제품을 이용하는 소비자들의 욕구에도 변화가 초래되었다.

산업화의 초기에는 제품이 부족하였으므로 제품을 소유하는 데 만족하였고, 제품을 생산만 하면 소비가 되었다. 그러나 제품의 보급률이 높아지면서 소비자들은 다른 사람들이 소유하고 있는 제품보다 성능과 기능이 뛰어난 제품을 찾게 되었다. 그런데 다양한 기능을 가진 제품들을 이용하는 소비자들의 행동 패턴을 살펴보면 그 제품의 일부 기능만을 사용하고 다양한 기능들은 사용되지 않은 채—그 이유는 사용자가 다양한 기능을 사용할 필요도 느끼지 못하는 경우도 있지만 대부분의 경우 사용하는 방법도 제대로 모르는 경우가 많다—폐기처분이 되는 경향이 생기게 되었다. 따라서 최근에는 기본 기능이 강화된 제품들에 대한 수요가 점차 증가하고 있으며 이때 요구되는 사항이 소비자의 요구라고 할 수 있다.

소비자의 요구는 자신의 마음에 드는 제품을 요구한다는 것이다. 과학이 연구를 하고 산업체가 연구결과를 적용하여 제품을 생산하고, 소비자는 거기에 순응하여 그 제품을 소비하는 시대(1933년 시카고 세계 박람회의 표어)에서 사람들이 원하는 바를 제시하고 과학이 그것을 연구하여 기술이 그것을 구현해야 하는 시대로 변화가 되는 것이다(21세기를 향한 인간중심적인 표어) (Norman, 1993).

이때 소비자가 원하는 제품을 구현한다는 것은 소비자의 마음에 든다는 의미이고, 이것은 바로 소비자의 감성을 만족시켜 주는 제품이라고 볼 수 있다. 따라서 신뢰성과 기능성을 추구하던 방식에서 편리성, 쾌적성, 즐거움을 추구하는 방식으로 변화되고 있으며 인간의 감성을 측정, 평가하여 이를 실생활에 응용하고자 하는 필요성이 생겨나게 되었다.

이와 같이 소비자의 감성을 만족시켜 주는 제품을 개발하기 위해서는 감성이 무엇인지, 감성은 어떻게 연구할 수 있는지 그리고 감성이 제품에 어떠한 형태로 반영되는 지를 이해해야 한다. 따라서 이 장에서는 감성의 정의, 감성 연구방법, 감성 연구의 응용 그리고 국내 감성 연구의 동향 등을 살펴보고자 한다.

2. 감성의 개념

1) 감성 연구의 출발

앞에서 언급된 것처럼 감성 연구는 산업계의 필요에 의해서 생겨났다고 볼 수 있다. 기계와 상호작용하는 인간에 대한 연구는 초창기에 미국에서 실험심리학의 일부로 연구되다가 그 후 인간 요인(human factor)이라고 불리는 분야에서 사용자의 한계점을 고려하여 기계를 설계하려는 의도로 인간과 기계에 대한 연구들이 일부 수행되었으며, 실험심리학 분야에서는 실험을 통하여 인간 행동의 법칙을 밝히기 위한 연구들이 수행되었다. 그리고 이러한 두 가지 분야가 만나는 위치에서 공학심리학(engineering psychology)이라는 분야가 출발하였다. 공학심리학의 목표는 한 가지 기능을 하는 두 가지 시스템을 단순히 비교하는 것이 아니라 인간의 능력과 한계를 명시하여 어느 쪽이 더 나은 설계인지를 추론할 수 있도록 한다(Poulton, 1966). 즉, 공학심리학의 연구토픽이 응용적인 필요에 의해서 선택되기는 하지만 인간 수행에 대한 유용한 이론을 제공하고자 하는 폭넓은 목적을 가지고 있다고 할 수 있다(Wickens, 1992).

Wickens(1992)에 의하면 이러한 분야가 한 학문 분야로 출발한 데에는 일반적으로 세 가지 이유를 들 수 있다. 즉, 실용적인 필요, 기술의 발전 그리고 개념의 발전이다. 인간 요인이 태동하기 전에는 '기계에 맞는 인간을 설계' 하는 데 주로 관심이 있었으므로 주로 훈련이 강조되었다. 그러나 잘 훈련된 오퍼레이터들도 시스템을 제대로 작동시키지 못하고 실수를 많이 저지르게 되어 인간 능력의 한계에 대한 연구의 필요성이 생겨나게 되었으며, 두 번째로는 지속적인 과학기술의 발전으로 인하여 다양한 기능을 갖추게 된 시스템들은 점차로 복잡하게 되어 어떤 기능을 인간에게 할당하고 어떤 기능을 기계에게 할당해야 하는지에 대한 여러 가지 문제가 발생하게 되었다. 또한 과학의 발전으로 인하여 원자로, 우주선, 초음속 전투기 등에서는 설계자들이 오퍼레이터의 정보처리의 한계를 고려하지 않을 수 없게 하였다. 세 번째로는 정보이론이나 사이버네틱스라는 분야에서 피드백, 채널용량 등의 새로운 개념들이 인간 행동의 여러 측면들을 기술하기 위해서 사용되었다.

이러한 배경으로 연구된 인간 요인이나 공학심리학에서는 시스템의 설계와 관련된 신체적인 제약을 고려하는 인체측정학이나 생체역학 분야와 인간의 정보처리의 용량이나 기억 등의 인지능력을 연구하는 지각이나 인지심리학 분야가 주로 연구되었다. 그러나 정보화 사회에서 물질적인 풍요로 인하여 감성을 연구할 필요성이 대두되었다.

심리학에서는 정서라는 연구 주제는 정서의 표현에 대한 Darwin 논의나 신체의 반응과 정서의 관계를 연구한 W. James 이래로 많은 연구가 진행되어 왔지만(Oatley & Jenkins, 1996), 심리학적 연구들은 주로 정서의 구조나 차원 또는 정서와 관련된 대뇌기제, 정서에 대한 문화적 이해, 정서와 인지의 관계 등을 주로 연구하였다.

감성을 연구하여 제품 개발에 반영해야 한다고 주장하면서 감성공학이란 용어를 처음으로 사용한 사람은 일본 마쓰다 자동차회사의 야마모토 회장으로 1986년 미시간 대학에서 〈자동차 문화론〉을 강연하면서 감성공학을 이용한 자동차의 설계를 제안하였다(이순요, 1994). 그는 후에 요코하마 연구소에 감성연구실을 만들어 새로운 승용차를 개발하였다. 일본의 나가마치는 물질문명의 다음에는 마음의 만족을 추구하는 정서시대가 올 것으로 예측하고 1970년에 정서공학이란 표현을 사용하여 정서를 연구하고 있었으며, 1988년에 호주의 시드니에서 감성공학이라는 이름으로 그의 연구결과를 발표하였다. 또한 일본은 1989년에 통산성과 산업기술진흥협회가 공동으로 인간생활과학기술연구추진협회를 발족하여 인간, 생활, 환경 등의 영역에서 학제적인 기술을 개발하고 있으며, 공업기술원에서는 1991년부터 인간감각계측기술발전사업이라는 프로젝트를 개발하여 인간의 형태, 동작, 인지능력, 판단, 선호도 등을 정량적으로 측정하여 제품의 기능, 성능, 형상, 색채, 소재 등을 인간에게 쾌적하고 친화적으로 만들기 위한 기술의 개발에 노력하고 있다.

미국이나 유럽에서는 인간공학이나 인간-기계 상호작용의 영역에서 감성에 대한 연구가 부분적으로 이루어지고 있으며, MIT 미디어랩의 Affective computing group이나 제록스연구소 같은 대학이나 기업의 연구소에서 학제적으로 감성에 관한 연구가 수행되고 있다.

우리나라에서는 1996년 감성공학이 G7과제의 하나로 선정되었고 소프트과학 등에서도 지원이 됨으로써 감성연구에 대한 필요성이 인정되어 산업계와 학계의 관심을 받고 있으며 자동차, 의복, 주거환경 등에 대한 기반기술과 응용기술이 개발되고 있다. 또한 감성공학 프로젝트에 참여하는 학자들을 중심으로 1997년 6월 19일 한국감성과학회가 창립되었으며 매년 학술발표대회를 통하여 감성연구에 관심이 있는 학자들 간의 의견 교환의 장이 되고 있다. 감성의 문제는 기존의 어떤 특정한 한 학문 분야에서 다룰 수 있는 주제라기보다는 공학, 디자인, 심리학, 인지과학, 생리학, 의학 등의 여러 분야의 학문 영역과 중첩되는 학제적인 분야이므로 다양한 학문 분야의 학자들이 학회를 통해서 학제적인 연구를 수행함으로써 시너지 효과가 극대화될 것으로 기대된다.

또한 과학기술, 산업, 사회, 제품과 시장환경 등의 측면에서도 감성과학은 21세기의 제품과 정보디자인의 중요한 요소로 인식되어 있고, 기업의 입장에서도 활용이 가능한 연구결과를 상품 개발에 적용하기를 바라고 있으며, 그 효과는 상당할 것으로 예상된다(강인구, 1998).

2) 감성의 정의

감성과학이나 감성공학을 이해하기 위해서는 감성의 의미를 정확히 할 필요가 있다. 감성의 개념적 이해에 관해서는 우선적으로 철학적 배경을 살펴보는 것이 개념의 이해에 도움이 될 것이다. 근대 서구의 철학에서 감성(sensibility)은 이성과 더불어 인간의 대표적인 인식 능력 가운데 하나로 여겨졌다. 전통적으로 서양철학에서의 감성문제는 이성과의 관계 속에서 자리매김되고 있다. 이성은 개념을 자발적으로 구성하고 이것을 토대로 세계를 인식하며, 감성은 이성의 자발성에 비하여, 감각을 매개로 하여 외부 대상을 받아들이는 수용성을 지니며 인간의 유한성을 나타낸다. 그것은 인간과 대상세계를 이어 주는 원초적인 유대로 인간생활의 기본적 영역을 열어 주는 역할을 하는 것으로, 감성에 의해 대상이 우리에게 주어지는 것으로 이해될 수 있다(김광명, 1998). 즉, 철학에서는 이성과 대비되는 개념으로 감각과 유사한 관점에서 감성을 이해하려는 것으로 해석된다.

심리학에서는 기분이나 느낌과 같이 막연하고 광범위한 심리 상태를 지칭하는 '감성'이라는 용어는 아직 잘 정립되어 있지 못한 상태이며, 그보다는 감성의 구성 개념이라 할 수 있는 동기, 정서, 태도 등 좀 더 구체적이고 분석적이며 조작이 가능한 다양한 개념들이 연구되어 왔다. 그러나 이러한 것들은 다 모은다고 해도 감성이라는 하나의 개념이 될 것인지는 알 수 없다. 감성이라는 개념이 이질적이며 복합적인 광범하고 다양한 요소들을 포함하고 있기 때문에 그것의 하위 개념들과 그 개념들 간의 관계 구조를 파악함으로써 감성을 하나의 심리학적 개념으로 이해할 수도 있을 것이다. 그러나 아직은 감성이라는 개념 자체와 마찬가지로 감성을 정확하게 정의할 수 있는 심리학적 하위 개념들도 부재하는 것으로 판단된다. 따라서 현재로서는 심리학적 관점에서 감성을 좁은 의미로 정의할 때는 정서와 동일시하고 넓은 의미로 정의할 때는 비인지적인 내적 상태(non-cognitive internal state)와 동일시하는 것이 타당한 듯 하다(정찬섭, 1998).

공학적인 측면에서 이구형(1988)은 인간의 감성은 외부로부터의 감각 정보에 대하여 직관적이고 순간적으로 발생되며, 복합적이고 종합적인 느낌으로 명확한 표현이 어려운 동시에, 개인과 환경 변화에 따라 다양하게 변화되는 특성이 있다. 또한 개인의 감성에 영향을 미치는 요인들로는 개인의 연령, 성별, 교육 정도, 생활경험 등의 개인적 요인과 개인이 소속된 사회의 특성, 종교와 문화, 지리적인 환경 등 다양한 사회 문화적인 요인도 중요한 영향을 미친다고 하였다. 이순요(1994)는 감성이란 외부의 물리적 자극에 의한 감각, 지각으로부터 인간의 내부에서 일어나는 고도의 심리적인 체험으로 쾌락감, 고급감, 불편함 등의 복합적인 감정이라 하였고, 감성공학이란 인간의 감성을 정량, 정성적으로 측정하고 과학적으로 분석, 평가하여 이를 제품이나 환경의 설계에 적극 응용하여 보다 편리하고 안락하며, 안전하고 더 나아가서 인간의 삶을 쾌적하게 하고자 하는 기술이라고 주장하였다.

이상의 철학, 심리학, 공학적인 관점에서 감성을 정의한 바에 의하면 감성은 학문적으로 이해하기에 아직은 잘 정립된 개념은 아니지만, 필요에 따라 감성을 감각적 감성이나 기능적 감성 등의 하위 개념으로 쪼개서 조작적으로 정의하고 측정하는 표준적인 방법들을 이용함으로써 감성의 개념은 더욱 명확해질 것으로 기대할 수 있다.

3. 감성과학의 연구방법

감성과학이 독립된 학문으로서의 기초를 다지기 위해서는 감성의 개념적 정의를 명확히 해야 하지만 그렇게 하기 위해서는 감성을 측정하고 평가하는 방법이 필수적으로 요구된다. 감성의 측정에는 정서의 측정에 사용되는 방법들이 그대로 도입되어 이용될 수 있다. 이 방법들은 형용사 어휘를 이용하는 방법, 생리적인 지표를 이용하는 방법 그리고 표정이나 제스처를 이용하는 방법 등이 있다.

1) 감성형용사를 이용하는 방법

감성형용사를 이용하는 방법은 감성을 기술한다고 판단되는 어휘들을 수집하여 유사성 판단 등의 방법을 이용하여 감성의 구성차원이나 범주를 추출하는 데 이용된다. 통계적 기법들을 이용하여 감성의 어휘구조가 단순화되면 이 체계를 이용하여 대상에 대한 감성반응을 측정하여 대상이 일으키는 감성반응을 기술할 수 있게 된다. 감성공학 분야에서는 보통 I류에 의한 접근방법으로 소개된다.

이러한 방법은 감성공학에서 가장 일반적으로 사용되는 방법으로 첫 번째 단계에서는 감성을 측정할 대상을 선정한다. 예를 들면 주택, 승용차, 패션 등의 제품이 감성 측정의 대상이 될 수 있다. 다음으로는 그 대상과 관련된 감성어휘를 수집하는 것이다. 감성어휘의 수집은 사전이나 관련 잡지를 이용하거나 전문가의 자문 등 다양한 방법으로 수집한 후 평소에 거의 사용이 되지 않거나 사용의 빈도가 매우 적은 어휘들을 배제시키고 연구의 목적에 맞는 어휘들을 선정한다. 이와 같이 선정된 어휘들을 이용하여 쌍별비교(pairwise comparison)를 시키면 군집분석(cluster analysis)이나 다차원 분석법(multidimentional analysis) 등을 이용하여 특정 대상과 관련된 감성차원이나 범주를 구성할 수 있다.

또는 선정된 어휘들을 가지고 혁신적−재미없음 또는 귀엽다−귀엽지 않다 등 상대가 되는 어휘들로 의미미분척도(semantic differential scale)를 작성하여 대상들을 제시한 후 각 대상들에 대하여 척도에 평가하도록 한다. 그런 후 수집된 척도를 이용하여 요인 분석(factor analysis)이나 주성분 분석(principal component analysis) 등을 통해 특정 대상과 관련된 감성 구조를 파악한다. 감성공학 II류의 접근방법도 있는데 이는 I류의 접근방법과 기본적으로는 동일한 방법이지만 감성어휘의 수집단계에서 평가자들의 연령, 성별, 연간 수입 등의 인구학적 변인들과 생활양식과 관련된 정보들을 수집하여 소비자의 감성과 생활양식 그리고 소비자의 요구사항의 관계를 파악하는 방식이다(이순요, 1994).

2) 생리적인 지표를 이용하는 방법

생리적인 변화를 측정하여 내적 상태를 추론하려는 연구들은 정서 상태에 따라 그에 상응하는 생리적인 변화에 차이가 있다는 가정 하에 뇌파(electroencepha-logram, EEG), 피부전기반응(galvanic skin response, GSR), 자기공명영상(magnetic resonance image, MRI), 근전도(electromyogram, EMG), 혈압의 변화 등의 다양한 생리적인 지표들을 측정하여 감정을 추론하는 방법이다. 이와 같은 생리적 측정방법들은 객관성과 신뢰성을 유지하기는 용이하지만 특정한 생리적 측정치가 어떤 내적인 상태를 나타내는지에 대한 기준이 다른 방법으로 주어져야 한다. 따라서 피검사자로부터 내성을 받거나 감성 유발 실험을 하여 측정치의 해석을 위한 교차상관의 준거를 마련해야 한다. 즉, 측정치들의 심리학적인 의미는 내성 보고에 의한 타당도를 넘어설 수 없다(정찬섭, 1998).

감성공학 접근방법으로는 III류에 해당하는 방법으로 볼 수 있는데 특정한 시제품에 대하여 I류나 II류처럼 감성어휘를 사용하는 대신 평가자의 생리적 감각을 정량화된 형태로 측정한다. 즉, 어떤 대상의 외적 기준에 대해 느끼는 감성을 감각과 합성하고 종합하는 감성의 생리적 특성을 중요시하는 방법이다(이순요, 1994).

3) 표정이나 제스처를 이용하는 방법

얼굴 표정은 언어를 제외한 내적 상태의 전달 수단 중에서 가장 강력하고 복잡한 신호로 간주된다. 얼굴 표정을 인식한다는 것은 단순히 얼굴에 나타나는 물리적 변화를 탐지하는 것이 아니라 그 변화들에 내재되어 있는 내적 정서를 파악하는 것이기 때문에 의미 인식의 유형 중 하나로 볼 수 있다(Frijda, 1986). 표정을 이용하여 내적 정서 상태를 추론하는 모델(Ekman & Friesen, 1978)들은 기본 정서에 해당되는 내적 상태가 자동적으로 특정 표정과 연관되어 있다고 가정한다. 표정을 통하여 내적 상태를 추출하는 것이 매우 복잡하기는 하지만, 의도적으로 왜곡이 가능한 언어반응과는 달리 얼굴의 표정은 진실된 마음의 상태를 그대로 표출된다는 믿음 때문에 많은 정서 연구자들은 표정의 연구에 높은 이론적 및 실용적 가치를 부여한다(정찬섭, 1988). 몇몇의 표정 연구들은 영상 분석, 얼굴의 근육 근전도 등에 대한 이론적 및 경험적인 연구 결과를 토대로 얼굴 표정과 정서 상태를 대응시키는 신뢰로운 추론 모델을 제시하고 있으나 이 모델들이 정서의 맥락이 아닌 감성에 대한 일반적 모델로 사용될 수 있을지는 의문의 여지가 있다. 한재현과 정찬섭(1988)은 여러 가지 다변량 분석방법을 이용하여 얼굴 표정과 내적 상태의 관련성을 조사한 결과 선형모델을 이용하는 경우에도 상당부분의 변화를 설명할 수 있음을 보여 주어 두 변인 간에 비교적 단순한 수리적 대응 구조가 존재할 가능성을 제시하였다.

또한 MIT에서 감성 컴퓨터에 대한 연구를 하고 있는 Picard(1997)는 정서가 의사결정, 지각, 학습 등의 인지과정에서 중요한 역할을 하며 지능적이고 자연스럽게 인간과 상호작용하는 컴퓨터를 구현하기 위해서는 인식하고 이해하는 능력뿐만 아니라 정서를 가지고 표현하는 능력을 주어야 한다고 주장하였다. 그녀는 인간과 상호작용하는 컴퓨터에 정서가 필요한 이유와 정서가 구현될 수 있는 가능성 등을 정리하였으며, 감정을 표현하는 물리적인 특성들로 얼굴 표정, 억양, 제스처, 움직임, 자세, 동공의 크기 등을 제안하였으며, 감정에 대한 그 외의 지표로 심박, 체온, 전기반응, 근육긴장도, 혈압 등이 가능함을 제안하였다.

4. 감성연구의 응용 분야

앞에서 기술된 것처럼 감성연구가 본격화되기 시작한 것은 산업체의 요구 때문이라고 할 수 있다. 물질적으로 풍요로워지면서 소비자들은 개성을 중시하게 되고 자신의 감성을 만족시켜 줄 수 있는 제품을 찾게 되었다. 따라서 기업은 이러한 소비자의 개성을 충족시켜 줄 수 있는 제품의 생산에 관심을 가지게 되었으며, 결과적으로 소비자의 감성을 연구하여 그것을 제품에 반영하고자 하였다. 이러한 관심은 일본에서 자동차 업계를 중심으로 시작되었다고 볼 수 있으며, 이와 같은 감성의 공학적인 적용 분야를 감성공학이라고 부르게 되었다. 이와 비슷한 맥락을 가진 우리나라의 감성에 대한 연구도 선도기술 과제 중 하나인 감성공학 과제들을 중심으로 활발하게 전개되기 시작하였다. 따라서 이 장에서는 감성에 관한 응용사례로서 이순요와 나가마치(1996)가 소개한 자동차에 대한 감성공학적 연구사례와 박수진(1999)의 직물의 감성적 표면 디자인에 관한 사례를 소개하고자 한다.

1) 자동차에 대한 감성공학적 연구

일본의 마쓰다사에서는 감성에 호소하는 2인승 경량 스포츠카인 유노스 로드스타(Eunos Roadster)를 개발하여 1980년대 말과 1990년대 초에 예상 이상의 성공을 거둔 것으로 평가되었다.

마쓰다사에서 경량 스포츠카를 개발하는 방법 중에서 그 이전과는 다른 감성공학적인 일련의 접근을 이용하였다. 첫 번째로 조사에서 1960년대의 경량 스포츠카에 향수를 느끼고 있는 미국의 중년세대를 목표고객으로 설정하고 수요를 조사하였다. 다음으로 목표고객과의 인터뷰를 통하여 목표고객의 감성구조를 파악하였다. 그 결과 스포츠카의 인마일체감이라는 기본적인 감성을 파악하고, 이러한 감성을 물리적인 특성으로 분해하기 위하여 개념의 분해와 관련된 일련의 과정을 거친다. 기본적인 감성을 물리적인 특성으로 분해하는 예는 그림 7-1에 예시되어 있다.

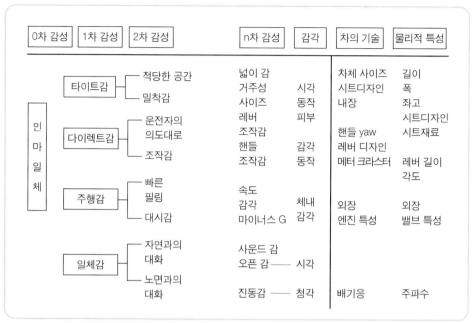

그림 7-1 ▌감성으로부터 물리적 특성으로의 번역 과정
출처 : 이순요, 나가마치(1996)

　이 예에서 마쓰다사에서 생각한 인마일체감이란 운전자의 기대대로 움직여 주는 자동차를 말한다. 즉, 브레이크와 핸들이 정확하게 그리고 신속하게 조작될 수 있고, 엔진도 불쾌한 소리나 진동 특성이 없을 때 운전자와 차 사이에는 잘 훈련된 말과 기수와의 관계와 같은 관계의 일체감이 생긴다. 이와 같은 인마일체감을 0차 감성이라고 하면 인마일체감은 적절한 긴장감을 느끼게 하는 타이트감, 운전자의 마음대로 조작된다고 느끼게 하는 다이렉트감, 운전자의 체감 성능을 고려한 주행감, 노면 상황이나 차의 성능을 느끼는 일체감 등의 1차 감성으로 분해될 수 있다. 이 중 타이트감은 좁은 차이기는 하지만 답답한 감을 느끼게 하지 않는 '적절한 공간' 과 대형차도 아니고 그렇다고 단순경차도 아닌 운전자와 차의 '밀착감' 을 고려해야 한다. 이와 같은 방식을 거쳐 4m 정도의 길이를 가진 차라고 하는 물리량을 설정할 수 있다. 다이렉트감은 운전자의 의도대로 움직이는 차라는 감성으로 핸들의 유격을 줄여 다이렉트감을 강조할 수 있으며, 레버의 길이와 각도를 조절하여 조작감을 강조할 수 있다. 이와

같이 개념적인 기본 감성에서 시작해서 물리적인 특성으로 변환시키는 방법은 자동차뿐만 아니라 가전제품이나 주거환경, 패션 등에 폭넓게 이용될 수 있다.

2) 직물의 표면디자인에 대한 감성 연구

박수진 등(1997)은 직물디자인의 시각적 요소와 관련된 감성을 모델화하기 위해서 감성어휘를 수집하여 감성어휘 구조의 파악을 시도하였다. 감성어휘는 설문조사, 관련 잡지, 신문, 사전 등을 이용하여 1,000여 개의 어휘를 수집한 후, 이해도와 적절성을 평가하여 직물과 관련된 감성을 표현하기에 부적절하거나 이해하기 어려운 어휘들을 제거하여 360개의 감성어휘로 축소시킨 후 사용 빈도를 기준으로 108개의 어휘를 선정하였다. 108개의 어휘를 이용하여 자유연상 과제를 실시한 결과 어휘들 간의 관계 구조를 나타내는 어휘망을 구성하였다. 감성어휘로 구성된 어휘망이 그림 7-2에 제시되어 있다. 그림에서 화살표의 시작에 해당되는 어휘가 화살표 끝에 있는 어휘를 연상시킴을 나타낸다. 이러한 어휘망은 그 자체로도 디자이너들에게 통찰을 제시할 수 있다.

  앞에서 제시된 어휘망을 이용하여 다시 어휘망에서 중심적인 의미를 가진 18개의 어휘를 추출하여 유사성 평정을 하여 다차원 분석을 한 결과 3개의 차원으로 80% 이상, 4개의 차원으로 90% 이상을 설명할 수 있었다. 이 연구에서 발견된 직물에 관한 4개의 감성 차원은 각각 평범하다–독특하다, 깜찍하다–품위 있다, 여성적이다–남성적이다, 시원하다–따뜻하다로 명명하였다. 이와 같이 구성된 감성 차원 모델을 통하여 직물과 관련된 감성에 관한 통찰을 얻을 수 있을 뿐만 아니라, 이러한 감성과 디자인 요소들을 관련지음으로써 특정 물리적인 요소가 일으키는 감성과 특정 감성과 관련된 직물의 디자인 요소를 파악할 수 있는 실질적인 가치도 기대할 수 있다.

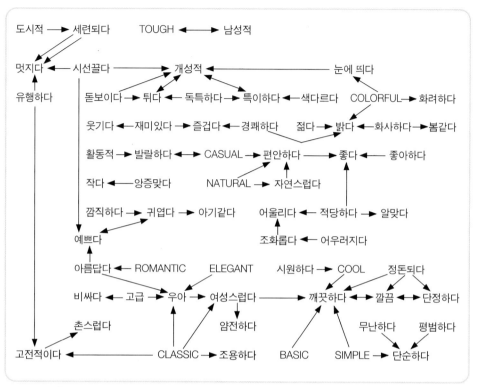

그림 7-2 ▌ 직물 관련 감성 어휘들 간의 관계 구조망의 일부

출처 : 박수진 등(1997)

5. 맺음말

일반적으로 공학은 과학이 일정 수준 발전한 후, 과학의 연구결과를 활용하는 단계에서 발전되는 것이 보통이지만 과학사를 보면 응용과학의 연구가 기초과학의 발전을 주도한 사례들도 찾아볼 수 있다. 감성연구의 경우에도 공학적 연구에 의해 시작되어 과학적 연구가 자극을 받아 수행된다고 볼 수 있다. 제품 개발에서 소비자의 요구를 충족시키기 위하여 공학이 먼저 시작되었으며 G7 전문가 기획단에서 7번째의 기반기술 과제로 감성공학이 선정되면서 감성 연구가 국내에서 본격화되기 시작하였다고 볼 수 있다. 감성공학 과제의 구성을 살펴보면 감성요소기술, 감성측정평가 시뮬레이

터 기술 개발, 감성 제품 및 환경 응용기술 개발로 나누어 볼 수 있다. 감성요소 기술 분야에서는 시각, 청각, 후각, 미각, 피부감각, 온열 쾌적감, 표정 제스처, 사용 편의성 등의 측정 평가 및 데이터베이스 개발과 관련된 연구들로 구성되어 인간의 감성과 관련된 감각, 생리적인 지표들을 개발하여 감성측정평가 시뮬레이터 개발이나 감성 제품 및 환경 개발에 적용 가능한 감성공학 연구기반을 구축하는 것을 목표로 한다. 감성측정평가 시뮬레이터 개발 분야는 한국 표준연구원이 중심이 되어 제품과 환경에 대한 인간 감성의 반응 특성을 파악하기 위하여 물리적인 환경을 자유롭게 변화시킬 수 있는 실험시설의 개발을 목표로 진행되고 있다. 감성 제품 및 환경 응용기술 개발 분야에서는 기업들이 적극적으로 참여하여 자동차, 오디오, 침대, 멀티미디어 제품 등을 대상으로 부가가치를 높임으로써 제품의 경쟁력을 높이고 삶의 질을 향상시킬 수 있는 기술을 확보하는 것을 목표로 삼고 있다.

위의 감성공학 연구들은 어떤 한 학문 분야의 학자들로만 구성된 연구팀에 의하여 연구가 되기보다는 공학, 심리학, 생리학, 디자인, 철학 등 다양한 분야에 있는 학자들이 학제적으로 진행하는 연구들이 대부분이다. 이와 같이 감성을 연구하는 학자들이 각 분야의 연구결과를 좀 더 활발하게 발표하고, 토론하며, 의견을 교환하기 위하여 1997년 한국감성과학회가 창립되어 감성연구의 산실이 되고 있다. 따라서 앞으로 감성에 대한 학제적인 연구들로 인하여 감성연구에 대한 인프라가 구축되고 협동연구의 시너지 효과가 극대화되면 감성 자체에 대한 연구 경험의 축적에 의한 학문적 발전뿐 아니라 경쟁력 있는 제품 개발로 이어져 인간의 감성 중심적인 복지사회의 삶의 질을 높여 주는 데도 크게 기여할 것으로 기대된다.

참고문헌

강인구(1998). 한국의 감성과학: 지나 온 길과 나아갈 길. 감성과학, 1, 1, 1~2.

김광명(1988). 감성과학에 대한 철학적 논의: 감성적 인식의 문제를 중심으로. 감성과학, 1, 1, 3~11.

박수진, 조경자, 장준익, 김길님(1997). 직물 디자인의 시각적 요소와 관련된 감성 어휘 모델. '97 한국감성과학회 연차학술대회논문집, 63~68.

이순요(1994). 정보화시대의 품질경영과 감성공학. 서울: 인간경영사.

이순요, 나가마치 미즈오(1996). 정보화시대의 감성인간공학. 서울: 양영각

정찬섭(1988). 감성과학의 심리학적 측면. 감성과학, 1, 1, 19~24.

한재현, 정찬섭(1988). 얼굴표정에 의한 내적상태 추정. 감성과학, 1, 1, 41~58.

Ekman, P. & Friesen, W. V.(1978). *Facial action coding system*. Palo Alto, CA: Consulting Psychologist Press.

Frijda, N. H.(1986). *The Emotions*. Cambridge, England: Cambridge University Press.

Norman, D. A.(1993). *Things That Make Us Smart: Defending Human Attributes in the Age of the Machine*. New York: Addison-Wesley Publishing Company.

Oatley, K. & Jenkins, J. M.(1996). *Understanding Emotions*. Cambridge: Blackwell Publishers Inc.

Picard, R. W.(1997). *Affective Computing*. Cambridge: The MIT Press.

Poulton, E. C.(1966). *Engineering psychology*. Annual Review of Psychology, 17, 177~200.

Wickens, C. D.(1992). *Engineering Psychology and Human Performance(2nd Ed.)*. New York: Harper Collins Publisher Inc.

8

멀티미디어 :
학습과 인지발달의 맥락

황상민

1. 서 론

인터렉티브 멀티미디어 학습 교재는 매체의 다양한 속성으로 인해 학습자의 학습 흥미를 높이며, 잠재적인 학습 효과도 높을 것으로 기대한다. 그러나 이 매체의 어떤 측면이 학습과 인지과정과 관련되어 학습 수행을 촉진시키는지에 대한 논의는 충분히 이루어지지 못한 단계이다. 멀티미디어 매체가 학습과 인지발달에 기여하는 효과는 매체의 물리적 속성보다 학습자가 학습 내용과 상호작용하게 하는 매체의 구조적 특성과 학습 내용들의 표현방식이 학습 맥락으로 기능하기 때문이다. 매체는 학습 내용을 학습자에게 하나의 자극으로 제공하기보다 학습자와 학습 내용을 공유하는 인지과정을 유발한다. 매체와 상호작용하는 과정에서 학습자는 매체와 학습 내용을 공유하는 상황적 인지를 체험한다.

학습자의 인지능력의 변화는 두 관점으로 구분된다. 인지과정을 유기체 내부의 능동적인 탐색과정으로 보는 것이 구성주의적 관점이다. 이에 반해 인지능력의 발달이란 외부에서 주어진 의미체계 또는 문화적 산물을 유기체가 자신의 내적 인지구조로 통합하여 내재화하는 과정이라고 보는 역사문화적 관점이 있다. 멀티미디어 매체가 지니는 학습 효과는 이 두 가지 관점을 모두 포괄하는 개념이다.

매체가 지닌 학습 내용은 그 출현 방식이나 내용구조에 따라 직접적으로는 학습자와 매체 사이에, 간접적으로는 학습자와 매체를 통해 제시되는 학습 내용 간의 새로운 사회적 상호작용을 야기한다. 학습자는 매체의 학습 내용을 탐색하기 위해 자신의 지식을 탐색, 정리한다. 이 과정은 구체적인 문제상황으로 등장하고 이것을 해결하는 과정에서 개인의 지식구조는 재구성된다. 뿐만 아니라, 매체 속의 학습 내용은 사회문화적으로 학습이나 놀이 또는 문제상황이라고 설정된다. 사건의 전개와 문제의 발생 그리고 문제해결과 같은 내용구조는 사회문화적으로 형성된 사고체계나 표현방식을 학습자에게 반복적으로 제시한다. 현실 속의 경험이 학습활동으로 개인이 매체와 상호작용 속에서 습득한다.

멀티미디어 학습 매체를 효과적인 학습에 이용하기 위해 이들 매체의 내용구조와 매체의 맥락적 효과 그리고 학습자가 매체와 상호작용하는 과정에 대한 탐색이 더욱 요구된다. 학습자가 매체의 내용구조를 자신의 지식구조로 어떻게 변형시켜 지식의 탐색과 숙련화 그리고 재구조화가 일어나는가의 과정을 파악하는 것이 심리학에서 이 분야에 기여할 수 있는 주요 활동 영역이 될 것이다.

2. 컴퓨터 이용학습

컴퓨터가 인간의 학습과 교육활동에 이용되는 과정은 인간이 도구를 통해 새로운 학습을 하는 전형을 보여 준다. 초기에 컴퓨터가 하나의 학습 도구로 반복적인 행동이나 문제의 학습을 위해 학습자의 행동을 조절하거나 통제하는 수준에서, 학습 자료의 보관과 반복적인 제시 또는 학습 과정의 통제 등을 위해 교사의 교수활동을 보조하는 도구로 변모하였다. 그리고 이제는 컴퓨터가 학습자와 교사의 상호작용을 중재하는 학습매체나 학습환경의 일부로 변모하는 시점에 있다. 컴퓨터의 기능에 기반을 둔 '멀티미디어 매체'를 활용한 학습 행동은 인간의 지적 능력의 변화와 학습 활동에 대한 심리학자의 연구방향과 관점이 어떻게 달라질 수 있는가에 대한 하나의 시사점을 제공한다. 이 장에서는 이런 시사점이 인간의 인지발달과 학습활동과 관련된 심리학의 주요 개념들과 어떻게 관련되어 있으며, 향후 멀티미디어 매체의 개발과 이용에 심리학의 주요 개념이 어떻게 적용될 수 있는지에 대해 논의하고자 한다.

　컴퓨터를 이용한 학습(Computer Based Learning)에서 컴퓨터를 이용한 교수(Computer Based Instruction)의 개념이 이제 컴퓨터에 기반을 둔 '멀티미디어 교재의 개발'과 이용이라는 방향으로 변화됨에 따라, 이전의 기계매체가 학습자의 흥미와 다양한 행동 형태와 충족시킬 수 없었다는 제한성을 극복하고자 한다. 예를 들면, 우리 교육의 문제점을 해결하고자 하는 교육개혁의 가장 1차적이고 중요한 대안으로 멀티미디어 교재를 개발하고 이것을 수업에 활용해야 한다는 것이다. 이런 경우, 학습자의 흥미 향상과 학습자의 다양한 지적 탐색 욕구의 충족 그리고 교사와 학생 간의 상호작용의 부족을 멀티미디어 매체가 보완해 줄 수 있다는 주장이 제기되었다. 이런 주장들은 현재 학교현장에서 컴퓨터 교육이 구체적인 교과활동과 관련이 없다는 지적에 대한 새로운 해결책이었다. 힘들고 재미없는 교과 학습 대신에 재미있는 멀티미디어 교재를 활용한다면, 학생과 교사 모두 아니 교사가 없어도 높은 학습 효과가 보장될 것이라는 기대가 있었다. 우리의 교육문제에 대한 새로운 대안으로 제기되었다. 그러나 이런 기대가 어느 정도 타당한지에 대한 연구들은 그리 많지 않다.

　멀티미디어 매체가 학습자의 흥미나 관심을 높여준다는 측면을 강조하는 연구들이 제시된다. 하지만 이런 연구들은 특정 매체의 효과(소리나 애니메이션 또는 동영상 등)가 글자 중심의 자료 탐색에 비해 학습자에게 다양한 자극을 제공한다는 측면에서 흥미나 관심을 끈다는 내용이다. 지속적인 학습 행동이나 인지능력의 변화와 연결된다고 주장할 수 있는 자료는 많지 않다. 멀티미디어 학습 교재가 학습자의 관심을 끌지만 학습효과나 인지능력의 변화와 직접 관련 있다는 증거들이 명확하지 않은 이유는 무엇인가? 멀티미디어 매체의 효과란 소리나 애니메이션 또는 동영상 등과 같은 물리적 기능이 아니라, 이 매체를 경험하고 그것을 재구성하는 학습자의 능동적인 학습 활동과 인지과정에 좌우된다. 학습자가 인터렉티브 멀티미디어 매체와 상호작용하는 것은 매체의 자극 속성(소리, 애니메이션, 동영상 등)보다는 매체의 내용에 반응하는 것이다. 따라서 매체는 학습자에게 단순히 자극을 제시하는 역할을 하는 것이 아니다. 학습자가 이미 사회적으로 학습한 내용을 매체를 통해 새롭게 경험하고 또 이 매체 속에 내재된 사회적인 정보를 다시 경험하게 된다. 멀티미디어 매체를 이용하는 학습자는 매체를 통해 지식의 구성과 재구성을 하게 되는 인지적 구성을 경험하게 된다. 매체 내용과 자신의 사고 틀을 시험하고 통합할 수 있는 경험을 한다. 이것이 매체를 통해 사회적으로 공유하는 지식을 학습하는 인지활동이다. 이런 경우 매체는 학습자에게 상황적 인지를 제공한다.

이 장에서는 멀티미디어 매체를 사회적으로 공유하는 인지구조나 지식을 매체의 형식으로 변화된 대상으로 본다. 따라서 학습 활동이나 인지능력의 변화는 학습자가 자신이 경험하고 구성한 인지구조와 매체가 내포하고 있는 인지구조와의 유사성과 통합성을 찾는 경험에서 발생하는 것으로 가정한다. 학습이나 인지과정이란 유기체가 환경에서 제공되는 정보를 처리하는 것이다. 이뿐 아니라 유기체는 환경과의 상호작용을 통해 자신의 지식이나 인지구조를 재구성하는 것으로 인지발달, 학습이 이루어진다. 멀티미디어 매체를 이용한 학습이나 인지능력의 변화를 도모할 때 우리가 고려해야 할 점은 바로 이 점이다. 왜냐하면 멀티미디어 매체 또한 매체를 제작하는 사람이나 집단이 가지고 있는 인지구조에 따라 내용이 조직화되어 있기 때문이다. 학습자는 이런 체계화된 내용구조를 자신의 인지틀에 맞추어 재구성하는 작업을 해야 한다. 따라서 이 과정에서 능동적인 학습자만이 아니라 매체가 가지고 있는 다양한 내용구조도 고려해야 한다. 학습자와 매체 각각이 가진 학습 방식이나 인지구조가 서로 통합될 수 있는 방법이 무엇인가를 탐색하는 것이 새로운 과제이다.

3. 멀티미디어 매체의 효과에 대한 인지적 관점

새로운 경험이나 정보처리 과정의 학습이란 유기체 내의 지식이나 정보의 재구성 과정이라고 본다. 인지의 구성주의(constructivism)적 관점에서는 개인의 지적 능력이 하나의 구분되는 사고체계나 틀로 존재하며, 이것은 유기체가 환경과 경험하면서 체계적인 변화과정을 거친다고 보았던 입장이 구조주의(structuralism)에 기초한 Piaget의 인지발달이론이었다면, 개인의 사고능력의 변화가 사회문화적 맥락 속에서 어떻게 형성되며 이러한 인지구조의 형성은 어떻게 이루어지는가를 보려는 입장이 구성주의(constructivism)라고 할 수 있다.

구성주의의 관점에서 인지능력의 변화 또는 인간의 지식구조의 형성에 대한 연구는 구조주의와는 다음과 같은 차이가 있다. 즉, Piaget의 경우 인지구조의 존재를 인간 내적인 산물로 보고, 이것의 변화과정이 인지발달이나 인지능력의 변화를 의미하는 것으로 해석하였다. 그러나 구성주의의 입장은 이와 다르다. 즉, 이 관점에서는 사회적 과정들을 인지로 취급하게 하여 사람들이 사회적 목적과 상호작용의 특정 조건 하에서 지식을 공동으로 구성하게 만드는 방식을 분석하였다. 사회적 맥락 속에서 각기 다른 사람들이 동일한 대상에 대한 사고를 어떻게 형성할 수 있게 되며, 각각 다른 사람들의 사고과정이 어떤 공통적인 의미와 내용을 지닌 지식체계로 구성될 수 있는지에 관심을 가진다.

최근에 들어서 외적 표상(external representation)의 형성에 의한 학습보다는 구성주의에 기초한 탐구학습과 협동학습이 다시금 강조되고 있다. 외적 표상이란 학습자가 해독하고 내재화시켜야 하는 개념, 제약 혹은 모델을 말하는 것이다. 전통적인 학습 견해로 보면 전문가의 심성모델을 명확히 전달하는 외적 표상일수록 학습 효과가 높다. 그러나 실제로 초보자가 학습하는 경우를 살펴보면, 초보자는 무엇을 해야 하는지조차 알지 못한다. 뿐만 아니라 어떠한 방식으로 이러한 시각적 모델을 내재화시켜야 하는지, 무엇에 주의를 기울여야 하는지도 잘 알지 못한다. 다시 말하면 초보자는 전문가와는 다른 심성모델을 가지고 있다. 따라서 대상에 대한 주의, 지각, 세상에 대한 기술, 세상지식, 세상과 상호작용하는 방식, 가치 등 모든 면에서 차이가 난다. 학습 활동은 단순히 상징재료의 이해나 습득과 같은 인지과정이 아니다. 구체적인 대상이나 맥락과의 상호작용을 통해 일어난다. 인터렉티브 멀티미디어가 가지는 학습효과는 간접적이라는 사실을 시사한다(Dewey, 1938; Vygotsky, 1978).

인터렉티브 멀티미디어가 컴퓨터 보조학습(computer assisted instruction)이 지능형 교사(intelligent tutoring)와 직접 차이가 나는 이유는 다음과 같다(Roschelle, 1992). 첫째, 멀티미디어 교재는 하나의 구체적인 문제상황을 제공한다. 문제상황을 마치 실재의 경우처럼 모사하여 나타낸다. 학습자는 구체적인 학습맥락 속에서 문제를 경험한다. 하지만 학습자가 문제 그 자체에 대한 구체적인 해결방안을 따라가는 것은 아니다. 학습자의 지각, 해석, 판단 등에 따라 문제상황은 달라진다. 이것은 멀티미디어 학습활동의 두 번째 원리인 초점과 맥락을 제공하는 특성과 관련 있다. 인터렉티브 멀티미디어의 세 번째 차별성은 상호 의사소통적 행위가 가능하다는 것이다. 컴퓨터와 학습자가 상호 의사소통을 하듯이 이루어진다. 네 번째 특성은 학습 행위와 내용이 하나의 구체적인 의미적 맥락으로 연결되어 있다는 것이다. 따라서 이전 활동과 이후 활동과의 상호 관련성을 확인할 수 있다.

사회적으로 공유된 인지 그리고 상황적 인지라는 관점이 적용된 멀티미디어 매체의 학습 기제는 매체의 세부적인 특성들이 사용자의 각 인지활동에 대한 보조 기능을 수행함으로써 학습 효과가 있다. 인지발달을 위해 매체가 활용될 수 있다는 말은 새로운 사회적 상호작용의 맥락이나 대체 경험이라는 의미이다.

멀티미디어 매체가 가상적 사회적 맥락으로 기능하면서, 학습활동을 보조할 수 있다는 사실을 확인하기 위해 우리는 몇 가지 학습과 관련된 인지과정에 대한 가정이나 관점을 필요로 한다.

첫째, 역동적 인지(dynamic cognition)에 대한 가정이다. 이것은 인지 자체보다는 인지적 행위를 강조하는 기능적 체계로서의 인지를 말한다. 지식을 인간의 학습 행위라 보면, 전통적 계산주의적 관점(computational model)의 인지는 인간의 인지 현상을 제대로 모델링하지 못한다. 매개변수(parameter)들의 관계로 인지과정을 특징 짓는 방식이 아니라 이들 변수들의 역동적, 비선형적 수리모델을 사용하여 인지현상을

설명하는 것이 필요하다. 기존의 인지심리학 이론들이 인지상태를 시간의 어느 지점
에 고정되어 있는 정적(static)인 것으로 보는 것은 단순한 정태적인 계산주의적 관점
의 반영이다. 인지 상태는 시간에 따라 변하며 역동적으로 나타난다. 개인과 환경의
결과물이지 순수한 개인 내적인 속성이 아니다(이정모, 1994). 예를 들면, 유아의 운
동발달(motor development)에서 가장 중요한 것은 시간이 지남에 따라 수행(perfor-
mance)이 어떻게 변하는가이지, 어느 한 시점에서 분석된 인지구조가 아니다. 실제,
과거의 인지이론에서도 시간에 따른 변화가 중요하지 않은 것으로 취급한 것은 아니
었다. 시간의 변화에 따른 것을 살펴볼 수 있는 개념적 틀이 없었기에 이런 관점은 별
영향력을 가지지 못하였다.

　두 번째 입장은 상황적 인지(situated cognition)이다. 상황적 인지의 개념은 먼저 인
지과정을 한 개인이 사회 환경에서 객관적이고 독립적인 입장에서 이루어지는 것이
아니라고 본다. 인지는 주관적이며 사회적으로 구성된 방식으로 맥락에 따른 다른 지
식 경험으로 이루어진다는 입장이다. 우리가 학습하는 것은 특정 상황에서의 행위방
식이다. 이 과정에서 지식이란 공동체가 만들어 낸 것이다. 전통적인 관점의 인지에서
는 개인이 상황과 독립적으로 만든 추상적인 지식의 획득을 가정한다.

　이에 비해 상황 인지이론은 기본적으로 사회적이며 문화적인 지식과 학습을 다루
는 모델이다. 지식의 습득과 학습이라는 것은 개인이 생활하는 세상과 동떨어진 어떤
비인간적이거나 객관적인 세계의 어떤 산물은 아니라는 것이다. 그렇지만 상황적 인
지는 전통적인 관점을 대체하려는 것이 아니라 보완하려 한다. 즉, 지식의 습득과정을
개인적인 활동으로 생각했던 접근방식에서 이 과정에 개입되는 사회적 성향이나 요
인을 보충하려는 움직임이다. 어떤 의미에서 인지활동의 사회적 과정을 완전한 설명
을 할 수 있을 때까지 부분적인 보완책이다. 왜냐하면 학습은 상황과 맥락 의존적으
로 발생하며, 그렇지 못할 경우 전이의 어려움이 발생하기 때문이다.

　셋째, 사회적으로 공유된 인지(socially shared cognition)이다. 이 관점의 특징은 인
지를 사회적 현상으로 보지, 어느 개인의 사적인 행위로 보지 않는다. 우리의 지식, 경
험, 언어 등은 고립된 형태로 획득되는 것이 아니다. 사회적 상호작용을 통해 획득한
결과물이다. 실제로 아동은 사회문화적 맥락 안에서 타인과의 상호작용을 통해 지식

을 획득한다. 사회적 상호작용은 특정한 조건과 상호작용 형태가 필요하다.

Rogoff(1991)는 아동에게서 '계획을 세우는 인지 기술'의 습득을 연구하면서 사회적 상호작용이 단순히 아동의 학습을 증진시키는 것이 아니라, 조직화된 구조 속에서의 숙련활동(apprenticeship)이 인지기술의 학습에 기여한다는 것을 보여 주었다. 그녀는 아동과 성인이 하나의 학습지도자로 역할을 수행하게 하였을 때, 이 둘이 보이는 행동의 차이를 비교하였다. 성인학습지도자의 경우, 명확한 계획 과정을 통해 아동학습자를 인도하는 데 비해 아동학습지도자는 계획에 아주 잘 숙달되어 있는 경우에도 계획을 스스로 하고 단순히 어떤 행위가 실행되어야 하는지를 학습자에게 이야기할 뿐이었다. 즉, 대부분의 아동-아동 학습 조에서는 학습자는 계획 활동에 참가하지 못하였다. 이것은 성인의 경우 아동협력자를 가르치는 것을 공유된 활동의 주요한 목표로 삼은 것으로 보이는 데 비해, 아동학습자의 경우에 과제를 수행하는 것을 자신의 주요 목표로 삼았다(Rogoff, 1991). Rogoff의 결과는 인지적인 수련과정(apprenticeships)은 단순한 기술이나 방식을 배우는 것과는 분명히 구분되는 사회적 의도와 조직화를 요구한다는 것을 보여 주었다.

"사회적으로 공유된 인지의 개념에서 아동의 문화 발달에서의 어떤 기능은 두 가지 차원에서 두 번 일어나는 것으로 보인다. 첫 번째는 사회적 차원이며 그 다음이 심리적 차원이다. 처음에는 사람들 사이의 하나의 심리적인 범주로서 발생하는 것이며, 이것을 통해 아동은 자신의 심리적 범주를 형성하는 것이다. 이것은 자발적 주의과정이나 기억 또는 개념 형성 그리고 의도성의 발달의 경우에도 동일하게 나타난다. 사회적 관계나 사람들 관계들은 모든 고등기능과 이들 사이의 관계의 기초를 이루고 있다(Vygotsky, 1981b, p. 163)."

4. 사회적 인지 도구로서의 멀티미디어 매체

사회 경험과 관계 속에서 개인이 보이는 모든 정신 기능은 사회 생활에 참여함으로써 나타난다. 개인 내의 심리 기능이 보여 주는 특정 구조나 과정 또한 개인 간의 영역에서 일어나는 심리 기능의 발생 전조가 될 수 있다. 개인에서의 고등 정신 기능은 외적인 사회적으로 조직화된 과정의 단순하고 직접적인 복사판은 아니다. Vygotsky의 경우 자연적인 언어의 중재와 더불어 여러 가지 산술방식이나 기억기술 또는 상징체계 등이 심리적 도구로 사용될 수 있다고 구체적으로 언급하였다(Vygotsky, 1981a, p. 137). 사회적 속성에 지배되지 않은 상징적 도구의 활용은 Vygotsky가 인간 정신 기능을 설명하는 데 주요한 기준이 되었다. 첫째는 심리적 도구를 행동과정에 포함시켜 정신기능의 흐름과 구조를 변형시킨다(Vygotsky, 1981a, p. 137). Vygotsky는 심리적 도구, 즉 언어의 도입은 정신 기능의 근본적인 변형을 일으키는 것으로 보았다.

　중재적 도구가 정신 기능의 형태를 변화시킨다는 주장은 Vygotsky에만 한정된 것은 아니다. 인지발달에 대한 많은 현대적 이론들은, 점차 정교화되는 중재의 형태(표상이라고 불리는 것)가 발달하는 인간이 시간과 공간 속의 대상을 더욱 복잡하게 조작 할 수 있게 한다고 본다. Vygotsky의 경우 도구에 담겨진 '상징'의 속성은 유기체나 개인에 속한 것이 아니고 사회적인 것이다(Vygotsky, 1981a, p. 137). 중재적 도구로 이용되는 매체들은 사람들 사이의 심리적 과정에 사용되기 전에 이미 사회적이다. 이것은 사회문화적인 진보에 의해 이루어졌기에 사회적인 맥락에 적합하게 이루어져 있다. 이런 도구들은 유전이나 본능에 의해 인간이 가지게 된 것이 아니라 사회적 환경 속에서 중재적 도구로 활용함으로써 획득하게 된 것이다(Leont' ev, 1959).

　공유되는 속성으로서의 인지발달이라는 관점은 학습과정을 몇 가지 매개변수에 의해 좌우되는 정보처리의 입장으로 보지 않는다. 무한대의 비선형 공간에서 학습이 일어나는 것을 가정한다. 이런 경우, 학습은 한두 개의 지배적인 단서에 의해 이루어지기보다는 헤아릴 수 없는 많은 단서들이 어떤 구조화된 공간 속에서 하나의 조직으로 나타난다. 따라서 멀티미디어 매체로 다양한 정보나 자극을 제공하지만, 이것이 개별의 정보특성에 좌우되지 않는다. 이런 이유로 학습자는 통합적인 정보들의 구조화된 학습이 가능하다. 다양한 정보를 수용하고 처리하는 과정에서 개별적인 정보단서들보다 다양한 매개변수들이 만들어 내는 하나의 공통적인 공간(field)을 경험한다. 이런 측면에서 본다면, 상황적 인지와 사회적으로 공유된 인지발달의 입장은 멀티미디어 매체를 인간의 머릿속에 있는 정보의 활용이라는 측면보다는 외부에 존재한 정보를 포괄적으로 활용하게 만드는 도구이자 맥락으로 본다(Resnick, Levine, & Teasley, 1993).

상황적 인지에서 멀티미디어 매체는 내적 인지과정을 매개하면서 새로운 지적 환경을 만들어 준다. 하나의 가상적인 학습 상황을 조직화하여 학습자에게 제공하기에, 학습자는 혼자서 할 수 있는 인지나 학습 수준을 넘어서는 학습이 가능하다. 뿐만 아니라 학습자는 멀티미디어 매체가 제공하는 학습 맥락 속에서 사회적으로 구성된 학습자료를 개인적으로 습득한다. 사회적으로 공유된 인지과정이 발생하는 경우이다. 이것은 마치 지적 능력의 발달이라는 것이 단순히 필요한 정보를 그 양의 측면에서 축적하는 과정을 통해 일어나는 것이 아니라, 특정 자극이나 내용에 대한 새로운 맥락을 다른 구성원들과 공유할 수 있는 능력의 증가에서 일어난다고 보는 것과 동일한 주장이다. 따라서 멀티미디어 매체의 학습 효과를 논의하는 작업은 어떤 내용으로 어떻게 구조화되어 있는가의 문제보다는, 이 매체들이 학습자의 흥미나 동기 요인을 얼마나 유지시키며, 상호작용할 수 있는 여지를 얼마나 제공할 수 있는가의 여부에 달려 있다.

멀티미디어 교재를 통해 학습자는 학습물에 반응하고, 이것에 따른 효과를 구체적으로 경험하게 된다. 이 경우, 학습은 실제 행위를 통해 이루어진다(learning by doing). 즉, 교사의 설명을 일방적으로 듣는 과정을 통한 정보의 흡수나 수용과 같은 수동적인 정보처리보다는 학습자가 실제로 학습 환경의 적극적인 탐색을 통해 필요한 정보를 수집하고 스스로 재구성하도록 유도하는 학습이다. 이런 학습 과정을 일반적으로 탐구학습이라고 한다. 학습자는 탐구학습을 통해서 교사가 아닌 자신이 학습의 통제권을 지니고 있으므로 스스로 학습의 주체임을 느끼게 된다. 실제 문제상황에서 다양한 탐구활동을 통해 획득된 지식은 오랫동안 기억되며 실생활에서의 문제해결 시 전이가 용이하다(Towne, Jong, & Spada, 1993).

5. 맺음말

인터렉티브 멀티미디어를 이용한 교육은 학습자의 자발성을 높여 줄 뿐 아니라, 학습 과정에 대한 구체적인 이해를 높여 주는 효과가 있다. 학습 내용이 구체적인 맥락으로 제시됨으로써 학습자는 상징 개념들에 대한 구체적인 이해를 높인다. 그렇다면 매체에서 강조되는 여러 가지 특성들이 학습 활동에 직접적인 효과가 있다고 평가할 수 있을까? 멀티미디어 교재를 사용한 사람들이 교재의 주요 특징을 학습 내용으로 받아들이는가의 문제는 앞으로 매체를 어떻게 디자인하고 설계할 것인가에 대한 흥미로운 논쟁을 불러일으킨다. 상황을 가능한 유사하게 묘사하거나 흥미를 높여 주는 애니메이션이나 인터렉티브적인 속성 강조하는 것이 학습 효과와는 어떤 효과가 있는가를 밝히는 것이 필요하다.

현재의 멀티미디어 매체의 효과에 대한 연구는 교재를 사용한 사람들을 대상으로 무엇을 보았으며, 또 어떤 활동이 이루어졌는가에 대한 개략적인 형식 평가이다.

이것을 위해 다음과 같은 다섯 가지 기준이 활용된다. 첫째, 멀티미디어 프로그램이 의도했던 학습 목표(objectives)를 얼마나 달성하였다고 생각하는지, 둘째, 교재에서 다루어진 내용, 즉 프로그램에서 가르치고자 하는 특정 자료나 기술이 얼마나 잘 나타났는지, 셋째, 그 내용이 얼마나 체계화된 교수 설계에 의해 이루어졌는가를 평가한다. 이 경우, 교수 설계란 교수 방법에 대한 접근을 의미하는 것이다. 학습자에 대한 교수 방법, 학습활동에 대한 평가 절차 그리고 학습자의 반응에 대한 강화 기법 등이 적용된다. 네 번째의 중요 기준이 피드백의 유무이다. 피드백이란 학습자의 활동에 대해 교사나 개별 학생에게 제공되는 정보의 유형이다. 마지막으로, 학습자가 교재를 활용하여 구체적으로 수행한 활동과 이것에 대한 사용자의 구체적인 평가 내용이다.

새롭게 나타나는 인터렉티브 멀티미디어 매체를 이용한 학습이 얼마나 더 효율적이며, 또 더 효과적인 학습이 가능할 수 있는가를 평가하기 위해서 위에서 언급한 기준들을 적용하는 것은 멀티미디어 매체를 이용한 학습활동에서 일어나는 상호작용적인 매체의 특성과 상황인지적 과정을 무시하고, 일반적 학습 효과 평가의 패러다임을 무작정 적용하는 우를 범하는 것이다. 멀티미디어 매체의 효과를 평가하기 위해서는 매체의 특성과 더불어 이 특성들이 사용자의 인지과정과 행동을 어떻게 변화시키며 또 어떤 활동을 유발시키는지를 살펴보아야 한다. 이런 과정이 없이, 단지 교재의 내용에 중심을 두어 교수 설계를 하거나 단순한 성취 정도만을 평가한다면 매체의 학습유용성을 제대로 알지 못하는 오류를 범하게 된다. 이런 방식은 마치 지능적인 컴퓨터나 멀티미디어 교재가 교사를 대신하여 학생을 가르칠 수 있다는 기술 만능주의적 사고와 유사하다. 인지발달의 관점과 사회인지의 사고가 학습장면에 더 적극적으로 활용될 필요가 있다.

참고문헌

이정모(1994). 인지심리학의 제 문제 1: 인지과학적 연관, 성원사.

황상민, 김성일, 이정모(1998), 멀티미디어 타이틀의 내용 구조에 따른 학습행동의 분석: 상황화된 인지(Situated Cognition)의 중개자로서의 멀티미디어 매체의 효과와 기능, 한국 인지과학회 98 춘계 학술대회 심포지엄, 6월 13일.

황상민, 조광수, 김성일, 최상섭, 김소영, 이정모(1998), 멀티미디어 매체의 특성과 학습 효과에 대한 탐색적 연구, 교육공학, 한국교육공학회, 14권 2호.

Alty, J. L.(1991). Multimedia: What is People and how do we exploit it? In D. Diaper & N. Hammond(Eds.). *People and computer IV*. CUP: Cambridge.

Gresham, J.(1994). From visible college to cyberspace college: Computer conferencing and the transformation of informal scholarly communication networks. *Interpersonal Computing and Technology Journal*, 2(4), 37~52.

Kirshner, D. & Whitson, J.A.(1997). *Situated Cognition: Social, Semiotic, and Pychological Prspectives*, LEA, NJ.

Lave, J.(1988). *Cognition in practice: Mind, mathematics and culture in everyday life*. Cambrdige, England: Cambrdige University Press.

Lave, J.(1997). The culture of acquisition and the practice of understanding, In D. Kirshner, & J. A. Whitson(Eds.), *Situated cognition: Social, semiotic, and psychological perspectives*,

New Jersey: LEA.

Leont' ev, A. N.(1959). *Problems in the development of mind, Moscow*: Progress Publishers.

Rieber, L. P.(1989). *The effect of computer-animated elaboration strategies and practice on factual and application learning in an elementary science lesson.* Journal of Computing Research, 5(4), 431~444.

Rogoff, B.(1990). *Apprenticeship in thinking: Cognitive development in social context.* New York: Oxford University Press.

Rogoff, B.(1991). Social interaction as apprenticeship in thinking: Guided participation in spatial planning. In L. B. Resnick, J. M. Levine, & S. D. Teasley(Eds.), *Perspectives on socially shared cognition.* NY: APA.

Roschelle, J.(1992). Learning by collaborating: Convergent conceptual change. *Journal of the Learning Science*, 2, 235~276.

Resnick, L. B., Levine, J. M., & Teasley, S. D.(1993). *Perspectives on Socially Shared Cognition*, American Psychological Association, Washington, DC.

Saur, E.(1994). Creative Collaboration Online. Journal of the International Society for Technology in Education, 21, 38~40.

Towne, D. M., Jong de T., & Spada, H.(1993). *Simulation-based experiential learning.* Berlin Heidelberg: Springer-Verlag.

Vygotsky, L. S.(1978) *Mind in society: The development of higher psychological processes.* Cambridge, MA: Harvard University Press.(Original material published in 1930, 1933 and 1935.)

Vygotsky, L. S.(1979). The genesis of higher mental functions: In J. V. Wertsch(Ed.), *The concept of activity.* New York: M.E. Sharpe.

Vygotsky, L. S.(1981a) The instrumental method in psychology. In J. V. Wertsch(Ed.), *The concept of activity in Soviet psycholoy*(pp. 134~143). Amonk, NY: Sharpe.

Vygotsky, L. S.(1981b) The genesis of higher mental functions. In J. V. Wertsch(Ed.), *The concept of activity in Soviet psycholoy*(pp. 144~188). Amonk, NY: Sharpe.

Wagenaar, W. A., Varey, C. A., & Hudson, P. T. W.(1984). Do audiovisuals aid? A study of bisensory presentation on the recall of information. In H. Bouma & D. G. Bouwhuis(Eds.) *Attention and Performance X*, Hillsdale, N.J.: Lawrence Erlbaum.

9

프로그래밍 심리학

이건효

프로그래밍 과정은 복잡한 지식과 전략을 필요로 하는 문제해결 과정이며 프로그래 밍 기술은 장기간의 학습과 숙련을 필요로 하는 인지적 기술이다. HCI 연구에서 사용 자 중심의 소프트웨어의 개발에 대한 요구와 개발 과정의 효율성에 대한 요구는 개발 자인 프로그래머와 개발 과정에 대한 전문적인 심리학적 연구의 필요성을 제기하였 고 그 결과 '프로그래밍 심리학'이 탄생되었다. 이 장은 프로그램 심리학의 주요 주 제들인 프로그래머의 인지적 행동적 특성과 문제 해결 과정으로의 프로그래밍 과정 동안의 지식 표상과 인지적 전략에 대한 주요 선행 연구 결과들을 소개함을 목적으로 하였다.

1. 서 론

1) 개 관

'소프트웨어 심리학(software psychology)'이란 용어를 처음 사용한 것은 1977년 Tom Love에 의해서이지만, 컴퓨터 프로그래머들의 행동적 특성에 대한 심리학적 연구들은 일찍이 1950년대에서부터 시작되었으며(Curtiss, 1988), Sackman(1970)의 인간-컴퓨터 문제해결 과정상의 시간 분할에 대한 심리학적 실험 연구는 당시 컴퓨터 과학 분야에 인간 요인에 대한 새로운 논쟁거리를 제공하였다. Weinberg(1971)는 자신의 저서 『The Psychology of Computer Programming』에서 컴퓨터 프로그래밍 작업 과정에 대한 심리학적 문제들에 대한 고려가 있어야 함을 주장하였고, Shneiderman (1980)은 『Software Psychology』에서 프로그래밍 언어의 구조와 훈련에 대한 심리학적 연구의 필요성을 강하게 제시하였다. 또한 Sheil(1981)은 그때까지의 프로그래밍에 대한 심리학적 연구들을 개관하면서 다양한 기술들의 집합체로 간주하고 그 행동적 특성이 심리학적 측면에서 연구되어야 함을 주장하고 있다. 그리고 1986년 6월 워싱턴에서 'Empirical Studies of Programmers : ESP' 라는 주제로 첫 번째 워크숍이 개최되면서부터 프로그래밍 과정 및 프로그래머 행동 특성들에 대한 심리학적 실증 연구들이 조직적으로 이루어지기 시작하였다. 이때의 논문을 엮어 놓은 『Empirical Studies of Programmers』라는 책의 서문에 E. Soloway와 S. Iyangar(1986)는 다음과 같은 말로 시작한다.

While considerable effort has already been expended on studying "programs," camparatively little has been expended in the "programmer." ··· By under-standing how and why programmers do a task, we will be in a better position to make prescriptions that aid programmers in their task.

즉, 프로그래밍 심리학의 목적은 프로그래밍 관련 과제 수행 동안의 프로그래머의 심리적 과정 및 행동 특성을 이해하고 프로그래머의 프로그래밍과 수행에 도움이 될 방법론들을 제시하고자 하는 데 있다는 것이다. 1987년 인터넷상에 'The Psychology of Programming Interest Group(PPIG: http://www.ppig.org)'이라는 조직이 결성되어 운영되고 있고, ESP 워크숍이 연계되어 운영되고 있으며, ESP 워크숍은 1998년까지 8회에 걸쳐서 많은 논문들을 창출해 내었다. 1988년 M. Helander에 의해 출간된 『Handbook of Human-Computer Interaction』에서는 'Psychology of Computer Programming'이라는 제목 아래 하나의 섹션으로 다루어지고 있다.

2) 소프트웨어 심리학인가, 프로그래밍 심리학인가?

이상의 개관은 '소프트웨어 심리학'과 '프로그래밍 심리학'에 대한 용어의 구분이 불분명함을 보여 주고 있다. Bill Curtis만 해도 1년을 차이를 두고 출간된 2권의 책에 제출한 서로 다른 2개의 논문에서 한쪽에서는 'Software Psychology: then need for an interdisciplinary program'이라는 제목으로, 다른 한쪽에서는 'Five paradigms ins the psychology of programming'이라는 제목으로 거의 같은 내용을 다루고 있다. 전자의 논문은 Soloway, Brooks, Black, Ehrlich, Ramsey 등과 공동 저술된 것으로, 여기에서는 소프트웨어 심리학을 보다 넓은 영역을 지칭하는 개념으로 그리고 프로그래밍 심리학을 소프트웨어 심리학의 하위 영역으로 구분하고 있다. 그러나 실제적인 논의는 프로그래밍 심리학에 초점을 맞추어 전개하고 있다. Ben Shneiderman(1980)은 소프트웨어 심리학은 인간이 소프트웨어의 구조와 시스템과 상호작용하는 방식과 그 구조와 시스템의 차이가 인간 수행에 미치는 효과에 관련된 인간-컴퓨터 상호작용의 제 측면들에 대한 것이라고 규정하면서, 첫째, 프로그래밍 언어 구조에 따른 프로그램 코드 작성 및 디버깅 수행의 변화 과정, 둘째, 베이터베이스 구조에 대한 개념 모델에 따른 탐색행동의 변화, 셋째, 편집시스템에 대한 사전 경험이 새로운 편집시스템 학습에 미치는 영향, 넷째, 인터페이스 유형에 따른 사용자 지적 특성이 수행에 미치는 영향 등과 같은 주제들이 포함될 수 있음을 주장하였다. 소프트웨어 심리학이 프로그래밍 언어 설계나 사용자 인터페이스 설계 및 유지관리에 주로 관여하는 소프트웨어 공학과 다른 점은 소프트웨어의 제작과 사용에 관련된 인간 행동 특성에 대한 과학적 연구와 모델링, 측정에 강조점을 두는 점이 다르다(Shneiderman, 1979). 소프트웨어 심리학이 인간공학(human factors 또는 ergonomics)과 다른 점은 인간공학이 물리적 입출력 장치의 설계나 시스템 사용 환경에 초점을 맞추는 것과는 달리 소프트웨어의 개발과 사용 과정 상의 인지적 요소들에 초점을 맞춘다(Curtiss, 1988)는 점이다.

그러나 1990년대 들어 마이크로소프트사에 의해서 주도된 PC 플랫폼에서의 윈도우 환경이 급속히 확산되면서부터 GUI(Graphic User Interface)를 비롯한 멀티미디어 유저 인터페이스(multimedia user interface) 기술이 발달하고, 모든 소프트웨어 개발의 근본이 사용자 중심 철학이어야 한다는 인식 아래 소프트웨어 시스템 디자인 작업 자체가 사용자 중심적 디자인(user-centered design)의 문제가 되었고, 앞서 논의된 소프트웨어 심리학의 주된 관심사들이 인간−컴퓨터 상호작용의 연구문제들이 되어 버렸다. 따라서 소프트웨어 공학 역시 인간의 정보처리 요인 및 행동 요인을 함께 고려할 수밖에 없게 되었고, 결과적으로 소프트웨어 공학과 소프트웨어 심리학의 경계 자체가 애매하게 되었다. 처음 소프트웨어 심리학이라는 용어가 나오던 시절부터 프로그래밍 심리학이라는 용어와 경계가 애매했던 것은 컴퓨터 과학 분야에 인지 및 실험 심리학자들의 참여와 기여가 기존의 정보처리 패러다임의 실험적 방법론이라는 한정된 틀 속에서 이루어질 수밖에 없었기 때문이다. 결국 인지 및 실험 심리학자들은 컴퓨터 프로그래밍을 문제해결 과정이라는 기존의 인지심리학적 주제로 간주하고 그 주제에 한정될 수밖에 없었다. Curtiss(1988) 역시 소프트웨어 심리학이라는 주제로 리뷰를 하면서도 논의의 초점을 프로그래밍 심리학으로 좁혀서 맞출 수밖에 없었던 것이다.

이러한 이유로 연구자들마다(Sheil, 1980; Curtiss et al., 1987; Curtiss, 1988; Boehm-Davis, 1988) 소프트웨어 심리학과 프로그래밍 심리학을 개념적으로는 구분하는 것 같으면서도 실제 그들의 논의 속에서는 소프트웨어 심리학의 대표적인 외연(denotation)으로서의 프로그래밍 심리학을 서로 동치 관계 속에 놓고 논의하고 있음을 알 수 있다. 그러나 이 장에서는 '프로그래밍 심리학'이라는 용어를 사용할 것이다. 그 이유는 첫째, 앞서 논의한 것처럼 소프트웨어 심리학의 연구 분야와 소프트웨어 공학의 연구 분야 간의 경계가 불분명해진 점이다. 둘째, 초기 소프트웨어 심리학의 연구 분야들 중 일부 분야들이 인터페이스 기술의 발달로 인한 인간-컴퓨터 상호작용 연구의 또 다른 분야들로 독립되어 가고 있기 때문이다. 예를 들어, Nielson (1993)은 소프트웨어의 사용성(usability)의 설계와 평가 문제를 보다 기술적 측면에서 형식화시킴으로써 사용성 공학(usability engineering)이라는 독립적인 분야로 논의하고 있다. 또 다른 예로는 프로그램 개발에 있어서의 조직행동에 관련된 분야의 연구들은 소프트웨어 시스템 분석 및 설계 및 CSCW(Computer Surpported Cooperative Work)의 한 분야로 연구되고 있다. 마지막으로 최근 멀티미디어 기술의 발달과 컴퓨터 커뮤니케이션 기술의 발달이 절차적이고 연산적인 코드 중심의 프로그래밍에서 객체 중심적이고, 추상화된 상징 조작 중심의 비주얼 프로그래밍으로 프로그램의 흐름이 변화되어서 프로그래밍 과정에서의 지식 표상의 문제나 인지적 모델, 심성모델의 문제 그리고 인지적 전략의 문제 등이 중요한 주제로 부각됨으로써, 프로그래밍 심리학이라는 용어만으로도 인간-컴퓨터 상호작용의 핵심 주제들을 포괄할 수 있게 되었기 때문이다.

2. 프로그래밍 심리학의 연구 주제

1) 개 관

프로그래밍 심리학의 발달은 용어에서 시사되는 것처럼 프로그래밍 도구들의 발달과 관련된 심리학의 발달과 그 궤를 같이한다. 초기에서부터 대략 1980년까지의 연구들에 대해서는 Sheil(1981)에 의해서 잘 정리되어 있다. 이 시기는 개인용 컴퓨터가 대중화되기 전의 시기에 해당하므로 컴퓨터 프로그래밍은 전문교육을 받은 소수의 프로그래머들의 전유물이었다. 심리학 분야에서는 행동주의 이론의 뿌리가 아직도 강하게 남아 있었으며, 정보처리 패러다임이 자리를 잡아 가고 있던 시점이었다. 이러한 맥락은 열악한 프로그래밍 환경에서 프로그래머 교육의 문제와 프로그램 효율성 향상의 문제들이 프로그래밍 심리학의 중요한 연구 문제가 되게 된다.

1980년대 초반 매킨토시사의 APPLE 컴퓨터와 MS-DOS가 탑재된 IBM의 8086 시리즈의 개인용 컴퓨터의 대중화는 컴퓨터 사용자의 폭을 일반 대중들로 넓혀 놓았고, 당연히 컴퓨터 사용에 있어서의 인간 요인 문제, 특히 인간의 정보처리 특성에 대한 관심으로 인간-컴퓨터 상호작용에 대한 논의의 봇물이 터졌고 결과적으로 프로그래밍 작업과 관련된 인지심리학적 주제들이 주로 인지과학적 관점에서 논의되기 시작했으며, 프로그래밍 심리학이 학제적 성격을 띠게 된다. 이 시기의 연구들에 대한 개관은 Curtiss 등(1986)과 Curtiss(1988)에 의해서 이루어지고 있다. 그러나 Curtiss 단독에 의해서 개괄된 내용은(1986)은 그 주제의 범위나 깊이에 있어서 Sheil(1981)의 것과 크게 다르지 않지만, 〈Empirical Studies of Programers〉 워크숍(ESP 1986) 이전의 1986년 논문까지를 개괄하고 있다. 그러나 Soloway나 Brooks, Erlich 등의 인지심리학자들과 함께 개괄한 내용(1986)은 인지심리학적 주제와 인지과학적 관점을 반영하고 있지만 실제로는 1983년까지의 논문들만을 개괄하고 있다. 따라서 프로그래밍 심리학의 중요한 사건 중의 하나인 ESP 워크숍 이후의 논문들이 개괄되지 않았다는 문제가 남는다. ESP 워크숍은 1998년까지 8차에 걸쳐 개최되었으며 오늘날 프로그래밍 심리학의 중요한 발전들이 이곳에서 이루어졌다 해도 지나친 표현이 아니다. 그리고 여기에서 프로그래밍 학습 과정과 프로그래밍 과정, 문제해결 과정으로서의 프로그래밍, 초보자와 전문가의 차이, 의사소통 매체로서의 프로그래밍 등의 인지심리학적 관점의 실증적 연구들이 주로 이루어지게 된다.

1990년대 들어서면서부터의 컴퓨터 과학의 발전은 몇 개의 개념으로 축약할 수 없을 만큼 빠르고 폭넓게 이루어졌지만, 무엇보다도 마이크로소프트사의 윈도우체계의 등장으로 인한 사용자 중심 인터페이스의 발전과 인터넷으로 대표되는 컴퓨터 커뮤니케이션의 발전이다. 인지심리학 분야 역시 1980년대 중반 신연결주의에 의해 촉발된 패러다임 쉬프트 논쟁과 함께 학제적 성격이 강한 인지과학의 영향으로 주제 중심적 연구들이 활발해지면서 산학 연구 중심의 응용 연구들이 활발해지게 되어 사람-

기계 상호작용이나 사람-컴퓨터 상호작용에 대한 인지공학적 접근들이 활발하게 이루어지게 된다. 이 시기 프로그래밍 언어 분야에서는 기존의 텍스트 중심이고 절차 중심적인 연산적 프로그래밍에서 1980년대 후반부터 활발하게 논의되고 구현된 객체 중심 프로그래밍과 1990년도 초반부터 시작되어 최근 비약적인 발전을 거듭하고 있는 비주얼 프로그래밍으로 전환하게 된다. 프로그래밍 심리학 역시 절차적이고 연산적인 기존의 프로그래밍 언어와 관련된 주제에서 객체 중심 프로그래밍 언어와 비주얼 프로그래밍 언어로 연구의 무게 중심을 이동시켰다. 그러나 이 시기의 프로그래밍 심리학에 대한 전체적 개관은 아직 이루어지지 않고 있다.

아래에서는 앞서 언급한 세 시기의 연구 주제들에 대한 개관을 통해 프로그래밍 심리학의 연구 주제들을 살펴보고자 한다. 물론 이러한 연대의 구분은 연구자의 임의적 판단에 의한 것일 뿐이며, 기록된 연대는 당연히 절대적 구분을 의미하지 않는다. 당연히 한 시기에서 언급되고 그 다음 시기에서 언급되지 않은 주제라 해서 그 시기에 그에 대한 연구 주제가 소멸되었음을 의미하지도 않는다. 프로그래밍 심리학이라는 분야 자체가 컴퓨터 과학과 기술 그리고 그로부터 파생되는 컴퓨터 산업과 컴퓨터 문화에 의존적일 수밖에 없는 까닭에 때로 어떤 주제는 시의적 중요성이 떨어지기도 함은 물론이다. 아래에서 논의되는 1960년대의 GOTO문의 유해성 논쟁으로부터 시작되는 통제구조에 대한 연구는 구조화 프로그래밍 기법이 완성된 시점에서는 역사적 의미만을 지니게 된 경우가 좋은 예이다.

한편 이 장에서는 프로그래밍 심리학의 연구 주제로 논의되고 있는 주제들 중에서도 인지심리학적 접근과 어느 정도 거리가 있거나 또는 다른 심리학 분야나 심리학 이외의 다른 분야에서 더 활발하게 논의가 되고 있는 주제들은 다루지 않고 있다. 예를 들어, 프로그래밍 프로젝트를 2명 이상의 팀으로 운영하는 경우, 그 팀의 수행과 생산성의 문제, 커뮤니케이션의 문제를 다루게 되는 조직 행동(group behavior 또는 organizational behavior)의 문제가 바로 그런 경우이다. 이 주제는 사회심리학이나 산업심리학, 산업공학 그리고 경영학에서 동일한 주제를 서로 다른 각도에서 폭넓게 논의되고 있는 문제를 컴퓨터 프로그래밍 영역으로 끌어들인 경우이다. 마찬가지의 이유로 '협동적 소프트웨어 개발'이나, '시스템 설계 및 평가', '소프트웨어 디자인 방법론' 등의 주제가 이 장의 논의에서 배제되었다.

2) 컴퓨터 프로그래밍과 심리학의 만남(1980년대 이전)

Sheil(1981)은 Dijkstra(1968)의 GOTO문의 유해성에 대한 논문에서부터 초보자의 프로그래밍 학습에 대한 1981년의 R. Mayer의 연구까지 대략 1970년~1980년의 연구들을 개관하였다. 그는 프로그래밍과 관련된 연구들의 기본 주장은 프로그래밍이 쉽고, 빠르고 실수가 적게 이루어지도록 해야 한다는 것이라는 전제 하에 그때까지의 프로그래밍 심리학에 대한 연구들을 개관하고 있다. 그는 프로그래밍 심리학이란 프로그래밍 작업과 관련된 주제들을 그때까지의 실험심리학적 이론과 방법론으로 접근하여 설명하려는 시도로 보았으며, 그가 개관한 그 시기의 연구들은 주로 행동측정치들을 이용한 것들이었다. 그가 그때까지의 프로그래밍 심리학의 연구 주제들을 대별한 것을 보면 크게 세 가지로, 첫째, 프로그래밍 표기체계(programming notation)의 효율성에 대한 연구들, 둘째, 실제 프로그래밍 장면(programming practice)과 관련된 프로그래밍 방법론이나 도구들의 효과에 관한 연구들, 셋째, 프로그래밍 학습이나 코딩, 디버깅과 같은 프로그래밍 과제들(programming tasks)에 대한 연구들이다.

그러나 Sheil(1981)의 개관은 몇몇 중요한 논문들을 포함시키지 않았는가 하면, 1970년대 말부터 제안되어 오늘날의 프로그래밍 심리학에서 중시되고 있는 프로그래밍 과제와 관련된 인지적 모델이나 지식 표상의 문제를 소홀히 다루고 있으며, 개인차 연구의 필요성을 강조하면서도 실제 그때까지 진행되어온 개인차 연구를 다루지 않았다. 여기에서는 Sheil(1981)의 이 세 가지 범주를 이용하여 1970년대의 연구들을 간략히 개괄하되 그가 누락시키거나 소홀히 다룬 프로그래밍 과제와 관련된 인지적 모델이나 지식 표상에 대한 연구들과 그때까지 이루어져 온 개인차 연구들을 보충하여 설명하고자 한다.

(1) 프로그래밍 표기체계

앞서 언급한 Dijkstra(1968)의 GOTO문의 유해성에 대한 논의는 구조적 프로그래밍 언어(structural programming language)의 필요성에 대한 실증적 근거를 제시한 사건으로 뒤이어 프로그래밍 언어의 특성들의 효율성에 대한 실증적 연구들이 나타난다. 주된 주제는 GOTO문과 조건문 등과 같은 제어 구조의 효율성에 대한 연구들(Dijkstra, 1968; Sime et al., 1973; Green, 1977; Schneiderman, 1976)과 프로그램의 구조화의 효율성에 대한 연구들(Weissman, 1974; Lucas & Kaplan, 1974; Sheppard et al., 1979; Shneiderman, 1980) 그리고 자료형(data type)에 대한 연구(Gannon, 1976, 1977) 등이다. 이들 연구 결과들은 첫째, GOTO문보다는 IF THEN ELSE(구조화된 조건문)이 프로그램의 이해나 학습에 더 효과적이라는 것, 둘째, 조건문 표현에 의해 결정되는 코드 블록의 경계를 구분짓는 범위표식(예 : BEGIN…END)의 이점, 셋째, 조건절 표현을 포함하는 프로그래밍 기술들의 효과가 프로그래밍 과제의 성질에 따라 달라질 수 있다는 점, 넷째, 조건문의 문법을 생성시키는 표준화되고 자동화된 절차가 코딩의 속도와 정확성을 개선시킬 수 있다는 점 등으로 요약할 수 있다.

　Gannon(1976, 1977)의 자료형에 대한 연구는 이후 Miller(1981)의 연구로 이어지며, 프로그래밍 과정은 자료구조를 포함한 제어구조 구축 절차라는 개념으로 발전하면서, 자연 언어는 이러한 절차를 기술하는 데 부적절한 반면 제한적이고 구조화된 자연 언어는 보다 효과적일 수 있다는 결론을 내림으로써 구조화 프로그래밍 언어에 무게를 실어 주고 있다. 다른 연구들에 비해 그의 연구는 사람들은 자료구조를 먼저 생각한 뒤 제어구조를 고려하는 경향이 있다는 심리학적 결론을 내리고 있다. 그러나 아직은 이러한 연구들이 당시의 소프트웨어 공학 분야의 프로그래밍 언어 설계와 관련된 몇 가지 언어적 특성에 대한 실험심리학적 방법을 적용한 실증 연구에 불과함을 알 수 있다.

(2) 코딩 테크닉

Sheil(1981)은 플로차트 사용(flowcharting), 인덴트 사용(indenting), 기억하기 편리한 변인 이름, 주석 달기 등의 프로그램 코딩 동안의 기술들의 문제를 'programming practices'라는 주제로 묶어 논의하고 있다. 플로차트나 인덴트의 사용은 제어구조의 또는 제어의 흐름에 대한 이해에 효과가 있을 것이라는 것이 그때까지의 초기 단순한 프로그램 과제들에 대한 연구 결과들로부터의(Wright & Reid, 1973; Blaiwes, 1974; Kamman, 1975) 추론이었다. Mayer(1976)는 다이어그램의 사용이 관련 정보들의 조직에 도움이 되지만, 구조화된 언어 형태를 사용한 경우에 대해서보다 효과적인 것은 아님을 보고하고 있다. 그리고 Brooks(1980)의 반론에도 불구하고 Shneiderman 등(1977)과 Ramsey 등(1983)은 플로차트의 사용이 프로그래밍 과제 수행을 촉진시킨다는 아무런 실증적 증거도 얻지 못했으며, 인덴트의 사용 역시 기대만큼 큰 효과를 내지 못하는 것으로 나타났다고 주장했다(Shneiderman, 1980). 의미적으로 일관된 변인 명칭 사용의 기억 효과는 긍정적으로 나타났지만(Shneiderman, 1980), 전문적인 프로그래머들에게서는 그 효과가 크지 않은 것으로 나타났다(Sheppard et al., 1979). 코멘트의 사용 효과에 대한 코드 수정 및 회상 수행에 대한 연구에서(Shneiderman, 1977) 상위 수준에서의 코멘트가 하위 수준에서의 코멘트보다 코드 회상 및 수정 수행에 촉진효과를 보인 것으로 나타났지만, 유사한 연구에서는(Sheppard et al., 1979) 두 조건 간에 아무런 차이도 나타나지 않은 것으로 나타났다.

그러나 Fitter와 Green(1979)은 이러한 코딩 기법들을 잘 사용할 경우 상징적 정보로서의 역할뿐만 아니라 지각적 단서의 역할도 할 수 있으며, 유용한 정보에 초점을 맞춰 주는 관련성(relevance), 불필요한 표현을 금지시키는 제약성(restriction), 특정 중요 정보를 강조해 주는 중복코딩, 문제해결구조를 지각적으로 모사해 주는 암시성(revelation), 변화가 일어났을 경우 쉽게 수정할 수 있는 보수성(revisability) 등을 얻을 수 있음을 제안하였다. 그러나 Sheil(1981)은 프로그래밍 기술과 관련된 일반적인 직관들이 반드시 맞는 것도 아니며, 그 직관은 반드시 경험적 검증을 거쳐야 함을 주장한다. 그리고 이러한 연구들은 과제의 특성, 피험자의 특성, 프로그래밍 환경의 특성 등이 함께 고려되지 않은 상식 심리학적 접근이라는 비판의 여지를 남기고 있다.

(3) 프로그래밍 과제

Mayer(1992)는 컴퓨터 프로그래밍을 일종의 문제해결 과정으로 정의하고 다음과 같은 네 가지 유형의 과제에 대한 문제해결 과정을 포함한다고 보았다. 즉, 자연 언어로 기술된 문제에 대한 진술을 컴퓨터 코드로 써내는 만들기(creating) 과제, 컴퓨터 코드로 쓰여진 프로그램을 자연 언어로 설명하는 이해하기(comprehending) 과제, 기존에 만들어진 프로그램을 다른 목적으로 수정하는(modifying) 과제, 잘못 쓰여진 컴퓨터 코드를 프로그래밍 규칙에 알맞게 교정하는(debugging) 과제 등이 컴퓨터 프로그래밍이라는 과제 속에 포함된다고 보았다(Card, Moran, & Newell, 1983; Carroll, 1987; Shneiderman, 1980).

그러나 Sheil(1981)은 프로그래밍과 관련된 과제에는 프로그래밍 언어 학습, 실제 프로그램을 작성하는 코딩(coding), 에러를 탐지해 내고 수정하는 디버깅(debugging) 그리고 사용 현장에서의 검증(testing) 등의 활동이 포함된다고 구분하고 있다. Mayer(1992)의 구분에 비하여 프로그래밍 언어 학습이라는 활동이 추가된 반면, 프로그램에 대한 이해하기와 수정하기가 빠져 있는 것을 알 수 있다. 프로그램 이해하기는 1980년대 들어 프로그램 코드에 대한 이해뿐만 아니라 프로그래밍의 결과물인 소프트웨어에 대한 이해의 문제로까지 확대되며, 프로그램을 다른 목적에 맞게 수정하기는 프로그램의 대형화와 다양화에 따라 소프트웨어 개발 및 보수 유지 과정과 관련하여 재사용(reuse)의 문제로 확대되며, 객체 지향 프로그래밍(Object-Oriented Programming, OOP)이 이러한 목적에 부합되는 프로그래밍 기법으로 자리매김을 하게 된다. 하지만 1970년대에는 '프로그램 이해하기'에 대한 본격적인 연구는 시작되지 않았다. 이에 대한 본격적인 논의는 1980년대에 들어서면서부터 시작된다.

프로그래밍 언어 학습 Mayer(1976b, 1981)는 초보 프로그래머들을 훈련시키는 데 적용될 수 있는 심리학적 이론과 연구에 기초한 몇 가지 훈련 기술들을 기술했다. 그는 특히 새로운 정보의 윤곽을 파악하는 데 도움이 되도록 advanced organizer(AO)들을 제시하여 초보자들로 하여금 새로운 정보들은 자신의 기존의 지식 구조 속으로 쉽게 동화시킬 수 있도록 해 주어야 함을 강조하였고, 가장 효율적인 AO는 프로그램이 수행될 기계에 대한 구체적인 모델(예 : 메모리 설명을 위해 칠판의 비유를 사용)이라고 설명하였다. DuBoulay 등(1981)은 특정한 명령어에 대해서만 적용되는 '개념적 기계'라는 개념으로 확대하면서 학습자로 하여금 내부 처리 과정에 대한 가시성 제공이 초보 학습자에게 중요함을 강조하고 있다.

Shneiderman과 Mayer(1979)는 프로그래밍 학습 과정 동안 되어야 할 장기기억 내의 지식구조에 대해서 상호 독립적인 의미적 지식과 통사적 지식으로 이루어진 지식구조 모델을 제시한다. 의미적 지식은 프로그램이 작성되는 프로그래밍 언어와는 독립적으로 짜여질 프로그램이 사용될 응용 영역에 대한 개념과 관계성들에 관련된 지식이고 통사적 지식은 해당 프로그래밍 언어의 구현적 특성에 대한 지식이다. 프로그래밍 기술의 습득 과정은 바로 프로그래밍 언어의 구현 특성에 대한 통사적 지식과 목표 과제 영역에 대한 의미적 지식을 통합하는 과정임을 강조한다.

이상의 연구들은 프로그래밍 학습 과정이 단순한 기계적 반복 훈련에 의해 습득될 수 있는 기술 훈련이 아니라 학습자의 내적 지식 표상을 적극적으로 활용하는 인지적 과정임을 제안하고 있다. 그러나 이 당시까지만 해도 이에 대한 실증적 증거들은 제시되지 못하고 있다. Sheil(1981)은 Mayer의 지식 모델 이론에 대해서 실증적 증거들로 검증되지 않은 가설일 뿐이라며 비판하지만 Mayer는 1992년에 그때까지의 프로그래밍 심리학의 다양한 실증적 증거들을 토대로 하여 통사적 지식과 의미적 지식에 도식적 지식과 전략적 지식을 추가한 네 수준의 지식 모델을 제공한다.

코딩 프로그래밍이란 주어진 문제의 해결 과정을 컴퓨터 논리와 언어로 기술하는 과정이다. 따라서 프로그래밍 과정은 주어진 문제해결을 위해 문제에 대한 자연 언어 차원의 문제 해석 과정 그리고 컴퓨터의 구조적 특성과 처리적 특성에 대한 지식을 동원하여 문제해결 전략을 세우고 알고리즘을 구현한 후 프로그램 언어로 부호화하는 과정으로 볼 수 있다. 물론 오류 발생 시 오류를 점검하고 수정하는 디버깅 과정이 실제 프로그램 작업 도중에 추가될 것이다. 첫 번째 과정인 문제 해석 과정은 자연 언어를 통하여 기술될 수 있고, 자연 언어를 사용하는 사고의 논리에 따라 재구성될 수 있다. 두 번째로 계획 수립 과정에서는 인간의 자연 언어 논리를 컴퓨터의 구조와 처리 특성에 맞게 조정된 프로그래밍 논리로 변환시키는 과정을 포함한다. 이 경우 대부분의 초보자들은 컴퓨터와 프로그램 언어에 대한 지식의 결핍으로 적절한 심성모델을 형성할 수 없는 이유로 많은 실수를 저지르게 된다. 세 번째로 알고리즘 구현 과정은 컴퓨터 프로그래밍 언어의 논리와 문법에 대한 구체적 지식을 필요로 하게 된다. 마지막이 구현된 알고리즘을 선택된 프로그래밍 언어로 옮겨 쓰는 과정이다. 코딩 작업은 디버깅 과정을 제외한다고 하더라도 문제 해석 과정, 계획 수립 과정을 전제해야 하며, 넓게는 알고리즘 구현 과정과 옮겨 쓰기 과정을, 좁게는 옮겨 쓰기 과정으로 보아야 할 것이다.

이 시기의 '코딩' 관련 연구는 Brooks(1977)의 프로토콜 분석 연구 이외에는 발견하기 힘들다. Brooks(1977)는 단 한 사람의 유경험 프로그래머를 대상으로 과제의 난이도와 복잡성이 각기 다른 23개의 프로그램 문제에 대한 프로그램 코드를 프로토콜로 수집하여 분석하였다. 이 분석은 1980년대 프로그래밍 심리학의 Plan-Based theories의 기초가 되는 프로그램 이해에 대한 하향적 가설 검증 모델(Brooks, 1982, 1983)의 중요한 자료가 된다.

디버깅　　소프트웨어 시스템 개발에 있어서 가장 비싼 비용을 들일 수 있는 작업 과정이 바로 이 디버깅(debugging) 과정이다(Sheil, 1981; Kessler & Anderson, 1986). 프로그램은 첫 번째 코딩으로 완결되는 일은 거의 없다. 프로그래머에 의해 작성된 코드는 컴파일 과정(compiling)을 거치면서 문법적 오류(syntactic errors)들이 검색되고, 입력 상태(input state)와 출력 상태의 비교를 통해 연산적 오류들(algorithmic errors)이 검색된다. 'debug'라는 영어 단어가 의미하듯이 문자 그대로의 의미는 벌레를(bug) 잡아내는 작업이다. 당연히 그 벌레들(bugs)은 프로그래밍 소스 코드 안에 있는 것들이다. 그러나 그 벌레들은 바로 프로그래머의 지식이나 전략의 결함의 결과이다(Gugerty & Olson, 1986). 그리고 이러한 문제를 가장 탐색하기 쉬운 방법은 초보자와 전문가의 디버깅 행위를 비교하는 것이다. 따라서 디버깅에 대한 대부분의 연구들은 바로 초보자와 전문가들을 대상으로 한 연구들이다.

디버깅에 대한 최초의 연구는 Youngs(1974)에 의해 이루어졌는데, 그는 여러 유형의 프로그래밍 언어에 있어서 초보자와 전문가의 디버깅 행동을 관찰하고 비교하였다. 오류와 그에 대한 디버깅 행위들이 관찰되었고, 전문가들이 초보자들에 비해 더 오류를 적게 범할 뿐더러 탐지도 빨리 하고 교정도 빨리 하는 것이 관찰되었다. 그는 전문가들의 우수한 디버깅 행위가 우수한 진단기술에만 있는 것이 아니라 표면적으로 나타나는 의미적 불일치를 쉽게 발견할 수 있는 능력에 있다고 결론을 내렸다. 이후 FORTRAN과 IBM Scientific Soubroutine Package를 이용한 연구들(Gould & Drongowski, 1974; Gould, 1975)에서는 전문가들의 디버깅 행위를 관찰하여 배열 사용시의 카운트 변수에 대한 오류 탐지보다는 변수 할당 작업 시의 오류 탐지가 더 곤란함을 관찰하였고, 이는 후자가 전자에 비해 프로그램 전체에 대한 지식 표상을 요구하기 때문이라고 생각했다.

초기의 디버깅에 대한 연구들은 '프로그램 이해'에 대한 연구들과 함께 프로그래밍 과정을 하나의 문제해결 과정으로 보는 관점을 열었고, 프로그래밍 심리학 연구에 있어서 전문가와 초보자의 비교 연구(Kessler & Anderson, 1986; Gughery & Olson, 1986; Weiser, 1986; Corver & Risinger, 1987; Nanja & Cook, 1987; von Mayrhauser, 1997)를 시작하게 하였으며, 지식 표상이나 인지적 전략의 문제에 연구자들의 관심을 끌어들이는 역할을 하였다. 그러나 디버깅에 대한 연구들은 1980년대 후반까지 많이 이루어지다가 1990년대에는 많은 연구들이 이루어지지 않았다. 이는 객체 지향적 프로그래밍(Objected-Oriented Programming, OOP) 기법의 발달로 인해 팀작업을 통한 프로그램 개발과 유지, 보수 및 재사용의 문제가 부각되면서 개별 프로그램에 대한 디버깅의 중요성이 약화되었기 때문이다. 하지만 프로그램 교육 및 인공지능 분야의 프로그래밍에 대한 지능형 교수 시스템(Intelligent Tutoring System, ITS) 분야에서는 중요한 주제로 남아 있다.

(4) 개인차 연구

컴퓨터 프로그래밍과 심리학의 첫 만남은 '어떤 사람들이 훌륭한 프로그래머가 될 수 있을 것인가'에 대한 물음에서부터였다(Curtiss, 1988). 1950년대에 개발된 IBM의 'Programmer Aptitude Test(PAT)'는 어떤 인지적 특성을 지닌 사람들이 프로그래머로서의 자질이 있는가를 측정하고자 만들어졌다. 이러한 목적과 검사는 그 시기의 인간과 컴퓨터 간의 상호작용 형태를 그대로 반영한다. 즉, 1950년대의 컴퓨터는 말 그대로 계산기였다. 그리고 그 계산기는 사용하기가 아주 까다로운 기계였다. 사용자 편의성(usability)이라는 것이 전혀 고려되지 않은 관계로 그 까다로운 기계와 상호작용하기 위한 모든 수고는 바로 사용자의 몫이었다. 사용자는 기계의 구조와 작동원리를 이해하고 있어야 했으며, 모든 사소한 지시(instruction)도 인간의 언어와는 전혀 다른 기계어로 작성해야 했다. 결과적으로 컴퓨터를 다루는 사람은 반드시 프로그래머여야 했고, 프로그래머만이 컴퓨터를 다룰 수 있었으며, 컴퓨터를 필요로 하는 기업이나 기관은 반드시 프로그래머도 고용해야 했다. 그리고 프로그래머의 양성은 그때 당시로는 매우 기술 집약적이고 자본 집약적인 작업이 될 수밖에 없었다. 결과적으로 한 명의 우수한 프로그래머를 양성하는 데는 많은 시간과 돈이 들었다. 따라서 적성과 능력에 부합되는 피훈련자를 선발하는 문제는 시간과 돈에 관련되는 문제였고, 이러한 선발 및 훈련에 관련한 한 심리학자들의 참여가 불가피하였던 것이다.

PAT는 수리 추리문제와 도형 유사성 추리, 산술문제 등을 포함하고 있었으며, 일반적으로 그 당시의 화이트칼라 직업 선발시 사용되던 것들이었다. 그러나 불행하게도 애써 만든 PAT의 예측능력은 저조했다. 즉, PAT의 점수와 사후 실제 프로그래밍 능력 수행 간의 상관은 낮은 것으로 나타났다(Reinstedt, 1966). 이유는 당시의 심리학자들이 프로그래밍 과정에 필요한 정신능력 요소들을 이해하지 못했기 때문이었다. 일반능력 검사들이 특정한 프로그래밍 과제 영역 능력(예 : 디버깅)을 측정하는 데 사용되기도 하였으며, 특정 영역 능력(예 : 고급 수학)을 측정하는 검사로 일반적인 프로그래밍 능력에 대한 예측 도구로 사용되기도 하였다(Curtiss, 1988). 그 밖에도 이러한 검사를 통한 선발이 소수 인종들의 직업 참여에 불리하게 작용한다는 두 건의 대법원 판결(Griggs & Duke Power Co., 1971; Albermale Paper Co. & Moody, 1975)이나, 선발 후 수행 평가 시 관리자의 엄정하고 객관적인 평가를 보장할 수 없다는 점 때문에 1960년대 말 프로그래머 선발 검사에 대한 심리학자들의 관심이 수그러들게 되었다.

그러나 프로그래밍 프로젝트들의 크기와 복잡성이 증대되면서 프로그래머들의 수행 능력 간의 개인차는 여전히 중요한 문제로 남아 있었다. 1971년 Wolfe가 고안한 초보자들을 대상으로 한 절차적 지시(procedural instruction) 활용 방식의 검사는 최소한의 예측도를 보였으며(DeNelski & McKee, 1974), 프로그래밍 작업에 대한 총체적인 과제분석에 기초한 검사는 Berger에 의해 만들어진 Berger Aptitude for Programming Test(B-APT)로서 응시자들에게 간단하고 짧은 절차적 언어를 교육한 후 그 언어를 이용하여 다양한 난이도의 문제를 풀도록 한 검사였으며 상당히 높은 타당성을 지닌 검사로 평가되었다. Sackman, Erickson 그리고 Grant(1968)와 Curtiss(1981)는 디버깅 자료들을 수집하여 분석한 결과 프로그래머들 간의 차이가 28:1, 23:1의 커다란 변산을 보인다는 사실을 밝혀냈으며, McGarray(1982) 역시 유사한 정도의 변산을 발견하였다. 그리고 Boehm(1981)은 프로그래밍 생산성에 가장 큰 영향을 주는 요인으로 개인적인 프로그래밍 능력과 프로그램 팀의 프로그래밍 능력을 꼽았다. 이러한 추세는 선발검사의 필요성을 부각시켰으며, 이후 보다 효율적인 프로그래머 선발을 위한 개인차 연구들이 진행되었고 프로그래밍 수행과 관련된 다양한 심리적 요인들을 고려한 연구들이 진행되었다(Chrysler, 1978; Moher & Shneider, 1981; Arvey & Hoyle, 1974). Hackman과 Oldham(1975)은 프로그래머의 동기에 영향을 주는 차원상에서 프로그래밍 작업을 분석하는 모델을 상정했다. 그들의 모델에 따르면 프로그래밍 작업 특성들은(요구되는 기술, 과제 중요성, 과제 윤곽, 과제 수행 동안 보장되는 자율성 정도, 과제 수행 결과에 대한 피드백 정도) 그 작업을 수행하는 개인들의 다양한 심리적 상태(작업에 대해 느끼는 의미, 책임감, 결과에 대한 지식)에 영향을 주게 되며, 이러한 심리적 상태는 최종 수행에 영향을 주게 되며, 그 결과에 따라 자신의 작업에 대한 동기와 만족도, 근무의 성실도, 이직 및 전직률이 결정된다는 것이다. 이 모델은 기존의 개인차 연구를 작업 특성과 심리적 상태 그리고 작업 수행 결과를 선형적으로 연결하는 인과적 관계를 기술했다는 점과 동기의 문제를 다루고 있다는 점에서 의미가 있다. Couger와 Zawacki(1980)는 동기의 역할을 보다 심화시킨 모델을 제시하였다. 그의 모델에서는 지적 적성, 지식, 인지적 스타일과 같은 인지적 요인과 동기구조, 성격 특성, 행동 특성 등의 비인지적 요인들이 프로그래머의 수행에 영향을 주는 것으로 기술되고 있다.

이상의 개관으로부터 1980년대 초반까지의 프로그래밍 심리학에 있어서의 개인차 연구가 주로 프로그래머 선발 및 작업 생산성과 관련된 주제로 전개되었음을 알 수 있다. 이는 이때까지의 인간-컴퓨터 상호작용의 무게 중심이 아직은 컴퓨터 쪽에 치우쳐 있던 시기라는 점을 고려하면 이러한 연구 경향에 대한 이해가 쉽다. 이 시대의 프로그래머라는 직업이 아직은 고도의 전문성을 지녀야 하는 직업이며, 컴퓨터의 주

사용자는 여전히 이들 소수의 전문 프로그래머이던 시절이었기 때문이다.

3) 프로그래밍 심리학과 인지과학의 만남(1980년대 이후)

1980년대는 이미 컴퓨터 과학과 인지과학의 학제적 결합이 활발히 이루어지던 시기이다. 두 과학의 결합은 인공지능의 형태로 나타났고(Curtiss, 1986), 지식 표상(컴퓨터 과학에는 '지식 표현')의 문제와 인지적 전략의 문제가 중요한 쟁점으로 부상했다. 인지심리학 분야에서도 다양한 지식 표상에 대한 이론들이 쏟아져 나오고, 1983년에는 상황모델(situational model)(van Dijk & Kintsch, 1983), 심성모델(mental model)(Johnson-Laird, 1983; Gentner & Stevens, 1983)과 같은 인지적 모델 이론들이 나타났으며, 인간-컴퓨터 상호작용의 무게 중심도 서서히 인간 쪽으로 이동하기 시작하였다. HCI 분야에서도 Card, Moran, Newell(1983)이 'Human Processor Model'이라는 인간-컴퓨터 상호작용 모델과 GOMS(Goals, Operations, Methods, and Selection)라는 과제 행동 분석틀을 제시하였으며, 사용자 중심 설계(user-centered system design)에 대한 방향 제시가 Norman과 Draper(1986)가 편집한 책에서 이루어졌다.

　이러한 시대적 분위기는 프로그래밍 심리학에도 영향을 주어 프로그래밍 과정과 프로그래머에 대한 연구들은 주로 인지적 관점에서 접근된다. 프로그래머의 지식 표상의 문제, 프로그래밍 과제 수행 시의 인지적 전략의 문제 그리고 프로그래밍 학습 모델의 문제 등이 프로그래밍 심리학 연구의 중요 쟁점들이 되게 된다. 그리고 1986년 6월 워싱턴에서 'Empirical Studies of Programmers : ESP' 워크숍이 개최된다. 이 사건은 짧은 프로그래밍 심리학의 역사에서 중요한 사건이 된다. 프로그래밍 과정 및 프로그래머 행동 특성들에 대한 심리학적 실증 연구들이 조직적으로 이루어지기 시작하였기 때문이다. 물론 'ESP 86'이 개최되기 전에도 1980년대 초반에 이미 이러한 심리학적 실증 연구들이 많이 진행되어 왔지만, 컴퓨터 프로그래밍에 대한 심리학적 연구들이 응집력을 지니게 만든 중요한 사건이다. 당시 미국의 Software Psychology Society와 예일, 메릴랜드, 루이지애나 주립대 등의 지원을 받아 개최된 이 워크숍은 50편 이상의 논문이 발표되었고, 그중 일부가 초록으로 발간되었다. 그리고 그 이듬

해인 1987년에는 인터넷상에 Psychology of Programing Interest Group(PPIG)가 생성된다. 그리고 ESP는 1998년까지 8차에 걸친 워크숍을, PPIG는 10차에 걸친 워크숍을 개최했다. 1998년도 8차 PPIG Workshop의 논문 모집 공고에 나와 있는 연구 주제들을 살펴 보면 오늘날 프로그래밍 심리학의 연구 영역의 폭과 넓이에 대한 이해가 용이할 것이다.

- 프로그래밍 초보자와 전문가들에 대한 실증적 연구
- 협동적 소프트웨어 개발
- 그래픽 표기법과 그래픽 환경
- 프로그램의 심리학적 제측면
- 프로그래밍 교육 및 학습
- 디버깅, 트레이싱, 시각화
- 심성모델
- 프로그래밍 패러다임
- display-based programming
- 소프트웨어 디자인 방법론
- 프로그래밍 환경 및 지원 도구
- 프로그램 개발 조직의 문제
- 형식 추론

이상의 주제들만 봐도 오늘날의 프로그래밍 심리학이 컴퓨터과학과 인지과학 그리고 HCI까지 다양한 영역들의 협동 작업을 요하는 강한 학제적 성격이라는 것을 읽을 수 있다. 1980년대 이후의 연구를 다루고자 하는 이 절의 제목을 '프로그래밍 심리학과 인지과학의 만남'으로 정한 것은 바로 이러한 이유이다.

이 장은 이 시기의 프로그래밍 심리학의 연구 주제들을 1980년대 이전의 프로그래밍 과제 중심이 아닌 인지과학적 주제들 중심으로 논의하고자 한다. Curtiss(1986)는 '프로그래밍 지식 구조'와 '프로그래밍 학습'을, Curtiss 등(1988)은 '프로그래머의 지식 표상'과 '프로그래밍과 텍스트 연구의 연결'이라는 주제를 인지과학적 관점과 연관시켜 논의하고 있다. 이 장에서는 '프로그래밍과 지식 표상'의 문제를 먼저 논의하고, '프로그래밍 학습', '프로그래밍 이해', '프로그램 코딩'에 대한 인지적 모델들을 개관하면서 지식 표상의 문제와 인지적 전략의 문제를 논의함으로써 이 시기의 논문들을 개관하고자 한다. 기타 문제해결 과정으로서의 프로그래밍이나, 초보자와 전문가의 문제, 초보자들의 실수 등의 문제는 위의 주제들을 논의하면서 관련 연구들 중심으로 논의될 것이다.

(1) 프로그래밍과 지식 표상

프로그래머의 지식 표상　　프로그래밍 과제 수행 동안 동원되는 지식 표상에 대한 Shneiderman과 Mayer(1979)의 의미적 지식과 통사적 지식 모델은 Mayer(1992)에 의해 도식적 지식과 전략적 지식이 추가됨으로써 네 가지 수준의 지식을 포함하는 모델로 발전된다. Mayer(1992)는 컴퓨터 프로그래밍을 하나의 문제해결 활동으로 간주하고 컴퓨터 프로그래밍이라는 문제해결 과정 동안 적절한 지식 활용의 성공 여부에 의해서 과제 수행의 성공 여부가 결정된다고 보았다.

　먼저 통사적 지식(syntactic knowledge)은 프로그래밍 언어의 개별 요소들과 그들을 관계지우는 규칙들에 대한 지식이다. 개별 요소들에 대한 지식이라 함은 BASIC 언어를 예를 들면 개별 키워드들(예 : INPUT, PRINT, CLS 등)이나 변인 명칭들, 수치 등에 대한 지식이 포함되며, 그들을 관계짓는 규칙이란 문자변수로 지정된 변수에 수치값을 배정할 수 없다거나 변수의 값 배정은 우변의 값을 좌변의 변수로 해야 된다거나 하는 규칙들이다. 의미적 지식(semantic knowledge)이란 컴퓨터 시스템 내부의 위치, 대상, 메모리에 대해서 취해질 수 있는 행위들에 대한 지식을 말한다. BASIC의 경우 위치는 자료 스택, 메모리 공간, 프로그램 리스트, 출력 화면, 키보드 등을 포함하고, 대상은 수치, 포인터, 프로그램 라인 등을 포함하며, 행위에는 탐색, 이동, 삭제, 쓰기 등이 포함된다(Mayer, 1975, 1985). 도식적 지식(schematic knowledge)이란 정렬이나 반복문 또는 계산 수행 등과 같은 다양한 목적으로 사용될 수 있는 루틴들에 대한 프로그래머의 지식이다. BASIC의 경우 DO-WHILE, DO-UNTIL, WHILE-WEND 등이 이에 해당된다. 그러나 단지 이러한 루프의 사용법에 대한 지식뿐만이 아니라,

그것이 언제 어떤 목적으로 어떻게 사용되는지에 대한 지식을 포함한다. 마지막으로 전략적 지식(strategic knowledge)이란 계획을 수립하고 모니터하는 기술을 지칭한다. 전략적 지식은 주로 '소리내어 생각하기(thinking aloud)' 기법으로 측정된다.

Soloway와 Ehrlich(1984)는 언어심리학의 글처리 연구 관점으로부터 프로그래밍 지식을 프로그래밍 담화 규칙(rules of programming discourse)에 대한 지식과 프로그래밍 계획에 대한 지식으로 대별한다. 프로그래밍 담화 규칙이란 변인 이름은 그 기능을 반영하도록 명명하라든지, 애매한 해석이 가능한 코드는 작성하지 말라든지 할당문을 통해 초기화된 변수의 갱신은 반드시 할당문을 통해 하라든지 하는 프로그램 개발 과정 동안의 문체적 지침들(stylistc guides)을 의미한다. 프로그래밍 계획이란 프로그램이 제 기능을 할 수 있도록 수행되어야 할 세부 목표들의 분할과 프로그램이 제대로 수행될 수 있도록 하위 목표들과 특정한 계산 구조를 연결하는 과정 등을 포함한다.

프로그래머의 지식표상의 문제는 프로그래밍 이해하기(comprehension), 프로그래밍 작성(creating), 디버깅 등의 프로그래밍 과제 수행과 관련되어서 논의되어야만 한다. 그리고 이러한 논의를 가장 손쉽게 시작할 수 있는 주제는 바로 프로그래밍 전문가와 초보자의 특성에 대한 비교이다.

지식 표상에 있어서의 전문가와 초보자   Mayer(1992)는 프로그래밍 초보자와 전문가 간의 차이를 이러한 네 가지 지식 수준에서 설명한다. 이러한 설명에 최근 연구 결과들을 보충하여 논의하면 다음과 같다. 첫째로는 통사적 지식(syntactic knowledge)의 차이로 전문가들에 비해 초보자들은 프로그래밍 언어의 단위 및 규칙에 대한 통사적 지식이 빈약하고, 그 지식 요소들 간의 연결이 원활하지 못하다는 특성을 지닌다 (Wiedenbeck, 1985). 둘째, 의미적 지식(semantic knowledge)의 차이로 전문가들은 컴퓨터의 계산체계에 대한 유용한 심성모델(mental model)을 지니고 있는 데 비해 초보자는 그러한 심성모델을 지니고 있지 못하다는 것이다(Bayman & Mayer, 1988; Goodwin & Sanati, 1986). 셋째는 도식적 지식(schematic knowledge)의 차이로, 전문가는 요구되는 루틴의 유형에 대한 지식에 기초해서 프로그램들을 구성하고 분류할 수 있는데 비해 초보자는 문제의 표면적 특징에 기초해서 프로그램을 구성하고 분류하려고 시도하기 때문에 실패하기 쉽다는 것이다(Onorato & Schvaneveldt, 1986). Soloway & Erlich(1984)는 이러한 도식적 지식을 프로그램 계획(program plans)이라고 정의하고 전문가들이 이러한 프로그램 플랜에 대한 지식이 풍부하고 적절한 활용방법을 알고 있는 데 비해 초보자들은 그렇지 못함을 지적하고 있다. 프로그램 이해와 관련된 연구들은(McKeithen et al., 1981; Shneiderman, 1976; Barfield, 1986; Adelson, 1981; Weiser & Shertz, 1983) 전문가들은 코드의 해석에 도식적 지식 또는 프로그램 계획을 활용하는 반면 초보자들은 그렇지 못함을 시사한다. Davies의 일련의 연구들은(1989, 1990a, 1990b) 전문가들이 초보자들에 비해 훨씬 많은 프로그래밍도식들(program-specific schemata)을 지니고 있는 것으로 나타났다. 마지막은 전략적 지식(strategic knowledge)에서의 차이로 전문가들은 높은 수준의 계획들을 활용하고, 극히 미세한 하위 부분들로 분할하고, 여러 대안들을 고려하는 데 반해 초보자들은 낮은 수준의 계획들을 사용하고 극히 소수의 하위 부분들로 분할하고 다른 대안들을 고려하지 못하는 것으로 보고되었다(Jeffreies et al., 1981; Vessey, 1985, 1986; Perkins & Martin, 1986; Onorato & Schvaneveldt, 1986). 프로그램의 이해 과정에서도 전문가들은 전반적 프로그램 계획에 기초해서 코드들을 분할하여 이해하는 데 비해 초보자들은 통사 수준, 제어 수준, 전략 수준이 혼합된 혼란스러운 과정을 통해 이해하려는 경향을 보였고 초보자들이 전문가들에 비해 전략적 수준의 지식을 적절히 활용하지 못하는 것으로 나타났다(Rist, 1986, 1989, 1990).

　전문가와 초보자 간의 지식 수준에 따른 차이에 대한 이상의 개관에서 읽을 수 있는 것은 Mayer(1992)가 자신의 초기 모델(Sneiderman & Mayer, 1979)에 도식적 지식과 전략적 지식을 추가하게 된 것은 Soloway와 Erlich(1984)의 '프로그램 계획'과 Rist(1986)의 전문가와 초보자 간의 문제해결의 전략적 차이에 대한 연구로부터 영향을 받았음을 알 수 있다. Mayer의 지식모델은 컴퓨터 프로그래밍을 하나의 문제해결과정으로 보고 다양한 수준의 지식 표상으로 설명을 시도하였다는 점에서 의미가 있다. 그러나 자신의 실증적 자료에 기초하지 않은 그의 모델은 다분히 기술적이다. 그리고 그가 말하는 시스템 내부 계산 과정에 대한 심성모델이라고 설명하는 의미적 지식과 프로그래밍 루틴에 대한 도식적 지식 간의 구분이 명확하지 못하다는 문제가 있다. Letovsky(1986)은 이 두 가지 지식을 묶여진 넓은 개념으로 심성모델이라는 용어를 사용하는데 오히려 타당한 것으로 보인다. 마지막으로 '전략적 지식'이라는 것이 가능한가 하는 문제이다. 즉, 지식과 전략은 상호 독립적인 문제일 수 있다는 것이다. Davies(1993, 1994)는 전략을 지식의 문제와는 별도의 과정으로 본다. 즉, 전략은 프로그램의 이해나 프로그램 생성이라는 문제를 해결하기 위해 기존의 지식구조를 동원하거나 수정하며 새로운 지식구조를 형성하는 역할을 한다는 것이다.

(2) 프로그래밍 학습

프로그래밍 학습에 대한 가장 대표적인 인지심리학적 연구는 J. R. Anderson의 인지적 기술로서의 프로그래밍 기술 습득 및 전이 과정에 대한 연구들이다. Anderson(1983)은 문제해결 과정은 목표들과 하위 목표들의 집합들로 위계적으로 조직화될 수 있으며, 학습 과정은 산출체계 내의 규칙 표상(rule-base)의 발달 과정으로 보는 ACT 모델을 제시했다. 이 모델은 선언적 지식(declarative knowlege)와 절차적 지식(procedural knowledge)로 구성되는 산출체계(production system) 모델로, 인지적 기술 습득은 절차적 산출 규칙을 따른다고 보고 있다. Anderson, Farrell과 Saurs(1984)는 ACT 모델에 기초한 프로그래밍 초보자들의 행동 분석에 기초해 GRAPES라는 시뮬레이션 프로그램을 제작하였다. Anderson(1993)은 ACT-R 모델을 제시하면서 프로그래밍 기술을 포함하는 모든 인지적 기술은 규칙기초적인 학습 과정을 통해 습득되며, 산출규칙에 의해 구현될 수 있다고 보고 ACT-R에 기초한 프로그래밍 튜터(ACT program Tutor, APT)(Corbett & Anderson, 1995)를 제작하였다.

Anderson(1983, 1984, 1993, 1995)의 프로그래밍 학습에 대한 연구는 인지적 기술로서의 프로그래밍 습득 및 전이에 대한 주제로 이루어졌다. 그것은 주로 LISP 언어를 중심으로 이루어졌고, 그 연구 결과들은 곧바로 교수 프로그램(tutoring program)으로 구현되었다.

Coombs, Gibson과 Altry(1982)는 초보자의 프로그래밍 학습 전략에 따라 이해적 학습과 조작적 학습으로 구분하였다. 이해적 학습자는 학습 동안 전반적 정보들의 윤곽을 중심으로 학습하였지만 정보를 조작하는 규칙에 대해 학습하지 못했다. 조작적 학습자는 정보를 조작하는 규칙은 학습하였지만 지식 영역에 대한 윤곽을 학습하지 못했다. Coombs 등은 자신들의 자료로부터 이해적 학습자들보다는 조작적 학습자들이 프로그래밍 학습을 더 잘 한다고 결론을 내리고 있다. 이러한 결론은 앞에서 언급한 지식 표상이나 이해 전략 및 코드 생성 전략 그리고 다양한 프로그래밍 환경 및 도구들과 같은 변인들의 영향이 고려되지 않은 성급하고 단언적인 주장이다. 따라서 오늘날의 추세는 프로그래밍 학습 그 자체보다는 프로그램의 이해나 프로그램의 생성 과정에서의 초보자들과 전문가들의 지식 표상이나 인지적 전략에 대한 연구로부터 프로그래밍 교육 및 교수법에 대한 함의를 모색하고 있다.

(3) 프로그램의 이해

'프로그래밍 심리학'과 '소프트웨어 심리학' 간의 용어 문제에서처럼 프로그래밍 코드에 대한 이해(program comprehensiom)인지 소프트웨어에 대한 이해(software comprehension)인지에 대한 구분도 명확하지 않다. Boehm-Davis(1988)는 '소프트웨어 이해'라는 용어를 사용하면서도 실제로는 프로그래밍 코드에 대한 이해를 논의하고 있다. 이와 같은 '프로그램'과 '소프트웨어' 사이의 용어상의 혼동은 연구자의 관점이나 발표 공간의 맥락에 의한 것처럼 보인다. 즉, 연구자가 소프트웨어 공학적 관점을 지녔거나 HCI 관련 문헌에 발표되는 경우 '프로그램'이라는 용어보다는 '소프트웨어'라는 용어를 사용하는 것으로 보인다. 이는 1998년도의 ACM(Association for Computing Machinery)의 분류 체계에도 'software psychology'는 있지만 'programming psychology'는 없는 것을 보면 알 수 있다. 이 장에서는 '프로그램'이라는 용어를 사용할 것이다. 요즘처럼 대부분의 소프트웨어들이 대형화된 시점에서 하나의 소프트웨어를 사용하는 방식을 익히는 것만 해도 그 자체만으로도 복잡하고 힘든 인지적 과제가 되는 시점에서 '소프트웨어 이해'라는 말은 소프트웨어 사용방법에 대한 일반 사용자들의 이해라는 측면을 포함할 수 있는 소지가 있기 때문이다.

　프로그램에 대한 이해는 컴퓨터 프로그램을 작성하기 위해 동원된 논리와 구조, 목표들에 대한 재구성을 포함한다(Boehm-Davis, 1988). 프로그램을 이해하고자 하는 사람은 자신이 직접 작성한 프로그램을 이해하고자 하는 사람일 수도 있고, 다른 사람의 프로그램을 이해하고자 하는 사람일 수도 있다. 프로그램의 이해에 대한 기본적인 이론적 논쟁은 이해 과정이 상향적인가(bottom-up process), 하향적인가(top-down processing)에 대한 것으로부터 시작되었다.

상향 처리 모델　컴퓨터 프로그램의 이해가 상향적 과정이라는 입장은 Basili와 Mills(1982)에 의해서 제기되었다. 그들은 프로그램의 이해를 위한 재구성 과정이 통사적 지식과 의미적 지식(Shneiderman & Mayer, 1979) 둘 다에 기초한 상향적인 위계적 편화(hyerachical chunking) 과정이며 이러한 편화 과정은 개별적인 프로그램 코드들을 기능적 단위로 통합시켜 준다고 보았다. Shneiderman과 Mayer(1979)는 이러한 편화 과정 동안 프로그래밍 언어에 대한 통사적 지식의 도움을 받아 프로그램에 대한 다층적(multilevel-ed) 의미 구조가 발전된다고 보았다.

하향 처리 모델　Brooks(1982, 1983)은 프로그램의 이해 과정은 문제 영역에 대한 지식과 프로그램 영역에 대한 지식 그리고 그들 간의 관계에 대한 지식을 재구성해 나가는 과정으로 보았다. 그리고 이러한 재구성 과정은 하향적(top-down)이며 가설검증적(hypothesis driven) 과정으로, 처음에는 직면한 프로그램에 대한 모호하고 일반적인 가설이 프로그램 코드나 다른 자료들로부터 추출된 중요 정보들(beacons)에 기초해 차츰 세련되고 정교화된다는 것이다. 따라서 프로그램의 이해 과정에 영향을 주는 가장 중요한 요인들은 프로그래밍 지식, 문제 영역에 대한 지식 그리고 이해 전략이다. 프로그래밍 언어에 대한 문법적 지식이나 알고리즘에 대한 지식들은 프로그램의 텍스트 수준에서의 이해에, 문제 영역에 대한 지식은 상위 수준의 가설 설정에 관여하게 될 것이다. 마지막으로 이해 전략은 가설 설정 전략 및 가설 검증 전략, 지식의 활용에 관여하게 된다. Brooks(1982, 1983)의 모델은 전형적인 하향적 처리 모델이며, 지식의 재구성 과정에 대한 기술은 일종의 심성모델 형성 과정에 대한 기술로 볼 수 있다(Davies, 1993). Wiedenbeck와 Scholtz(1989)는 프로그램 경력자 집단이 초보자 집단에 비해 프로그램 코드로부터 중요하고 의미 있는 정보들(beacons)을 잘 추출해 냄을 관찰했으며, Davies(1992)은 이러한 정보들이 프로그램 생성시의 핵심 정보 구조를 잘 반영하는 것으로 관찰했다. 그의 이론의 가장 큰 의미는 이해 전략의 중요성을 부각시킨 것이다. 프로그래밍 이해와 학습에 있어서의 이해 전략의 문제는 다시 논의될 Letovsky(1986)나, Davis(1990a, 19990b, 1993, 1994) 등에 의해 더욱 중요하게 다루어지며 폭넓은 연구가 이루어지게 된다. 그러나 Brooks(1982, 1983)의 연구가 비록 경험적 방법에 기초했다고는 하지만 다소 직관적이고 독단적인 측면이 없지는 않다. 그는 Basili와 Mills(1982)의 상향적 처리에 대한 증거들을 간과할 수 없는 점을 인정하면서도 무리한 논증을 통해 그러한 증거들을 무시하고 있다.

절충 모델 : 심성모델　Letovsky(1986)의 직업적인 프로그래머들을 대상으로 한 언어 프로토콜 분석을 통한 프로그래밍 이해 과정에 대한 연구는 Brooks(1982, 1983)의 하향적 처리 모델을 계승하고 있다. 그러면서도 Basili와 Mills(1982)의 상향적 처리 과정을 배제하지 않고 포함시키는 절충적 모델을 제시하였다. 그는 6명의 전문 프로그래머들에게 250여 줄의 FORTRAN 77 프로그램을 주고 그것을 개선시키도록 하였다. 그리고 그 과정을 비디오로 녹화하였다. 피험자들은 작업 과정 동안 소리내어 생각하도록 교육받았고 그들의 언어 프로토콜이 수집되어 분석되었다. 그리고 그는 프로그래머의 지식 토대(knowledge base), 프로그램 읽기 과정 동안의 심성모델, 프로그램 코드와 프로그래머의 지식 토대 간의 상호작용을 통해 심성모델을 형성해 나가는 동화 과정(assimilation)을 포함하는 프로그램 이해에 대한 인지적 모델을 제안하였다. 프로그래머의 지식 토대는 프로그래밍 언어에 대한 의미론적 지식, 프로그램의 계산 목표에 대한 지식, 계획에 대한 지식, 계획마다의 효율성에 대한 지식(efficiency knowledge), 문제 영역에 대한 지식(domain knowledge), 프로그래밍 담화 규칙(discourse rule)에 대한 지식을 포함한다. 심성모델은 프로그램의 목표들에 대한 명백하고 완전한 기술(specification)과 프로그램 내에 취해지는 행위들과 자료구조에 대한 명백하고 완전한 기술(implementation), 각 목표들의 성취 과정과 구현 방법, 목표와 구현 방법 간의 관계에 대한 설명(annotation)을 포함한다. 여기까지는 Brooks의 하향적 처리 모델과 논리적 맥락이 같다. 그러나 심성모델을 구성하는 동화 과정에서 구현 수준의 처리 과정은 상향적 과정을 따른다는 제안을 함으로써 절충적 입장을 취하게 된다.

커뮤니케이션 매체로서의 프로그램 Soloway와 동료들(Bonard & Soloway, 1983; Soloway, Bonard, & Ehrlich, 1983, Soloway & Erlich, 1984, Soloway, Erlich, & Greenspan, 1982; Solloway, Adelson, & Erlich, 1988)은 프로그래밍의 이해에 대해 두 가지 관점을 취한다. 첫째는 프로그램은 텍스트처럼 하나의 의사소통 매체(comminicative entities)로 이해될 수 있으며, 텍스트 이해에 대한 당시의 심리학적 연구나 인공지능 분야에서 부상되던 스키마(schemas)의 개념(Bartlett, 1932; Bower, Black, & Turner, 1979; Graesser, 1981; Schank & Abelson, 1977)이 프로그래밍 이해에 도움이 될 것이라는 관점이다. 둘째는 프로그래밍이라는 작업은 일종의 문제해결 과정으로 이해될 수 있으며, 따라서 다양한 전문 영역에서의 전문가와 초보자에 대한 연구들(체스(chase & Simon, 1973), 물리학(Larkin, McDermot, Simon, & Simon, 1980), 전기회로(Egan & Schwartz, 1979)로부터 보여진 편화(chunking) 능력 차이가 프로그래밍 과정에 대한 연구에서도 적용될 수 있을 것이라는 관점이다. 앞에서 언급한 '프로그래밍 계획'은 스키마의 개념으로부터 그리고 프로그래밍 담화 규칙은 텍스트의 문체 및 언어 사용 규칙으로부터 차용된 것이다. Soloway 등(1988)은 초보자들과 경력자들에게 프로그래밍 담화 규칙을 따라 작성된 프로그램(plan-like version)과 프로그래밍 담화 규칙을 위배했지만 제대로 실행되는 프로그램(unplan-like version)을 주고 괄호넣기 과제를 수행시켰다. 그 결과 프로그래밍 담화 규칙을 지켜서 작성된 프로그램 상에서는 두 집단 간의 차이가 나타나지 않았지만 프로그래밍 담화 규칙을 위배한 프로그램 상에서는 경력자들이 초보자들에 비해 우수한 결과를 보였으며, 담화 규칙이 위배된 경우에는 이해시간도 길었고, 범하는 오류 유형도 계획에 기초한 추론 때문에 발생하는 것으로 나타났다. 여기에서의 초보자들은 PASCAL 강의를 한 학기 동안 수강한 학생들이었으며, 경력자들은 세 강좌 이상을 수강한 학생들로 구성되었다. 이러한 결과로부터 Soloway 등은 프로그래밍의 이해 과정은 프로그래밍 계획이 명백히 드러나는 프로그램 구조인 경우에는 하향적 표면적 추론(top-down shallow reasoning)을 하고 프로그래밍 계획이 명백하지 않은 경우에는 프로그래밍 세부 코드들에 대한 분석에서부터 시작하는 상향적 심층 추론(bottom-up deep processing)을 한다고 보았다.

Boehm-Davis(1988)은 Letovsky(1986)의 절충모델과 Soloway 등의 이론을 조합해 '네 과정 모델'을 제안한다. 먼저 프로그래밍 코드를 분할하고(segmentation), 가설을 형성한 뒤(hypothesis formation), 검증하고(verification), 마지막으로 한의 스키마로 종합(synthesis)한다는 통합모델을 제안하지만 실증적 연구에 기초하지 않고 문헌 연구로부터 짜집기한 직관적 모델이어서 여기에서는 자세히 논의하지 않겠다. 그렇지만 Letovsky(1986)의 절충모델이나 Boehm-Davis(1988)의 통합모델은 Soloway 등의 관점으로부터 출발하였다는 점은 분명하며, Brooks(1982, 1983), Letovsky(1986), Pennington(1987), Davies(1990a, 19990b, 1993, 1994) 등으로 이어지는 이해 전략 연구와 Rist(1986a, 1986b, 1989, 1990)의 스키마 생성 모델(model of schema creation), Green, Bellamy와 Parker(1987)의 Parsing-Gnisrap 모델(1987), Davies(1990, 1992, 1993, 1994)의 지식 재구성 모델(knowledge reconstruction model)의 기초가 되는 Plan-Based Theories(PBT)의 이론적 기초 역시 Soloway 등의 이론에서부터 찾을 수 있다.

프로그램 이해 전략 Brooks(1982, 1983)은 프로그램의 이해 과정은 문제 영역에 대한 지식과 프로그램 영역에 대한 지식 그리고 그들 간의 관계에 대한 지식을 재구성해 나가는 과정으로 보았으며, 프로그램의 이해 과정에 영향을 주는 가장 중요한 요인들로는 프로그래밍 지식, 문제 영역에 대한 지식 그리고 이해 전략으로 보았다. 이후 프로그램 이해에 대한 연구들은 프로그래밍 이해 시의 지식 표상의 문제와 이해 전략의 문제에 초점을 맞추어 왔다. 일반적으로 프로그래머가 지니는 프로그램 이해 전략을 프로그램 이해 과정에 있어서의 지식 표상의 문제와 연계시켜 논의하지만, 하나의 독립적인 영향 요인으로 가정하고 있다. 앞에서 Mayer(1992)의 '전략적 지식'이라는 개념의 문제를 지적한 것도 바로 이러한 이유에서다. Brooks에서부터 최근까지의 프로그램 이해 연구 분야의 핵심 줄기가 되는 PBT 역시 지식의 문제와 전략의 문제를 이같은 관점에서 보고 있다.

Brooks의 이론의 핵심은 프로그래밍 지식과 문제 영역 지식 간의 참조 관계에 대한 가설의 설정 및 검증 전략이다. 여기에서 프로그램 코드상의 중요한 식별 표지

(marker) 역할을 하는 'beacons' 개념을 포함하는데 Wiedenbeck와 Scholtz(1989)는 프로그램 경력자 집단이 초보자 집단에 비해 프로그램 코드로부터 중요하고 의미 있는 정보들(beacons)을 잘 추출해 냄을 관찰했으며, Davies(1992)은 이러한 정보들이 프로그램 생성시의 핵심 정보 구조를 잘 반영하는 것으로 관찰함으로써 Brooks의 이론을 지지했다.

Pennington(1987b)은 전문가들의 이해 전략이 그들의 다양한 이해 수준들에 어떤 영향을 주는지에 대한 직접적인 검증 연구를 수행했다. 그녀는 40명의 직업 프로그래머들에게 하나의 프로그램을 주고 45분 동안 학습을 시킨 뒤 다양한 이해검사 질문을 던지고 그에 대한 언어반응을 수집했다. 이 언어반응들은 프로그래밍 언어에 대한 통사적 지식과 관련된 '세부 수준(detailed level) 진술'과 프로그램의 프로시져와 관련된 '프로그램 수준(program level) 진술' 그리고 문제 영역과 관련되는 실세계 대상들에 대한 '문제 영역 수준(domain level) 진술' 등으로 분류했다. 그리고 프로그램에 대한 요약을 진술하게 한 뒤, 그 요약 내용에 따라 피험자들을 세 범주로 분류하여, 요약에 포함된 진술이 프로그램 수준에서 이루어진 '프로그램 수준 요약' 집단(9명), 프로그램 수준과 문제 영역 수준 모두의 진술을 포함하는 '상호참조(cross-reference) 요약' 집단(20명), 문제 영역 수준의 진술만을 포함하는 '문제 영역 요약' 집단(11명)으로 구분하였다. 피험자들의 프로그램 요약은 그들의 심성 표상을 반영할 것이라는 가정이었다. 그리고 피험자들이 프로그래밍 이해의 초기 과정을 주도하는 추상적 지식은 프로그램에 대한 대형구조(macrostructure)(van Dijk & Kintsch, 1983)의 기억 표상이라고 보았으며, Pennington은 이를 '프로그램 모델(program model)'이라고 불렀다. 그리고 프로그램 이해의 후기 과정을 주도하는 것은 프로그램의 기능을 반영하며 그 프로그램이 적용되는 실세계 문제 영역의 언어로 표현되는 지식 표상으로 '문제 영역 모델(domain model)'이라고 불렀다. 피험자들은 세 가지 형태의 이해 전략을 보여 주는데 첫째는 완전히 프로그램 모델만을 사용하여 프로그램 텍스트 수준에서 이해하려는 '프로그램 수준 전략', 둘째는 프로그램 모델과 문제 영역 모델을 이용하는 상호 참조 전략 그리고 문제 영역 모델만을 이용하는 문제 영역 이해 전략 등이다. Pennington의 연구에서는 상호 참조 전략을 사용하는 피험자들이 우수한 이해를 보이는 것으로 나타났다. 그녀의 연구는 Brooks의 이론에 상세화되지 않은 이해 전략을 지식 표상의 문제와 함께 체계적으로 접근하여 분류했다는 의미를 지닌다.

Robertson 등(1990)은 프로그래머들이 프로그램 텍스트를 읽는 행동을 관찰하여 프로그램 코드의 텍스트 특성과 이해 전략 간의 문제를 검증하였다. 그들은 136줄의 PASCAL 프로그램을 한 줄씩 컴퓨터 화면에 제시하고 피험자들은 원하면 화살표 키로 줄 단위로 이동할 수 있게 하였고 'home' 키와 'end' 키로는 프로그램의 처음과 끝으로 가서 다시 읽을 수 있도록 하였다. 프로그램은 '무작위 순서' 또는 '응집적 순서'로 제시되었다. 피험자가 프로그래밍을 이해하기 위해서 다시 읽기와 원래 위치로 되돌아가는 행위 패턴들이 관찰되었고, 읽기 시간과 언어반응이 수집되었다. Robertson 등은 피험자들의 행위 패턴들을 '에피소드' 단위로 분할하였고, 하나의 에피소드는 한번의 전진 탐색과 전진-후진 전환 그리고 다시 한번의 전진 탐색을 포함한다. 즉, 한 줄을 읽고(전진), 이전 줄을 다시 찾아 읽고(전진에서 후진으로의 방향 전환), 그런 다음 원래 읽던 줄을 다시 읽는(두 번째 전진) 주기가 하나의 에피소드가 된다. 그리고 탐색행동은 동일한 에피소드 내에서의 탐색행동(within-episode activities)과 서로 다른 에피소드들을 넘나드는 에피소드 간 탐색행동(between-episode acitivies)으로 구분되었다. 관찰 결과 에피소드 간 탐색행동은 보다 발견 중심적인 이해 과정을 반영하는 것으로 나타났으며, 에피소드 내 탐색행동은 특정 정보를 찾기 위한 행동으로 관찰되었다. Robertson 등은 에피소드 간 탐색행동은 초기 가설 설정 과정에서 나타나는 읽기 전략이며, 에피소드 내 탐색행동은 가설 검증 과정에서 나타나는 읽기 전략이라고 보았다. 이들의 연구 결과는 이처럼 프로그램 텍스트의 이해 과정 동안 발생할 수 있는 이해 전략들을 관찰가능한 읽기 행동 패턴으로 가시화함으로써, Brooks의 하향적 가설검증 모델에 대한 경험적 증거를 제시하고 있다. Widowski와 Eyferth(1986) 역시 Robertson 등(1989)과 유사한 연구 결과를 보이고 있는데, 그들은 프로그램의 의미적 복잡성을 조작하여 초보자 집단과 전문가 집단에게 제시한 결과 회상자료에서는 의미적 복잡성 주효과와 전문성 주효과는 의미 있게 나왔지만 상호작용은 나타나지 않았다. 의미적으로 복잡성과는 무관하게 항상 전문가 집단이 우수한 결과를 보였다. 그러나 읽기 행동 패턴을 분석한 결과는 전문가들이 초보자들에 비해 더욱 융통성 있는 읽기 전략을 사용하는 것으로 나타났다. 즉, 초보자들이 의미적 복잡성과 관계없이 똑같은 전략을 사용하는 것과는 달리 전문가들은 의미적으로 단순한 과제에서는 하향적 또는 개념주도적인 이해 전략을 사용하는 반면 의미적으로 복잡한 과제에서는 상향적 이해 전략을 사용하는 것으로 나타났다. 이 연구는 전문가들의 경우 이해 과정을 안내할 적절한 지식구조나 계획이 없는 경우에도 새로운 환경에 보다 적절히 대응할 수 있는 능력을 지니며 보다 다양하고 융통성 있는 전략들을 많이 지니고 있음을 보여 줌으로써, 프로그램 이해 과정은 완전히 계획주도적이라는 Plan-Based theories에 대한 흥미 있는 반증을 제시하고 있다.

(4) 프로그램 코딩

앞에서도 언급하였지만 프로그램 코딩이라는 과제는 다양한 인지적 과정을 포함하는 복잡한 과제이다. 따라서 프로그래머의 코딩 과정 및 행동에 대한 연구는 프로그래머의 지식 표상 및 인지적 전략에 대한 최소한의 이론적 기초가 마련되어야만 논의가 가능하다. 이러한 이유로 프로그램 코딩 과정에 대한 인지적 모델은 1980년대 후반이 되어서야 나타나게 된다. 지식 표상과 관련된 논의는 이미 Mayer(1992)의 네 가지 지식 수준과 관련하여 이미 논의하였으므로 여기에서는 프로그램 코딩 동안의 인지적 전략과 관련된 Rist(1986a, 1986b, 1989, 1990)의 스키마 생성(schema creatio) 모델과 Geen, Bellamy 그리고 Parker(1987)의 Parsing-Gnisrap 모델, Davies(1989, 1991a, 1991b, 1992, 1994)의 지식 재구성 모델(knowledge reconstruction model)을 살펴보고자 한다.

스키마 생성 모델　　Rist(1986a, 1986b, 1989, 1990)는 계획 중심적인(plan-based) 지식 구조가 프로그램 코드로 변환되는 과정과 전문성(expertise)의 차이와 관련된 것으로 보이는 코드 생성 전략의 차이를 설명하기 위해서 스키마 생성 모델을 제안했다. Rist는 이 모델을 통해 단순한 계획 지식 단편들이 다양한 추상화 수준에서 구조화되는 과정과 이러한 계획 지식구조들이 궁극적으로 코드 중심의 표상으로 구현되는 과정을 보이고 싶었다. 계획들이란 하나의 목표를 성취하기 위해 거쳐가는 일련의 과정들로 구성된 평면적 구조를 지니고 있는 것으로 보는 프로그래밍 행동에 대한 계획 중심적 설명과는 달리 이 모델은 보다 복잡한 계획구조를 가정하고 계획의 구조화와 활용을 지배하는 특징적인 기제들을 제안한다.

Rist에 따르면 프로그램 코딩의 첫 단계에서는 계획의 형성(plan formation)이 이루어진다. 한 줄의 코드들로 저마다의 처리할 일들(transactions)을 적는 것이다. 이 한 줄로 표현되는 처리할 일은 처리 조작과 처리 위치, 처리 대상을 포함하며, 여기에는 가장 중요한 조작을 표현하는 핵심 코드(focal code) 부분이 있고 그것은 현 상태의 목적 구현에 대한 직접적인 진술이 된다. 둘째 단계에서는 첫째 단계에서 작성된 한 줄 코드들을 조합하여 전체적인 프로그래밍 계획을 생성하는 계획의 전개(plan development)가 이루어진다. 이 단계에서 계획의 초점은 다른 부수적인 계획 요소들에까지 확대된다. 이러한 확대 과정은 두 측면을 포함한다. 첫째는 '계획 생성' 과정으로 계획의 전개가 목표로부터 계획의 초점으로 역으로 진행된 후 확대된다. 둘째는 '계획 인출' 과정으로 계획들은 스키마 순서대로, 즉 계획의 초기화 부분이 처음 생성된 후 다음에는 계산 부분 그리고 결과 생성 부분으로 전개된다.

셋째 단계에서는 프로그램 코드의 생성을 위해 계획의 조합 과정을 기술하는 계획 사용(plan use) 과정이 일어난다. 이 과정은 단순히 단순 계획들이 조합되어 보다 복잡한 계획들을 형성하는 과정이며, 하나의 완전한 프로그램의 가시적 구조가 이들 복합 계획 구조에 의해 생성되고 결과적으로 프로그램의 최종 형태가 구성된다. 그리고 이러한 구성 과정이 완성되는 시점에서 마지막으로 해결방법(solution)의 추상적 형태가 나타난다. Rist는 이러한 추상적 프로그램 구조는 프로그램의 다양한 요소들의 역할 구조로 설명될 수 있으며, 이러한 역할 구조들은 다양한 프로그램 요소들의 목적들을 관계짓는 방식으로 설명할 수 있다고 보았다.

Rist의 모델은 이러한 네 단계의 계획 스키마 생성 과정을 기술하면서 프로그래밍 지식의 프로그래밍 행동에 대한 효과를 다음과 같이 기술한다. 프로그램 계획 스키마를 생성하기 위한 지식이 발견되면 하향적이고 전진적인 계획 스키마의 생성이, 그러한 지식이 없는 경우에는 핵심 코드 중심의 확장 과정을 통한 상향적 스키마 생성이 발견된다고 보았다. 따라서 초보자들은 현 상태의 목표를 직접적으로 구현하려 하며 핵심 코드 중심으로 계획을 생성한다. 그러나 전문가는 이미 저장된 스키마의 인출만으로도 충분하며, 프로그래머의 코드 생성 전략은 전문성이 증대되면서 핵심 코드 중심의 확장에서 스키마 확장으로 변화된다. Rist(1989)는 소수의 프로그래머들(10명)을 대상으로 장기적인 프로토콜 분석을 실시하였다. 그들의 언어반응은 ICO 목표 순서 [입력목표(Input goal), 계산목표(Calculation goal), 결과목표(Output goal)]로 재기술되어 분석되었다. 초보 프로그래머들은 핵심 정보 중심의 확대 과정을, 전문 프로그래머들은 전진적인 계획 생성을 반영하는 프로그램 생성 에피소드를 보여 자신들의 모델을 지지하는 결과를 보였다.

Parsing-Gnisrap Model(PGM)　Green, Bellamy 그리고 Parker(1987)는 Rist의 핵심 코드 중심의 확장 과정에 대한 이론을 확대시키고자 프로그래밍 전략의 형태들의 활용과 개발 과정에 관여하는 장치, 과제, 상호작용 매체 그리고 사용자 지식의 특성을 강조하는 프로그램 코딩 행동에 대한 설명적 모델을 제시하였다. 그들은 프로그램 코딩 생성은 최종 코드 순서와 생성 순서가 일치하는 엄밀한 선형적 과정으로 이루어지는 것이 아니며, 이러한 선형성으로부터의 이탈 정도(departure from linearity)는 과제나 장치 조작 언어(device language) 문제 또는 그들 간의 관계성의 복잡성에 따른 심적 작업부담 때문이라고 보았다. 그리고 프로그램 코드 생성 과정은 이미 작성한 코드들에 대한 재이해 과정(recomprehension)을 포함하며 이러한 과정은 선형성으로부터의 이탈 정도와 관련이 있다고 보았다. 그들은 이러한 관점에서 프로그램 코드 생성 과정은 코드를 생성하는 과정과 재이해하는 과정의 반복이라고 보았고 이를 'parsing-gnisrap' 주기로 보았다. 'parsing' 과정은 프로그래밍 코드가 계획의 기본 골격으로부터 정교화되면서 생성되는 과정으로, 프로그래머들은 작업기억의 여유가 없거나 인지적 부담이 큰 경우, 계획의 일부를 외부 매체에 옮겨 놓고 필요한 경우 이를 다시 세부 코드로 구체화(parsing)하는 과정이다. 'gnisrap' 과정은 역으로 전체적 계획과의 일관성을 유지하면서 또 다른 'parsing' 작업을 위해 이미 작성된 코드의 이해로부터 전체적 계획을 재해석해 나가는 과정이다.

　프로그램 코드 생성 과정이 이러한 주기적 과정을 거쳐 비선형적으로 진행된다고 보는 점에서 Green 등의 PGM은 스키마 생성 순서에 따른 코드 생성을 제안한 Rist의 모델과는 다르며 프로그램 코딩 과정에 관여하는 다양한 변인들(장치, 과제, 상호작용 매체 그리고 사용자 지식의 특성 등), 특히 프로그래밍 언어의 역할에 대한 설명틀을 제공하고 있다는 점에서 융통성이 있고 설명적인 모델이다.

코딩 생성 동안의 지식 재구성　Davies(1989)는 서로 다른 프로그래밍 언어를 사용하는 다양한 프로그래밍 기술 수준의 프로그래머들에 의한 프로그램 생성 과정의 비선형성(nonlinearity)을 분석하여 Green 등(1987)의 PGM을 확장시키고자 하였다. Green 등의 모델은 프로그래밍 언어의 구조적 특성이 코드 생성의 비선형성 패턴에 영향을 주는 중요한 요인으로 보았지만 Davies는 프로그램 코드 생성의 비선형성에 영향을 주는 가장 큰 요인은 프로그래밍 언어보다는 프로그래머의 프로그래밍 기술 수준이며 두 변인 간에는 상호작용 효과가 있음을 제안했다. Davies(1992)는 코딩 생성 동안 지식 표상이 발달하게 되고, 그 과정에서 특정 프로그래밍 언어의 표기체계 특성이 특정 프로그래밍 전략의 생성을 촉진시킬 수도 있으며, 프로그래밍 기술 수준이 높은 경우에는 지식의 조직화를 결정짓는 요인들이 코딩 전략의 형태를 결정하는 데 더 중요한 역할을 한다는 제안을 했다. 이러한 제안은 지식 표상을 강조하는 Rist의 모델과 프로그래밍 언어의 특질을 강조하는 Green 등의 모델의 연결고리를 제공하였다.

　Davies(1991a, 1991b)가 전문성이 증가하는 과정 동안의 코드 생성 과정을 추적하여 핵심 코드 라인(focal ine)과 주변적 코드 라인(nonfocal line) 구조를 분석한 결과 프로그래머들의 프로그래밍 지식 표상들이 계획 중심적 이론의 설명처럼 획일적인 것이 아니며 프로그래밍 기술 수준에 따라 달라지며 그에 따라 코딩 전략도 달라짐을 보였다. 전문가들은 코드 생성 초기부터 핵심 코드들을 많이 생성하는 반면, 초보자들은 비핵심 코드들을 더 많이 생성하는 것으로 나타났으며 전문성, 즉 프로그래밍 수준이 높아질수록 핵심 코드 생성 우선 및 비선형적 코드 생성 경향이 강하게 나타났다. 이러한 경향성은 전문성이 높을수록 프로그램 개발 과정이 하향적이고 위계적 체계에 의해서 진행됨을 반영한다(Davies, 1990). 프로그래머의 프로그래밍 기술 수준에 따른 프로그래밍 지식의 재구성 과정에 대한 최근 연구(Davies, 1994)에서 프로그램 코드의 회상 및 탐사 재인 시간이 프로그래밍 기술 수준에 대한 선형적 형태로 나타남을 보였다. 이러한 결과들은 프로그래밍 수준이 프로그래밍 지식 표상의 재구성 과정에 영향을 준다는 증거로 판단된다.

(5) 초보자들의 프로그래밍 오류

프로그래밍 과정 동안 발생하는 오류는 프로그래밍 심리학이나 소프트웨어 공학, 프로그래밍 교육, 지능형 교수 시스템 분야에 있는 연구자들의 중요한 주제이다(Murray, 1987; Vaneste, 1994; Spohrer & Soloway, 1986; Anderson & Jeffries, 1985; Bonar, 1985; Spohrer, Soloway, & Pope, 1985). 소프트웨어 공학적인 입장에서는 프로그래머의 생산성과 프로그램의 신뢰성을 높이기 위해서, 학생들에게 프로그래밍을 교육하는 교육자의 입장에서는 학생들의 프로그램에 대한 이해를 돕고, 프로그래밍을 빨리 학습할 수 있도록 하는 교육 프로그램 개발을 위해서, 지능형 교수 시스템(Intelligent Tutoring System, ITS)을 개발하는 입장에서는 학습자의 전형적인 오류들을 판별해 교정해주기 위해서 그리고 프로그래밍 심리학자의 입장에서는 이러한 오류의 연구를 통해 인간의 문제해결 과정 및 기술 습득 과정의 본질을 이해하고 프로그래밍 과정 동안 작용하는 정보처리 과정과 이에 영향을 주는 제반 요소들을 규명하기 위해서 프로그래밍 오류들에 관심을 갖는다.

프로그램을 배우는 초보자들이 저지르는 오류들을 하나의 틀로 분류하기는 쉽지 않다(spohrer & Soloway, 1986). 주어진 프로그래밍 과제의 특성이나 프로그래밍 언어의 특성을 고려하여 이를 세분화 할 경우 상당히 복잡한 양상을 띠게 되기 때문이다. 따라서 연구자들마다의 분류체계들은 분류자의 관점과 연구 배경에 따라 차이가 있다.

송종수(1998)는 Murray(1987)와 Vanneste(1994)의 오류 분류체계에 근거하여 수행한 자동 오류 분석기에 관한 연구에서 초보자들이 저지르기 쉬운 오류들을 크게 세가지 범주로 구분했다. 주어진 문제의 해석을 잘못했거나 제대로 해석을 했더라도 문제를 처리하는 전략을 잘못 선택해서 결과적으로 주어진 문제에서 요구하는 결과를 산출해내지 못하게 되는 전략적 오류(algorithm error), 특정한 일을 처리하는 기능의 프로그래밍 플랜을 구현하는 데 있어서 발생하는 함수적 오류(functional error), 타이핑 오류를 포함해서 일반적인 코딩상의 오류인 구현상의 오류(implementation error)

이다.

　그러나 Murray(1987)나 Vaneste(1994)의 분류체계는 하나의 완결된 프로그램 코드에서 나타난 오류들에 대한 것이다. 즉, 프로그래밍 과정에 대한 관찰로부터 얻어진 프로그래밍 과정상의 오류(errors)가 아닌 완결된 프로그램 코드 속에서 발견되는 버그(bug)에 대한 분류이다. 이들의 분류체계에 기초한 송종수(1998)의 오류 분류체계 역시 완결된 코드상의 버그를 발견하기 위한 버그 분류체계이다. 이러한 분류체계는 초보자들이 프로그래밍 과정상 범하게 되는 오류에 대한 과정적 정보를 제공할 수 없다. 송종수(1998)의 연구에서 '전략적 오류'라고 개념 지은 'algorithm error'는 주어진 문제에 대한 잘못된 해석(buggy algorithm)과 문제 해석은 제대로 했지만 잘못된 계획을 세운 경우를 구분하고 있다. 그러나 이 두 가지 오류는 인지 처리 과정상으로는 분명히 구분이 되며 질적으로 차이가 있는 오류이다. 즉, 잘못된 문제 해석은 앞서 정의한 대로 자연 언어의 논리와 규칙을 이용한 과제 분석의 첫 번째 과정에서 발생한다. 그리고 잘못된 전략을 선택하는 오류는 다시 두 가지로 구분되어야 한다. 자연 언어를 이용한 과제 분석이 이루어진 후 자연 언어를 이용해서 세부절차를 분할하고 그들 간의 관계를 규정짓는 계획 과정에서의 오류와 컴퓨터 언어의 논리와 규칙에 따라 블록과 루틴의 세부 계획을 수립하는 과정에서 발생하는 오류로 구분되어야 한다.

　Mayer(1992)의 네 가지 지식 유형에 기초해서 초보자들이 자주 저지르는 실수들을 다시 분류해 보면 표 9-1과 같다. 첫 번째는 문제의 핵심을 파악하지 못해서 발생하는 잘못된 문제 해석의 오류(misinterpretation)이다. 이 경우 잘못된 목표를 설정하게 되고 그 결과는 엉뚱한 프로그램이 된다. 두 번째는 전략적 오류(strategic error)이다. 이는 송종수(1998)에서 언급된 '알고리즘'이라는 컴퓨터 수준의 용어가 아닌 인간의 문제해결 과정의 한 과정으로서의 전략(strategy)을 의미한다. 그리고 목표 실현을 위한 방법의 세부절차를 계획하는 과정에서의 오류를 의미한다. 즉, 잘못된 절차를 포함했거나(incorrect procedure), 필요한 절차들을 누락했거나(omission of procedure), 발생 가능한 대안 상황들에 대한 고려를 하지 않는 경우 등을 포함한다. 이는 초보자들이 프로그래밍 과정 동안 컴퓨터의 능력에 대한 잘못된 전제, 즉 컴퓨터가 '나'만큼은 알고 있다는 가정(Perkins & Martin, 1986; Onorato & Schvaneveldt, 1986)하에 일

표 9-1 ▮ 초보자들이 저지르기 쉬운 오류

오류의 범주	지식 수준(Mayer, 1992)	송종수(1998)
1. 잘못된 문제 해석의 오류	전략적 지식	Algorithm Error
2. 전략적 오류		
잘못된 절차 포함	도식적 지식	
필요한 절차의 누락		
불충분한 대안 고려		Fuctional Error
3. 번역 오류	의미 지식	
4. 통사적 오류		Implementation Error
5. 코딩 오류	통사적 지식	

반적인 문제해결 전략들을 무시하거나 게을리하기 때문에 발생한다(Perkins & Martin, 1986). 세 번째는 번역상의 오류이다. 즉, 자연 언어의 논리를 이용해 목표를 세우고 세부 방법 절차들을 계획한 후 프로그램 언어의 논리와 규칙을 이용해 그 계획을 번역하는 과정에서 발생하는 오류이다. 이는 컴퓨터와 프로그래밍의 논리와 지식이 빈약해서 발생하는 오류들로서 부적절한 'if' 문의 사용, 불필요한 루프의 사용, 잘못된 코드 블록 배치 등이 여기에 포함된다. 네 번째는 통사적 오류이다. 프로그램 언어에 대한 지식이 잘못되거나 부족하여 저지르게 되는 오류로 광범위한 내용들을 포함한다. 즉, 변수 선언을 누락하거나 사용 목적과는 다른 변수 유형으로 선언하는 등의 일반적인 문법규칙을 위배하는 오류들이다. 그리고 마지막으로 코딩 오류, 즉 송종수(1998)의 구현오류(implementation error)에 해당하는 것으로 타이핑 잘못으로 인한 오탈자, 계산식에서의 연산자 누락 등의 방심이나 실수에 의한 오류들을 의미한다.

3. 맺음말 : 사용자 인터페이스로서의 프로그래밍 언어

1) 사용자 인터페이스의 발달 과정

개인용 컴퓨터가 꿈처럼 요원하던 시절, 컴퓨터 기술의 특혜는 소수의 전문가들만이 누릴 수 있었다. 당연히 시스템 개발자들은 소수의 전문 사용자들을 겨냥하는 이유로 사용자 편의성이라는 개념을 고려하지 않아도 되었다. 전문가들은 필요한 과정을 거쳐 시스템을 사용할 수 있도록 또는 시스템에 맞추어 교육되었기 때문이다. 그러나 개인용 컴퓨터가 개발되어 일반들에게 보급되면서 사용자 계층이 일반 대중들로 확대되면서부터 시스템 개발자들은 전문적인 교육을 받을 수 없는 초보 사용자들을 고려하지 않고는 시스템을 만들 수 없게 되었다. 사용자와 컴퓨터 시스템 간의 의사소통을 중개할 매체가 필요하게 되었고, 그러한 필요성은 인간-컴퓨터 인터페이스 (Human-Computer Interface)라는 새로운 매체 개념으로 생성되었고, 시스템 중심이 아닌 사용자 중심적(user-centered)이라는 의미에서 사용자 인터페이스(user-interface) 라는 개념으로 축약되어 사용되었다. 사용자 인터페이스는 컴퓨터 기술의 발전에 따라 매체적 특성이 진화하게 된다. 초기에는 명령어 입력 방식의 텍스트 사용자 인터페이스(text user interface)가 사용되었고, 처리속도와 저장능력의 발전은 그래픽 사용자 인터페이스(graphic user interface)를 가능하게 하였다. 1990년대에 들어서면서부터 멀티미디어 기술의 발전은 멀티미디어 사용자 인터페이스(mutimedia user interface)를 가능하게 하였다. 최근에는 가상현실(virtual reality) 기술이 발전하면서 가까운 미래의 사용자 인터페이스 형태로 자리 잡을 것이다.

2) 상호작용 매체의 추상화와 프로그래밍 언어

사용자 인터페이스는 오늘날에는 주로 일반 사용자들이 접하는 응용 프로그램의 인터페이스를 통칭한다. 그러나 엄밀한 의미에서의 사용자 인터페이스는 사람이 컴퓨터에게 특정 수행에 대한 모든 형태의 지시(instructions)를 포함한다. 컴퓨터 기술이 비교적 열악하던 시절일수록 이러한 지시들은 물리적이고 기계적 성질을 많이 포함하였으며, 추상화 정도가 낮았고 결과적으로 이러한 지시들과 컴퓨터 수행 간의 추상적 거리가 짧았다. 컴퓨터 기술이 발전할수록 사용자가 컴퓨터에게 전달하는 지시들은 상징적이고 개념적인 성질을 많이 포함하게 되고, 추상화 정도가 높아졌고 결과적으로 이러한 상징적 지시들과 컴퓨터 수행 간의 추상적 거리가 멀어진다(Blackwell, 1996). 전자의 경우 컴퓨터에 대한 지시는 구체적이고 직접적인 것이 되어 컴퓨터의 입장에서는 최소의 해석으로 수행이 가능하지만 사용자들은 역으로 자신의 의도를 아주 구체적이고 기계적인 수준으로까지 끌어내려 컴퓨터의 입장에서 컴퓨터에 맞춰 지시를 해야 하는 이유로 컴퓨터 시스템에 대한 충분한 지식을 필요로 한다. 그러나 후자의 경우에 사용자는 컴퓨터 시스템의 내부 구조나 처리 과정에 대한 세부적 지식보다는 자신과 컴퓨터가 의사소통하는 상징체계에 대한 지식만으로 충분하다. 대신 컴퓨터 내부에서는 사용자가 전달하는 상징들을 자신이 인식할 수 있는 기계어 코드로 번역하는 과정을 거쳐야 한다.

따라서 초기의 컴퓨터 사용자들은 컴퓨터가 인식할 수 있는 기계어 코드로 컴퓨터에 직접 지시를 내릴 수 있어야 했으므로 그들은 전문적인 교육 과정을 거친 소수의 전문가들일 수밖에 없다. 자연 언어에 가까운 형태의 상징 언어체계를 인터페이스로 하는 프로그래밍 언어들이 만들어졌지만, 프로그래밍을 통한 컴퓨터와의 의사소통은 프로그래밍 언어라는 형식 언어를 통한 의사소통이라는 측면에서 여전히 쉽지 않은 사용자 인터페이스라고 볼 수 있다. 다른 형태의 인터페이스는 컴퓨터 시스템과의 의사소통이 자유로운 전문적인 프로그래머들이 특정한 목적을 지닌 일반 사용자들이 사용하기 쉬운 형태로 만들어 놓은 패키지 형태의 응용 프로그램들이다. 그러나 이러한 응용 프로그램들 역시 그것을 제작한 프로그래머들이 규정한 상징체계인 이유로 이 체계에 대한 최소한의 지식을 요구하며 사용자들이 그 상징체계를 이용해 수행할 수 있는 작업의 영역이 프로그램 제작들이 정해 놓은 한계 내로 한정되며, 사용자들이 자신의 필요에 따라 그 프로그램을 수정하거나 갱신할 수 없다는 문제점을 지닌다. 여전히 프로그래머와 사용자 간의 거리가 멀게 남아 있다. 사용자들은 프로그래머들의 상징체계를 따르지 않고 직접 컴퓨터에게 지시하고 싶다.

3) 시각적 프로그래밍

진보적 사용자들은 자신들이 원하는 프로그램을 자신들이 직접 제작하고 싶어 하게 되고, 가능하면 그 과정이 간편하였으면 하는 바람을 지니게 된다. 이러한 필요성이 만들어 낸 것이 바로 시각적 프로그래밍 도구들(visual progrmming tools)이다. 시각적 프로그래밍 도구란 고도로 추상화되고 상징화된 객체와 절차를 통해 사용자들이 손쉽게 자신이 원하는 프로그램을 작성할 수 있도록 하는 도구이다. 시각적 프로그래밍의 가장 큰 특징은 직접 조작(direct manipulation)(Shneiderman, 1980)이 가능하다는 것이다. 즉, 다루어야 할 대상들을 가시화하여 직접 조작이 가능하게 하고 조작 행위들을 빠르게 추가하거나 제거할 수 있으며, 기존의 복잡한 명령어 코드들을 단순한 하나의 직접 조작 행위로 대치시킬 수 있고, 따라서 초기 사용자들의 학습은 프로그래밍 언어의 문법보다는 인터페이스 설계 중심의 계획을 먼저 배우고 최소한 문법 지식들만으로 프로그래밍을 시작할 수 있다는 특징을 지닌다(Menzies, 1996; http://www.cse.unsw.edu.au/~timm/pub/docs/95visteach/words.html).

시각적 프로그래밍은 프로그래밍 언어를 전문적인 프로그래머들에게서 일반 사용자들에게 넘겨주려는 시도이다. 즉, 프로그래밍 작업을 전문적인 프로그램 지식을 지닌 프로그래머들의 작업이 아닌 최소한의 지식을 지닌 사용자들도 짧은 시간에 배워서 수행할 수 있는 작업으로 전환시키고 있는 것이다. 따라서 시각적 프로그래밍 언어들은 프로그래머와 컴퓨터가 의사소통하는 언어가 아니라 일반 사용자들과 컴퓨터가 상호작용하는 도구, 즉 사용자 인터페이스가 되어 가고 있다. 마이크로소프트사에서는 자신들의 사무용 소프트웨어들, 마이크로소프트 워드, 엑셀, 액세스, 파워포인트

등에 자신들이 개발한 비주얼 프로그램 툴인 시각적 베이직(Visual BASIC)을 연동시켜 놓아 진보적 사용자들은 일반 사무용 소프트웨어를 사용하면서 필요한 경우 제공되지 않는 기능들을 직접 제작하여 사용할 수 있도록 하였다.

이러한 프로그래밍 언어의 발달 과정이나 소프트웨어의 발달 과정은 바로 사용자 지향성을 지니고 있다. 따라서 컴퓨터에게 어떤 수행을 지시하는 데 사용되는 도구들의 발달 과정은 바로 사용자 지향성이라는 합목적성을 지니고 진행되는 진화 과정이다. 인간-컴퓨터 상호작용(Human-Computer Interaction, HCI)에 대한 연구들이 컴퓨터를 사용하는 인간의 정보처리 특성 및 행동 특성에 관심을 지니듯이, 프로그래밍이나 그 결과물로서의 소프트웨어 개발 과정에 대한 연구 역시 사용자로서의 인간 특성에 대한 모든 주제들은 결국 프로그래밍 심리학(programming psychology)의 연구 주제가 될 수 있을 것이다.

참고문헌

송종수(1998). 플랜정합과 프로그램 실행에 의한 초보자 프로그램 자동 오류분석에 관한 연구. 미발간 한국과학기술원 박사학위 청구논문.

Adelson, B.(1981). Problem solving and the development of abstract categories in programming languages. *Memory and Cognition*, 9, 422~433.

Anderson, J. R.(1983). *The Architecture of Cognition*. Cambridge, MA: Harvard University Press.

Anderson, J. R., Conrad, F. G., & Corbett, A. T.(1989). Skill acquisition and the LISP Tutor. *Cognitive Science*, 13, 467~505

Anderson, J. R., Farell, R., & Sours, R.(1984). Learning to program in Lisp. *Cognitive Science*, 8(2), 87~129.

Anderson, J. R. & Jeffries, R.(1985). Novice LISP errors: Undetected losses of information from working memory. Human-Computer Interaction, 1(2), 107~131.

Arvey, R. D. & Hoyle, J. C.(1974). A Guttman approach to the development of behaviorally based rating scales for systems analysis and programmer analysis. *Journal of Applied*

Psychology. 59(1), 61~68.

Baecker, R. M. & Buxton, W. A. S.(Eds.), *Readings in Human-Computer Interaction: A Multidisci[linary Approach*. Morgan Kaufmann Publishers, Inc.

Barfield, W.(1986). Expert-novice differences in software: Implication for problem solving and knowledge acquisition. *Behavior and Information Technology*, 5(1), 15~29.

Basili, V. R. & Mills, H. D.(1982). Understanding and Documenting Programs. *IEEE Transaction Software Engineering*. SE-8, 3(May), 270~283.

Barttlet, F. C.(1932). *Remembering*. Cambridge, UK: Cambridge University Press.

Bayman, P. & Mayer, R. E.(1988). Using conceptual models to teach BASIC computer programming. *Journal of Educational Psychology*, 61, 329~333.

Blaiwes, A. S.(1974). Formats for representing procedural instructions. *Journal of Applied Psychology*, vol. 59, pp. 683~686.

Blackwell, A. F.(1996). Metaphor or analogy: How should we see programming abstractions?. *Proceedings of the 8th Annual Workshop of the Psychology of Programming Interest Group*. 105~113.

Boehm-Davis, D. A.(1981). *Software Engineering Economics*. Englewood Cliffs, NJ: Prentice-Hall.

Boehm-Davis, D. A.(1998). Software comprehension. In M. Helander(Ed.). *Handbook of Human-Computer Interaction*. Elsevier Science Publishers B. V.

Bonar, J.(1985). Preprogramming knowledge: A major source of misconceptions in novice programmers. *Human-Computer Interaction*, 1(2). 133~161.

Bonard, I. & Soloway, E.(1983). Pre-programming knowledge: A major source of misconception in novice. *Human-Computer Interaction*, 1(2), 133~161.

Bower, G. H., Black, J. B., & Tuner, T. J.(1979). Scripts memory for text. *Cognitive Psychology*. vol. 11, 179~230.

Brooks, R.(1977). Towards a theory of the cognitive process in computer programming. *International Journal of Man-Machine Studies*. vol. 9, 737~751.

Brooks, R.(1980). Studying programmer behavior experimentally: The problem of proper methodology. *Communications of ACM*, 23(4), 207~213.

Brooks, R.(1982). A Theoretical Analysis of the Role of Documentation in the Comprehension of Computer Programs. *Proceedings Conference on Human Factors in Computer Systems*.

New York: ACM, 125~129.

Brooks, R.(1983). Towards a Theory of the Comprehension of Computer Programs. *International Journal of Man-Machine Studies*. 18, 6(June), 543~554.

Helander, M.(1988).(Ed.). *Handbook of Human-Computer Interaction*. Elsevier Science Publishers B. V.

Card, S. K., Moran, T. P., & Newell, A.(1983). *The psychology of human-computer interaction*. Hillsdale, NJ: Erlbaum.

Carroll, J. M.(Ed.).(1987). *Interfacing Thought*. Hillsdale, NJ: Erlbaum.

Chase, W. G. & Simon, H. A.(1973) Perception in Chess. *Cognitive Psychology*. 4, 55~81.

Chrysler, E.(1978). Some basic determinants of computer programming productivity. *Communications of the ACM*, 21(6), 472~483.

Coombs, M. J., Gibson, R., & Alty, J. L.(1982). Learning of first computer language: strategies for making sense. *International Journal of man-machine studies*, 16, 449~486.

Couger, J. D. & Zawacki, R. A.(1980). *Motivating and Managing Computer Personnel*. New York: Wiley.

Corbett, A. T. & Anderson, J. R.(1995). Knowledge decomposition and subgoal reification in ACT Program Tutor, AI-ED 95: *7th Workshop Conference on Artificial Intelligence in Education*.

Curtiss, B.(1981). Substantiating programmer variationability. Washington, D. C.: IEEE Computer Society.

Curtiss, B. Sloloway, E. M., Brooks, R. E., Black, J. B., Ehlrich, K., & Ramsey, R.(1986) Software psychology: The need for an interdisciplinary program. *Proceedings of the IEEE*, 74(8), 1092~1106.

Curtiss, B.(1988). Five paradigms in the psychology of programming. In M. Helander(Ed.). *Handbook of Human-Computer Interaction*. Elsevier Science Publishers B. V.

Davies, S. P.(1989). Skill levels and strategic differences in plan comprehension and implementation in programing. In Sutcliffe, V.A, & Macaulay, L. M.(Eds.) *People and computers*. Cambridge:Cambridge University Press. 485~500.

Davies, S. P.(1990). The nature and development of programming plans. *International Journal of Man-Machine Studies*, 32, 461~481.

Davies, S. P.(1991a). Characterising the program design activity: neither strictly top-down nor globally opportunistic. *Behavior and Information Technology*, 10(3). 173~190.

Davies, S. P.(1991b). The role of notation and knowledge representation in the determination of programming strategy: A framework for integrating models of programming behavior. *Cognitive Science*, 15, 547~572.

Davies, S. P.(1993). Knowledge restructuring and the acquisition of programming expertise. *International Journal of Man-Machine Studies*, in press.

Davies, S. P.(1994). Knowledge restructuring and acquisition of programming expertise. *International Journal of Human-Computer Studies*, 40, 703~726.

DeNelsky, G. Y. & McKee, M. G.(1974). Prediction of computer programmer training and job performance using the AABP test. *Personnel Psychology*, 27, 129~137.

Dijkstra, E. W.(1968) GOTO statement Considered Harmful. *Communications of the ACM*, 11(3), 147~148.

DuBoulay, B. et al.(1981). The clack box inside the glass box: presenting computer concepts to novices. *International Journal of Man-Machine Studies*, 14, 237~249.

Egan, D. G. & Schwartz, B.(1979). Chunking in recall of symbolic drawings. *Memory and Cognition*, 7, 149~158.

Fitter, M. & Green, T. R. G.(1979). When do diagrams make good computer language? *International Journal of Man-Machine Studies*, 11, 235~261.

Gannon, J. D.(1976). An Experiment for the Evaluation of Language Features. *International Journal of Man-Machine Studies*, 8. 61~73.

Gannon, J. D.(1977). An Experimental Evaluation of Data Type Conventions. *Communications of the ACM*, 20(8), 584~595.

Gentner, D. & Stevens, A. L.(1983). *Mental Models*. Hillsdale, NJ: Learence Erlbaum Associates.

Goodwin, L. & Sanati, M.(1986). Learning computer programming through dynamic representation of computer functioning: Evaluation of a new learning package for Pascal. *International Journal of Man-Machine Studies*, 25, 327~341.

Gould, J. D. & Drongowski, P.(1974). "An explanatory investigation of computer program debugging. *Human Factors*, vol. 16, 258~277.

Gould, J. D.(1975). Some psychological evidence on how people debug computer programs. *International Journal of Man-Machine Studies*, vol. 7, 151~182.

Graesser, A. C.(1981). *Prose comprehension beyond the word.* New York: springer-Verlag.

Green, T. G. R.(1977) Conditional program statements and their comprehensibility to professional programers. *Journal of Occupational Psychology*, 50, 93~109.

Green, T. G. T., Bellany, R. K. E., & Parker, J. M.(1987). Parsing and gnisrap: a model of device use. In H. J. Bullinger & B Shackel(Eds.) *Proceddings INTERACT '87.* Amsterdam:Elsvier/North Holland.

Gugerty, L. & Olson, G. M.(1986). Comprehension differences in debugging by skilled and novice programmers. In E. Soloway and S. Iyengar(Eds.) *Empirical Studies of Programmers.* Norwood, NJ: Albex.

Hackman, J. R. & Oldham, G. R.(1975). Development of job diagnostic survey. *Journal of Applied Psychology.* 60(2), 159~170.

Helander, M.(Ed.)(1988). *Handbook of Human-Computer Interaction.* Elsevier Science Publishers B. V.

Jeffries, R., Turner, A., Polson, P., & Atwood, M.(1981). The processes involved in designing software. In J. Anderson(Ed.), *Cognitive skills and their acquisition.* Hillsdale, NJ: Erlbaum.

Johnson-Laird, P. N.(1983). *Mental models.* Cambridge: Cambridge University Press.

Kamman, R.(1975). The comprehension of printed instructions and flowchart alternative. *Human Factors*, 17, 183~191.

Kessler, C. M. & Anderson, J. R.(1986). A model of novice programmers. In E. Soloway and S. Iyengar(Eds.) *Empirical Studies of Programmers.* Norwood, NJ: Albex

Letovsky, S.(1986). Cognitive Processes in Program Comprehension. In Soloway, E., & Iyengar, S.(eds.), *Empirical Studies of Programmers*, Norwood, N.J.: Ablex, 58~79.

Letovsky, S. & Soloway, E.(1986). Delocalized Plans and Program Comprehension. *IEEE Software*, 3, 3(May), 41~48.

Love, T.(1977). *Relating Individual differences in computer programming performance to human information processing abilities.* Ph.D. Dissertation, University Washington.

Lucas, H. C. & Kaplan, R. B.(1974). A Structured programming experiment. *Computer Journal*, 19(2), 136~138.

McGarray, F. E.(1982). What have we learned in the last six years? *In Proceedings of the Seventh Annual Software Engineering Workshop(SEL-82-007).* Greenbelt, MD: NASA

Goddard Space Flight Center.

Mayer, R. E.(1975). Differnt Problem Solving Competencies Establiched in Learning Computer Programming with and without Meaningful Models. *Education Psychology*, 67, 725~734.

Mayer, R. E.(1976). Comprehension as affected by the structure of the problem representation. *Memory and Cognition*, 4(3), 249~255.

Mayer, R. E.(1981). The psychology of how novice learn computer programming. *ACM Computing Surveys*, 13(1), 121~141.

Mayer, R. E.(1985). Learning in complex domains: A cognitive analysis of computer programming. In Bower, G.(Ed.), *Psychology of Learning and Motivation*(Vol.19). Orlando, FL: Academic Press.

Mayer, R. E.(1992). *Thinking, problem solving*. New York: W.H. Freeman and Company.

Miller, L. A.(1981). Natural language programming: Styles, strategies, and contrasts. *IBM Systems Journal*, 20(2), 184~215.

Moher, T. & Shneider, B.(1981). Methods for improving controlled experimentation in software engineering. *Proceedings of the Fifth International Conference on Software Engineering*. Washington, DC: IEEE Computer Society, 224~233.

Murray, W. R.(1987). Automatic program debugging for intelligent tutoring systems. Computaional Intelligence, vol. 3. pp. 1~16.

Nanja, M. & Cook, C. R.(1987). An analysis of the on-line debugging process. In G. M. Olson, S. Sheppd & E. Soloway(Eds.) *Empirical Studies of Programmers: Second Workshop*. Norwood, NJ: Albex

Onorato, L. A. & Schvaneveldt, R. W.(1986). Programmer/nonprogrammer differences in specifying procedures to people and computers. *In Empirical Studies of Programmers: Second Workshop*, Albex Publishing.

Pennington, N.(1987). Comprehension strategies in programming. In G. M. Olson, S. Sheppd & E. Soloway(Eds.) *Empirical Studies of Programmers: Second Workshop*. Norwood, NJ: Albex

Perkins, D. N. & Martin, F.(1986). Fragile knowledge and neglected strategies in novice programmers. *In Empirical Studies of Programmers: Second Workshop*, Albex Publishing.

Ramsey, H. R. et al.(1983). Flowcharts vs. program design language: An experimental comparison. *Communications of the ACM*, 26(6), 445~449.

Reinstedt, R.N. et al.(1966). Computer personnel research group programmer performance prediction study. *Proceedings of the Fifth Annual Computer Personnel Research Conference*. New York: ACM.

Rist, R. S.(1986). Plans in programming: definition, demonstration, and development. *In Empirical Studies of Programmers: Second Workshop*, Albex Publishing.

Rist, R. S.(1989). Schema creation in programming. *Cognitive Science*, 13, 389~414.

Rist, R. S.(1990). Variability in program design: the interaction of process with knowledge. *International Journal of Man-Machine Studies*, 33, 305~322.

Perkins, D. N. & Martin, F.(1986). Fragile knowledge and neglected strategies in novice programmers. In Empirical Studies of Programmers: Second Workshop, Albex Publishing.

Robertson, S. P. & Yu, C.(1990). Common cognitive representations of program code across tasks and languages. *International Journal of Man-Machine Studies*, 33, 343~360.

Sackman, H.(1970). *Man-computer problem solving*. Auerbach, Princeton, N.J.

Sackman, H., Erickson, W.J., & Grant, E.E.(1968). Explorative and experimental studies comparing on-line and off-line programming performance. *Communications of the ACM*, vol. 11, pp. 3~11.

Schank, R. C. & Abelson, R. P.(1977). *Scripts, plans, goals and understanding*. Hilsdale, NJ: Lawrence Erlbaum Associates Inc.

Sheil, B. A.(1981). The psychological study of programming. *ACM Computing Survey*, vol. 13, no. 1, 102~120.

Sheppard, S. B. et al.(1979). Modern coding practices and progrmaer performance. *Computer*, 12(12), 41~49.

Shneiderman, B.(1976). Exploratory experiments in programmer behavior. *International Journal of Computer and Information Sciences*, 5, 123~143.

Shneiderman, B.(1977). Measuring Computer Program Quality and Comprehension. *International Journal of Man-Machine Studies*. 9, 465~478.

Shneiderman, B.(1979). Human factors experiments in designing interactive systems. *IEEE Computer*, vol. 12, 9~19.

Shneiderman, B.(1980). *Software Psychology*. Winthrop, Cambridge, Mass.

Shneiderman, B. & Mayer, R. E.(1979). Syntatic/semantic interaction in programmer behavior:

A model and experimental results. *International Journal of Computer and Information Science*, 8, 219~238.

Sime, M.E. & Guest, D. J.(1973). Psychological Evaluation of Two Conditional Constructions Used in Computer Languages. *International Journal of Man-Machine Studies*, 9, 107~118.

Soloway, E. & Iyangar, S.(Eds.)(1986). *Empirical Studies of Programmers*. Norwood, NJ: Albex.

Soloway, E. & Ehrlich, K.(1984). Empirical studies of program knowledge. *IEEE Transaction on Software Engineering*, 5, 595~609.

Soloway, E., Adelson, B., & Ehrlich, K.(1988). Knowledge and processes in the comprehension of computer programs. In Chi, M.T.H., Glaser, R., & Farr, M.J.(Eds.), *The Nature of Expertise. Hillsdale*, NJ: Erlbaum.

Soloway, E., Bornard, E., & Erlich, K.(1983). Cognitive strategies and looping constructs: An empirical study. *Communication of the ACM*, 26(11), 853~860.

Soloway, E., Erlich, K., & Greenspan, J.(1982). What do novices know about programming? In Badre, A., & Shneiderman, B.(eds.), *Directions in human computer-interactions*. Norwood, NJ: Ablex, Inc.

Spohrer, J. C., Soloway, E., & Pope, E.(1985). A goal/plan analysis of buggy Pascal programs. *Human-Computer Interaction*, 1(2). 163~207.

Spohrer, J. C. & Soloway, E.(1986). Analyzing the high frequency bugs in novice programs. *In Empirical Studies of Programmers: Second Workshop*, Albex Publishing.

Vaneste, P.(1994). A revers engineering approach to novice program analysis, Ph.D. Thesis.

Vessey, J.(1985). Expertise in debugging computer programs: A process analysis. *International journal of Man-Machine Studies*, 23, 459~494.

Vessey, J.(1986). Expertise in debugging computer programs: An analysis of the content of verbal protocols. *IEEE Transaction on Systems, Man, and Cybernetics*, 16, 621~637.

von Mayhauser, A.(1997). Program understanding behavior during debugging of large scale software. *Empirical Studies of Programmers*: 7th workshop.

Weinberg, G. M.(1971). *The Psychology of Computer Programming*. Van Norstrand Reinhold, New York.

Weiser, M. & Shertz, J.(1983). Programming problem representation in novice and expert programmers. *International Journal of Man-Machine Studies*, 19, 391~398.

Weisman, L.(1974). Psychological complexity of computer programs: An experimental methodology. *ACM SIGPLAN Notices*, 9(6), 25~34.

Wiedenbeck, S.(1985). Novice/expert differences in programming skills. *International Journal of Man-Machine Studies*, 23, 383~390.

Wright, P. & Reid, F.(1973). Written information: Some alternatives to prose for expressing the outcome of complex contingencies. *Journal of Applied Psychology*. 57, 160-166.

Youngs, E. A.(1974). Human errors in programming. *International Journal of Man-Machine Studies*, vol. 6, 361~376.

10

인지정보공학을 이용한
정보시스템 개발

김진우

1. 서 론

무엇인가를 바라지만 아직 바라는 것이 이루어지지 않은 상태를 '문제(problem)'라고 규정한다면, 인간이 원하는 것을 얻기 위해 하는 모든 행위를 문제해결(problem Solving)이라고 규정할 수 있다(Anderson, 1990). 인간이 다른 생물과 구분되는 가장 큰 특징은 이러한 문제를 해결하는 과정에서 다양한 인공물(artifact)을 제작하고 활용하는 능력에 있다(Simon, 1980). 인간은 기본적인 생리 욕구에서 고차원적인 자아실현의 욕구에 이르기까지 여러 가지의 문제 상황에 효과적으로 대처하기 위해 다양한 인공물을 사용한다. 이 중 근래에 이르러서 가장 널리 활용되고 있는 도구는 컴퓨터이다. 정보기술의 발전으로 말미암아 컴퓨터의 개발 비용은 대폭 감소되었으며 현대인이 생활을 영위해 나가는 데 있어 컴퓨터를 사용하지 않을 수 없는 것이 오늘날의 현실이다. 다양한 사무자동화 응용 프로그램에서 산업 현장의 생산 통제시스템에 이르기까지 컴퓨터와 정보시스템은 사람들이 일하는 양식을 근본적으로 변경시키고 있다. 정보시스템의 도입으로 말미암아 단순 반복적인 육체 노동에서는 벗어난 반면에, 정보시스템을 원활하게 운영하기 위해 요구되는 고도의 정신적인 과업의 양은 상대적으로 증가되었다. 그러나 기존의 정보시스템은 대부분 해당 기술의 도입으로 인해 야기되는 과업(task) 구조의 변화 및 이것이 사용자의 과업 수행을 위한 인지과정에 미치는 영향을 감안하지 않은 채 개발되어 많은 문제점을 내포하고 있다(Roth, Bennett, & Woods, 1987; Noble, 1984; Hirschhorn, 1984; Pope, 1978; Elm & Woods, 1985).

무분별한 정보기술의 도입에 대한 대표적인 부작용으로 사람들이 자신의 과업에 대하여 지금까지 가져왔던 심성모델과의 괴리를 들 수 있다. 심성모델(mental model)이란, 사람들이 자기 자신, 다른 사람, 환경 또는 자신이 상호작용하는 사물들에 대해 마음 속에 가지고 있는 모델을 의미한다(Norman, 1986). 정보시스템의 심성모델은 주로 그 장치의 작용과 가시적 구조를 지각하고 해석함으로써 형성된다. 심성모델은 사물이 어떻게 기능하고 사건이 어떻게 발생하며 사람이 어떻게 행동하는가에 관한 개념모델로, 이를 통하여 사람들은 자신의 행위에 대한 결과를 예측하고, 예견하지 않았던 상황에 효과적으로 대처할 수 있다. 정보시스템은 도입 과정에서 과업의 전체 구조를 변화시킴으로써 문제해결자가 기존의 과업에 대해 가지고 있던 심성모델과 실제 과업과의 괴리를 유발, 결과적으로 정보시스템의 도입으로 인한 효과를 격감시킨다. 따라서 정보기술의 활용으로 인한 효익을 극대화하고 그 역효과를 최소화하기 위해서는 정보시스템의 개발 과정에서 사용자의 인지적 특성 및 대상 과업시스템에 대해 사용자가 갖고 있는 심성모델을 반영해야 한다. 이는 정보기술이 점차 우리 생활의 전 영역에 침투하고 있기 때문에 더욱 절실하게 요구된다. 새로운 정보기술의 도입은 과업의 구조를 변화시킴으로써 궁극적으로는 과업 수행자의 인지적인 측면에 미치는 파급 효과가 크기 때문에 과업과 인간에 대한 종합적인 관점에서 정보시스템을 개발해야 한다.

인지정보공학(Cognitive Systems Engineering)은 인지공학의 원리를 이용한 체계적인 정보시스템 개발 및 평가를 가능케 하는 방법론이다. 제2절에서는 인지정보공학 방법론(Rasmussen, Pejtersen, & Goodstein, 1994)이 왜 미래의 과업 환경에서 정보시스템의 효과적인 개발에 적합한가를 살펴본 후, 위에서 언급한 문제를 해결하기 위해 제시된 분석틀의 개요를 살펴본다. 인지정보공학적인 방법론의 필연성에 대한 인식을 바탕으로 이 글의 후반부에서는 실제 인지정보공학 방법론의 각 단계를 구체적으로 살펴보기로 한다. 먼저 제3절에서는 인지정보공학 방법론에 입각한 과업의 분석 구조에 대해서 살펴본 후, 실제적인 정보시스템의 개발 및 평가를 위한 체계적인 지침을 제4절과 제5절에서 각각 제시한다.

이와 병행하여 이 장에서는 인지정보공학에 대한 이해를 돕고, 실제 정보시스템의 설계 및 개발에 있어서의 인지정보공학의 유용성을 입증하기 위하여, 인지정보공학 방법론의 각 단계를 '온라인 또는 사이버 뱅킹(online-banking)'이라는 특정 정보시스템을 예로 들어 설명한다. 온라인 은행이란 고객이 은행에 직접 방문하는 대신에, PC 통신이나 인터넷을 사용하여 구축된 온라인 은행에 접속하여 원하는 은행 업무를 수행하는 시스템이다. 예를 들어, 온라인 은행이라는 정보시스템은 은행 고객이 PC를 이용하여 계좌이체를 한다든지, 자신의 통장에 있는 잔액을 조회한다든지 등의 금융 업무를 수행할 수 있도록 지원한다. 현재 우리나라에는 33개의 은행 중에서 이미 15개의 은행이 온라인 은행 시스템을 구축하고 있으며, 앞으로는 금융뿐만 아니라 일반적인 전자 상거래로 확대될 조짐을 보이고 있다(Kim & Moon, 1996). 이 장에서는 온라인 은행을 위한 정보시스템을 개발하는 과정에 인지정보공학의 개념과 방법론을 적용하고자 한다.

2. 인지정보공학

1) 인지공학과 인지정보공학

인지공학은 인지과학의 원리를 이용하여 인간이 문제를 해결하는 과정을 도와주는 인공물을 설계하고 개발하는 분야이다(Norman, 1986). 이런 인공물은 단순히 사용하기 편리하거나 효율적일 뿐만 아니라, 인공물의 도움을 받아 진행하는 문제해결 과정 자체가 즐겁고 재미있는 과정이 될 수 있는 도구이어야 한다. 이런 점에서 인지공학을 소프트 과학(soft technology)이라고도 한다(Norman, 1993). 소프트 과학은 종래의 기계 중심의 정량적, 수학적 사고에서 벗어나(hard technology), 인간이 주도하고 인간의 유연성을 충분히 감안하는 과학을 의미한다. 인지정보공학은 인지공학의 대상인 인공물 중에서 특히 정보시스템에 초점을 맞춘다. 즉, 정보시스템의 개발 및 평가에 있어서 인지과학 및 인지심리학의 원리를 이용하여 시스템의 요구사항과 과업 수행자의 인지적 특성 간에 조화를 이룰 수 있는 정보시스템을 설계하기 위한 구체적인 방법론을 제공한다. 이 장에서는 Rasmussen, Pejtersen과 Goodstein(1994)이 구축한 인지시스템 방법론을 기초로 하여 인지정보공학에 대하여 설명한다.

인지공학에 기반을 둔 인지정보공학의 특징은 크게 세 가지로 살펴볼 수 있다(Woods & Roth, 1988). 첫째, 인지정보공학은 현실 세계의 복잡한 문제를 대상으로 한다. 종래의 인지과학이나 인지심리학은 엄격한 이론을 수립하고 이를 검증하기 위하여 정교한 실험을 수행하거나 정치한 컴퓨터 모델을 개발해 왔다. 따라서 그 연구 대상도 대부분 실험실에서 행할 수 있는 매우 간단한 문제들이었다. 그러나 우리가 일상 생활에서 겪는 문제는 이보다 훨씬 더 복잡한 문제이며, 인지정보공학은 바로 이런 문제와 이를 지원하는 정보시스템의 활용 과정에서 발생하는 각종 문제를 대상으로 한다. 이런 문제를 이해하기 위해서는 문제를 복잡하게 하는 요인은 무엇이고, 그 복잡성으로 말미암아 문제해결자가 당면하는 어려움은 무엇이며, 만약 문제해결자가 그러한 어려움을 극복하지 못했을 때 어떤 현상이 발생하는가를 규명해야 한다. 또한 문제 자체뿐만 아니라, 인간이 해당 문제를 해결하는 주변 상황에 대한 연구도 요구된다. 인지정보공학은 해당 분야 및 주변 상황에 대한 지식을 이용하여, 정보시스템을 개발하는 과정에서 자칫 범할 수도 있는 오류를 방지할 뿐 아니라, 정보시스템이 반드시 충족시켜야 할 필수 요건을 제시한다.

둘째, 인지정보공학은 시스템의 관점에서 문제를 바라본다. 인지공학이 바라보는 시스템은 그림 10-1에서 볼 수 있듯이 3개의 요소로 구성되어 있다. 하나는 인지시스템이 작용하는 주변 세상이다. 이런 주변 세상은 그 환경이 내포하고 있는 위험성과

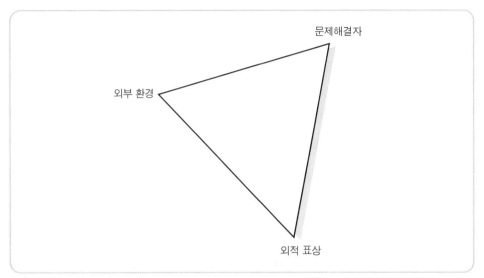

그림 10-1 ▮ 인지정보공학의 3대 요소

불확실성, 환경을 이루는 요소의 개수 및 상호 연관성 그리고 역동적 성향 등에 따라 여러 가지 다양한 양상을 띤다. 시스템의 두 번째 요소는 문제해결자로서, 특히 개별 문제해결자가 가지고 있는 인지적 능력과 여러 명의 문제해결자 간의 상호 협동 작업이 중요한 의미를 가진다. 시스템의 세 번째 요소는 해당 문제에 대한 외적 표상 (external representation)이다. 문제해결자는 특정 외적 표상을 통해 주변 환경과 해당 문제를 바라본다. 따라서 비록 동일한 문제 상황일지라도 서로 다른 외적 표상을 구성할 수 있으며, 문제해결자는 외적 표상에 따라 서로 다른 문제해결 양상을 보인다. 따라서 인지정보공학은 문제해결자와 주변 문제 환경 및 외적 표상의 세 가지 요소로 이루어진 정보 시스템으로 문제에 접근한다.

셋째, 인지정보공학은 생태학적인(ecological) 접근을 통하여 정보시스템을 개발한다. 즉, 인지정보공학은 문제해결자들이 그들이 처한 실제 상황에서 정보시스템을 어떻게 사용하고 있는지에 초점을 맞춘다. 종종 어떤 정보시스템이 원래 의도되었던 바와는 달리 사용되는 경우가 있다. 인지정보공학은 문제해결자와 외적 표상 및 주변 환경 간의 삼각관계를 이용하여, 해당 정보시스템이 실제 사용되는 이유를 밝히며, 더 나아가 이를 기초로 실제 세상에서 현실적으로 사용할 수 있고, 그래서 변화를 가져올 수 있는 정보시스템을 개발한다.

이상의 세 가지 특징을 기반으로 하여 인지정보공학 방법론은 정보시스템 개발의 개념적인 방법론의 제시에서 더 나아가, 실질적으로 다양한 유형의 정보시스템 개발을 위한 구체적인 분석 및 설계 절차를 제시하고 있다.

2) 정보시스템과 인지정보공학

정보시스템은 특정 과업에 수반되는 일련의 작업을 자동화하고 상황에 대응하여 인간이 효과적인 의사결정을 내릴 수 있도록 지원하는 데 그 목적이 있다. 정보시스템은 원자력발전소의 통제시스템, 공장의 자동화 공정 제어시스템 및 일반인을 위한 정보 검색시스템에 이르기까지 다양한 영역에서의 인간 활동을 지원하기 위하여 개발된다. 과거의 정보시스템 개발은 특정 과업에 요구되는 전형적인 기능들을 제공하기 위한 시스템 구성요소의 구조적 분석을 토대로 이루어졌다. 이러한 방법론에 따라 정보시스템을 개발하기 위해서는 발생 가능한 모든 과업의 일련의 과정을 사전에 분석해야만 한다.

그러나 이와 같이 설계된 정보시스템은 모든 과업 수행자가 특정 상황에 직면하였을 때 동일한 의사결정을 내리고 문제를 해결하기 위해 동일한 작업을 수행해야 함을 의미한다. 그러나 대부분의 과업은 경직된 절차에 따라 이루어지는 것이 아니라, 상황에 따라 과업 수행자의 재량껏 처리된다. 따라서 과업 수행자의 주관적인 판단 기준 및 개인의 인지적 능력의 차이를 간과한 채 설계된 정보시스템은 의도된 효과를 충분히 발휘하지 못하기 일쑤이다. 전통적인 구조적 방법론에 입각하여 설계된 정보시스템은 또한 과업 환경의 변화로 인한 과업 수행 기준의 변화 및 요구되는 기능의 변화에 따라 유지·보수해야 한다. 문제는 급변하는 기술, 시장 환경 및 이에 대응하는 기업 정책의 변화를 반영하기 위한 이러한 방식의 정보시스템 유지·보수가 항상 환경의 변화보다 한 발 늦는다는 데 있다.

종래의 정보시스템 개발 방법론의 단점을 해결하기 위하여 인지정보공학이 추구하는 정보시스템은 크게 세 가지의 특징을 갖는다. 첫째로 인지정보공학은 정보시스템을 준 독립적인 인지적 대리인(semi-autonomous cognitive agents)으로 간주한다. 따라서 정보시스템은 단순히 주어진 문제에 대한 해답만을 피동적으로 제공하는 것이 아니라, 인간이 문제를 해결하는 전체 과정에 능동적으로 참여한다. 예를 들어, 인간이 해당 문제를 이해하고 이를 해결하기 위해 계획을 수립하는 과정을 지원할 뿐 아니라, 인간이 문제를 해결하는 과정에 질문을 제기하고, 간과할 수도 있는 여러 가지 대안에 대한 자료를 제시하기도 한다. 둘째로 인지정보공학은 인간의 업무 수행 능력을 증대시키는 방향으로 정보시스템을 설계하고자 한다. 따라서 문제해결자로서 인간은 주어진 자원과 지식을 이용해 주어진 과업을 수행하는 매우 능동적인 역할을 담당하게 된다. 정보시스템을 설계할 때도 인간이 문제해결 과정에서 당면하게 될 어려움에 적절하게 대처할 수 있도록 문제해결자의 능력을 증대시키는 쪽으로 초점을 맞춘다. 마지막으로, 인지정보공학은 문제해결 과정을 인간과 정보시스템 간의 협동 과정으로 간주한다. 즉, 인간과 정보시스템은 부분적으로 겹치기는 하지만 서로 다른 분야에 강점을 가지고 있으며, 따라서 전체 시스템이 문제를 최적의 방법으로 해결하기 위해서는 어느 하나가 다른 하나의 종속물이 아니라 서로가 협동하여 문제를 해결해야 한다는 것이다. 이런 협동 과정이 원활하게 진행되기 위해서는 문제해결자가 접촉하는 정보시스템의 외적 표상에 대한 적합한 설계가 우선되어야 함은 자명하다. 결론적으로, 인지정보공학은 문제해결자와 정보시스템이 각자에 대한 능력을 확대시킴과 동시에 이들 간의 협동 과정을 지원하는 외적 표상을 개발함으로써 전체 인지시스템의 균형적인 발전을 도모한다.

3) 인지정보공학의 기본 틀

앞에서 언급한 세 가지 특징을 가진 정보시스템을 개발하기 위하여 인지정보공학은 구체적인 방법론을 제공한다. 정보시스템 개발을 위한 인지정보공학적 방법론은 발생 가능한 모든 행동의 대안을 예측할 수 있도록 해 주는 일종의 규범적인 개념 모델(predictive conceptual framework)을 토대로 이루어진다. 이 모델에서 예측의 의미는 대부분의 과업에 있어서 구체적인 작업의 진행 순서는 과업 수행자의 주관적인 판단 기준 및 능력에 따라 상이하다는 점에 있다. 그러나 이러한 여러 가지 가능한 작업의 진행 순서 중에서 과업 수행자가 어떤 진행 순서를 채택하는가는 크게 두 가지 요소에 의해서 제한된다. 두 가지 제약이란 바로 과업 자체의 목표 및 제약 조건과 인간의 인지적 한계를 의미한다. 실제 과업은 이러한 과업 자체의 특성과 과업 수행자의 제약의 상호작용을 통해서 이루어진다. 따라서 효과적인 정보시스템의 설계를 위해서는 특정 과업 상황에서 취할 수 있는 다양한 의사결정 대안이 과업의 객관적인 특성 및 과업 수행자가 인지하는 주관적인 특성에 의해 단일 대안으로 축소되는 과정을 분석해야 한다.

그러므로 인지정보공학 방법론에 입각한 정보시스템의 분석 틀은 실제 물리적인 과업 환경 그리고 과업 수행자의 능력에 따라 과업 수행자가 어떻게 현상황을 해석하는가를 반영할 수 있어야 한다. 문제는 과업 수행자의 행위 영역을 결정짓는 전반적인 과업 상황의 특성을 어떻게 인간의 미세한 인지적 특성 및 한계와 연결시킬 것인가 이다. 연결의 어려움은 분석 차원의 차이로 인해 발생한다. 전자는 거시적인 과업 환경의 분석인 반면, 후자는 미시적인 개별 과업 수행자의 인지적 특성에 관한 분석으로서, 사용하는 언어 및 개념의 괴리가 너무 커서 둘 간의 관계를 직접적으로 규정하기가 어렵다.

인지정보공학 방법론에서는 이러한 문제를 해결하기 위해 그림 10-2에서 보듯이 과업 환경을 다양한 수준의 분석 관점 및 '언어' 를 사용하여 단계별로 분석 언어의 차이를 좁힘으로써 두 가지를 조화시킨다. 분석 순서는 화살표의 방향으로 진행되며, 이러한 일련의 분석 과정을 통해 총체적인 과업시스템의 특성에서 구체적이고 인지적인 속성에 이르기까지 다양한 분석 관점에서 정보시스템의 요구 사항을 파악할 수 있다. 즉, 정보시스템 대상 과업의 분석 '언어' 에 대해 최상위의 과업 수준 언어에서 최하위의 인지적 언어에 이르기까지 단계적으로 분석의 초점을 이양함으로써 해당 정보시스템과 상호작용하는 문제해결자의 인지적 전략의 특성과 이의 효과적인 지원을 위해 요구되는 기능을 파악할 수 있도록 해 준다.

최상위 차원의 분석에서는 목적, 제약 조건 및 이행 수단의 종류 등에 의해 정의되

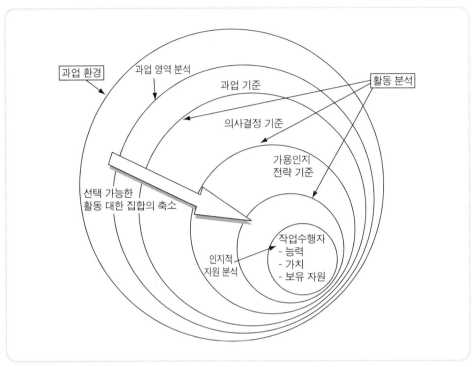

그림 10-2 ▌ 인지정보공학 방법론의 개념적 구조

는 과업 공간의 지형도를 통하여 과업 수행자의 활동 영역을 일차적으로 제한한다. 다음 단계에서는 특정 시점에서의 활동을 규정하여 다시 과업 수행자의 선택 가능 행동 대안을 정의한 후 이에 수반되는 의사결정 단계를 분석한다. 다음 단계에서는 최종적으로 사용자의 인지적 자원 및 특성에 관련된 분석과 직접적으로 연계 가능한 차원의 분석 수준으로, 이전 단계의 의사결정 과업에 수반되는 과업 수행자의 인지 전략을 분석한다.

　이러한 절차에 따라 정보시스템을 개발함으로써 인지정보공학 방법론은 복잡한 현대 사회의 정보시스템 설계에 있어 그 반영이 요구되는 다양한 학문 영역―산업 심리학, 경영학, 인지과학, 인지심리학―의 협력을 가능케 한다. 이러한 단계적인 정보시스템의 요구 사항 분석을 위해서는 다양한 차원에서의 과업에 대한 분석이 요구된다.

제3절에서는 일반적인 과업 영역 및 사용자의 인지 전략에 대한 분석을 위해 인지정보공학 방법론에 의해 제시된 틀에서의 다양한 분석 차원을 각각 살펴본 후, 제4절과 제5절에서는 실제로 이러한 분석을 토대로 정보시스템을 개발하고 설계된 정보시스템을 평가하는 과정을 살펴본다.

3. 인지정보공학을 이용한 정보시스템의 다양한 분석 차원

이 장에서는 앞서 제시한 인지정보공학의 기본 틀에서 제시되는 개별 분석 차원에 대해 보다 상세히 살펴본다. 전체적인 정보시스템 개발의 틀을 통해 과업과 사용자에 대한 단계적인 통합 분석이 갖는 의의를 재조명해 본 후, 최상위의 분석 차원인 과업 영역(work domain)에 대한 분석을 살펴본다. 마지막으로 개별 과업 활동 각각 전반적인 과업 영역에 대한 분석 차원 및 활동들에 대한 분석 방법을 살펴본다.

1) 방법론 개요

앞서 살펴본 인지정보공학 방법론의 분석 틀을 다른 관점에서 재조명해 보면 다음의 그림 10-3과 같이 표현할 수 있다.

그림에서 볼 수 있듯이 인지정보공학 방법론은 과업 수행자의 가용 자원에 따라 선택 가능한 행동의 대안을 설계하기 위한 과업의 요구 사항을 파악하기 위해 실시된다. 이러한 분석의 목적은 과업 수행의 규범을 제시하는 것이 아닌, 개별 문제해결자들이 선택할 수 있는 대안의 집합을 파악하는 데 있다. 그림 10-3에 표시된 일련의 분석 절차를 거치는 것은 그림 10-2의 틀에 맞추어 과업 수행자의 선택 가능한 행위를 제약하는 요소를 다양한 차원에서 확인하는 작업이다. 따라서 분석 결과는 과업 영역 자체의 제약 및 의사결정에서의 인지적 제약을 모두 만족시키는 과업 수행자의 의사결정 대안들의 집합이다. 다음에서는 이러한 연결을 보다 용이하게 하는 다양한 차원에서의 과업시스템에 대한 분석 방법을 살펴본다. 먼저 총체적인 과업 영역 차원의

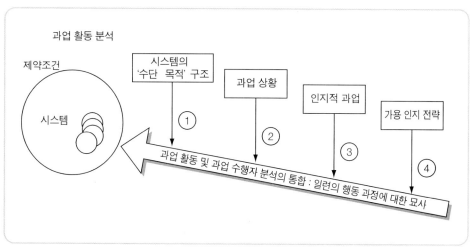

그림 10-3 ▎인지정보공학 방법론

분석 방법을 제시한 후, 구체적인 과업 활동, 의사결정 과정 및 인지전략의 차원에서의 분석을 차례로 살펴본다.

2) 과업 영역 분석

(1) 과업공간

문제해결을 위한 정보처리적 이론은 인간의 문제해결 과정을 문제공간(Problem space)에서의 탐색 작업으로 간주한다(Newell & Simon, 1972). 이때의 문제공간이란 문제해결자가 시초 상태에서부터 목표 상태로 문제를 해결하는 과정에서 처할 수 있는 가능한 모든 상태의 집합이다. 예를 들어, 당신이 지금 압구정동에 있는 것이 시초 상태이고, 목표 상태는 연세대학교 인문관 101호실에 있는 것이라고 하자. 이 경우의 문제공간은 당신이 압구정동에서 연세대학교 인문관 101호실로 가는 과정에서 있을 수 있는 모든 장소를 의미한다. 이는 시청 앞도 될 수 있고, 경복궁역도 될 수 있으며, 이태원도 될 수 있는 것이다. 그러나 만일 당신의 현재 당면 문제가 우주비행사로서 지구에서 화성까지 이동하는 것이라면 앞의 문제와는 전혀 다른 문제공간이 형성될

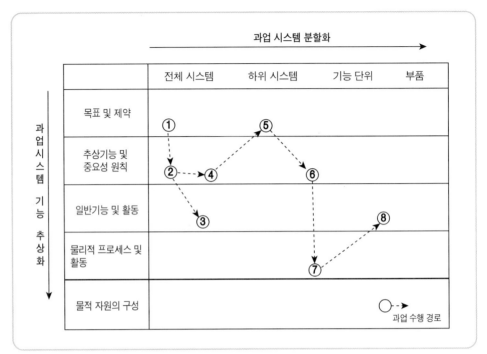

그림 10-4 ▍ 과업공간 내의 경로로 표시된 문제해결 과정

것이다. 즉, 과업 환경의 구조에 따라 문제공간의 구조가 결정된다. 따라서 아주 복잡한 탐색 과정도 자세히 살펴보면 문제해결자의 복잡성에 기인한 것이라기보다는 과업 환경에 기인한다고 볼 수 있다. 마찬가지로 인지정보공학에서는 인간이 과업을 수행하는 과정을 과업공간(work space) 내에서 특정 목적을 달성하기 위해 사용 가능한 수단을 탐색하는 과정이라고 정의한다(Rasmussen, Pejtersen, & Goodstein, 1994). 이때의 과업 공간이란 과업 수행자가 사용 가능한 모든 수단들의 집합이다. 특히 인지정보공학에서는 과업 공간이 그림 10-4에서 볼 수 있는 바와 마찬가지로 두 가지의 차원으로 이루어져 있다고 가정한다.

추상화(Abstraction)의 차원은 과업시스템의 기능을 구체적이고 물리적으로 구현되는 단위 기능에서 추상적인 과업시스템 자체의 목적 및 기능에 이르는 다섯 가지의 추상화 수준에서 나타난다. 분할화(Decomposition)의 차원은 시스템을 구성하고 있는 하위 모듈로 분해하여 과업시스템의 기능 구조를 명확하게 한다. 따라서 인간이 정보시스템을 이용하여 과업을 수행하는 과정은 그림 10-4에서 보는 바와 같이, 추상화의 차원과 분할화의 차원으로 이루어진 과업 공간 내에서 적당한 수단을 탐색하는 과정이다. 그림 10-4의 경우에는 처음에는 전체 시스템 수준에서 목표를 결정하고, 그 다음 전체 시스템 수준의 추상기능과 중요성의 원칙을 정하는 순서로 과업을 수행하고 있다. 또한 그림 10-4에서 볼 수 있는 바와 같이 과업 수행의 일련의 과정은 피상적으로 보기에는 상당히 복잡하게 보이지만 이는 과업 수행자의 인지 과정의 복잡성에서 기인한 것이라기보다는 과업시스템 자체의 복잡성에 대한 과업 수행자의 적응 과정이라고 볼 수 있다.

(2) 추상화의 차원

인지정보공학에서는 과업 수행자의 특정 의사결정 행위의 결정 요인을 파악하기 위해 그림 10-5에서 볼 수 있는 바와 같이 '목적−수단' 관계를 표현하는 추상화의 차원

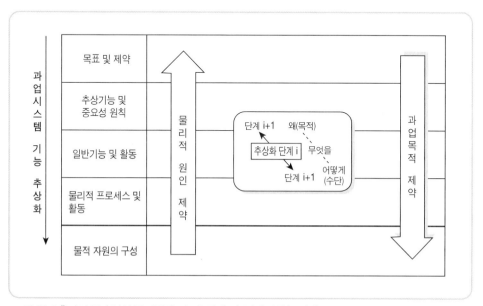

그림 10-5 ▎ 과업 공간 분석 틀 : '목적−수단' 관계 및 '전체−부분' 관계

목적-수단 관계	분석 대상 과업 영역 : 온라인 은행 과업 지원 정보시스템 내에 포함되어야 할 속성
목표 및 제약조건	목표 : 경제적인 안정, 노후대책, 소비양식의 조정, 장래계획 담보 제약 : 금리, 대출한도, 금융실명제, 기타 정부 및 제도적인 제약
추상기능 및 우선순위	자금의 흐름 품질 측정 지표 : 서비스의 질, 안정성, 편리성
일반 과업 활동	예금 조회, 예금 이체, 예금 인출, 입금 대출, 적금, 공과금 자동 납부 서비스
물리적 과정	온라인 은행 접속, 로그인, 로그아웃, 계좌번호 입력, 비밀번호 확인 해당 계좌에서의 잔액 확인
물리적 양식	고객 계정(ID) 및 패스워드, 계좌, 은행, 인터페이스 메뉴

과업시스템 기능 추상화

그림 10-6 ▌온라인 은행 영역 내의 '목적-수단' 관계

에 의해 과업시스템을 분석한다.

추상화의 차원(dimension of abstraction)은 과업시스템의 기능을 다섯 가지의 추상화 수준에서 나타내 준다. 가령, 온라인 은행(cyber-bank)을 위한 정보시스템을 개발한다면 그림 10-6에서 보는 바와 같이 다섯 가지의 추상화 수준에 따라 전체 온라인 은행 시스템의 '목적-수단' 구조를 분석한다. 여기서의 기능은 일반적인 의미에서의 기능과 구별되는 개념이다. 일반적으로 구조적인 방법에 입각한 정보시스템의 설계에 있어서의 기능은 실제 정보시스템에서 제공하는 물리적으로 존재하는 기능인 반면, 여기서는 실제 과업 수행자가 인식하는 추상적인 기능까지 포괄하는 개념이다. 가령, 온라인 은행에서는 예금 이체, 조회 등의 기능이 표시된다. 이러한 기능들은 실제 시스템에서 복수의 물리적인 기능의 조합에 의해 구현된다.

이 절에서는 이러한 추상화의 차원에 대한 분석에 초점을 맞추기로 한다. 이는 인

간이 기본적으로 목적 지향적으로 상황에 자발적으로 적응하는 특성을 갖고 있기 때문이다. 따라서 특정 정보시스템이 문제해결자의 의사결정을 효과적으로 지원하기 위해서는 사용자의 목적에 따른 수단의 탐색 과정을 시스템 저변에 깔고 있어야 한다. 정보시스템을 이용하는 과업 수행자의 특성을 제대로 이해하기 위해서는 과업에 내재된 '목적-수단' 관계를 규명하는 것이 중요하다. '목적-수단' 관계는 전체 과업 영역 내에서의 전반적인 목표와 해당 목표를 달성하기 위해 수행할 수 있는 활동의 범위 및 제약 조건들 간의 관계를 분석한다.

'목적-수단' 관계의 최하위의 단계에서는 시스템의 물리적 양식(physical form and configuration), 즉 과업시스템에 존재하는 모든 물적 자원-도구, 장비, 인적 자원-과 각각의 속성, 형태, 위치 등을 파악한다. 이 단계에서는 상위 단계의 추상적인 기능들을 구현하기 위해 제공되어야 하는 물리적 구성요소를 분석한다. 이들 구성요소는 실제 문제해결자가 의사결정을 내리는 데 있어서 정보원이 될 수 있는 자원 및 효과적인 과업 수행을 위해 시스템 내에서 통제할 수 있는 대상을 파악하는 데 그 목적이 있다. 온라인 은행의 영역에서 구현되어야 하는 물적 구성 요소로 고객을 나타낼 수 있는 고유 계정과 패스워드, 각종 은행 계좌 및 온라인 은행과의 상호작용을 매개하는 인터페이스와 각종 메뉴 등은 최하위의 물리적 양식 단계에 표현된다.

다음의 물리적 과정 활동(Physical Processes and Activities) 단계에서는 하위의 다양한 물적 구성요소들에 의해 구현되는 물리적 활동의 프로세스를 각 구성요소의 물적 특징을 토대로 나타내며, 이것은 곧 상위 단계의 일반 기능 및 활동을 수행하고 유지하기 위해 요구되는 구체적인 물리적 프로세스를 의미한다. 다시 말해서 이 단계에서는 개별 문제해결자의 의사결정 행위 및 도구 활용 범위를 통제할 수 있는 구체적인 속성을 명시한다. 물리적인 프로세스를 정확하게 묘사하기 위해서는 각종 기술적인 요소 및 도구들의 속성과 상이한 과업 환경하에서의 사용에 있어서의 제약 조건 그리고 더 나아가서 해당 도구의 활용을 통제할 수 있는 수단을 제시할 수 있어야 한다. 문제해결자의 의사결정 활동에 수반되는 물리적 프로세스 및 과업을 파악함으로써, 문제해결자의 인지적 특성과 부합되는 정보시스템을 설계하는 것이 이 단계의 목적이다. 가령 그림 10-6의 온라인 은행 시스템에서는 시스템에 접속하여 로그인하기 위한 계정 및 패스워드의 입력 절차 또는 비밀번호를 확인하는 물리적 활동이 이에 해당된다.

다음의 일반 과업 활동(general functions and activities) 단계에서는 특정 과업 영역에서 사람들이 일반적으로 인식하는 개념을 이용하여 과업 활동을 표현한다. 가령 온라인 은행의 경우 그림 10-6에서 보듯이 예금 조회, 예금 이체 등의 일반적인 은행 업무가 이에 속한다. 이 단계에서는 실제 각 활동이 구체적으로 어떠한 물리적 프로세스 및 기능을 이용하여 구현되는가는 분석하지 않는다. 예를 들어, 실제 온라인 은행 시스템에서 예금 이체를 수행하기 위해 어떠한 기능들을 구현해야 하는가는 분석하지 않는다. 즉, 이 단계에서는 특정 목적을 달성하기 위해 조정되어야 하는 개별 활동 단위들을 파악할 수는 있어야 하지만, 분석의 편의를 위하여 각 활동 단위가 실제로 어떻게 수행되는가는 분석 범위에서 제외한다. 이런 연유로 시스템의 '투입-산출' 관계만을 분석하는 '불투명 상자(black box)' 모델을 주로 사용한다.

다음의 추상 기능 및 우선순위(abstract functions and priority measures) 단계에서는 바로 하위 단계의 일반 활동 및 기능들 간에 과업시스템의 한정된 자원을 전체 시스템의 성과를 최적화하는 방향으로 배분할 수 있는 기준을 제공해 준다. 이는 개별 일반 활동이 수행하는 구체적인 역할 및 기능과는 독립적으로 전체 과업시스템의 목표와 부합되도록 자원을 배분하기 위한 가치 기준을 의미한다. 일반적으로 사용되는 것은 금전적 가치 기준, 신뢰성 기준, 효율성 및 기타 보존 원리에 의한 가치이다. 예를 들어, 온라인 은행에서는 서비스의 질 및 안정성과 편리성을 증진시키기 위해 가용한 자원을 어디에 집중시켜야 하는가를 결정한다.

마지막으로 추상화의 최상위 단계인 목표 및 제약조건(goals and constraints) 단계에서는 대상 과업시스템과 외부 환경의 상호작용을 지배하는 총체적인 목적 및 제약조건을 나타낸다. 이 단계에서는 과업시스템의 하위 단계에서의 의사결정 기준이 되는 목적의 근간을 이루는 각종 정책과 전략을 수립하게 된다. 온라인 은행 시스템의 최상위 목표는 일반적인 은행 사용의 목표 및 제약 조건과 동일하다. 이는 그림 10-6에서 보듯이 노후대책과 같은 조건 및 대출한도 및 금융실명제와 같은 제도를 포함한다.

특정 과업시스템의 총체적인 목표와 물적 자원의 효과적인 활용의 최적 접점을 찾기 위해서는 이상에서 살펴본 바와 같은 다섯 단계에 걸쳐서 해당 과업 영역에 대한 표상을 수립해야 한다. 이렇게 다섯 단계를 분리하여 생각하는 경우 각 단계가 서로 별개의 것이라고 생각하기 쉬우나, 실제로는 동일한 과업 세계를 단지 상이한 관점에서 분석하여 제시하는 정보의 표현 양식이라는 점을 유의해야 한다. 각 단계의 시스템에 대한 표상을 위한 정보 표현 형태는 궁극적으로 최상위의 목표 및 제약과 최하위의 물적 자원 간의 관계를 명확히 하기 위한 개념적인 연결 고리라고 볼 수 있다. 구체적으로 상위 단계에서는 하위 단계에서 파악된 과업시스템의 개별 구성요소들 간의 상호 관계를 통제하는 목표 및 기준에 대한 정보가 부가된다. '목적-수단' 계층 구조는 이처럼 점진적인 개념의 변화 단계를 통해 표현된다.

'목적-수단' 관계 구조 분석의 틀에서 또 하나 유의해야 할 점은 각 단계 간에 '다-대-다'의 대응 관계가 존재한다는 점이다. 그림 10-5에서 보듯이 특정 단계의 관점에서 그 상위 단계는 기능의 목적이고, 하위 단계는 기능을 수행하기 위한 수단이다. '다-대-다'의 대응 관계가 존재한다는 것은 특정 의도된 활동을 수행하기 위해 선택 가능한 수단이 하나 이상 존재한다는 것을 의미한다.

(3) 과업 영역의 속성과 추상화의 차원

'목적-수단' 관계 구조는 또한 특정 정보시스템에서의 변화가 어떻게 관련된 기능들을 변화시키는가를 파악할 수 있도록 해 준다. 이는 상위 단계에서 하위 단계로 변화의 파급효과가 확산되는 과업의 목적 제약(intentional constraint)과 하위 단계에서 상위 단계로 그 파급 효과가 확산되는 과업의 물적 구성의 원인 제약(causal constraint)을 통해서 이루어진다. 즉, 과업 수행자의 의도 및 상위 단계에서의 전체 과업시스템을 통제하는 상위 목적 변화는 그 밑의 단계의 기능에 영향을 미치게 되는 반면, 하부의 물리적 기능 요소의 변화는 다시 상위 단계의 프로세스 및 시스템 의도에 영향을 미치게 된다. 과업의 목적 제약은 총체적인 기능이 표현되는 과업시스템의 상위 단계에서 더욱 영향력이 크며, 각 단계의 기능적 구성요소들 간의 관계를 규정하는 통제 요소로 작용한다. 반면, 과업의 물적 제약은 상위의 달성 가능한 목표와 구현 가능한 과업 활동에 영향을 미치게 된다. 따라서 과업 수행자가 특정 과업시스템의 상태를

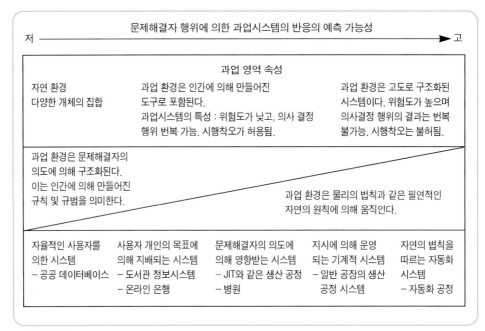

그림 10-7 ▌ 과업시스템의 분류–행위 수행 결과의 예측 가능성 기준

제어하기 위해서는 시스템의 물리적 구조에 표현되는 제약과 과업 수행 목적을 통제한다.

과업의 목적 제약(intentional constraint)과 과업의 물적 구성의 원인 제약(causal constraint)의 특정 과업시스템 내에서의 상대적 중요성을 기준으로 과업시스템을 분류할 수 있다. 과업시스템의 종류는 그림 10-7에서 보듯이 일련의 연속선상에서 표현된다. 우측의 과업시스템에서의 행위의 의도는 정보시스템 자체의 기능에 내재된 법칙에 의해 통제되는 반면, 좌측의 과업시스템은 사람의 합의에 의한 규칙에 따라 행위의 의도가 결정되거나 혹은 실제 사용자의 주관적 선호에 따라 정보시스템 사용에 있어서의 의도된 행위에 차이가 발생하게 된다. 즉, 원자력발전소와 같은 기술적인 시스템은 대부분의 활동이 자연의 법칙에 의해 통제되므로 물적 구성의 제약이 상대적으로 더 중요하다. 따라서 과업 수행이 비교적 안정적으로 이루어진다. 반면, 온라인 은행 시스템과 같이 사용자의 의도에 따라 과업 수행의 패턴이 좌우되는 과업시스템은 과업의 목적 제약(intentional constraint)이 과업시스템 내에서의 행위를 결정하는 데 상대적으로 중요하다.

(4) 분할화의 차원과 추상화의 차원

지금까지는 과업 공간을 기능들 간의 '목적–수단' 관계를 통해 분석하는 원리에 대해 살펴보았다. 그러나 그림 10-4에서 보듯이 특정 과업을 수행하는 동안 대상 시스템에 대한 문제해결자의 표상은 전체 시스템의 전반적인 상황 파악에서 개별 부분 요소에 대한 행위에 이르기까지 다양한 수준을 넘나든다. 이와 같이 전체 시스템을 하위 시스템 및 부품으로 나누어 생각할 수 있는 차원을 가리켜 분할화의 차원이라고 한다. 분할화(decomposition)의 차원은 전체 시스템을 구성하고 있는 하위 모듈로 분해하여 과업시스템의 기능 구조를 명확하게 한다. 이는 구조적인 방법론에 따른 정보시스템의 설계에 입각한 구조적인 구성요소의 분해와 대응되는 분석 차원이다. 과업 영역 분석에서 가로의 분할화의 축과 세로의 추상화의 축간에는 그림 10-8에서 나타난 바와 같이 밀접한 상호관계가 존재한다.

그림 10-8에서 보듯이 특정 과업시스템의 부분으로의 분할은 하나의 '목표–수단' 관계의 단계 내에서 이루어지거나 여러 추상화 단계를 거쳐서 이루어질 수 있다. 과업 영역에 대한 이러한 두 가지 측면에서의 분석은 개별 과업 상황과는 별개의 것으로서, 추상화의 각 단계에서 대상 과업시스템의 분할이 별도로 분석되어야 한다.

추상화 분할화의 관계는 근본적으로 비선형 관계이다. 즉, 특정 과업 상황에 대한 분석 시 추상화의 차원에서 이동하면서 분석한 후에 분할화의 차원에서 분석 단계를 이동하는 경우와 그 반대의 경우와는 반드시 동일한 결과를 초래하지는 않는다. 두 가지 분석 차원의 관계에 있어 또 다른 특징은 정보시스템을 구성요소로 분할화하는 과정에서 세부 구성요소를 묘사하기 위한 언어를 한 차원 아래의 추상화 단계에서 인용한다는 데 있다. 이는 그림 10-8에서 볼 수 있는 바와 같이 좌측의 온라인 은행의 편리성이라는 총체적인 목표를 달성하기 위한 개인의 과업 수행 목적에 이르기까지 단계적으로 추상화의 단계를 변화시켰다는 데서도 볼 수 있다.

결론적으로, 과업시스템의 추상화 구조 및 분할화 구조 그리고 시스템에 내재된 통

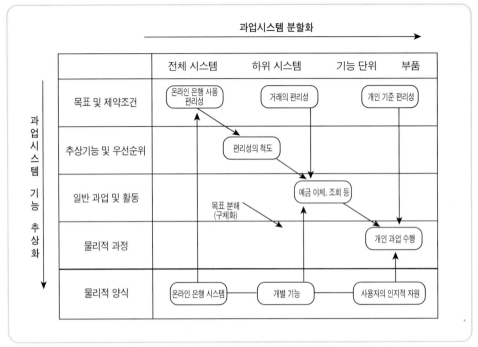

그림 10-8 ┃ 과업시스템의 추상화 수준 및 분할화 수준 간의 상호 관계

제의 정도는 생태학적인 정보시스템의 설계에 있어서 매우 중요하다. 과업 영역의 분석은 과업 수행자의 의도된 행위에 대한 과업시스템 반응의 예측 가능성 및 이를 결정 짓는 시스템 내부 구성요소들 간의 불변하는 관계를 파악하는 데 그 목적이 있다. 또한 발생 가능한 모든 과업 상황에 대처하여 과업 수행자가 효과적으로 그 목적을 달성하기 위하여 요구되는 물적 자원 및 이의 활용을 통제하는 시스템의 총체적인 목표를 분석하는 단계이다. 그러나 이 단계에서의 과업 영역에 대한 분석은 특정 과업 상황과는 구분되며, 구성요소들의 정적인 구조만을 제시해 준다. 그러나 실제 과업 상황에서는 이러한 전체 과업 공간 내의 일부만이 활동 가능 영역이다. 따라서 다음 절에서는 실제의 활동 가능 영역을 세 가지 차원에서 살펴본다.

3) 활동 분석

과업 수행자의 행위를 결정 짓는 과업 영역의 속성을 파악하기 위해서는 전체 과업 공간에 대한 모델 중에서 각각의 주요 활동과 관련되는 요소들에 분석의 초점을 맞출 필요가 있다. 과업 환경의 속성과 개별 문제해결자의 인지적 자원 및 주관적 의사결정 기준 간의 관계를 설정하기 위해 활동 분석은 세 가지 단계로 이루어진다. 우선 과업 영역의 일반적인 개념을 통해 전형적인 과업 상황을 파악한 후, 해당 과업 상황하에서의 의사결정 과정을 분석하며, 마지막으로 각 의사결정 단계에서 사용할 수 있는 인지적 전략을 파악한다.

(1) 개별 과업 활동 분석

개별 과업 활동의 분석 단계에서는 전체 과업 공간에서 과업 수행자가 자유롭게 선택할 수 있는 의사결정 대안의 집합을 특정 과업 상황의 시간적 및 공간적 제약을 통해 축소시킨다. 다시 말해서 이 단계에서는 분석 대상 과업 영역 내에서의 원형적인 과업 상황을 정의하고 각각의 과업을 수행하기 위해 문제해결자들이 사용할 수 있는 자원과 의사결정 행위를 통제하는 목표를 파악한다.

특정 과업 상황에서의 요구 사항을 분석하기 위해 과거에는 일련의 작업을 순차적으로 분석하는 과학적 과업 분석 방법을 사용하였으나, 오늘날과 같이 과업의 진행 자체가 우발적 상황에 대처하는 과업 수행자의 주관적 판단에 의존하는 경우에 이러한 방법은 더 이상 적합하지 않다. 따라서 인지정보공학 방법론에서의 과업 활동 분석은 과업 활동의 원형을 정의함으로써 이루어진다. 원형적인 과업 활동(prototypical work situation)은 비교적 경계가 명확하며, 여러 과업 상황에 있어 반복되어 나타나는 자연스럽게 생성되는 작업 단위들 간의 관계를 표시하는 것이다. 그림 10-9는 온라인 은행 시스템을 사용하면서 발생할 수 있는 전형적인 작업 단위들 간의 관계를 모두 표시한 것이다.

그림 10-9를 토대로 온라인 은행 시스템을 사용하면서 발생할 수 있는 과업 상황의 일례를 분석해 보면 다음과 같다. 사용자는 온라인 은행 시스템에 접속을 한 후 예금

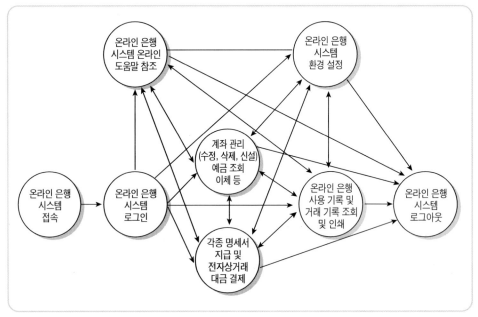

그림 10-9 ▌온라인 은행의 원형적인 과업 상황

을 이체 혹은 조회하는 계좌 관리 작업을 수행한 후 이러한 거래 기록을 인쇄 혹은 저장하고 전체 세션을 종료할 수 있다. 이러한 일련의 작업 도중에 사용자는 수시로 온라인 도움말을 참조하거나 자신의 취향에 맞도록 온라인 은행의 환경 설정을 변경할수도 있다.

원형적인 과업 활동(Prototypical work situation)은 전형적인(typical) 과업 상황과는구별되어야 한다. 전형적인 과업 상황은 문제해결에 있어 정상적으로 수행되는 절차를 의미하며 대부분의 경우 문제해결자의 직관에 의해 실제 과업 수행 경험을 바탕으로 정의된다. 그러나 이러한 전형적인 과업 상황에 대한 분석은 정보시스템 설계를위한 과업 분석에는 부적합하다. 이는 구체적으로 요구되는 정보 및 수반되는 의사결정 과정이 특정 과업 상황에 따라 상이할 수밖에 없기 때문이다. 따라서 전형적인 과업 상황에 대한 설명은 해당 과업이 발생한 배경(context)에 대한 설명을 배제함으로써 특정 상황적 요인에 대응하여 문제해결자가 사용한 휴리스틱 및 노하우에 의한 의사결정 과정에 대한 설명은 간과하기 쉽다. 이는 결과적으로 정보시스템에서 지원해야 하는 문제해결자의 의사결정 과정 및 인지적 전략의 파악을 저해하게 된다.

따라서 개별 과업 활동의 분석은 과거에 실제로 발생했던 과업 상황들에 대한 상세한 자료 분석을 바탕으로 이루어져야 한다. 과거의 자료에 대한 상세한 분석을 통하여 각 활동들을 원형적인 과업으로 분류하고, 이때의 분류 기준은 문제해결자에 의한 과업의 통제, 즉 의사결정 프로세스를 파악할 수 있는 단위로 분석을 해야 한다는 것이다. 예를 들어, 그림 10-9에 표시된 온라인 은행의 원형적인 과업은 접속, 로그인, 대금 결제, 환경설정 등 해당 프로세스의 의사결정 과정을 파악할 수 있는 단위로 분류되어 표시되고 있다.

(2) 활동에 수반되는 의사결정 분석

바로 전 단계의 분석에서는 과업 활동을 실제 과업 영역의 관점에서 파악하였다. 그러나 일정 시점에 이르면 과업에서 요구되는 정보를 파악하기 위해 과업 활동에 대한 분석을 활동에 수반되는 의사결정 과정을 기준으로 실시하는 것이 필요하다. 의사결정 관점에서의 시스템 모델은 사용자의 가용 인지 전략 혹은 개별 사용자의 인지적 자원 및 능력과의 관계를 파악하는 데 사용한다. 따라서 이 단계에서는 앞서 파악한 원형적인 과업 상황에서 문제해결자가 목표 달성 과정에서 발생하는 다양한 문제에 대처하기 위한 의사결정 과정을 정보처리적 관점에서 파악한다. 의사결정에 수반되는 인지적 활동의 종류는 크게 상황 분석, 목표 평가 및 우선순위 결정에 의한 문제해결자의 과업 수행 계획의 수립이다. 이러한 의사결정 과정의 분석은 개별 문제해결자의 인지적 특성에 부합되는 인지적 과업의 설계를 통하여 효과적인 정보시스템에서 요구되는 정보의 표현 양식 및 기능을 제공하기 위해 필요하다.

그림 10-10은 특정 의사결정 과정에 수반되는 기본적인 정보처리 과정의 규범적인 진행 절차를 몇 가지 휴리스틱 경로와 함께 제시하고 있다. 의사결정 과정을 이와 같이 전체를 구성하는 전형적인 하위 과업과 지식의 상태로 표현하는 것은 의사결정 분석을 용이하게 하기 위한 것이다. 의사결정 과정은 과업시스템의 내재적 기능들 간의 관계 및 각각의 속성에 의해 결정된다. 의사결정 사다리에서 좌측의 목표를 향하여

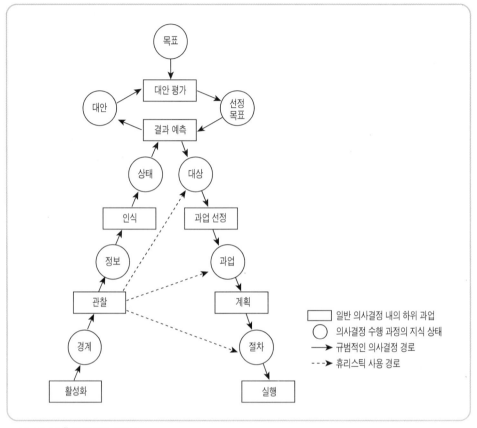

그림 10-10 ┃ 의사결정 사다리

위로 올라가는 일련의 정보처리 과정은 주어진 과업 상황에 대한 분석 과정이며, 이것과 전체 과업시스템의 목표와 결합하여 실제 문제 해결 과정을 계획하는 일련의 정보 처리 과정은 우측의 하향 화살표로 표시된다. 이러한 두 가지 과정은 상이한 정보 시스템의 지원을 요구한다.

  숙련된 문제해결자는 효과적으로 문제를 해결하기 위해 과업 환경 내에 존재하는 다양한 상황적 요인에 입각하여 노하우를 바탕으로 적절하게 의사결정 경로를 수정하는 갖가지 휴리스틱을 사용한다. 휴리스틱 전략에 따른 과업의 수행 절차는 과업 환경에서 주어지는 각종 단서를 이용하여 위에 나타난 전 과정을 거치지 않은 일종의 의사결정 지름길(short-cut)로 표현 가능하다. 그림 10-10은 규범적인 의사결정 경로를 표시하고 있으나, 실제 과업 수행에 수반되는 의사결정 경로는 이 모든 정보처리 과정을 거치지 않는 것이 일반적이다. 의사결정 사다리상에는 각 정보처리 단계의 순서를 지정하지 않으므로 개별 과업 상황에서 발생하는 다양한 형태의 의사결정 경로를 표현할 수 있도록 해 준다. 의사결정 사다리의 유용성은 다양한 상황에 거쳐서 의사결정 경로를 분석할 수 있는 틀을 제공해 준다는 데 있다. 실제로 의사결정 과정의 순서는 과업 수행자의 과업 환경에 대한 암묵적인 지식과 실제 과업이 발생한 환경의 맥락에 따라 사용하는 인지 전략이 변함으로써 달라진다. 이는 다음 단계에서의 의사결정에 수반되는 인지전략의 분석에서 다루기로 하며, 여기서는 온라인 은행에서의 예금 이체에 수반되는 의사결정 경로를 살펴보기로 한다.

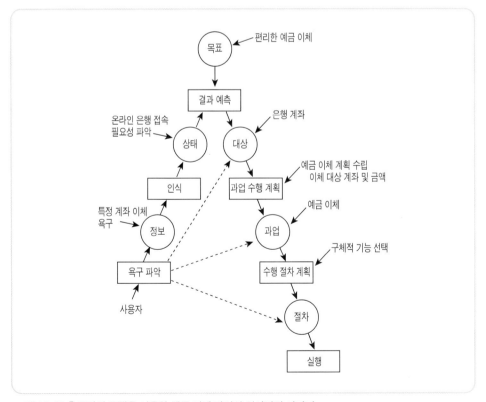

그림 10-11 ▌온라인 은행을 이용한 예금 이체 과업의 의사결정 사다리

그림 10-11에는 온라인 은행에서의 예금 이체 과업을 수행할 때 전형적인 의사결정 경로를 나타내고 있다. 사용자는 예금 이체에 대한 필요성을 인식한 후에 이를 위해 요구되는 정보를 수집한다. 사용자의 목적은 여기서 예금 이체를 성공적으로 수행하는 것이다. 사용자는 자신의 목적을 파악한 연후에 과업 수행의 대상을 은행 계좌로 설정한 후 이를 이용하여 과업을 수행할 계획을 수립한다. 그런 후에는 이를 구체적으로 어떠한 메뉴의 기능을 이용하여 수행할 것인가에 대한 수행 절차 계획을 수립하고 이를 실행한다. 이때 만일 숙련된 사용자인 경우에는 자신이 예금 이체의 필요성을 인식한 후에 의사결정의 지름길을 이용하여 직접 예금 이체에 대한 수행 계획을 수립하거나 아무런 계획 없이 자동적으로 예금 이체에 대한 절차를 실행할 수도 있다.

(3) 개별 활동의 의사결정에 요구되는 인지적 전략 분석

이 단계의 목적은 온라인 은행 사용자가 앞에서 파악된 의사결정 활동에서 수행할 수 있는 이상적인 인지 과정을 분석하는 데 있다. 사용자가 실제로 수행하는 인지 과정은 상황에 따라 변화할 수 있으며, 따라서 다양한 인지 과정이 파악될 수 있다. 이 단계에서는 이러한 다양한 인지 과정들 간의 주요 공통점들을 분석한다. 이러한 분석을 토대로 분석 대상 과업시스템을 사용하는 과업 수행자의 인지 과정에 대한 정밀한 인지 구조를 구축한다. 이러한 인지 구조는 이상적인 인지 전략(mental strategy), 사용자가 상이한 인지 전략을 선택하는 과정에서 이용하는 선택 기준 그리고 마지막으로 선택 기준을 사용하도록 유도하는 상황 변수(situation cue)를 포함한다. 인지 전략(mental strategy)이란 특정 종류의 표상과 관찰의 해석 방식으로 특징지어지는 일관된 추론의 방식을 추상화 한 것이다.

문제해결자가 과업을 수행함에 있어 사용가능한 인지 전략은 크게 다음의 네 가지가 있다. 첫째, 귀납적 전략(inductive strategy)으로, 특정 과업의 상황과 연관된 행동의 대안들에 의해 문제해결자의 장기기억에 저장된 관련 경험 기억들이 활성화되어 이로부터 취해야 할 행동을 결정짓는 전략이다. 예를 들어, 최초로 온라인 은행을 사용하는 사람은 이러한 전략을 구사하게 될 것이다. 왜냐하면 온라인 은행 시스템을 직접적으로 활용한 경험에 대한 기억은 없으므로 이와 유사한 시스템의 메뉴 사용 경험을 토대로 하게 된다.

둘째, 가설연역적 전략(hypothetico-deductive strategy)이다. 이는 문제해결자가 주어진 문제의 해결 방안에 대한 가설을 설정한 후 이를 대상 과업시스템의 반응 원리에 대한 심성모델에 비추어서 의사결정의 영향을 예측하는 전략이다. 예를 들어, 온라인 은행의 사용자는 기존의 다양한 정보시스템의 검색 도구 등을 활용한 경험을 토대로 일반적인 정보시스템의 작동 원리에 대한 지식과 은행의 업무에 대한 지식을 토대로 심성모델을 구축하여 이를 토대로 시스템의 다양한 기능들의 의미에 대한 가설을 세울 수 있다.

셋째, 연역과 탐색 전략(deduction and search strategy)이다. 이는 주어진 과업 상황에 대한 표상을 바탕으로 도달해야 하는 문제해결 상태의 속성을 결정한 후, 의사결정 대안들의 속성과 비교하여 해결 방안을 유추하는 것이다. 온라인 은행 시스템에 있어서 이러한 전략을 구사하기 위해서는 주어진 과업 상황에 적합한 기능에 대한 모델을 수립한 후 이를 테스트함으로써 원하는 결과가 얻어질 때까지 여러 기능을 활용한다.

넷째, 탐색과 비교 전략(search and comparison strategy)으로 이는 문제해결자의 목표 상태와 부합되는 의사결정 대안을 찾을 때까지 주어진 과업 영역 내의 가능한 행동 대안의 집합을 순차적으로 탐색하는 것을 의미한다. 이를 온라인 은행의 영역에 적용할 경우 사용자가 가능한 모든 기능들을 순차적으로 활용해 본 결과를 토대로 적정 전략을 탐색해 나간다.

이상에서 살펴본 네 가지 인지 전략은 이상적인 상황에서 사용되는 것으로 실제 과업 상황에서는 문제해결자의 주관적인 선호도와 여러 가지 상황 변수로 말미암아 다양한 인지 전략과 문제해결 관점이 다이내믹하게 변경된다. 각 인지 전략에 있어서 요구되는 문제해결자의 인지적 자원과 기타 물적 자원의 양은 상이하므로 이러한 인지 전략의 변화는 의사결정 과정에 있어서 발생할 수 있는 지엽적인 문제를 해결하기에 적정한 방법이다.

실제 과업을 수행할 때 사용 가능한 인지 전략의 다양성과 복잡성은 정보시스템 설계에 있어서 많은 시사점을 갖는다. 첫째, 실제 과업의 분석을 통한 모델링과 시뮬레이선은 문제해결자가 사용 가능한 모든 인지 전략의 집합을 반영해야 한다. 둘째, 정보시스템의 설계에 있어서 문제해결자의 인지 전략의 전환을 초래하는 상황 변수를 반영해야 한다. 이는 특정 인지 전략을 사용하는 과정에서 인지적 혹은 기타 물적 자원의 부족으로 인해 난국에 봉착했을 때에 효과적인 인지 전략의 전환을 가능케 하기 위해 필수적으로 요구되는 사항이다. 다음 절에서는 이번 절에서 살펴본 인지정보공학의 개념을 이용하여 구체적으로 정보시스템을 설계하는 과정에 대해서 살펴본다.

4. 인지정보공학을 이용한 정보시스템 설계

정보시스템의 설계 과정은 근본적으로 상황에 따라 가변적이다(Gould, 1988). 이는 정보시스템의 설계가 원래의 계획된 특정 프로세스에 의해서 결정되기보다는 특정 과업에 있어서 다양한 예측 불허의 요소들에 의해 결정된다는 것을 의미한다. 정보시스템 설계 과정은 비구조화된 문제 공간 내에서의 탐색 과정으로서 절차화가 불가능하다. 대부분의 숙련된 정보시스템 개발자들은 과거의 개발 과업과의 유사성을 토대로 설계에 수반되는 다양한 의사결정을 내리게 된다. 따라서 전통적인 절차화된 정보시스템 개발 지침은 유용하지 않으며, 정보시스템의 효과적인 개발을 지원하기 위해서는 각 단계를 상세하게 지정하는 규범적인 절차보다는 과업 공간 내에서의 탐색 과정을 지원하는 디자인 도구가 요구된다.

인지정보공학적 접근법에서는 앞의 과업 영역 분석틀에 입각하여 정보시스템 설계를 위한 문제 공간 내에서의 효과적인 항해를 지원하기 위해 여러 가지 디자인 지도(design map)를 제공한다. 디자인 지도는 앞서 제시한 과업 영역의 분석 틀에 입각한 것으로서 사용자 인터페이스와 과업시스템의 속성 및 사용자 속성 사이의 관계를 통제할 수 있도록 해 준다. 따라서 기존의 정보시스템 방법론이 설계자로 하여금 항상 따라야 하는 표준적인 절차를 지정하는 반면에, 인지정보공학에서 제공하는 디자인 지도는 정보시스템 개발 공간 내에서 가능한 여러 가지 대안 중에서 최적의 대안을 탐색하는 과정을 효과적으로 지원해 준다. 이를 이용함으로써 개발자는 특정 정보시스템의 속성을 기준으로 전체 디자인 공간 내에서의 위치를 파악할 수 있도록 해 준다. 이는 마치 숙련된 여행가들이 전세계 수도의 위치에 대한 지도를 파악하는 것과 같다. 정보시스템 개발 공간에 대한 개념적인 지도는 과업 영역과 특정 작업의 상황 및 사용자의 분류에 근거하여 여러 종류의 정보시스템 간의 유사성과 차이점을 파악할 수 있게 해 준다. 이러한 디자인 지도를 이용함으로써 개발자는 다양한 과업 영역–작업–사용자의 결합에 있어 적절한 정보시스템 설계 사양을 습득할 수 있으며, 또한 정보시스템 개발에 있어서의 시스템 사양과 사용자 관련 특성이 미치는 영향을 파악할 수 있다.

1) Map 1 : 과업 영역 속성

첫 번째 디자인 지도는 그림 10-12에서 나타난 것과 같이 대상 과업 영역 내에서의 원형적인 과업 상황에 대한 지도이다. 이는 다양한 과업 활동 간의 유사성과 차이점을 파악하기에 유용한 지도이다. 그림 10-12의 수평 축은 그림 10-7에서 표시한 바와 같이 과업 영역의 속성을 나타내고 있다. 좌측의 영역은 사용자의 자율적인 명령에 의해 통제되는 온라인 은행과 같은 정보시스템을 표시하고 있으며, 우측의 영역은 정보시스템의 대상 과업에 내재된 자연의 법칙에 의해 제어되는 프로세스 공정 자동화와 같은 유형의 시스템으로서 사용자는 단순히 이러한 법칙에 따라 운영하는 역할을 수행한다. 중앙의 영역은 규칙 및 합의된 약속에 의해 통제되는 정보시스템 내에서의 사용자의 자율적인 행위를 허용하는 시스템으로서 각종 행정 시스템이 이 영역에 속한다. 그림 10-12의 수직 축은 정보시스템의 사용 과정에서 발생할 수 있는 의사결정 과정에 포함되는 여러 가지 과업 상황을 나타내며 이는 그림 10-10의 의사결정 사다리를 기초로 하고 있다.

정보시스템 개발에 있어서 이 첫 번째 지도는 원형적인 과업 상황을 과업 영역의 속성, 단위 과업 활동의 특성 및 사용자의 인지적 특성에 따라 표시를 가능케 함으로써 개발 대상 정보시스템의 주요 개발 단서를 유사한 정보시스템으로부터 유추할 수

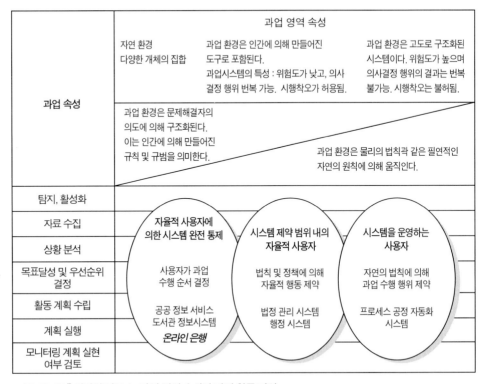

과업 속성	과업 영역 속성		
	자연 환경 다양한 개체의 집합	과업 환경은 인간에 의해 만들어진 도구로 포함된다. 과업시스템의 특성 : 위험도가 낮고, 의사 결정 행위 번복 가능. 시행착오가 허용됨.	과업 환경은 고도로 구조화된 시스템이다. 위험도가 높으며 의사결정 행위의 결과는 번복 불가능. 시행착오는 불허됨.
	과업 환경은 문제해결자의 의도에 의해 구조화된다. 이는 인간에 의해 만들어진 규칙 및 규범을 의미한다.		과업 환경은 물리의 법칙과 같은 필연적인 자연의 원칙에 의해 움직인다.
탐지, 활성화			
자료 수집	자율적 사용자에 의한 시스템 완전 통제	시스템 제약 범위 내의 자율적 사용자	시스템을 운영하는 사용자
상황 분석			
목표달성 및 우선순위 결정	사용자가 과업 수행 순서 결정	법칙 및 정책에 의해 자율적 행동 제약	자연의 법칙에 의해 과업 수행 행위 제약
활동 계획 수립			
계획 실행	공공 정보 서비스 도서관 정보시스템 *온라인 은행*	법정 관리 시스템 행정 시스템	프로세스 공정 자동화 시스템
모니터링 계획 실현 여부 검토			

그림 10-12 ▎ 디자인 지도 1 : 과업 영역 속성과 과업 활동 파악

있도록 해 준다. 이는 표면상으로 전혀 다른 정보시스템 간에도 유의적인 유사성이 존재하며 이를 통해 정보시스템의 개발이 보다 효과적으로 이루어질 수 있다는 것을 시사한다. 따라서 정보시스템의 개발 시 과업 영역의 속성에 대한 지도를 이용함으로 써 다양한 과업 상황에 걸친 인터페이스 디자인의 일반화를 가능케 한다. 그림 10-13 은 온라인 은행 시스템의 과업 영역의 특성에 따른 과업 영역 속성 지도 내의 위치를 표시하고 있다. 온라인 은행은 사용자의 자율적인 의도에 따라 특정 과업 활동이 결 정되므로 좌측에 위치한다. 또한 수직 축에 따라 온라인 은행 시스템을 사용하는 다 양한 과업을 표시할 수 있는데, 예를 들어 자료 수집의 과업 단계에서는 온라인 은행 시스템의 작용 원리 등을 파악할 수 있으며, 다른 단계들은 실제 온라인 은행을 이용 한 예금 이체, 조회 등의 과업 수행을 표시한다.

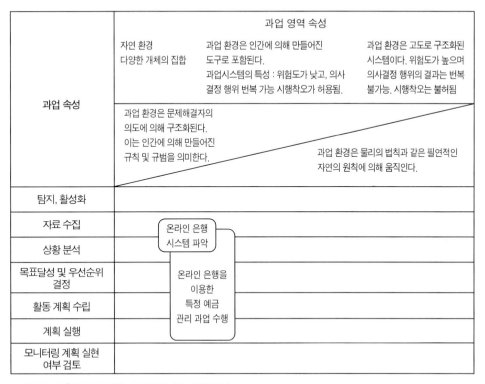

과업 속성	과업 영역 속성		
	자연 환경 다양한 개체의 집합	과업 환경은 인간에 의해 만들어진 도구로 포함된다. 과업시스템의 특성 : 위험도가 낮고, 의사 결정 행위 번복 가능 시행착오가 허용됨.	과업 환경은 고도로 구조화된 시스템이다. 위험도가 높으며 의사결정 행위의 결과는 번복 불가능. 시행착오는 불허됨
	과업 환경은 문제해결자의 의도에 의해 구조화된다. 이는 인간에 의해 만들어진 규칙 및 규범을 의미한다. 과업 환경은 물리의 법칙과 같은 필연적인 자연의 원칙에 의해 움직인다.		
탐지, 활성화			
자료 수집			
상황 분석			
목표달성 및 우선순위 결정			
활동 계획 수립			
계획 실행			
모니터링 계획 실현 여부 검토			

그림 10-13 ▐ 온라인 은행 시스템의 과업 영역 특성

2) Map 2 : 정보시스템 지식 베이스의 구조

앞에서 살펴본 '목적–수단' 관계는 그림 10-5에서 나타난 바와 같이 특정 과업 영역
의 기능들 간의 관계에 대한 유용한 모델이며, 이를 토대로 사용자가 특정 과업 상황
에 봉착했을 때 요구하는 정보를 정의할 수 있다. 효과적인 과업 지원 정보시스템은
이러한 정보를 적재적소, 적시에 제시하기 위하여 필요한 지식 또는 정보를 확보하여
야 한다. 따라서 두 번째 디자인 지도는 그림 10-14에서 보듯이 '목적–관계' 구조를
이용한다. 사용자의 의사결정 행위는 다양한 추상화와 분할화의 수준에서 이루어진
다. 사용자들은 과업을 수행함에 있어서 사전에 요구되는 정보를 파악하기보다는, 과
업의 수행 과정에서 발생하는 '무엇을, 어떻게, 왜' 수행해야 하는가와 관련된 질문의

형식으로 정보를 요구하게 된다. 따라서 효과적인 정보시스템은 이러한 정보의 요구를 적절한 '목적-관계' 구조의 단계 내에 표현해 주어야 한다. 최하위 수준에서는 일반적으로 사용되는 일상적인 개념으로 정보를 표현한다. 이들 용어는 주로 산업의 표준 용어를 사용하게 된다. 바로 위의 기능적 구성요소를 위해서는 정보가 다시 적절한 형태로 조합되어야 한다. 이 단계에서의 정보는 과업 영역 내의 전문가에 의해 사용되는 개념 및 과업의 특성을 토대로 표현된다. 최상위 단계에서는 전체 시스템의 운영을 계획 및 통제하기 위한 전반적인 과업시스템의 목적 및 가치 기준 그리고 기능 구조에 따라 정보가 조직화된다. 정보시스템에서 제시해야 하는 정보의 표현 형식은 '목적-관계' 구조를 나타내기 위해 사용되는 개념들에 내재되어 있다. 또한 앞서 설명한 바와 같이 분할화와 추상화 사이에는 비선형의 상관관계가 존재하며 이를 지식 베이스의 구조에서도 충실하게 반영해야 한다. 예를 들어, 온라인 은행을 위한 시스템의 경우, 전체 온라인 은행의 목표 및 제약에 대한 정보가 확보되어야 하며, 또한

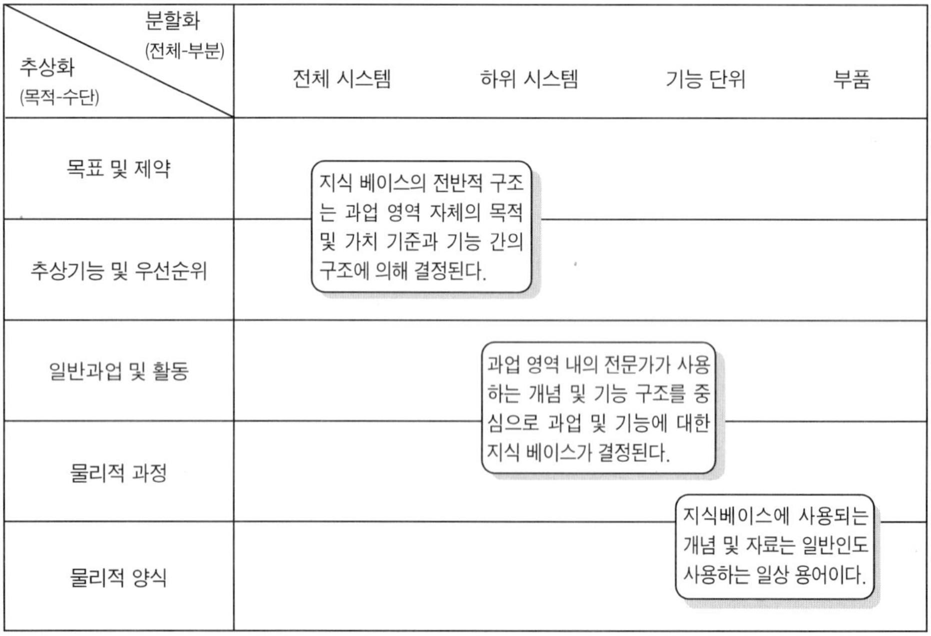

추상화 (목적-수단) \ 분할화 (전체-부분)	전체 시스템	하위 시스템	기능 단위	부품
목표 및 제약	지식 베이스의 전반적 구조는 과업 영역 자체의 목적 및 가치 기준과 기능 간의 구조에 의해 결정된다.			
추상기능 및 우선순위				
일반과업 및 활동		과업 영역 내의 전문가가 사용하는 개념 및 기능 구조를 중심으로 과업 및 기능에 대한 지식 베이스가 결정된다.		
물리적 과정				
물리적 양식				지식베이스에 사용되는 개념 및 자료는 일반인도 사용하는 일상 용어이다.

그림 10-14 ▌ 디자인 지도 2 : 과업 지원 시스템을 지원하는 지식 베이스의 구조

각 하위 시스템의 기능 및 활동과 각 모듈의 화면 인터페이스 및 정보 등을 지식 베이스에 포함해야 한다.

3) Map 3 : 정보시스템의 항해 지도

개발자는 정보시스템의 구조를 인터페이스의 기능들을 이용하여 사용자에게 전달해 주어야 한다. 이를 위해서는 우선 '목적-수단' 관계로 표현되는 정보시스템의 구조와 이를 이용하는 과업 수행자의 의사결정 경로에 대한 항해 지도를 도식해야 한다. 세 번째 디자인 지도는 정보시스템의 상이한 기능들 사이에서 사용자의 항해를 지원하기 위해 명확하게 제시되어야 하는 정보시스템의 전체적인 구조를 도식화한다. 이러한 지도를 이용함으로써 개발된 정보시스템은 개별 인터페이스 간의 일관된 구조를 통하여 과업 수행에 있어 요구되는 다양한 기능들을 사용자가 용이하게 사용할 수 있도록 해 준다.

정보시스템을 이용하는 사용자의 항해 지도는 대상 시스템의 과업 특성에 따라 상이하다. 그림 10-12의 우측에 해당하는 과업시스템 내의 항해는 대상 과업을 통제하는 자연의 법칙에 의해 결정된다. 따라서 이들 시스템의 항해 지도는 정보시스템의 기능들의 관계를 그림 10-14의 '목적-수단' 관계로 표현한 후 이들을 이용한 전형적인 과업 수행 경로를 표시함으로써 도식이 가능하다. 그러나 그림 10-12의 좌측에 해당하는 온라인 은행과 같은 과업시스템의 경우에는 해당 시스템의 항해 경로를 구조화할 수 있는 절대적인 기능 구조가 존재하지 않는다. 따라서 이러한 시스템의 항해 지도를 도식화하기 위해서는 온라인 은행 사용자가 선호하는 과업의 구조 및 구사하는 의사결정 전략을 분석하여야 한다. 그림 10-15는 온라인 은행 시스템을 항해하기 위해 사용자가 일반적으로 구사하는 인지적 전략을 기준으로 전체 시스템의 구조를 나타내고 있다. 그림 10-15에서 보는 바와 같이 사용자는 온라인 은행에 접속하여, 일반적으로 먼저 계좌를 선택하며, 특정 전략을 선택한다. 이러한 전략이 선정되면 자신이 수행하고자 하는 행위, 예를 들어 계좌의 예금을 이체하고, 그 후에 자신의 목표가 달성되었는지를 확인하고 난 후에 온라인 은행에 대한 접속을 해제할 수 있다.

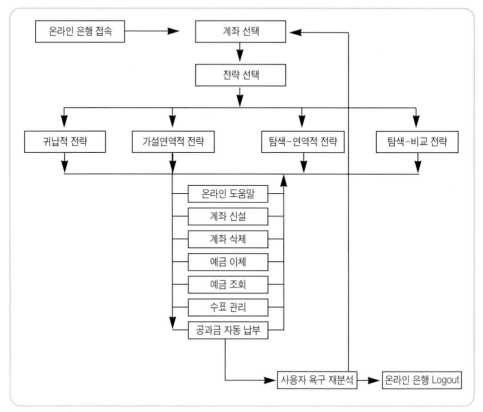

그림 10-15 ▌ 디자인 지도 3 : 온라인 은행의 기능 구조 항해

　이러한 시스템의 인터페이스가 사용자의 과업 수행을 위한 시스템 내의 항해를 효과적으로 지원하기 위해서는 메타포(metaphor)를 사용하는 것이 바람직하다. 사용자가 친숙한 특정 과업 혹은 상황을 인터페이스 내에 구현함으로써 자연스럽게 사용자의 시스템 사용 경로를 제시해 주어야 한다. 가령 온라인 은행 시스템의 경우 실제 은행 점포 내의 상황을 인터페이스에 구현해 줌으로써 사용자가 의도하는 목적을 달성하기 위한 기능을 손쉽게 찾을 수 있도록 해 줄 수 있다. 이러한 은유를 사용함으로써 시스템의 구조를 암묵적으로 사용자에게 전달해 줄 수 있다.

4) Map 4 : 정보시스템 개발 모델에 대한 지도

정보시스템의 개발에 있어서 심성모델의 중요성은 앞에서 살펴보았다. 그러나 많은 경우 어떤 심성모델을 토대로 개발하는가에 혼선이 빚어진다. 정보시스템의 개발에 있어 중요한 심성모델은 사용자의 정보시스템에 대한 심성모델, 개발자의 개발 과정에 대한 심성모델 및 개발자의 사용자 요구 사항에 대한 심성모델 등이 있다. 개발 과정에서 이 모든 모델을 효과적으로 반영하기 위해서는 사용자, 시스템 개발자 및 프로그래머 간의 대화가 요구된다. 이러한 대화를 효과적으로 지원하기 위한 도구가 정보시스템 개발 모델에 대한 개념 지도이다. 이러한 지도는 시스템의 개발 과정에서 요구되는 다양한 심성모델 간의 전환을 표시한다. 시스템 개발 과정에서 중요시되는 심성모델은 최종 사용자의 시스템에 대한 심성모델, 과업 영역 분석을 토대로 형성된 과업시스템에 대한 모델, 인터페이스 디자인을 위해 요구되는 모델 및 실제 소프트웨어 개발을 위해 요구되는 프로그래밍 모델이다. 그림 10-16은 온라인 은행 시스템 개발을 위해 요구되는 시스템에 대한 다양한 심성모델 간의 전환 경로를 표시하고 있다.

좌측 상단의 수직 열은 과업 영역 분석의 다양한 분석 차원에 의한 과업시스템의 속성을 나타내고 있다. 이러한 속성은 과업 영역 전체의 '목적-수단' 관계, 과업 활동 및 이에 수반되는 의사결정 전략 등의 내용을 포괄한다. 이 수직 열에서 표현되는 시스템에 대한 모델은 사용자의 과업 활동 및 인지적 전략을 효과적으로 지원하기 위하여 정보시스템에서 제공해야 하는 정보를 나타내 준다.

그림의 우측 수직 열은 과업 영역에 대해 교과서, 메뉴얼, 신문, 광고 등의 다양한 자료원에서 제시하는 표상을 나타내고 있다. 이러한 자료원에서 접하는 표상에 의해 사용자의 과업 영역에 대한 심성모델이 영향을 받게 된다. 이는 특히 온라인 은행과 같은 일반 사용자를 위한 정보시스템의 경우 더욱 크게 작용한다. 우측 열에서는 또한 사용자의 전체 정보시스템에 대한 심성모델을 나타내 준다.

좌측 수직 열의 하단에 표시된 디스플레이 행렬에서는 정보시스템에서 제공되는 다양한 정보가 사용자가 과업을 수행하는 '목적-수단' 단계와 부합해야 함을 나타내

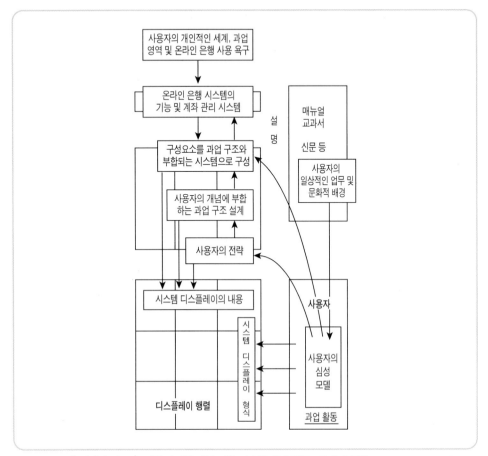

그림 10-16 ▌ 디자인 지도 4 : 자율적 사용자를 위한 시스템 개발 경로−온라인 은행

고 있다. 또한 사용자 인터페이스의 형식은 숙련 사용자에서 초보 사용자에 이르기까지의 다양한 사용자의 요구 사항을 충족시켜야 함을 나타낸다. 온라인 은행 시스템과 같은 일반 사용자를 대상으로 하는 정보시스템의 경우에는 유사한 과업 환경에 대한 사용자의 심성모델과 부합하도록 사용자 인터페이스를 설계해야 한다. 디스플레이 행렬은 또한 사용자 인터페이스의 표현 정보와 표현 형식은 서로 분리되어 결정될 수 있음을 명시하고 있다.

온라인 은행 시스템과 같이 시스템의 통제가 전적으로 사용자의 의도에 달려 있는 경우 개발자들은 사용자의 과업 영역과 과업 자체에 대한 모델을 토대로 정보시스템을 개발한다. 따라서 그림 10-16에서 보듯이 시스템에 대한 사용자의 심성모델에서 출발하여 이를 시스템에 어떻게 반영해야 하는가에 중점을 둔다. 이상에서 살펴본 바와 같이 정보시스템 개발 모델에 대한 지도는 정보시스템을 개발하기 위해 사용자의 요구 사항 및 심성모델에 대한 분석에서 출발하여 이를 정보시스템 자체에 대한 심성모델로 전환하는 순서로 이어지는 개발 과정을 명백하게 나타내 준다.

5) Map 5 : 정보시스템 인터페이스의 구조 및 해석

정보시스템 개발을 지원하는 다섯 번째 지도는 정보시스템 인터페이스의 구조와 해석을 위한 것이다. 사용자의 정보에 대한 해석은 사용자의 전문 지식의 정도, 인지적 특성 및 특정 과업 상황에 따라 달라진다. 이러한 해석은 과업 영역, 직업, 문화 및 국가에 따라 변하므로 그래픽 인터페이스와 아이콘 그리고 인터페이스 표현에 사용하는 은유(metaphor)의 적절한 선택을 지원하기 위한 개념적인 지도가 요구된다. 앞서 언급한 바와 같이 인지정보공학의 특징인 생태학적인 인터페이스 개발의 목적은 사용자에게 정보에 대한 해석 수준을 선택하는 자율권을 보장하는 정보 내용이 풍부한 인터페이스를 제공하는 데 있다. 이는 사용자가 자신의 의지에 따라 과업 환경을 인지하는 추상화의 단계 및 분활화의 단계를 변화시킬 수 있음을 의미한다(Rasmussen et al., 1990; Vicente & Rasmussen, 1990). 사용자의 과업 수행의 의도가 어떤 수준의 추상화 단계와 분할화의 단계에서 표현되는가에 따라 정보시스템의 인터페이스의 요소에 대한 사용자의 이해 정도가 결정된다. 따라서 정보시스템 인터페이스를 구성하는 다양한 그래픽 아이콘 및 기타 구성요소는 이러한 사용자의 과업 영역 자체에 대한 다양한 분할화 및 추상화의 수준을 고려하여 설계되어야 한다. 즉, 그림 10-17에서 보듯이 개별 디자인 요소와 사용자의 과업시스템의 구성요소에 대한 이해 간에는 일대일 대응 관계가 존재해야 하며 이는 사용자 인터페이스에 반영되어야 한다. 다시 말해서, 정보시스템의 사용자 인터페이스의 구조는 사용자의 과업 요소에 대한 분활화 구조와 합치되어야 한다.

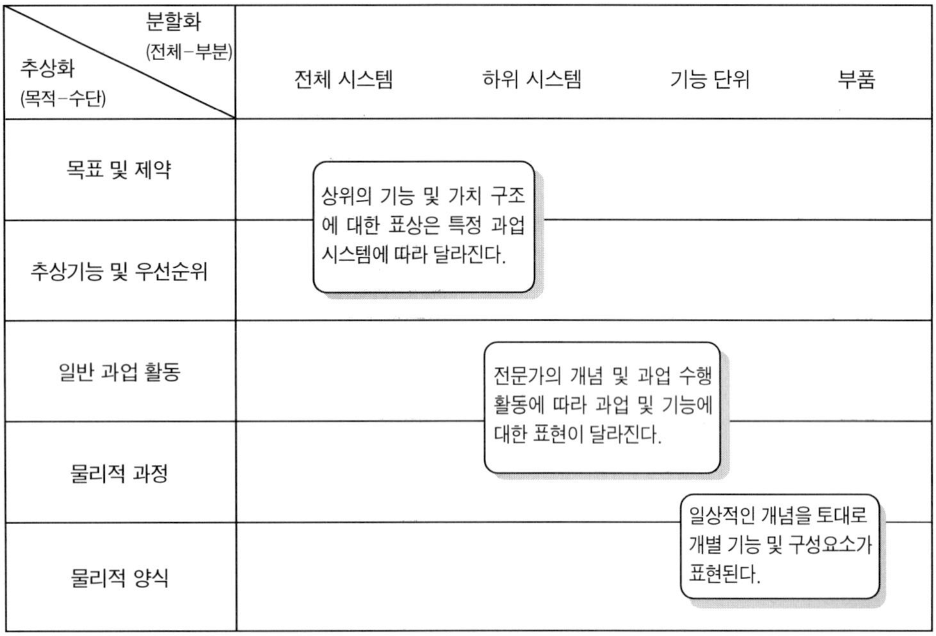

추상화 (목적−수단)	분할화 (전체−부분)	전체 시스템	하위 시스템	기능 단위	부품
목표 및 제약		상위의 기능 및 가치 구조에 대한 표상은 특정 과업 시스템에 따라 달라진다.			
추상기능 및 우선순위					
일반 과업 활동			전문가의 개념 및 과업 수행 활동에 따라 과업 및 기능에 대한 표현이 달라진다.		
물리적 과정					
물리적 양식				일상적인 개념을 토대로 개별 기능 및 구성요소가 표현된다.	

그림 10-17 ▍ 디자인 지도 5 : 사용자 인터페이스의 표현 양식과 표현 대상의 '목적−관계' 구조 내의 위치의 관계

5. 정보시스템 평가

정보시스템의 효과적인 개발을 위해서는 앞에서 제시된 다섯 개의 디자인 지도를 이용하여 정보시스템의 원형(prototype)을 개발하여 이것이 실제 의도한 과업 및 사용자의 속성을 제대로 반영하고 있는가를 지속적으로 평가해야 한다. 정보시스템의 평가는 특정 시스템 개발 목표와 합치되는가를 파악하거나 대안적인 시스템 설계 접근법을 비교하거나 혹은 정보시스템에서 개선되어야 할 사항을 파악하기 위해 수행된다. 평가를 거치지 않은 채 개발된 정보시스템이 사용자에 의해 거부되는 경우가 허다하다는 사실(Rouse, 1981, 1982)에도 불구하고 아직까지 정보시스템의 평가를 위한 체계적인 방법론은 사용되고 있지 않다. 그러나 정보 기술의 급격한 변화로 말미암아 점진적인 정보시스템의 개선은 불가능하게 되었으며, 사용자의 특성과 인지적 능력에

적합한 정보시스템의 개발에 관한 관심이 급증하는 현 시점에서는 체계적인 정보시스템 평가 방법론이 시급하게 요구된다. 특히 사용자와 정보시스템의 일치에 관한 관심은 정보시스템과 사용자 간의 상호작용에 관한 다양한 시나리오를 이용하여 정보시스템의 효과성을 측정하기 위한 실험적 평가 기법을 요구하고 있다.

　정보시스템의 평가는 다음의 두 가지 질문에 대한 답을 제시하기 위해 실시된다. 첫째, 입증(verification)에 관한 것으로, 실제 정보시스템의 요구 사항을 정보시스템의 기능에 얼마나 반영하였는가를 측정한다. 이는 '정보시스템이 개발 목적을 달성하였는가'에 관한 질문의 답을 제시해 준다. 둘째, 검증(validation)에 관한 것으로, 이는 정보시스템이 원형시스템의 목표를 얼마나 달성하고 있는가를 측정한다. 이는 '정보시스템이 최종 사용자의 요구에 부합되는가'에 관한 답을 제시해 준다.

　정보시스템의 평가는 두 가지 방식을 통해 이루어질 수 있다. 첫째, 분석적 평가(analytical evaluation)는 상위의 기능에서 하위의 기능으로 진행되는 top-down 평가이다. 대부분의 정보시스템 개발은 체계적인 top-down 과정에 따라 이루어지는 것이 아니라 기존의 정보시스템에 대한 수정을 통해 이루어진다. 따라서 개발된 정보시스템이 과업 영역과 사용자의 특성을 정확하게 반영하고 있는가를 살펴보기 위해서는 과업 분석 틀의 다양한 차원을 기준으로 한 체계적인 평가가 필요하다. 두 번째 평가 방식은 실증적 평가(empirical evaluation) 방법으로, 하위의 기능에서 출발하여 점차 상위의 기능으로 확산되는 bottom-up 평가 방식이다. 그림 10-18은 과업 분석 틀과 분석적 및 실험적 평가 방법 간의 관계를 나타냄으로써 정보시스템 평가의 전반적인 틀을 제시한다.

　분석적 평가(analytical evaluation)에서는 정보시스템이 제공하는 기능들이 과업 영역의 모든 추상화 단계에서 요구하는 기능들을 모두 포괄하는가에 초점을 맞추며, 정보의 표현 형태와 같은 요인은 평가 대상에서 제외한다. 분석적 평가는 위의 그림의 화살표 방향에서 보듯이 과업시스템 전체의 상위 기능의 평가에서 점차 체계적으로 하위 기능까지 그 분석 범위를 좁혀 간다. 이는 반대의 방향으로 진행되는 실증적 평가(empirical evaluation)와 상호 보완적으로 이루어질 수 있다. 그림 10-18에서 보듯이 실증적 평가는 분석적 평가와는 반대 방향으로 진행된다. 실증적 평가에서는 특정

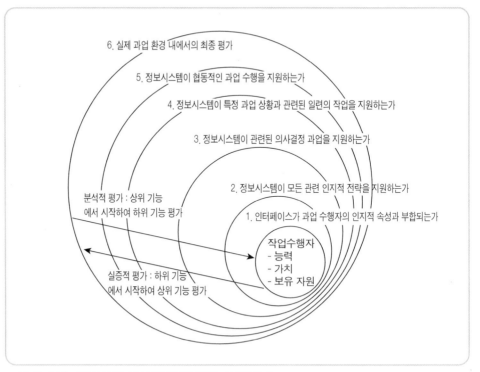

6. 실제 과업 환경 내에서의 최종 평가

5. 정보시스템이 협동적인 과업 수행을 지원하는가

4. 정보시스템이 특정 과업 상황과 관련된 일련의 작업을 지원하는가

3. 정보시스템이 관련된 의사결정 과업을 지원하는가

2. 정보시스템이 모든 관련 인지적 전략을 지원하는가

1. 인터페이스가 과업 수행자의 인지적 속성과 부합되는가

분석적 평가 : 상위 기능
에서 시작하여 하위 기능 평가

실증적 평가 : 하위 기능
에서 시작하여 상위 기능 평가

작업수행자
- 능력
- 가치
- 보유 자원

그림 10-18 ▮ 과업 분석 틀과 분석적 및 실험적 평가 간의 관계

정보시스템의 사용성을 평가(usability testing)하는 데 그 목적이 있다. 즉, 분석적 평가는 정보시스템의 내용(content)을 그리고 실증적 평가는 정보시스템의 형태(form)를 대상으로 한다. 정보시스템의 실증적 평가는 과업 분석 틀의 차원을 기준으로 인간의 기초적 인지 특성에서 출발하여 점차 과업과의 관련성을 확장시켜 나가는 것이 효과적이다. 그림 10-19는 인지정보공학 방법론의 과업 분석틀에 입각한 정보시스템의 평가를 위한 단계별 실험의 범위를 명시하고 있다. 화살표는 특정 실험의 단계에서의 실험의 범위를 앞의 그림 10-2에 나타난 과업 공간의 분석 단계별로 표현하고 있으며, 각 단계별 실험의 유형은 네모 안에 표시되어 있다. 효과적인 정보시스템의 설계를 위해서는 대상 과업 영역에서 고려되어야 하는 사용자의 인지적 특성을 파악하기 위하여 단계적으로 분석의 차원을 변경해야 하듯이, 정보시스템의 평가에 있어서

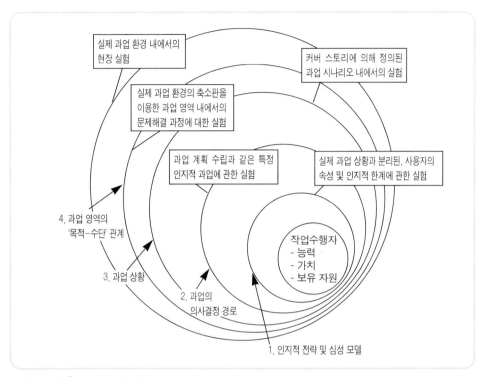

그림 10-19 실험의 경계 설정

도 그림 10-19에서 보듯이 여러 단계를 거쳐서 평가가 이루어져야 한다.

정보시스템 평가의 초기 단계에서 지나치게 추상적인 수준에서 평가를 수행하는 경우에는 하자가 발견되었을 경우 이것이 사용자의 지각의 범위를 벗어났기 때문에 발생하는 것인지, 특정 과업 영역에서 유의적인 인지적 전략을 지원하지 못한 데서 기인한 것인지 혹은 과업 자체의 자연적 법칙이 정보시스템에 내재되어 있지 않기 때문에 발생한 것인지 알 수 없다. 따라서 정보시스템의 실증적 평가에서는 최우선적으로 정보시스템의 인터페이스에서 사용된 각종 그래픽 및 아이콘 혹은 메타포 (metaphor)가 사용자에 의해 제대로 지각되는가에 대한 사용자 중심의 평가를 수행한다. 이것이 그림 10-18과 그림 10-19에 나타난 첫 번째의 실험 경계로, 특정 정보시스템의 인터페이스가 사용자의 인지적 속성과 부합되는가의 여부와 정보시스템이 사용자의 모든 인지적 전략을 지원하는가의 여부를 평가하기 위해 수행된다. 이 첫 번째 실험의 경계는 정보시스템의 대상 과업과는 분리된 실험실 내에서 이루어지게 되며 순수하게 사용자의 심성모델과 인지적 전략만을 파악하기 위한 것이다. 두 번째의 경계 내 실험은 정보시스템이 과업과 관련된 모든 의사결정을 지원하는가의 여부를 파악하기 위해 수행된다. 이 경계 내에서의 실험은 과업 상황 내에서 발생할 수 있는 특정 인지적 작업, 즉 의사결정 상황을 대상으로 수행된다. 세 번째 경계는 실험의 대상 범위를 실제 과업 상황과 보다 가깝도록 확장시킨다. 이 경계 내에서의 실험은 실제 과업 상황과 유사하게 꾸며진 커버 스토리 내에서의 정보시스템과 사용자의 상호작용을 대상으로 한다. 네 번째의 경계는 이러한 커버 스토리에서의 각종 통제를 최소화하여 실제 과업 상황에서 존재하는 통제 불가능한 다양한 요소들을 그대로 반영하여 사용자의 문제 해결 과정을 평가 대상으로 한다. 아래에서는 각각의 실험 경계(Boundary)를 보다 구체적으로 살펴본다.

1) 실험 1의 경계 : 통제된 인지 과정

이 경계 내에서 수행되는 실험은 특정 과업과 분리된 상황에서의 사용자의 인지적 특성 및 인지적 전략을 파악하기 위해 인지심리학에서 수행되는 기초적 인지 과정에 대한 실험의 일종이다. 이 단계에서 수행되는 실험의 목적은 특정 심리적 현상들을 확인 및 설명하고, 관찰 가능한 현상들을 계량적으로 측정하여 그 통계적 유의성을 검증하는 데 초점을 둔다. 이 경계 내에서의 실험은 특정 인지적 기제의 작용을 측정하기 위하여 완전하게 통제된 실험실 과업을 사용한다. 사용자의 지각, 선택 등을 평가하기 위한 것이므로 실험 대상 과업은 많은 경우 실제 생활에서 발생하지 않는 간단한 문제로 한다. 또한 피험자에게 내리는 지시 또한 절차적(procedural)이며 명확(explicit)하다. 이는 실험 과업을 피험자의 일반적인 지식 배경 및 주관적인 판단 기준으로부터 분리함과 동시에, 실제 실험 대상 과업 영역과의 연관성을 배제하기 위해서 필요하다. 이 단계에서의 실험의 또 다른 특징은 실험 대상 과업과 실험 기제 간의 밀접한 관계이다. 가령 이 단계에서는 사용자의 기억의 한계 및 정확성, 과업 수행 속도 등을 측정하기 위한 실험을 수행한다. 예를 들어, 온라인 은행 시스템의 최하위 단계에서의 사용성(usability)을 평가하기 위해서는 온라인 은행 시스템의 메뉴에서 사용된 기능의 명칭들 혹은 그래픽 아이콘이 일반적인 사용자들의 온라인 은행에 대한 심성모델과 부합하는가를 측정하기 위한 '아이콘(메뉴 기능)-실제 기능'의 연상(association) 실험을 수행할 수 있다. 이러한 연상 실험에 대한 자료는 언어 조서 자료(verbal protocol) 및 사후적인 설문 조사를 통해 수집한다.

그러나 이와 같은 사용자의 기초적인 인지 특성에 대한 실험만으로는 특정 정보시스템을 정확하게 평가할 수 없다. 이는 일반적인 인지과학의 원리를 재확인하는 기회를 제공할 뿐, 해당 요소가 실제의 복잡한 과업 상황에서 다른 제반 요소와의 상호작용을 통해서 사용자의 정보시스템의 활용에 어떠한 영향을 미치게 될 것인가는 파악할 수 없다.

2) 실험 2의 경계 : 통제된 인지적 과업

이 단계에서는 개별 의사결정 기능에 초점을 맞춤으로써 사용자에서 전체 과업 상황으로 정보시스템의 평가 대상 범위를 한 차원 확장시킨다. 실험의 경계를 그림 10-19의 경계 1에서 경계 2로 확장시킴으로써 평가의 초점은 문제 해결 및 의사결정 상황으로 이양된다. 이 경계 내에서 분석의 대상이 되는 인지 과정은 앞에서의 인지 과정에 비해 보다 복잡하며 환경에 의해 통제 받는 범위가 확대된다. 이 단계에서의 실험의 일례로 특정 상황 분석을 위한 진단적 추론(diagnostic reasoning) 과정에 대한 것이 있다. 실험 시나리오의 경계는 피험자에게 제시되는 인지적 과업에 의해 설정된다. 실제로 사용 가능한 진단적 추론을 위한 인지적 전략은 문제의 표현 형태에서 자연스럽게 유도되도록 실험 과업이 설계된다. 실험 과업은 일반적으로 실제로 발생 가능한 과업 상황을 '커버 스토리'로 사용한다.

온라인 은행 시스템에 대한 이 단계에서의 실험의 목적은 특정 과업 수행의 용이성을 파악하는 데 있다. 가령 피험자로 하여금 계좌 A에서 계좌 B로 50만 원을 이체하도록 지시한 후 수행하는 일련의 과정을 관찰한다. 사용자의 인지 과정에 대한 분석은 언어 조서 자료 분석(verbal protocol analysis) 및 특정 의사결정 경로를 선택한 사유에 대해 사후적인 설문 조사 자료에 대한 분석을 통해 수행한다.

그러나 이 단계에서의 실험 역시 자연적인 과업 상황과는 분리된, 통제된 실험실 내에서 수행된다는 점에서 실제 과업 환경 내에서의 사용자 행위로 일반화할 수 없다는 한계가 있다. 문제의 제시 형태로 인해 사용자들이 일반적으로 사용하는 인지 전략이 아닌 다른 전략을 구사할 수도 있다. 특정 문제의 표현 양식이 문제해결자의 인지 전략에 미치는 영향은 의사결정 분야에서 'framing effect' 라는 현상으로 많은 연구가 행해졌다(Tversky & Kahneman, 1986). 실제로 실험실 내에서의 과업은 실험자에 의해 제시되는 특정 상황 내에서의 피험자의 의사결정 과정을 분석하는 것일 뿐, 실제 과업 상황에서의 어떠한 요인이 이러한 의사결정 과정을 촉발시키는가를 파악하지는 못한다. 따라서 이 단계에서의 사용자의 의사결정 과정에 대한 결과를 실제 과업 상황에 그대로 적용하는 것은 어렵다. 이 단계의 실험 결과를 일반화하기 위해서는 실험 상황, 가용 인지 전략 및 실제 상황에서의 의사결정을 지배하는 판단의 기준 간의 관계를 토대로 결과를 실제 과업 상황의 맥락에서 재해석해야 한다. 다시 말해서 실험 상황의 경계를 명백히 함으로써 피험자에게 강요된 의사결정 전략임을 인식한 상태에서 실험 결과를 해석해야 한다.

3) 실험 3의 경계 : 통제된 과업 상황

이 단계에서는 실험의 초점이 실제 과업 상황으로 이양된다. 단, 이는 모의 과업 상황으로서 실제 과업 환경에서 수행되는 것이 아니라, 여전히 실험실 내에서의 통제된 실험이다. 이 단계의 실험이 실제 과업 시나리오를 토대로 설계되었다는 사실로 인하여 이를 이용하는 사용자의 행위가 실제 과업 환경 내의 사용자 행위의 특성과 일치하리라는 기대는 잘못된 것이다. 왜냐하면, 이는 실제 과업 환경 내의 여러 복잡한 요소들이 여전히 배제되어 설계되었으므로 실험 대상이 되는 특정 과업과 정보시스템의 전체 기능들 중 해당 과업의 수행에서 요구되는 기능의 부분집합에 대해서만 평가가 이루어지기 때문이다. 이 단계에서는 과업 상황을 통제하기 위하여 특정 과업에 대한 커버 스토리를 사용한다. 이러한 커버 스토리는 피험자의 주관적인 경험을 토대로 한 전체적인 과업 상황에 대한 분석을 가능케 한다. 따라서 이 단계의 실험의 경계는 피험자의 실험 대상 과업에 대한 이해에 의해 결정된다.

이 단계에서의 온라인 은행 시스템의 평가 목적은 사용자의 특정 의도에 따른 계좌 관리 과업 수행의 용이성을 파악하는 데 있다. 따라서 실험의 설계는 사용자에게 특정 의도를 부여하는 커버 스토리를 이용하여 이루어진다. 가령 피험자에게 인터넷 상의 다양한 사이버 몰에서 여러 가지 물품을 구입하여 이들에 대한 대금 결제 과업을 해야 하는 상황임을 제시한 후 온라인 은행 시스템의 사용을 지시한다. 그리고 이러한 상황 하에서 피험자가 얼마나 효과적으로 이에 요구되는 기능을 찾아서 활용하는가를 분석한다.

4) 실험 4의 경계 : 복잡한 실제 과업 환경의 축소판

이 실험의 경계 내에서는 복잡한 과업 환경을 그대로 실험실 내에 구현하여 사용자의 문제해결 과정에 있어서 목적 및 가치의 형성, 목적의 평가 및 정서적 요인을 포괄하는 의사결정의 전 과정을 분석 대상으로 한다. 실험의 목적은 사용자가 전체 과업 영역을 탐색하여 현재 직면한 문제를 구체화하여 이를 해결하기 위한 세부적인 목표를 설정하고, 이 목적을 달성하기 위한 해결 방안을 모색하는 전체 문제해결 과정을 분석하는 데 있다. 따라서 이 단계에서의 실험의 지시 사항은 광범위한 커버 스토리로 표현되며, 이는 피험자의 과업 영역에 대한 주관적인 경험과 실제 실험을 연계하는 고리의 역할을 한다.

그러나 이 단계에서의 실험의 한계는 바로 이러한 피험자의 주관적인 경험에서 기인한다. 특정 커버 스토리로 인해 피험자가 연상하는 과업 상황에서 특히 중요하다고 부각되는 요소들은 피험자의 개인적 경험의 차이로 인해 달라질 것이다. 따라서 피험자가 수립할 실제 목표와 실행 기준을 통제하는 것은 매우 어렵다는 데에 이 단계에서의 실험의 한계가 존재한다.

온라인 은행 시스템의 전체적인 과업 환경과 상호작용하는 사용자의 인지과정의 분석을 기타 외부 요소와는 격리된 실험실 상황에서 수행하는 목적은 실제 온라인 은행 시스템의 사용성을 파악하기 위한 것이다. 이 단계에서는 피험자로 하여금 온라인 은행 시스템을 사용하여 제반 은행 업무를 편리하게 수행하고자 하는 고객의 역할을 부여함으로써 실제 어떠한 과정에 따라 온라인 은행 시스템을 사용하는가를 분석한다.

5) 실험 5의 경계 : 실제 과업 환경에서의 실험

이 단계에서는 실제 과업 환경 내에서의 정보시스템의 사용성을 분석하는 데 그 목적이 있다. 여기서의 실험 방법은 일반 현장 실험의 방법론에서 많은 부분을 적용한다. 가령 온라인 은행 시스템의 실제 과업 환경에서의 사용성을 분석한다면 그 목적은 온라인 은행의 사용이 전체 과업의 수행 방식에 미치는 영향을 파악하는 데 있을 것이다. 즉, 이를 이용함으로써 실제 사용자의 은행 업무 수행 방식에 변화를 유발하였는가를 파악할 수 있다.

6. 맺음말

이 장에서는 정보시스템의 인지공학적 설계를 위한 개념적 구조를 제시한 후, 이를 토대로 실제 정보시스템의 설계 과정을 지원하기 위한 디자인 지도 및 개발된 정보시스템의 평가를 위한 실험의 경계(experimental boundary)를 제시하고 있다. 효과적인 정보시스템의 개발을 위해서는 과업 자체의 속성뿐만 아니라, 사용자의 과업 수행의 인지적 특성도 반영해야 한다. 인지정보공학 방법론은 이를 위하여 과업 공간 자체의 속성을 분석하는 최상위 단계에서 사용자의 인지적 특성을 분석하는 최하위 단계를 연계하기 위한 다단계의 중간 분석 단계를 도입한다. 즉, 과업 공간의 분석에서 그 범위를 실제 과업 활동에 대한 분석으로, 또한 각각의 과업 활동에 대한 의사결정 과정 분석으로 점차 그 범위를 축소시켜 나가면서 사용자의 인지적 특성과의 연계를 가능케 한다. 즉, 과업 상황에서 발생할 수 있는 의사결정 과정에서 사용자가 사용할 수 있는 인지 전략을 분석함으로써 이를 사용자의 인지적 특성과 바로 결부시킬 수 있다.

인지정보공학 방법론은 또한 이러한 개념적인 틀을 실제 정보시스템의 개발 및 설계를 위한 구체적인 지침과 연결하고 있어, 정보시스템의 개발의 전 과정—대상 과업 공간의 분석에서 정보시스템 평가에 이르기까지—을 일관하는 체계적인 방법을 제시하고 있다. 따라서 인지정보공학 방법론의 결과로 구축되는 정보시스템은 시스템의 전체 과정에 인간의 인지적 요소 및 과업의 특성이 동시에 고려되는 인지공학의 기본 원리를 충실하게 반영할 수 있다. 이 장에서는 이러한 인지정보공학적 방법론을 온라인 은행을 위한 시스템을 개발하는 과정에 응용하여 보았으며, 추후로 동일한 방법론을 전혀 다른 성격의 정보시스템을 개발하는 과정에도 널리 사용될 수 있는 체제를 제공하였다. 이를 통하여 단순히 인간의 작업을 수월하게 만들어 주는 컴퓨터 도구가 아니라, 인간이 진정으로 사용하면서 즐거워할 수 있는 소프트과학의 이념을 충실하게 반영하는 정보시스템의 개발을 기대한다.

참고문헌

Elm, W. C. & Woods, D. D.(1985). Getting lost: A case study in interface design. In : *Proceedings of the Human Factors Society*. 29th Annual Meeting.

Gould, J. D.(1988). How to Design Usable Systems. In Helander, M.(Ed.), *Handbook of Human-Computer Interaction, Amsterdam*: North-Holland, 757~789.

Hirschhorn, L.(1984). *Beyond Mechanization: Work and Technology in a Postindustrial Age*. Cambridge, MA: MIT Press.

Moon, J. & Kim, J.(1996). *Electronic Commerce Inter-face Lift, Applying Emotive Interface Engineering to Virtual Banking Systems*. A Working paper submitted to CHI 97 for review.

Newell, A. & Simon, H.A.(1972). *Human Problem Solving*. New Jersey: Prentice-Hall,

Noble, D. F.(1984). *Forces of Production: A Social History of Industrial Automation*. New

York : Alfred A. Knopf.

Norman, D. A.(1986). Cognitive Engineering. *In User Centered System Design, New Perspectives on Human-Computer Interaction*, Eds. Donald A. Norman and Stephen W. Draper, Lawrence Erlbaum Associates: Hillsdale, New Jersey, 31~61.

Norman, D. A.(1988). *The Psychology of Everyday Things*, Basic Books.

Pope, R. H.(1978). Power station control room and desk design: alarm system and experience in the use of CRT displays. In: *International Symposium on Nuclear Power Plant Control and Instrumentation*: Cannes, France.

Rasmussen, J.(1986). *Information processing and human-machine interaction: An approach to cognitive engineering*. Amsterdam: North Holland.

Rasmussen, J., Pejtersen, A. M., & Schmidt, K.(1990, September). *A taxonomy for cognitive work analysis*. Technical Report Ris0-M-2871.

Rasmussen, J. & Pejtersen, A.M.(1995). Virtual Ecology of Work. In Flach, J., Hancock, P. Caird, J. & Vicente, K.(Eds.), *Global Perspectives on the Ecology of Human-Machine Systems*, New Jersey: Lawrence Erlbaum Associates, 121~156.

Roth, E., Bennett, K., & Woods, D. D. Human interaction with an 'intelligent' machine. *International Journal of Man-Machine Studies*, 27, 479~525.

Rouse, W. B.(1981). Experimental Studies and Mathematical Models of Human Problem Solving Performance in Fault Diagnosis Tasks. In Rasmussen, M. and Rouse, W.B.(Eds.), *Human Detection and Diagnosis of System Failures*, New York: Plenum Press.

Rouse, W. B.(1982). A Mixed Fidelity Approach to Technical Training, *Journal of Educational Technology Systems*, 11(2), 103~115.

Simon, H.A.(1980). *The Sciences of the Artificial*, Massachusetts: The MIT Press.

Tversky, A. & Kahneman, D.(1986). Rational choice and the framing of decisoins. *Journal of Business*, 59, 4, pt. 2. 251~278.

Woods, D. D. & Roth, E.M.(1988). Cognitive Systems Engineering. *In Handbook of HCI*, Elsevier Science Publishers B.V., North Holland, 3~43.

11

인간-교통 시스템

이재식

1. 서 론

매일 수백만 명의 사람들이 차량이나 철도 그리고 항공기를 이용해 여행한다. 인간공학의 관점에서 볼 때 이러한 교통시스템들은 다른 시스템들과는 구분되는 몇 가지 특징들을 갖고 있다. 그중에서 가장 중요한 측면은 교통시스템과 인간이 상호작용하는 과정이 대부분 역동적으로 움직이는 상황에서 발생한다는 점이다. 인간과 교통수단의 상호작용 과정에서 추적이나 연속적 수동 제어는 일반적으로 매우 중요한 부분이다. 또한 낯선 곳을 여행할 때는 항행과 관련된 문제들이 중요해진다. 더구나 여행하는 곳의 환경은 시간에 따라(주간이나 야간), 일기에 따라(맑거나 비오는 날씨) 혹은 장소에 따라(교통이 혼잡하거나 그렇지 않은 경우) 매우 심하게 변할 수 있다. 그와 같은 변화들은 인간과 교통시스템의 상호작용에 대해 중요한 시사점을 갖고 있다.

인공위성에 기반한 전지구 위치 파악 시스템(global positioning system, GPS)과 같은 새로운 기술의 도래와 컴퓨터의 발달에 힘입어 육상과 항공 교통의 많은 측면들이

혁명적인 변화를 보이고 있다. 또한 항공기나 육상용 차량들은 매우 빠른 속도로 움직이기 때문에 교통시스템에 대한 안전의 문제는 극히 중요한 측면이다. 수많은 사람이 이용하면서도 자동차만큼 고도의 위험가능성이 있을 뿐만 아니라 생명까지도 위협할 수 있는 시스템은 없을 것이다. 매년 전 세계적으로 약 500,000명이 교통사고로 생명을 잃고 있고, 미국에서만 40,000명이 교통사고로 사망한다는 통계가 있다(Evans, 1996). 또한 미국의 경우, 교통사고와 관련된 사망이나 부상에 의한 경제적 손실은 매년 1,000억 달러를 넘는다.

이 장에서는 가장 흔한 교통수단인 자동차에 초점을 두고 인간이 이들과 상호작용하는 방식을 몇 가지의 측면들, 예를 들어 인간 오퍼레이터들이 이러한 시스템과 상호작용하면서 수행해야 하는 과제들의 특징, 인간-시스템 상호작용 과정에서의 위험과 안전의 문제 그리고 그러한 문제들의 해결 방안 등을 살펴보고자 한다.

운전은 일반적으로 생산성(productivity)과 안전(safety)이라는 두 가지의 경쟁적인 목표들을 동시에 얻기 위해 수행되는 과제라는 것을 주목하는 것이 중요하다(이 두 가지는 인간공학의 일반적 관심사이기도 하다). 생산성은 빠른 시간 안에 목표 지점에 도달하고자 하는 것을 말하며, 이로 인해 운전자들은 과속을 할 수도 있다. 안전은 본인이나 다른 사람들에 의한 사고의 회피를 말하며, 때로 과속에 의해 이 목표가 손상된다. 도로에서의 높은 교통사고율과 보험회사나 사고를 당한 사람들에 주어지는 엄청난 손실 등은 도로 교통의 안전을 국가적인 주요 문제로 부각시켰다. 대부분의 사고에 사람들이 연루되고, 또한 그러한 사고의 대부분이 인간의 에러(90% 이상)에 의한 것이라는 사실은 이러한 문제들을 인간공학의 관심 영역으로 가져오게 하는 원인이 되었다. 도로 교통 안전과 관련된 문제들은 매우 다양하지만 여기에서는 우선 차량을 제어하는 과제들과 교통사고와 관련된 여러 인간 요소들을 정보처리 관점에서 다룬 후에, 운전자를 보조하기 위한 시스템 설계 방안들에 대한 문제를 논의하고자 한다.

2. 운전자 과제 분석 : 정보처리 관점

운전과 관련한 인간 수행을 몇 단계로 구분할 것인가에 대해서는 연구자들 사이에 의견의 일치가 있는 것은 아니지만 가장 많이 거론되는 단계들은 ① 인간이 외부 환경의 변화를 어떻게 탐지하는가(Olson & Sivak, 1986), ② 외부 자극을 어떻게 지각하고(McDowell & Rockwell, 1978; Shinar, 1978), ③ 어떠한 방식으로 제한된 양의 주의를 할당하는가(Dobbins & Skordahl, 1963; 이순철, 1999), ④ 운전자의 일반적인 인지능력, 예를 들어 기억이나 의사결정 능력은 운전 수행과 어떠한 상호관련성이 있는가(Sanders & McCormick, 1993) 그리고 ⑤ 인간의 외현적 행동 능력은 자동차의 통제에 어떤 영향을 미치는가 등이다(Olson & Sivak, 1986). 연구자들에 따라 운전자 수행의 어떠한 측면이 운전 능력의 정도를 결정하고, 나아가 교통사고와 같은 극단적 결과와 관련되는지에 대해서는 견해가 다양하다. 또한 이러한 정보처리 관점에서의 운전 수행 요소들뿐만 아니라 운전자의 연령(Lam, 2001; Males, 2000), 성별(Taubman-Ben-Ari & Findler, 2003; Tavris, Kuhn, & Layde, 2001)등의 인구학적인 요인들과 운전경험(McCartt, Shabanova, & Leaf, 2003; Underwood, Chapman, Brocklehurst, Underwood, & Crundall, 2003), 운전자의 성격(Cellar, Nelson, & Yorke, 2000; Perry & Baldwin, 2000), 피로(이재식, 김비아, 유완석, 1999; Matthews & Desmond; 2002)나 음주(이재식 등, 1999; Burian, Liguori, & Robinson, 2002) 등의 다양한 요인들도 운전 수행과 밀접하게 관련되는 것으로 보고되고 있다.

　운전 수행이 갖는 총체적 특성에 비추어 위에서 언급된 요인들이 모두 운전 수행과 밀접한 관계를 갖는다는 것은 당연한 결론일 수 있다. 그러나 이렇게 다양한 인간 요인들을 모두 고려하여 운전 행동을 설명하고자 하는 노력은 몇 가지 문제점을 갖고 있다. 첫째, 인간 운전 행동과 관련된 많은 요인들을 광범위하게 고려하고자 할 경우 운전 수행과 관련된 핵심 요인이 무엇이며 이 요인이 구체적으로 어떠한 기여를 하는지 간과할 수 있다. 다시 말해 운전 수행을 설명하는 데 운전 수행과 관련되는 변인들을 모두 고려하는 것은 설명 도구로서의 이론이 갖는 효율성이나 경제성을 감소시킬 수 있다. 예를 들어, Reason(1974)은 외부 자극에 대한 수용기, 정보를 처리하는 뇌 그리고 운동 기능 등을 모두 포함하여 운전자의 정보처리와 운전 행동의 관계를 설명하고자 하였으나 각 단계에서 관찰되는 외현적 행동의 이유에 대한 설명은 충분히 하고 있지 못하다(이순철, 1999).

둘째, 운전 교육이나 운전 수행 능력 검사 장면에서와 같이 현실적으로 운전 행동과 관련하여 다양한 인간 요인들을 모두 고려할 수 없는 영역에서는 상대적으로 중요성이 떨어지는 요인들을 교육하거나 평가할 가능성이 있다. 예를 들어, 실제 시행하고 있는 운전 능력 검사(특히, 운전면허 발급을 위해 시행하고 있는 각종 하위 검사들)나 교통사고 유발자들에 대한 교정교육 및 면허재발급 과정 등을 보더라도 운전자의 일반적 시각 능력이나(예를 들어, 시력 등) 단순한 정신-운동 능력(예를 들어, 시각 자극에 대한 반응시간이나 반응 정확성) 등을 주로 강조하고 있으나 이러한 요인들이 복잡한 운전 수행을 얼마나 잘 대표할 수 있는지는 의문이다.

1) 운전자의 반응시간

좋지 못한 가시도나 부주의 때문에 시각적 감시가 제대로 이루어지지 못하면 이것은 결국 위험요소에 대한 탐지의 실패로 이어진다. 위험요소에 대한 반응을 이해하기 위해 가장 중요한 변인은 기대하지 못했던 대상에 대해 반응하기까지 소요되는 시간의 추정치이며, 이것은 때로 지각-반응시간(perception-reaction time)이라고도 불린다. 실제 운전 상황에서 측정한 결과에 의하면, 일반적인 운전자들이 보이는 지각-반응시간은 대략 2~4초 정도(평균 2.5초)이다(Summala, 1981; Dewar, 1993; Henderson, 1987). 이러한 수치는 심리학적 실험을 통해 전형적으로 얻어지는 반응시간에 비해 훨씬 큰 값이다. 또한 2.5초라는 값이 운전 중에 운전자들이 보이는 지각-반응시간의 평균값이라는 것과 개인이나 운전 조건에 따른 반응 시간의 변산성까지 고려하면(예를 들어, 어떤 운전자들의 반응시간은 평균값보다 더 느릴 수 있고, 좋지 못한 운전 조건에서 이러한 반응시간은 더 지체될 수 있다), 설계 목적을 위해 사용될 수 있는 안전한 지각-반응시간은 평균값보다 더 커야 한다는 것(대략 3~4초 범위)을 주목하는 것이 중요하다(Dewar, 1993; Triggs & Harris, 1982). 이렇게 운전 중의 지각-반응 시간이 실험실에서 얻어진 것보다 더 커야 하는 이유는 운전 중에 출현하는 대상들은 대개 기대되지 않은 것들이기 때문에 이들에 대한 탐지나 반응은 느려지기 때문이다. 이러한 기대 가능성의 결여는 위험요소와의 충돌과 관련된 가장 중요한 원인일 수 있다(Evans, 1991).

일단 위험요소가 탐지되면, 회피 반응(avoidance response)이 이행되어야 한다. 상황에 따라 다르지만, 이러한 회피 반응은 핸들을 돌리거나 브레이크를 밟는 것(몇 연구 자료에 의하면 사람들은 후자 쪽의 회피 반응으로 더 편파되어 있다)(Hale, Quist, & Stoop, 1988)을 포함할 것이다. 이러한 조작들을 시간에 맞춰 성공적으로 수행할 수 있는 능력은 운행 중인 자동차의 관성(무게나 속도)에도 영향을 받는다.

2) 중다 과제

운전자들은 여러 과제들(중다 과제)을 동시에 수행하며 운전한다. 이 과정에서의 핵심은 운전자들이 차량을 통제할 때 수행해야 하는 두 가지 추적 과제(tracking tasks)이다. 즉, 차선을 유지하기 위한 '횡적(lateral)' 제어 과제는 운전자의 전방에 제시되어 있는 도로 장면과 자신의 차량이 진행하는 방향에 대한 정보가 포함된 제어 과제로 볼 수 있다. '종적(longitudinal)' 제어 과제는 속도 유지 과제로, 운전자의 내적 목표(예를 들어, 빠르게 운전하면서도 차량에 대한 통제를 상실하거나 속도위반으로 걸리지 않는 것)와 차량의 거동, 위험요소 혹은 전방의 교통 신호와 같은 것들에 영향을 받는다. 따라서 운전자들에게는 추적 과제에 필요한 시각 정보들이 두 개의 차원에서 제공된다고 할 수 있다. 즉, 종적 추적은 도로를 통해 제시되는 운동의 흐름(flow of motion), 위험요소의 위치나 거리 혹은 교통 제어 장치들이나 속도계와 같은 입력 정보들을 사용하여야 한다. 횡적 추적은 도로의 곡률과 이에 대한 자동차의 상대적 위치 정보에 의해 결정된다. 좋지 않은 가시도 조건(야간이나 안개) 혹은 운전자들이 도로가 아닌 다른 주변을 일시적으로 주시하는 경우 이러한 시각 입력의 질은 저하될 수 있다.

일반적으로 차량이 차선 중앙으로부터 얼마나 많이 좌우로 이탈되었는지에 대한 측정치보다는 차선을 침범하기까지의 시간(time to lane crossing, TLC)에 대한 측정치가 횡적 추적 과제의 질을 평가하는데 더 민감한 측정치이다. 이 측정치는 운전자들이 주행 차선 안에서 차량 통제를 상실하기 전에 평균적으로 얼마만큼의 시간을 가용했는지에 대한 직접적인 추정치를 제공해 준다(Godthelp et al., 1983). 예를 들어, 차선 침범까지의 시간이 짧다면 위험하고 급하게 차량이 차선을 넘어갔다는 것을 시사한다. 또 차량이 차선의 중심으로부터 벗어난 상태로 주행하고 있을 경우 도로 폭과 운전자의 운전 방식이 동일하다면 도로 가장자리나 중앙선을 침범할 시간도 짧아질 것이다.

운전은 서로 다른 중요도를 갖는 여러 가지 과제들의 수행으로도 정의된다. 운전의 1차 과제는 차선의 유지와 도로상에 제시되는 위험요소의 감시라고 할 수 있다. 이러한 과제들은 운전자의 전방으로 수십 혹은 수백 미터 뻗어 있는 영역에 해당하는 정보의 1차적 시각 주의 영역(primary visual attention lobe)에 크게 영향을 받는다(Mourant & Rockwell, 1972). 도로상의 안전을 위해 고려해야 하는 요소 중 가장 중요한 것은 1차적 시각 주의 영역으로부터 운전자의 시각 주의를 빼앗는 모든 경쟁 과제들을 명세화하는 것이다. 실제로 Malaterre(1990)의 연구에서는 운전자의 부주의(inattention)가 교통사고의 가장 중요한 원인이라는 것을 보여 주고 있다. 그러나 주의 이론(중다 자원 이론)에 의하면 동시에 수행되어야 하는 다른 모든 과제들(시각 과제뿐만 아니라 청각, 인지, 운동 과제들)도 1차적 시각 주의 영역에 제시되는 정보를 감시하고 처리하는 것을 어느 정도 곤란하게 할 수 있다.

주의 분산의 원천이 되는 시각적 2차 과제들은 도로 표지를 보기 위해 도로 주변을 주시한다거나, 자동차 안에서 지도나 라디오의 버튼 혹은 다른 제어 장치들을 주사하는 것과 같은 과제들을 포함한다(Dingus, Antin, Hulse, & Wierwille, 1988). 안전 문제의 관점에서 보면, 시각 주의를 빼앗는 이러한 모든 요소들의 공통분모는 1차적 시각 주의 영역으로부터 시각 자원이 벗어나는 시간의 양이다(Benel, Huey, & Lerner, 1995). 이 시간이 어떠한 최소값을 초과할 경우 위험한 상황이 만들어진다. 또한 이러한 위험의 정도는 다음에 논의될 다양한 이유들 때문에 자동차의 속도와 직접적으로 비례한다.

　운전자에게는 시각 경로가 가장 중요한 경로이기는 하지만, 운전 중에 수행하는 제어장치들의 조정, 휴대폰 사용 혹은 손을 뻗거나 당기는 것 등과 같은 2차적 운동 활동들도 중요한데, 왜냐하면 이들은 차량의 효율적 조작에 필요한 수동 자원들(manual resource)과 경쟁을 벌이기 때문이다. 강력한 인지 활동이나 청각 정보처리는 효율적인 주사(scanning)에 필요한 지각/인지 자원을 놓고 시각 경로와 경쟁한다.

　이러한 문제를 해결하기 위한 다양한 방법들이 시도되었다. 자동차 내의 제어장치들이나 디스플레이들을 단순화하는 것뿐만 아니라, 항행 보조 정보들을(예를 들면, 지도) 대신하기 위한 청각 디스플레이(auditory display)를 포함한 다양한 기술적 설계 방안들이 고려되었으며, 이러한 특징들은 실제로 차량의 제어에 많은 이점이 있음이 증명되었다(Dingus & Hulse, 1993; Parkes & Coleman, 1990; Srinivasan & Jovanis, 1997). 그러나 청각 정보라 해도 운전 수행에 전혀 방해를 주지 않는 것은 아니라는 것을 기억하는 것이 중요하다. 청각 과제들은 지각 자원을 놓고 여전히 시각 과제들과 경쟁하여 어느 정도의 방해를 야기한다(Alm & Nilsson, 1995). 이러한 관점에서 볼 때 차량 핸들(steering wheel)에 부착된 촉각 디스플레이는 앞으로 그 응용 가능성이 매우 높다고 할 수 있다(Schumann, 1994).

3) 기대와 예측

사람들은 자신의 경험에 기초하여 그들이 기대하는 대상에 대해서는 빠르게 지각하고 반응하지만 기대하지 못했던 것에 대해서는 그렇지 못하다. 이러한 기대의 역할은 운전자의 지각에 매우 중요하며(Theeuwes & Hagenzieker, 1993), 따라서 기대의 속성을 충분히 활용하여 설계가 이루어져야 한다. 예를 들어, 도로의 형태나 신호의 배치가 표준화되어 있으면 운전자들이 특정 지점에서 어떠한 교통 행동을 해야 한다거나 혹은 정보를 얻기 위해 어디를 주시해야 하는지 등과 같은 기대를 할 수 있다(Theeuwes & Godthelp, 1995). 그러나 도로나 교통 제어 장치들을 설계할 때는 운전자들에게 기대하지 못했던 것도 미리 잘 알려 줄 수 있도록 해야 한다. 이러한 생각에 기초하여 운전자들에게 효과적이고 가시적인 신호들을 제시함으로써 의사결정이 요구되는 지점을 운전자들이 미리 예측할 수 있는 일련의 해결책들이 제안되었는데, 이러한 기법은 적극적 안내 기법(positive guidance)이라고 알려져 있다(Alexander & Lunenfeld, 1975; Dewar, 1993; Benel, Huey, & Lerner, 1995).

고속도로의 출구나, 교통신호가 있는 곳 혹은 교차로와 같은 지점들은 그 자체로는 위험한 곳은 아니지만 이 지점에 도착할 것을 미리 준비하지 못한 운전자들은 때로 위험하게 차량을 조작해야 하는 경우(예를 들면, 갑자기 차선을 바꾼다거나, 과속으로 회전한다거나 혹은 빨간 신호등인데도 교차로를 통과하는 것과 같은)가 발생할 수 있다. 교통신호나 교통 제어장치들에 대한 인간공학적 설계에서는 기대와 관련된 인간의 지각적 변인들이 고려되어야 한다. 예를 들어, 운전자들이 기대했던 것보다 빨리 바뀌는 파란 신호등은 브레이크를 밟는 시간을 지연시키거나 빨간 신호등으로 바뀐 상태에서 도로를 건너도록 할 수 있다(Van Der Horst, 1988). 특정 지점에서 교통 신호등이 전환되는 주기는 그 지점에 접근하는 전형적인 운전자들의 운전 속도에 맞추어 표준화되어야 한다.

기대나 표준화는 도로표지의 위치나 교차로 설계에도 적용된다. 예를 들어, 영국을 제외한 모든 나라의 고속도로는 출구가 오른쪽으로 되어 있는 것이 일반적인데 어쩌다 왼쪽에 있는 출구가 있을 경우(즉, 기대하기 어려웠던 위치에 있을 경우) 운전자들이 사고를 당할 가능성은 증가한다. 평균보다 매우 급한 곡선길이나 회전하는 동안 계속 곡률(radius of curvature)이 줄어드는 곡선 길도 마찬가지이다.

위험가능성(risk)은 운전자들이 사고에 대해 갖는 기대의 정도 및 그러한 사고에 의한 예상되는 비용의 결합으로 정의된다. 몇몇 연구자들은 운전자들이 운전의 위험가능성(즉, 위험한 상황이 발생할 수 있는 확률)을 과소추정하는 정도를 밝힌 바 있는데(McKenna, 1988; Evans, 1991), 특히 이러한 위험가능성에 대한 운전자들의 과소추정은 운전이 고도의 기술 수준으로 좀 더 자동화되면서 더욱 두드러진다(Summala, 1988). 위험가능성에 대한 이러한 과소추정 경향은 그러한 운전자들이 심각한 사고에 휘말린 적이 거의 없다는 것(우리들 대부분도 그러할 것이다)을 생각하면 쉽게 이해가 된다. 이러한 무사고 경험이 쌓여 감에 따라 운전자들의 사고 발생에 대한 주관적

확률은 영에 가깝게 되어, 운전자들은 요구되는 운전 속도 이상으로 과속하거나, 안전한 수준 이하로 안전 여유분(safety margin, 예 : 앞차와의 거리)이 감소한 상태에서 운전하게 된다.

따라서 위험가능성에 기초한 해결책들은 운전자들이 잘 발생하지 않는 사상의 확률에 대해 좀 더 정확한 이해를 가질 수 있도록 하여, 실제적인 위험가능성 수준에 맞게 운전자들이 주관적인 위험가능성 수준을 조정할 수 있도록 하는 방향으로 모색되어야 한다. 가령, 운전자들에게 안전띠를 착용하지 않았을 때의 교통사고에 의한 누적 사망가능성을 알려주는 것이 포함될 수 있다(Fischhoff & MacGregor, 1982). 또한 운전자들이 기대하지 못하는 것을 기대할 수 있는 태도를 갖도록 해야 한다(Evans, 1991).

운전자들이 느끼는 운전의 위험가능성에 대한 개념은 많은 혁신적인 설계들이 교통안전을 향상시키기 위해 도입되었음에도 불구하고 그 효과를 왜 항상 제대로 발휘하지 못하는지를 설명하는 모델에 적용되기도 한다. 위험가능성에 대한 항상성 모델(risk homeostasis model)(Wilde, 1988)에 따르면, 운전자들은 자신들이 느끼는 위험가능성의 정도를 일정한 수준으로 유지하려는 경향을 보인다. 따라서 잠김방지 브레이크(antilock brake)나 4차선 고속도로가 도입된다 하더라도 운전자들은 이러한 특징들의 이점을 믿고 더 빠르고 덜 주의하여 운전하기 때문에, 결과적으로 안전 자체에 대한 이러한 특징들의 효과가 두드러지지 못한다는 것이다.

Evans(1991)는 운전자들이 사고에 대한 주관적 위험가능성을 거의 의식하지 않고 있다고 주장한다. 따라서 운전 속도는 이러한 지각된 위험가능성보다는 좀 더 빠르게 운전하고자 하는 직접적인 동기(예 : 목적지까지 빨리 도착해야 한다는 것)나 단순한 습관에 의해 결정된다는 것이다. 또한 Evans(1991)는 안전 향상을 위한 여러 특징들이 안전에 대해 실제적으로 매우 상이한 효과를 갖는다는 것을 지적하고 있다. 자동차의 성능을 향상시켰던 몇 가지 특징들(예 : 잠김방지 브레이크)은 실제로 안전 측면에서는 기대 이하의 효과를 갖는 것으로 보이는 반면(Wilde, 1988), 도로를 2차선에서 4차선으로 넓히는 것과 같은 노력들은 안전에 대해 매우 분명한 효과를 갖는 것으로 보인다(Evans, 1996). 마찬가지로 자동차에 부착된 보호 장치들은 운전 수행 자체에는 아무런 영향을 주지 않지만 충돌시에 운전자를 어느 정도 보호해 주는 효과를 갖고 있다.

3. 교통사고의 인간공학적 분석

부상이나 사망을 야기하는 대부분의 교통사고는 두 가지의 원인, 즉, 고속 주행시 차량에 대한 통제의 상실(횡적 추적의 실패)과 도로상에 있는 위험요소와의 충돌(종적 추적이나 속도 제어의 실패) 중 한 가지 때문에 발생한다. 특히 도로상에 있는 위험요소와의 충돌은 위험요소들(보행자, 주차된 차량 혹은 회전하는 차량)을 탐지하지 못했거나 혹은 도로상의 장애물이나 교차로와의 접근 시간을 잘못 판단하여 발생한다.

1) 통제 상실

차량에 대한 통제 상실은 여러 요인에 의해 발생할 수 있다. 예를 들어, 도로가 미끄럽거나 얼어 있는 경우는 말할 것도 없고, 차선이 원래 좁거나 혹은 차선을 유지하고자 하는 주의를 순간적으로 놓치는 것(이때는 차선 침범을 야기할 수 있다) 등이 여기에 포함된다. 핸들의 급작스런 과다보정(overcorrection)에 의한 차선 침범은 불안정적인 동요를 유발할 수 있다. 이러한 모든 경우에 차량에 대한 통제의 상실은 특정 시간 안에 어느 정도의 보정이 이루어지는가의 문제와 직접적으로 관련되며, 이것은 다시 운전 속도와 관련된다. 빠르게 운전할수록 보정에 대한 요구가 더 시급해진다. 그러나 빠른 운전 속도에서 보정을 갑작스럽게 할수록 과다보정이나 불안정성의 가능성은 더 증가하게 되고, 이에 따라 궁극적으로는 차량 통제의 상실(예를 들어, 전복 사고) 가능성도 증가한다.

차량의 통제 상실 문제에 대한 인간공학적 해결책들은 여러 가지 방식으로 적용될 수 있다. 기본적으로, 운전자의 시야가 도로를 벗어나지 않도록 하거나, 피로 등에 의해 야기된 주의의 순간적 실패를 방지할 수 있는 것들이 유용할 것이다. 마찬가지로, 도로의 폭이 넓다면 차량의 통제 상실 가능성을 줄여줄 것이다. 예를 들어, 교통사고로 인한 사망가능성은 도로 폭이 넓은 고속도로보다 도로 폭이 좁은 지방 도로인 경우 거의 8배 이상 높다는 연구도 있다(Evans, 1996).

운전 속도도 매우 중요한 변인이기 때문에, 곡선으로 된 도로인 경우 속도를 줄일 수 있도록 제한 속도를 변경하는 것이 도움이 될 것이다. 그러나 무엇보다 중요한 것은 빠른 운전 속도에 대한 자연스러운 피드백을 운전자들에게 제공해 줄 수 있는 피드백 장치들이다. 도로의 가장자리를 나타내는 가시적인 표식들은 운전자들이 차선을 유지하는 데 도움을 줄 수 있고, 이것은 야간 운전에 특히 유용하다. 또한 도로의 차선이나 도로 위에 직접 잔 홈들을 새겨(전자의 경우 터널 안에서, 후자의 경우 고속도로 톨게이트 직전에서 많이 볼 수 있다) 운전자들에게 차선을 침범했다거나 전방에 속도를 늦춰야 하는 대상(예 : 벼랑이나 톨게이트)이 있다는 것을 청각적이고 촉각적으로 경고해 줄 수 있는 방안 등은 차선 유지나 운전 속도 제어에 대한 아주 좋은 피드백으로 작용한다(Godley et al., 1997).

2) 과 속

고속으로 움직이는 자동차는 다음의 네 가지 측면에서 운전자의 안전에 위협적인 요소가 된다(Evans, 1996). 첫째, 과속은 차량에 대한 통제 상실의 가능성을 증가시킨다. 둘째, 과속은 위험요소를 빠르게 탐지할 수 있는 확률을 감소시킨다. 셋째, 과속은 성공적인 회피 조작을 이행하기 전에 자동차가 이동하는 거리를 증가시킨다. 마지막으로 과속은 충돌시의 충격을 증가시킨다.

그렇다면 왜 사람들이 과속하는 것일까? 분명히 이것은 때로는 의식적으로 형성된 목표의 결과(예를 들어, 늦게 출발했기 때문에 제시간에 목적지에 도착하기 위해서 서두르는 것)이다. 그러나 브레이크 조작 역량을 넘는 과다속도로 운전자들이 운전하게 하는 데는 다른 이유들도 있다(Wasielewski, 1984; Evans, 1991, 1996; Summala, 1988). 예를 들어, Wasielewski(1984)는 안전한 정지를 위해 권고되는 최소 차간 거리가 2초임에도 불구하고, 복잡한 고속도로에서 평균 차간 거리는 1.32초라는 것을 발견하였다. 그와 같은 편파의 원천은 지각적인 것(예 : 실제 운전 속도에 대한 과소평가)일 수도 있고 인지적인 것(예 : 차량을 정지시킬 수 있는 자신의 역량에 대한 과대평가)일 수도 있다. 지각적 편파는 Ebers와 MacMillan(1985)의 연구에서 볼 수 있는데, 이 연구에서는 편파된 거리-크기의 판단 때문에(즉, 작은 차들은 실제보다 더 멀리 떨어져 있는 것으로 지각된다) 크기가 작은 차들에 대한 추돌가능성이 더 크다는 것을 발견하였다.

실제와는 다른 외견상의 운전 속도감을 감소시켜 주는 다른 요인들도(예 : 엔진 소음이 더 작다거나, 운전자들의 눈높이가 더 높다거나 혹은 지면의 결들을 잘 볼 수 없는 경우) 운전자들이 과속하도록 할 수 있다(Evans, 1991). 속도 순응도 중요한 역할을 한다. 고속도로와 같은 비교적 일정한 환경에서 장시간 운전한 운전자들은 자신의 운전 속도를 실제보다 더 낮게 평가하기 때문에, 고속도로를 빠져나가기 위한 출구 근처에서는 더 과속하는 경향을 보인다. 이와 대조적으로, 높은 속도감을 제공하는 지각적 착시를 만들어 낼 수 있는 기법들은 운전자들이 속도를 낮추도록 하는 데 사용될 수 있다. 스코틀랜드의 어느 한 원형 교차로 위에 결의 폭이 다른 띠들을 제시함으로써 교통사고 수를 급격히 감소시켰던 Denton(1980)의 연구가 대표적인 예라 할 수 있다(Godley et al., 1997). Denton의 연구는 다음에 좀 더 자세하게 기술되어 있다.

운전자의 과속을 이끄는 데 지각적 편파만큼 중요한 역할을 하지만 좀처럼 수량화하기 어려운 것은 인지적 편파(cognitive bias)이다. 그와 같은 편파들은 운전자들이 위험요소들은 갑자기 출현하지는 않을 것이라는 것과 만일 갑자기 출현한다 해도 자신이 충분히 차량을 정지시킬 수 있을 것이라는 과다확신감(overconfidence)에 의해 발생된다. 즉, 과다확신은 위험가능성에 대한 과소평가를 가져오는 것이다(Brown, Groeger, & Biehl, 1988; Summala, 1988).

심리학자들은 과다확신감을 유발하는 다양한 요인들을 확인하였다. 예를 들어, 다른 평균적인 운전자들에 비해 자신은 교통사고에 휘말리지 않을 것이라는 운전자의 믿음 같은 것이 대표적인 것이다(Svenson, 1981). 우리는 이러한 위험가능성에 대한 지각적 편파의 원인을 단순한 기대감의 효과에서도 찾을 수 있을 것이다. 즉, 실제 대부분의 운전자들은 전방에 나타난 장애물과의 충돌 경험이 없었기 때문에, 세상에 대한 그들의 정신모델은 이러한 충돌가능성을 매우 낮게 혹은 거의 불가능한 것으로 생각하게 할 수 있다는 것이다(Summala, 1988; Evans, 1991). 그 결과, 일반적인 운전자들은 자신의 앞에서 달리고 있는 차량의 운전자가 브레이크를 갑자기 그리고 강하게 밟을 것이라거나, 차들이 달리는 도로 위에서 어떤 차가 멈추어 있을 가능성은 거의 마음에 두지 않는다.

4. 운전 관련 시스템 설계와 인지공학

위에서 언급되었듯이 운전자들은 비교적 복잡한 중다 과제를 수행해야 한다. 뿐만 아니라 다양한 요인들에 의해 교통사고에 노출될 위험도 항상 존재한다. 지금부터는 운전자를 보호하고 운전을 도울 수 있는 좀 더 적극적인 노력에 대해 언급하고자 한다. 이러한 적극적 노력은 도로와 자동차 측면에 모두 적용 가능하다.

1) 도로 설계

인간은 3차원의 세계를 항행하고 조작하는데, 대개 이러한 행위들은 매우 정확하고 자동적으로 이루어진다. 3차원 공간에서 우리 자신의 항행 속도를 판단하기 위해서는 사물들이 시간에 따라 어떻게 변화하는지를 알려 줄 수 있는 단서(cues)들이 요구된다. 이러한 단서들 중에는 인간의 시감각 체계의 생리적 구조와 연결 상태에 따라 본래부터 정해져 있는 것들도 있지만(예를 들어, 서로 다른 거리에 있는 대상에 초점을 맞추기 위한 안구 수정체의 조절, 하나의 이미지가 두 눈의 망막 위에서 일치하는 부위에 맺히도록 하는 안구의 수렴 그리고 한 대상이 관찰자로부터 가깝게 위치해 있을수록 각각의 안구에 의해 수용되는 대상의 모양의 상이한 정도에 따라 입체감을 경험하게 하는 양안부등), 좀 더 멀리 떨어져 있는 대상이나 표면에 대한 깊이 거리의 판단은 때로는 회화적(pictorial) 단서들이라고 불리는 것에도 의존한다.

이러한 회화적 단서들에는 직선 조망(쭉 뻗어 있는 도로처럼 좀 더 먼 지점으로 뻗어 있는 평행선들의 수렴), 상대적 크기(만일 2개의 같은 크기를 갖는 대상들이 있다면 더 작은 대상이 더 멀리 있을 것이라는 지식), 중첩(더 가까이 있는 대상들은 더 멀리 있는 대상들의 윤곽을 가린다), 음영(3차원 대상들은 비춰지는 빛에 의해 그림자를 만들고 대상의 표면에도 밝은 부분과 어두운 부분이 차별적으로 만들어진다), 그리고 표면결 구배(더 조밀한 표면결은 더 멀리 떨어져 있는 것으로 보인다) 등이 포함된다. 이러한 단서들은 화가들이 그림에 깊이감을 주기 위해 사용하는 단서들의 종류이기 때문에 회화적 단서라고 불린다. 회화적 단서들은 과거 경험에 바탕을 두기 때문에 하향 처리의 영향을 더 많이 받는 경향이 있다.

이러한 단서들은 모두 3차원 공간에서의 우리의 위치나 운동에 대한 매우 풍부한 감각을 제공해 준다. 그러나 이러한 단서들에 의해 깊이 지각이 왜곡될 수도 있고 이에 따라 때로는 위험한 상황을 초래하기도 한다. 예를 들어, 야간에 혹은 표면결이 없는 눈 덮인 곳의 상공을 비행하는 조종사는 지상에 대해 자신의 위치가 어디인지 알려줄 수 있는 시각 단서들을 갖고 있지 못하기 때문에 좀 더 정확한 비행계기들에 의해 필요한 정보가 제공되어야 한다.

그러나 연구자들은 현명하게 이러한 왜곡을 이점으로 바꾸어 놓기도 한다. 이러한 사례가 스코틀랜드에 있는 어느 한 원형 교차로(traffic circle)의 재설계이다(Denton, 1980). 운전자들은 원형 교차로에 들어왔을 때 과속을 하는 경향을 보였고, 그 결과 이 지점에서의 사고율이 매우 높았다. Denton은 그림 11-1에서 보이는 것처럼, 도로 위에 간격이 점점 더 좁혀지는 선들을 그려 놓음으로써 운전자의 지각시스템을 '속이는' 방식으로 이 문제에 대한 해결책을 제시하였다. 회전 로터리에 일정한 운전 속도로 빠르게 접근함에 따라 운전자들은 자동차가 지나가는 표면결 흐름이 더 빨라지고 있다는 것을 경험할 것이다. 이것은 자신의 차량이 가속되고 있다는 착각을 유발한다. 많은 지각적 측면들이 거의 자동적 방식으로 처리되기 때문에 운전자들은 지각된 가속에 반응하기 위해 본능적으로 브레이크를 밟을 것이고, 그 결과 바람직한 안전 속도에 더 가까운 운전 속도로 달리게 만든다. 이것은 실제로 도로에 선을 그려 놓은 다

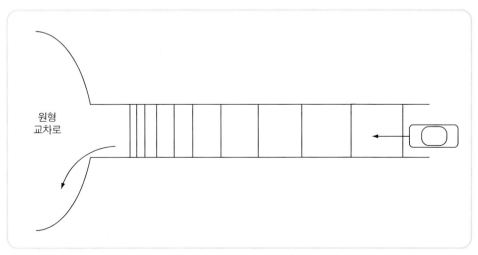

그림 11-1 원형 교차로에 접근하는 자동차의 운전 속도를 줄이기 위해 Denton(1980)이 사용한 기법. 자동차는 오른쪽에서 왼쪽으로 접근한다. 그림에서는 자동차가 원형 교차로에서 왼쪽으로 회전하는 것으로 보이는데 이것은 스코틀랜드에서는 자동차의 핸들이 오른쪽에 부착되어 있고, 따라서 우리나라와는 반대로 자동차가 좌측으로 통행하기 때문이다.

음에 운전 행동과 관련하여 관찰된 효과이며, 회전식 교차로에서의 사망 사고율을 상당히 줄였을 뿐만 아니라 몇 년 동안이나 이 효과가 유지되었다.

2) 운전자 보호 장치

사고 자체의 빈도를 감소시키기 위해 사고를 미리 방지하려는 노력뿐만 아니라 사고 발생시 충돌의 효과를 감소시킴으로써 안전을 확보하려는 노력도 다양한 방식으로 이루어질 수 있다. 대표적으로 안전띠나 에어백을 의무적으로 자동차에 장착하여 사용하도록 하는 것이다. 그와 같은 장치들의 효과에 대해서는 이미 잘 알려져 있다 (Evans, 1996). 예를 들어, 안전띠를 착용하지 않았을 때의 사망가능성은 40% 정도 증가하고(Evans, 1991), 반대로 에어백을 장착하면 사망가능성을 약 40% 정도 줄여 주는 보호 효과를 갖는다(Status Report, 1995). 물론 안전띠와 같은 보호 장치들을 의무적으로 차량에 장착하는 것만으로는 그것들이 제대로 사용되리라는 보장은 없다. 이에 따라 여러 나라에서는 안전띠 착용을 의무화하고 있으며 이러한 강제 규정으로 안전띠 착용 비율이 증가하였을 뿐만 아니라 안전성도 크게 향상된 것으로 보고되고 있다(Campbell et al., 1988).

마찬가지로, 오토바이 운전자들에 대한 통행 방법과 헬멧 착용에 대한 의무 규정을 통해서도 안전성이 많이 향상되었다(Evans, 1991). 차량에 대한 안전띠 장착 의무와 운전자에 대한 안전띠 착용 의무 조항의 도입으로 미국 노스캐롤라이나의 경우 안전띠 착용 비율이 25%에서 74%로 증가하였고, 사망률은 11.6%, 중상률은 14.6% 감소한 것으로 추정되고 있다(Reinfurt, Campbell, Stewart, & Stutts, 1990). '채찍' 보다는 '당근'을 사용했던 접근 방식에 대한 한 가지 흥미 있는 연구는, 교통 경찰관들이 무선적으로 안전띠를 착용한 운전자들에게 현금이나 쿠폰과 같은 것으로 보상을 준다면 그 지역에서 안전띠를 착용하는 사람의 수의 비율이 증가할 뿐만 아니라 단순한 강제 수단보다 그러한 행동이 더 오랫동안 유지될 수 있다는 발견이었다(Mortimer, Goldsteen, Armstrong, & Macrina, 1990).

3) 자동차 자동화

교통의 구성요건으로 흔히 운전자, 차량 그리고 도로 사정과 같은 운전 환경을 꼽는 것은 주지의 사실이며, 또한 교통사고가 위에 열거한 어느 한 요인 혹은 몇 가지 요인의 결합에 의해 발생한다는 것에 반론을 제기할 사람은 아마 없을 것이다. 그러나 조사 통계 자료에 의하면 이러한 세 요소 중 운전자와 관련된 요인이 다른 요인들보다 교통사고와 가장 밀접한 관계가 있는 것으로 나타났다. 인간 요인에 의해서 발생하는 교통사고는 오퍼레이터인 인간 운전자의 부주의나 부적절한 행동의 선택과 실행 등과 같은 요인에 의해서뿐만 아니라 인간의 능력을 벗어나는 요인들에 의해서도 발생한다.

공학적 수정(engineering changes)은 불가피한 위험한 행동들을 사람들이 직접 수행하지 않도록 하거나 인간의 능력을 벗어나는 작업을 행하기 위해 일종의 완전 자동화된 시스템을 도입한다. 예를 들어, 자동차 안에 충돌 감시 장치, 자동차 항법 장치 혹은 운전자 감시 장치 등이 이러한 자동화된 시스템의 대표적 사례들이다. 미국에서는 이러한 것들이 지능형 차량 도로 시스템(Intelligent Vehicle Highway System, IVHS)이라고 불리는 국가적 지원 프로젝트 아래 개발되고 있다(Owens et al., 1993). 이러한 시스템에 포함되어 있는 다양한 장치들의 개발은 많은 기술(technology)의 진보 여부에 달려 있다. 예를 들어, 자동 항행 보조 장치가 제 역할을 다하기 위해서는 자동차 안에 설치된 컴퓨터가 인공위성을 통한 GPS나 지능형 도로 센서들(이것은 도로에 설치되어 지나가는 자동차의 순간적 위치에 대한 정보를 제공해 준다)을 활용하여 움직이는 자동차의 현재 위치를 순간적으로 파악할 수 있는 능력이 있어야 한다. 또한 추돌 경고 시스템에는 선행 차량과의 접근 비율을 탐지할 수 있는 감지 장치들이 있어야 하고, 지능형 경로 안내 시스템에도 주변에 있는 도로의 상태에 대한 최근의 정보를 정확하게 알려줄 수 있는 장치가 요구된다.

인간공학적 접근에서 고려해야 하는 중요한 측면 중의 하나는 자동차에 구현된 자동화 시스템과 인간 운전자의 상호작용 방식이다. 즉, 주어진 도로 상황에서 안전하고 효율적으로 운전하기 위해서는 정상적인 운전에서 이탈되는 모든 정보가 인간의 감각 기관에 전달될 수 있어야 하고, 이러한 이탈을 수정하기 위한 운전자의 노력이 다시 자동차에 전달되어야 한다. 운전자와 자동차의 상호작용을 좀 더 광범위하게 생각한다면, 이것은 역동적 상황에서의 인간-기계 상호작용의 한 형태라고 할 수 있다.

(1) 추돌 경고/방지 시스템

자동차 사고 중에 가장 빈번한 것 중의 하나는 추돌 사고이다. 이러한 추돌 사고는 운전자의 부주의, 안전거리 미확보 혹은 운전자의 속도 추정 능력에서의 결함과 같은 많은 요인들에 의해 발생한다. 이 때문에 운전 중 운전자에게 추돌의 위험을 알려주거나 선행 차량의 거동을 신속하고 정확하게 파악할 수 있는 보조 수단이 다양한 형태로 개발되었다. 예를 들어, 1985년 9월 1일 이후 만들어진 모든 미국 자동차에는 뒤쪽 유리 중앙에 설치된 정지등(center high mounted stop lamp)을 부착하도록 하였다(그림 11-2). 이것은 추돌 사고가 발생했을 때의 사망자 수를 감소시켰을 뿐만 아니라 (Digges, Nicholson, & Rouse, 1985), 추돌 사고도 50~60%까지 감소시켰다(Kahane,

그림 11-2 ▌ Center High Mounted Stop Lamp

1989).

　이러한 노력뿐만 아니라 좀 더 적극적으로 운전자의 추돌 회피 행동을 도울 수 있는 시스템이 있는데, 차량 내 추돌 방지 시스템(front-to-rear end collision avoidance system)이나 추돌 경고 시스템(front-to-rear end collision warning system) 등이 여기에 해당한다. 차량 내 추돌 방지 시스템과 추돌 경고 시스템은 그 개념상 약간의 차이가 있다. 즉, 전자의 경우는 자동차가 앞 차와의 거리를 계산하여 위험 범위 안에 있을 때 자동차가 스스로 브레이크를 작동시키는 방식을 취하는 반면, 후자의 경우는 말 그대로 운전자에게 위험 상황을 경고만 해 주고 차량의 통제는 운전자가 스스로 판단하도록 한다. 이 두 가지 시스템의 효과성에 대해서는 아직 논란의 여지가 있지만, 전자의 경우 앞 차와의 거리를 계산하는 센서가 부정확할 경우, 실제로 위험하지 않은 상황에서 브레이크가 작동됨으로써 운전자를 당황하게 할 수 있다는 단점이 있다(따라서 운전자들이 이렇게 자동화된 시스템에 대해 불신을 갖는 결과를 초래할 수 있다). 이러한 이유로 운전자에게 차량 통제의 선택을 주는 추돌 경고 시스템에 대한 연구가 많이 이루어졌다. 예를 들어 Lee, McGehee, Dingus 및 Wilson(1997)과 이재식(2002)은 그림 11-3에 보이는 것과 같은 시각적 추돌 경고 디스플레이와 청각적 경고 디스플레이의 형태를 체계적으로 조작하여 운전자들에게 제시한 후, 추돌 위험 가능 상황에서 운전자의 추돌 회피 효율성에 이러한 시스템이 얼마나 도움이 되는지 검토하였다.

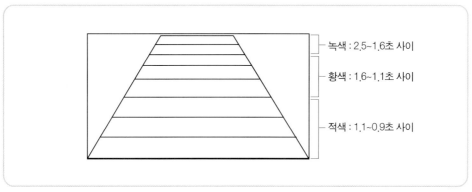

- 녹색 : 2.5~1.6초 사이

- 황색 : 1.6~1.1초 사이

- 적색 : 1.1~0.9초 사이

그림 11-3 ▌ 시각적 추돌 경고 시스템의 예시. 앞 차량과의 거리가 가까울수록 세 가지 색으로 구성된 디스플
레이의 막대가 점등된다. 그림의 우측에 제시된 시간은 앞 차와의 상대적 거리를 시간으로 환산
한 것이다.

또한 앞의 차량의 운전자가 가속기에서는 발을 뗐지만 브레이크는 밟지 않은 상
태인 경우 브레이크를 밟았을 때 나타나는 빨간색 대신 노란색 등이 켜지는 3색광 시
스템(trilight system)도 운전자들에게 앞 차량의 갑작스런 정지에 미리 준비할 수 있는
정보를 제공해 줄 수 있다. 이것은 운전자가 가속기에서 발을 뗐다는 것은 이어서 브
레이크를 밟을 가능성이 많다는 것을 알려 주기 때문이다. Shinar 등(1997)도 앞 차량
의 운전자들이 갑작스럽게 가속기로부터 발을 떼는 경우 뒤에 따라 오는 운전자들에게
곧바로 브레이크 반응이 있을 것이라는 것을 시사하는 형태로 앞 차량의 정지등 정보
를 미리 알려줄 수 있는 시스템이 매우 성공적이었다고 보고하였다.

(2) 자동차 항법 시스템

운전과 관련된 도로 안내 정보의 유용성은 Ayland와 Bright(1991)에 의해 연구되었다.
이 연구와 관련된 대부분의 발견들은 운전자들이 제시된 경로 변화의 이유를 알고자
했다는 것이다. 만약 자동차 항법 시스템이 운전자에게 정상적인 경로에서 이탈하라
고 하거나, 익숙하지 않은 방향으로 방향 전환을 하라고 한다면 운전자는 '왼쪽으로
빠져나가라, 앞에 사고가 났음'과 같은 경로 변경의 이유에 대한 정보를 알기를 원한
다. Bonsall과 Joint(1991)도 경로변경의 이유와 관련하여 똑같은 제안을 했다. 이 연구

는 또한 정확한 정보의 필요성을 지적하였다. 특히 만약 시스템 사용자가 항법 시스템의 부정확성을 많이 경험했다면, 운전자들은 시스템에서 주는 정보에 의존하기보다는 가장 적절한 경로에 대한 운전자의 개인적 판단에 따르게 될 것이다.

자동차 항법 시스템을 통해 정보를 제시하는 것의 유용성뿐만 아니라 그러한 정보들의 가장 적합한 정보 제시 형태가 무엇인지에 대해서도 지금까지 많은 연구들이 수행되었다. 운전자는 항법 장치에서 제공되는 정보를 획득하고, 이해하며, 타당한 의사결정을 내려야 하기 때문에 항행 정보의 내용이 너무 많거나 복잡하여 운전자의 인지적 과부하를 초래한다면, 이는 운전 수행의 저하를 초래한다. 따라서 주어진 상황에서 반드시 필요하다고 여겨지는 항행 정보를 제외하고는 다른 항행 정보들의 제시를 가급적 제한한다. 문제는 어떤 정보들이 반드시 필요한 정보인지를 결정하는 것이다. 이러한 문제는 운전자의 운전 상황을 좀 더 세밀하게 분석할 것을 요구하는데, 예를 들어 Streeter(1985)는 미리 정해진 길을 따라갈 때의 유용한 정보는 다음에 회전해야 할 교차로의 지도, 교차로까지의 거리, 회전해야 하는 교차로의 이름 그리고 어느 방향으로 돌아야 하는지에 관한 정보들을 포함할 것을 권장한다. 또한 Streeter(1985)는 운전하는 지역에 대한 운전자들의 친숙도에 따라서도 항행 정보의 제시 내용이 달라져야 한다고 주장하였는데, 예를 들어, 어느 지역에 익숙한 운전자들은 교차로에 관한 정보가 주어지는 것을 더 선호하는 반면, 그 지역에 익숙하지 못한 사람들은 교차로까지의 거리 정보를 더 선호한다.

자동차가 접근해 가고 있는 교차로에 대한 정보 이외에도 앞으로 나타날 장애물이나 교통정체에 대해 아는 것 또한 잠재적으로 운전자에게 큰 도움이 된다. 이러한 측면은 상황인식의 세 수준, 즉 지각, 통합 및 예측 수준 중 예측 수준과 직접적으로 관련된다. 그러한 정보들은 분명히 운전이라는 복합적인 과제를 더 안전하게 해 줄 수 있고, 많은 양의 운전자 정보 처리 용량을 요구하지 않고도 제시될 수 있다(Dingus, Antin, Hulse, & Wierwille, 1989). 정보는 또한 적시에 운전자에게 제공되어야 한다. 운전자가 어떤 정보에 반응하기 위해서는 충분한 시간이 있어야만 한다. 운전자가 정보를 듣거나 보는(혹은 듣기와 보기를 동시에 하는) 시간, 정보가 적절한지 아닌지를 판단하는 시간 그리고 판단한 것을 행동에 옮길 시간이 필요하다. 즉, 대부분의 운전자들은 운전 환경 아래에서 반응할 충분한 시간을 가져야만 한다. 운전자가 정보를 처리하는 시간은 수행해야 하는 과제와 선택된 디스플레이 포맷의 유형 등과 같은 많은 요소들에 따라 달라진다.

항법 시스템의 물리적 위치　운전 과제의 주요 구성요소에는 운전자가 운전하고 있는 주위 환경을 시각적으로 주사(scanning)하여 차량을 적절하게 통제하는 것과 예상하지 못한 일에 적절하게 반응하는 것 등이 포함된다. 다행히 인간은 외부의 운동에 매우 민감하다. 주위에서 움직이고 있는 물체는 종종 즉각적으로 주의를 끈다. 실제로 운전에서 주변시(peripheral vision)를 통해 제공되는 정보는 중심시(foveal vision)만큼이나 중요하다(Dingus et al., 1989).

　이것은 정보 디스플레이의 위치 결정이 매우 중요한 요소라는 것을 시사한다. 잘 설계된 디스플레이 시스템에서조차 정보는 비교적 많은 양의 주의를 필요로 한다. 따라서 만약 디스플레이가 시각장(field of view)을 벗어나 위치한다면, 운전자의 주변시도 예기치 못한 움직임을 탐지하는 데 효과적으로 사용될 수 없다. 시각장에서 멀리 떨어지게 디스플레이를 배치하는 것의 또 다른 문제는 전환시간(switching time)이 증가한다는 것이다. 전형적인 운전자의 시각 검색 행동(visual monitoring behavior)은 도로와 디스플레이 사이를 번갈아 주시하는 것으로 특징지어 지는데, 이것을 흔히 전환(switching)이라 한다. Dingus 등(1989)은 대부분의 자동차 과제가 수행되는 동안, 전환이 매 1.0~1.5초마다 발생한다는 것을 알아냈다. 디스플레이가 시각장에서 멀리 떨어져 있을수록 전환 시간은 더 길어지며 이에 따라 전방의 도로에는 더 짧은 시간이 할애될 수 밖에 없다(Weintraud, Haines, & Randle, 1985). 그림 11-4(a)는 국내에서 초기에 도입된 항법 시스템의 한 예시인데 이 시스템에서 가장 중요하게 살펴보아야 하는 것은 시스템의 물리적 위치이다. 그림에서도 보이듯이 시스템이 운전석 대쉬보드의 하단에 설치되어 있어 앞에서 말한 시각적 전환 시간의 증가를 초래하여 결과적으로 안전한 운전을 방해했을 것이다. 물론 현재는 그림 11-4(b)와 같이 많은 시스템들이 운전자를 중심으로 차량 대쉬보드의 우측 상단에 부착되는 것이 일반적이다.

　시각 디스플레이의 위치는 Popp와 Farber(1991)에 의해서도 연구되었다. 그들의 연

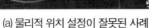
(a) 물리적 위치 설정이 잘못된 사례   (b) 대시보드 중앙 상단에 위치한 사례

그림 11-4 ▌ 자동차 항법 시스템의 물리적 위치. (a)는 항법 장치가 대쉬보드의 하단에 설치되어서 운전자들의
시각적 주시시간과 전환시간을 증가시키는 반면, (b)는 이러한 문제를 개선한 형태이다.

구는 운전자 정면에 위치하는 디스플레이가 주변에 위치하는 것보다 운전자의 수행을 더 좋게 하는 결과를 보여 준다. 그러나 문자에 비해 그림이나 아이콘이 사용되는 상징적인 항행정보에 대한 수행은 위치의 변화에 거의 영향을 받지 않았고, 주변시도 매우 좋은 결과를 낳았다. Tarriere, Harteman, Shez, Chaput 그리고 Petit-Poilvert (1988)는 차량 내 환경을 설계하는 데 인간공학적인 법칙들을 그대로 적용시켜서, CRT 디스플레이가 계기판의 중심 근처에 오게 하고 수평면에서 너무 아래로 치우치지 않게 했다. 이들은 운전자가 최상의 편안함을 느끼기 위해서 스크린은 수평면 아래 15°로 위치해야 하고, 30°를 넘어서는 안 된다고 제안하였다.

자동차 설계자들은 운전자들이 고개를 숙여 대시보드를 주사하지 않고도 속도계와 같은 정보를 얻을 수 있게 하는 헤드업 디스플레이(head-up displays, HUD)의 사용을 제안하기도 하였다(그림 11-5). 운전자들의 시각적 주사 활동에 대한 측정치들은 정보가 HUD상에 제시된 경우 주사에 요구되는 시간이 더 짧았을 뿐만 아니라(Kiefer, 1995), 주변시에서 발생하는 사상(event)에 대한 반응 시간도 더 빠르다는 것 (Srinivasan & Jovanis, 1997)을 보여 주었다. HUD를 사용할 경우 차선 유지나 속도 유지와 같은 수행들도 더 나아진다는 증거도 있다(Kiefer, 1995; Kaptein, 1994). 그러나 도로 위에 있는 위험요소들이 HUD상에 제시된 정보들에 의해 차폐되는 경우에

그림 11-5 ┃ 자동차 헤드업 디스플레이의 일례

생기는 위험성 때문에 HUD에 의한 주사 감소의 이득이 상쇄될 수 있다. 만일 HUD상에 제시된 이미지가 디지털형 속도계와 같이 비교적 단순한 형태라면 그러한 차폐는 크게 문제되지 않을 것이지만(Kiefer & Gellatly, 1996), 헤드업 디스플레이상에 더 복잡한 이미지를 제시하고자 할수록 이러한 차폐의 문제는 매우 심각해질 수 있다.

자동 경로 선택 친숙하지 못한 지역의 운전에서 가장 일반적인 항행 정보는 지도를 통해서 얻어질 수 있다. 이런 경우 운전자는 어느 경로로 항행할 것이지를 미리 스스로 결정해야 하며, 또한 운전 거리가 멀 경우 전체적인 경로를 암기하고 있거나 중간 중간 확인하며 운전해야 한다. 항법 장치가 제공되었더라도 그 항법 장치가 단순히 출발지점에서 목적지까지의 운전 지역에 포함된 주요 도로나 지명 등만을 제시해 준다면, 운전자는 지도를 보는 것과 마찬가지로 자신의 운전 경로를 스스로 결정해야 한다.

Etak Navigator에 대한 Dingus 등(1989)의 연구는 목적지까지의 운전 경로를 제공하지 않는 시스템들을 검증하였다. 그러한 시스템은 현재의 위치, 주변 도로들 그리고 미리 선택된 목적지를 제공한다. 이러한 시스템의 기술적인 이점들은 복잡한 데이터베이스의 필요가 적은 것과 어떠한 경로 알고리즘도 필요하지 않는 것(즉, 물리적인 최단 거리나 시간적으로 가장 빠른 경로를 결정하는 항법 시스템의 기능이 필요하지 않다) 등이 포함된다. 그러나 그런 시스템들은 운전자들이 운전 이전(pre-drive)에 어떠한 경로로 운전해 갈 것이지를 결정할 수 있게 하기보다는 상황에 따라 운전 중에 (in-transit) 필요한 경로를 결정할 것을 요구한다(Antin, Dingus, Hulse, & Wierwille, 1990). 거의 예외 없이 (그리고 앞으로도 그러할 것이지만) 항행 정보 시스템에서 단위 시간당 제시될 수 있는 정보 디스플레이의 양은 아주 적다.

따라서 경로를 자동적으로 결정해 주지 않는(non-route) 시스템의 필요조건은 줌인 (zoom-in) 혹은 줌아웃(zoom-out) 방식으로 중요한 도로부터 먼저 정보를 제공하는 것이다. 상황인식의 관점에서 보면 소규모 영역으로 시스템 스크린을 줌인하는 것은 상대적으로 자신이 운전하는 주변 요소들에 대해 상세하지만 좁은 범위의 상황인식이 가능한 반면, 줌아웃하는 것은 넓은 지역에 대한 상황인식이 가능한 대신 자신이 운전하는 주변 요소들에 대해서는 상세한 정보를 획득하지 못할 것이다. 따라서 만일 어떤 운전자가 항법 장치에 제공되는 정보를 자세히 보기 위해 소규모 지역으로 줌인 한다면 주변 지역의 도로를 자세히 볼 수 있지만, 반대로 그 다음 진행 방향의 지도를 보기 위해 (대체적으로 항법 장치에 설치된 버튼을 이용하여) 그 다음 위치를 선택해야 할 것이고, 만약 어떤 운전자가 항법 장치의 스크린을 줌아웃한다면 적절한 정보량을 유지하기 위해서 많은 간선 도로들은 사라져야 한다. 특히 간선도로가 길다면 경로를 따라 분포하는 모든 간선도로들을 보기가 어렵게 된다. 운전자들은 운전을 시작하기 전에 경로를 계획하기 위해서 줌인 혹은 줌아웃해서 여러 위치들을 상하좌우로 돌려봐야 한다. 그러나 특별히 복잡하거나 긴 경로에서는 운전하기 전에 여러 위치를 줌인 혹은 줌아웃해서 확인하는 것 자체가 어려운 과제이고, 이런 방식으로 경로를 계획하는 것은 시간을 소모하는 것이 된다.

일반적으로는 운전자는 가고자 하는 목적지를 입력한 후 바로 운전을 시작한다. 그리고 운전자들은 운전하는 중에 그 다음의 경로를 계획한다. 이 책략은 사전 운전 계획이 운전 중의 과제로 할당되는 결과를 초래하며, 복합적인 운전 과제가 요구하는 운전자의 주의 요구를 증가시킨다(Antin et al., 1990). 이런 이유로 Dingus 등(1988)은 경로 선택을 위한 알고리즘이 항행과 정보시스템의 한 부분으로 제공될 것을 권고한다. 항행 시스템 형태의 한 부분으로 자동 경로 선택 알고리즘을 제공하는 것의 또 다른 이점은 정보의 제시에 더 많은 옵션들이 가능하다는 것이다. 예를 들어, 만약 경로를 선택할 필요가 없는 경우 운전 중인 지역에 대한 지도가 더 자세하게 제시될 수 있고, 운전자는 운전 지역에 대한 더 많은 정보의 획득(예를 들어, 전방에 위치한 정지 표지판의 유무 등)을 통해 더 안전하고 효율적으로 운전할 수 있을 것이다.

전체 디스플레이와 부분 디스플레이 항법 장치의 설계에서 어떤 형태로 정보를 제시할 것인지를 결정하기 전에 기본적으로 충족되어야 할 전제 조건은 정보 제시의 형태와 상관없이 정보 디스플레이에 제시되는 모든 정보는 한눈에 알아볼 수 있도록 설계되어야만 한다는 것이다. 또한 디스플레이는 운전자의 주의를 분산시켜서는 안 된다(Lunenfeld, 1989). 시각 디스플레이에서 제시되는 정보를 획득하기 위해 요구되는 주의의 양을 생각해 보면, 전체적인 경로가 모두 포함된 지도 형태로 제시될 때보다는 회전해야 하거나 지나쳐야 하는 각각의 교차로만을(turn-by-turn) 제시한 형태가 일반적으로 운전자의 주의를 덜 요구한다. 왜냐하면 디스플레이에서 각각의 교차로는 단순화된 일종의 그림 형태로 제시되며, 여기에는 단지 회전해야 하는 도로의 방향, 회전해야 할 지점까지의 거리 그리고 회전해야 할 지점의 거리 이름만이 포함되기 때문이다(그림 11-6(a)). McGranaghan, Mark 및 Gould(1987)는 항법 장치에서 제시된 경로를 운전자들이 따라가는 과정은 현재 디스플레이에서 제시되는 정보를 본 후(view), 필요한 행동을 취하는 것(action)의 쌍연합(pair)으로 이루어지며, 하나의 '보기-행동하기의 쌍(view-action pair)'이 종료되면, 그 다음 회전 지점에 관한 정보가 제시되어 운전자의 또 다른 반응을 요구하는, 계속적으로 반복되는 일종의 연합들로 구성되어야 한다고 제안하였다.

그러나 그림 11-6(b)와 같이 전체적인 경로에 대한 정보를 디스플레이해 주는 데는 몇 가지 이점들도 있다. 한 가지 이점은 운전자가 항행해야 할 경로에 대해 사전 검토할 수 있는 기회를 제공한다는 점이다. 비록 운전 중에 있다고 하여도 운전자의 주의를 별로 요구하지 않는 운전 상황이 있을 수 있으며(예를 들어, 차량이 멈춤 신호에 대기하고 있다거나, 교통량이 아주 한산하고 운전하기 쉬운 도로를 운전하고 있을 경우), 이러한 운전 상황에서 운전자는 바로 다음에 발생할 일에 대한 정보 이외에 더 먼 지점에 대한 정보를 통해 앞으로 취해야 할 책략들을 미리 계획할 수 있는 기회를

(a) 보기-행동하기 쌍이 가능한 부분 지도

(b) 전체 지도

(c) 전체 지도와 부분 지도가 함께 제시되는 이중 지도

그림 11-6 ▌ 지도 축척에 따른 자동차 항법 장치의 정보 제공 방식

갖는다. 미리 항행할 지점들에 대한 정보를 갖는 것은 실제 일상생활에서 있음직한 일(예를 들어, 우리는 친숙하지 않은 먼 곳을 가기 위해 미리 지도를 보고 여행 계획을 설정한다)인 동시에 합리적인 것이다. 또한 항행 경로가 복잡할 경우 이러한 사전 정보는 운전자가 어떠한 책략으로 경로를 결정하고 항행할 것인가에 대해 여러 가지 가능성을 제시해 줄 수 있으며, 그만큼 운전자의 선택 폭이 증가하게 된다.

　전체적인 경로정보가 제공하는 두 번째 이점은 운전자의 운전 속도가 빠르거나, 신속하게 방향 전환이나 차선 변경이 요구되는 주요 방향 전환 지점들이 물리적으로 매우 근접해 있을 때 운전자들의 빠른 운전 책략 설정을 도와준다는 점이다. 실제 운전할 때, 두 번(혹은 그 이상)의 빠른 방향 회전이 필요한 상황들은 많다. 앞에서 언급한 각각의 교차로 지점에 대한 디스플레이의 경우에는 두 번째 방향 회전을 위한 정보가 너무 빨리 나와서(혹은 운전 수행을 위한 운전자 주의가 많이 요구되는 상황이어서) 두 번째 책략을 안전하게 수행하지 못할 수도 있다. 그러나 전체적인 경로 지도의 경우에는 그러한 가능성에 대해 미리 계획하고 대비할 수 있게 한다(Dingus & Hulse, 1990).

　자동차 항법 시스템은 어찌되었든 운전자가 운전 과제를 수행하는 데 필요한 정보를 최적의 상태로 적시에 제공해 줌으로써 운전자의 상황인식을 보조해 주어야 한다. 도로의 복잡성, 운전자의 운전 속도 그리고 운전자의 작업 부하량 등이 전체 지도와 부분 지도 중 어느 것이 선택되어야 하는지를 결정할 것이다. 그러나 전체 지도를 제시할 것인지 아니면 부분 지도를 제시할 것인지의 이분법적 선택보다는 이 두 가지 형태가 한 화면에 동시에 제시될 수 있도록 하는 또 다른 방식도 가능할 것이다. 이러한 방식은 흔히 시각 타성(visual momentum)이라는 인간의 시각적 주시 특성과 밀접한 관계가 있으며, 또한 현재 사용되고 있는 방식이기도 하다. 예를 들어, 일반적인 지도를 보면 전체 지역에 대한 지도 옆에 중점적으로 자세한 내용이 요구되는 부분은 따로 확대되어 제시되는 방식이 여기에 해당한다. 이러한 이중 지도 축척을 이용한 항법 시스템의 예가 그림 11-6(c)에 제시되어 있다. 이러한 지도 제시 방식의 경우 운전자는 먼 지역에 대한 전반적인 상황인식뿐만 아니라 현재 주행 중인 지역에 대한 상황인식과 함께 곧바로 수행해야 하는 과제(예를 들면, 교차로에서의 회전)에 대한 예측을 미리 할 수 있을 것이다.

항행 방향과 디스플레이의 방향　운전자의 상황인식과 관련된 경로 지도 디스플레이 형태의 선택에서 고려해야 하는 또 다른 측면은 항행 방향을 어떻게 제시하여 줄 것인가 하는 문제이다. 예를 들어, 차가 움직이고 있는 방향을 디스플레이에서 항상 위쪽으로 하든지(head-up), 아니면 일반적인 지도에서 그러한 것처럼 북쪽을 항상 위쪽 방향(north-up)으로 하는 것이다. 진행 방향을 위쪽으로 하는 것이나 북쪽을 위쪽으로 하는 것에 대한 가장 중요한 문제는 디스플레이 상에 제시된 정보의 어느 형태가 운전자의 더 빠르고 정확한 해석을 유도하는가 하는 문제일 것이다. 이러한 항법 시스템의 지도 제시 방식의 한 예가 그림 11-7에 제시되어 있다. 운전자 상황인식의 관점에서 두 종류의 경로 제시 방법은 각각 장단점을 갖고 있다. 우선 진행 방향과 상관없이 디스플레이의 위쪽이 항상 북쪽을 가리키도록 제시한다면, 남쪽으로 운전하고 있는 운전자는 제시된 지도를 마음속으로 180° 회전시켜서 이해해야 한다. 이 경우 요

(a) 북쪽이 항상 위쪽으로 제시되는 고정 디스플레이

(b) 진행 방향이 항상 위쪽으로 제시되는 회전 디스플레이

그림 11-7 ▌항행 방향과 디스플레이의 두 형태

구되는 부가적인 과제(즉, 지도의 정신적 회전)가 더 많은 주의와 정보 처리 시간을 요구하고, 또한 전반적으로 더 많은 실수를 야기시킨다(Dingus & Hulse, 1990).

이러한 연구 결과는 심리학 영역에서 이미 오래전에 입증된 사실이다. 예를 들어, Cooper와 Shephard(1973)는 그림 11-8에 제시된 것과 같은 낱자 자극들을 사용하여 심적 회전(mental rotation)에 따른 피험자들의 수행을 비교하였다. 왼쪽 여섯 항목들은 수직으로부터 각도를 달리하여 회전시킨 형태들이다. 오른쪽 여섯 항목들은 뒤집어진 글자인데, 이것 역시 각도를 달리하여 회전시킨 형태들이다. 피험자들은 12개의 자극들 중 하나를 제시받고 그 자극이 정상인지 아니면 거울에 비춰진 형태인지를 판단해야 했다(그림 11-8(a)). 그림 11-8은 수직으로부터 방향 이탈의 함수로서 낱자가 정상인지를 판단하는 데 걸린 시간을 보여 준다. 피험자의 판단 시간은 수직에서 180°로 이탈함에 따라 증가한다. 이 결과는 자극이 화면상 수직까지 회전된 다음 그것이 정상인지 뒤집어진 것인지 판단하기까지 심적 회전 과정이 일어남을 시사한다. 특히 180° 회전 조건에서 반응 시간이 가장 느리다는 것에 주목할 필요가 있다. 180°에서 가장 반응이 느리다는 사실은 시계 방향 혹은 시계 반대 방향으로 어느 것이든 짧게 걸리는 방향으로 회전시킨다는 것을 시사한다.

(a) 사용된 자극들

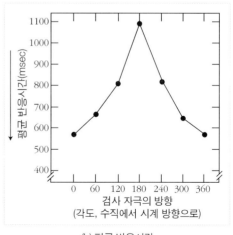

(b) 평균 반응시간

그림 11-8 Cooper와 Shephard(1973)의 심적 회전 연구 방법 및 결과

반면 북쪽이 위쪽인 지도의 제시가 주는 한 가지 이점은 자동차의 진행 방향에 따라 일일이 항행 정보를 회전시키지 않아도 된다는 점이다. 즉, 차가 움직이는 방향의 변화에 관계없이 디스플레이의 위쪽을 항상 북쪽을 가리키도록 제시해 주기만 하면 되고, 이러한 제시방법은 항법 시스템의 설계에 노력과 비용을 절감시켜 줄 수 있다. 이에 비해 진행 방향을 항상 위쪽으로 유지시켜야 하는 제시 형태는 계속적으로 지도의 방향이 운전하는 방향에 따라 회전되어야만 한다. 즉, 이러한 회전을 지원하는 별도의 알고리즘과 자동차의 위치와 진행 방향을 파악하는 탐지 시스템이 더 필요하게 된다. 자주 회전되는 시각적인 디스플레이의 제시는 다소 주의를 분산시킬 수 있다. 따라서 운전자의 마음속으로 지도를 회전하는 것과 실제 디스플레이 상에서 지도를 회전시켜 주는 것의 상대적인 이점을 결정하는 것이 필요하다.

Antin 등(1990)은 고정된 지도 디스플레이(즉, north-up)에 비해, 움직이는 지도 시스템(즉, head-up display)에 더 많이 그리고 더 빈번하게 운전자의 시각적 주사(scanning)가 이루어진다는 것을 알아냈다. 이 이유에 대해 Antin 등(1990)은 디스플레이의 새로움(즉, 피험자들이 이러한 항법 시스템을 본 경험이 없어 디스플레이에 흥미를 보인 결과)이 디스플레이 쪽으로 여분의 운전자 주의를 끄는 효과를 가진다고 언급했다. 그러나 이러한 요인보다는 운전자의 주변시에서 발생하는 디스플레이의 변화가 운전자의 주의를 진행하는 방향의 도로 위로부터 분산시켜 움직이는 디스플레이에 더 주의를 기울이게 했다는 가능성이 더 설득력이 있다. 사람들은 일반적으로 고정된 시각적 자극 패턴들에 비해 움직이는 시각적 자극 패턴에 더 많은 시각적 주의를 기울인다.

움직이는 디스플레이가 고정된 것에 비해 운전자의 시각적 주의를 더 많이 분산시킨다면, 움직이는 디스플레이는 앞에서 언급한 장점에도 불구하고 운전자의 안전한 운전이란 측면에서 고정된 디스플레이에 비해 열등하다고 단정지을 수 있을까? 필자의 생각을 결론적으로 말하면 반드시 그렇지만은 않다는 것이다. 왜냐하면 운전자들은 특정한 시점과 상황에서 자신들에게 주어진 주의 부담에 정도에 따라 적절히 주의를 분산시키거나 운전 수행의 변화를 통해 주어진 상황에 적응하는 경향을 보이기 때문이다. 주의 부담이 많은 운전 상황에서 운전 속도를 낮추는 경향이 바로 운전 수행의 변화를 통한 주의 부담에 대한 적응의 좋은 예이다. 항법 시스템과의 상호작용 과정 중에 발생하는 시각 주시 패턴에서도 이러한 적응 과정을 볼 수 있는 증거는 Hulse와 Dingus(1988)에서 찾을 수 있다. Hulse와 Dingus(1988)는 운전 과제 이외에 부가적인 과제 수행을 요구했을 때, 운전자들은 증가된 인지 부담에 적응하기 위해 시각적 주사 행동을 변화시킴으로써 새로운 운전 상황에 적응할 수 있다는 것을 밝혔다. 예를 들어, 운전자들이 운전 중에 도로 중앙을 주시하는 확률은 복잡하지 않은 교통 상황에서는 0.51이었던 반면, 복잡한 교통 상황에서는 0.61로 증가하였다. 이러한 행동의 변화는 움직이는 지도 시스템의 도입에 의한 시각적 주시 패턴의 변화에도 일어나며, 움직이는 디스플레이의 사용으로 어느 정도의 주의 분산이 실제적으로 발생하지만, 만약 어떤 운전 상황에서 도로에 더 많은 시각적 주의를 기울이기를 요구한다면 운전자들은 적어도 어느 정도는 움직이는 디스플레이들에 대한 시각적 주시의 양을 감소시킬 수 있다.

항법 장치의 청각 요소   대부분의 항법 시스템들은 시각 디스플레이와 함께 음성에 근거한 시스템들을 포함하는 청각 디스플레이를 같이 사용하고 있다. 청각 정보의 제시 형태는 자동차의 문이 제대로 닫히지 않았을 때 들리는 경고음과 같은 의미가 포함되지 않은 단순한 소리음에서부터 '500m 앞에서 왼쪽으로 회전하시오.' 와 같은 명령이나 '현재 엔진이 과열되었습니다.' 와 같은 차량 상태를 나타내는 유의미한 언어 정보에 이르기까지 다양하다. 언어적인 청각 정보인 경우, 실제 사람의 목소리를 미리 데이터베이스에 녹음하여 저장한 후 필요에 따라 인출하여 운전자에게 제시되기도 하고, 기계적인 합성어의 형태로 제시되기도 한다.

    Walker와 Brockelsby(1991)는 청각 항행 시스템을 사용한 운전자들이 시각 항행 시스템을 사용한 운전자들보다 더 안전하게 운전한다고 보고했다. 시각 시스템을 사용한 피험자들은 계기판의 변화들을 더 많이 놓치거나, 반응시간이 더 길었으며, 더 느리게 운전하였다. Labiale(1990)의 연구에서는 운전자에게 시각적으로 항행 정보를 제시하는 것과 청각적으로 항행 정보를 제시했을 때의 인지 부하 차이를 평가했는데, 그의 연구 결과는 항행 정보가 시각적으로 제시될 때보다 청각적으로 제시될 때 인지

부하가 더 낮았음을 보여 주었다. 또한 운전자의 인지적 부하의 정도와 관련하여 운전자들에게 어떤 시스템이 운전을 방해하지 않고 더 안전하게 느껴지는지를 선택하게 했을 때, 운전자들은 시각 정보 시스템에 비해 청각 정보 시스템이 더 안전한 시스템이라고 평정하였다.

청각 자극들은 시각 자극과는 달리 운전자들에게 어느 방향에서나 제시될 수 있는 특성, 즉 전방향적(omni-directional) 특성을 가지고 있을 뿐만 아니라, 시각 주의처럼 정보의 선택을 위한 특별한 행동(예 : 시각적 주사)이 필요하지 않다. 이러한 특성은 청각적 정보들을 위급한 상황에서의 경고 신호로 사용되거나 혹은 시각적으로 제시해야 하는 정보들에 시선을 유도하는 하나의 안내자로서 사용되는 것이 바람직하도록 만들어 준다.

청각 정보의 또 다른 이점은 시각 정보에 비해 운전자들이 메시지의 내용을 더 잘 기억하며 복잡하지만 반복적으로 제시되는 청각 정보에 대한 반응시간이 시각 정보에 비해 점차 빨라진다는 것이다. 예를 들어, Mollenhauer, Lee, Cho, Hulse 그리고 Dingus(1994)는 운전 시뮬레이션을 이용한 항법 장치에서의 정보 제공 양식(즉, 시각 vs 청각)의 상대적 장단점을 비교한 연구에서, 운전자들은 시각 정보보다는 청각 정보들을 더 잘 기억하고 회상해 내는 것을 관찰하였다. 또한 Lee, Dingus, Mollenhauer 그리고 Brown(1995)은 청각 메시지에 대한 반응시간은 같은 메시지가 반복됨에 따라 청각 메시지의 내용이 복잡하고 비교적 긴 문장이더라도 시각 정보보다 정보처리가 빨라진다는 것을 보여 주었다. 이러한 연구 결과들은 청각 항행 정보의 제공이 운전자의 경험과 운전 상황에 따라서 시각 항행 정보보다 더 유용할 수 있다는 것을 시사한다.

시각 디스플레이를 능가하는 청각 시스템의 명백한 이점들에도 불구하고, Dingus 와 Hulse(1990)는 청각 정보의 제시가 운전자의 주의와 정보처리 부하에 관한 모든 문제의 해결책은 될 수 없다고 지적한다. 예를 들어, 진행 방향에 있는 교차로에 대해 (단순화된 형태의 지도를 제시해 주는 것이 아니고) 일일이 말로 운전자에게 설명해 줘야 하는 경우를 생각해 보자. 교차로의 이름, 회전해야 하는 방향, 회전하는 지점까지의 거리 등의 운전자가 필요로 하는 정보들을 제공하기 위한 언어 디스플레이는 짧은 시간 안에 많은 메시지의 제공을 필요로 하게 된다. 또한 그러한 메시지는 시각 정보의 제공에 비해 단순화되거나 명세화될 수 없다. 예를 들어, 시각 디스플레이에서 텍스트를 이용한 정보의 제공보다 심벌을 이용한 정보의 제공은 더 간단하면서 동시에 명료할 수 있다. 메시지의 단순성이나 명료함이 감소함에 따라 청각 메시지를 처리하는 데 요구되는 부하는 증가한다.

청각 정보와 시각 정보는 상대적인 장단점을 모두 갖고 있지만 현재 일반적으로 상용화되어 사용되고 있는 항법 시스템들이 거의 대부분 시각 정보와 청각 정보를 같이 제시해 준다는 점을 감안하여 이 두 유형의 정보가 상대적으로 특히 더 유용할 수 있는 운전 상황에 대한 분석뿐만 아니라, 각각의 정보를 처리하는 운전자의 과제에 대한 분석도 좀 더 구체적으로 이루어져야 할 것이다.

5. 맺음말

자동화된 장치들을 도입하고자 할 때는 두 가지 문제가 고려되어야 한다. 첫째, 자동화의 도입은 자동화된 시스템에 대한 사용자의 신뢰나 지나친 안심감의 문제를 고려하여 이루어져야 한다(Stanton & Marsden, 1996). 예를 들어, 운전자들이 자동화된 추돌 경고 시스템을 너무 신뢰한 나머지 선행 차량의 거동을 주의 깊게 살피지 않거나, 오랫동안 도로 위를 주시하지 않는 상황을 가정해 보라. 실제로, 자동화된 제동 장치와 관련한 한 연구에서 Young과 Stanton(1997)은 많은 운전자들이 추돌을 방지하기에는 너무 느리게 반응하여 자동화된 브레이크가 제대로 작동하지 못하는 것을 관찰한 바 있다. 자동화된 장치들에 대한 지나친 신뢰나 안심감 때문에 이러한 장치가 갖는 전체적 효과가 상쇄되는 것은 아닌지 그리고 자동화된 시스템들의 신뢰도가 매우 높은 것 자체가 지나친 안심감을 더 많이 유도할 가능성은 없는지 신중히 고려해야 할 것이다.

둘째, 항행이나 여행 계획에 대한 조언과 같은 2차적 정보를 제공해 주는 자동화된 장치들이 사용될 경우, 운전자들이 자동차 안에서 제시되는 중요한 정보들을 처리해 감에 따라 운전자의 주의가 1차적 시각 주의 영역을 벗어나 자동차 안으로 더욱 집중 될 위험성이 있다(Dingus et al., 1988; Lee et al., 1997). 이러한 문제는 운전자가 필요 로 하는 정보들을 헤드업 방식으로 제시해 줌으로써 해결할 수도 있지만, 이 방법을 채택하고자 하는 결정은 헤드업으로 제시되는 정보들이 도로 위의 위험요소들을 가 리지 않는다는 것이 확실한 경우에만 이루어져야 한다. 지금까지 언급한 두 가지 문 제점들은 자동차의 자동화가 바람하지 못한 생각이라는 것을 의미하는 것은 아니다. 우리가 보았듯이 많은 자동차의 자동화 방안들이 안전을 향상시킬 수 있다는 것은 분 명한 사실이다. 자동화는 인간중심적 사고 방식의 범위 안에서 도입되어야 한다.

운전은 작업장 안팎의 다른 행위들과 비교하여 매우 위험스럽게 수행되는 과제이 다. 다양한 교통안전 향상 프로그램들과 사고 통계치들, 안전을 위한 개입 방안들 (safety intervention)을 모두 포괄적으로 개관한 후, Evans(1991)는 안전운전에 도움을 줄 수 있는 최상의 방법이 무엇인지 확인해 보고자 하였다. 그의 결론을 한마디로 요 약하자면 (사고 방지를 위한 장치들의 개발과 같은) 공학적인 개입방법보다는 (안전 에 대한 태도의 변화와 같은) 사람에 대한 개입방법이 더 효과적이라는 것이다.

그의 이러한 결론은 사고 방지를 위한 여러 해결책들의 상대적 효과성에 대한 판단 에도 근거하고 있다. 즉, 음주 운전으로 인한 높은 사고 위험의 가능성과 자신의 과속 운전에 의해 무고한 다른 사람들을 희생시킬 수 있다는 사실을 강조함으로써 운전자 들이 스스로 음주 운전이나 과속 운전을 하지 않도록 하는 사회적 규범을 확립하는 것이 교통안전의 향상에 가장 효과적인 방법이기 때문이다. 법의 제정이나 시행도 교 통사고 감소에 어느 정도 효과를 가질 수 있겠지만, 사회적 압력은 더 지속적인 태도 의 변화를 만들어 낼 수 있다.

참고문헌

이재식(2002). 추돌 경고시스템의 정보 제공방식에 따른 운전자의 추돌 회피 행동 및 주관적 평가에 관한 연구, 한국심리학회지: 산업 및 조직, 15, 125~146.

이재식, 김비아 및 유완석.(1999). 음주와 피로가 주의분산과제와 운전수행에 미치는 영향: 운전 시뮬레이션 연구. 한국심리학회지: 산업 및 조직, 12, 91~107.

이순철.(1999). 교통심리학. 학지사

Alexander, G. & Lunenfeld, H.(1975). *Positive guidance in traffic control*. Washington, DC: Federal Highway Administration.

Alm, H. & Nilsson, L.(1995). The effects of a mobile telephone task on driver behaviour in a car following situation. *Accident Analysis and Prevention*, 27, 707~715.

Antin, J. R. Dingus, T. A., Hulse, M. C., & Wierwille, W. W.(1990). An evaluation of the effectiveness and efficiency of an automobile moving-map navigational display. *International Journal of Man-Machine Studies*, 33, 581~594.

Ayland, N., & Bright, J.(1991). *Real-time responses to in-vehicle intelligent vehicle-highway system technologies*: A European evaluation. Transportation Research Record No. 1318. Washington, DC: National Research Council.

Benel, D. C. R., Huey. R. W., & Lerner, N. D.(1995). *Driver information overload*(conceptual model description)(Technical Report NCHRP 3-50). Silver Spring, MD: COMSIS Corporation.

Bonsall, P. W. & Joint, M.(1991). Driver compliance with route guidance advice: The evidence and its implications. *In Vehicle Navigation and Information Systems Conference Proceedings*, 47~59. Dearborn, MI.

Brown, I. D., Groeger, J. A., & Biehl, B.(1988). Is driver training contributing enough towards road safety? In J. A. Rothergatter, and R. A. de Bruin(eds.), *Road users and traffic safety*(pp. 135~156). Assen/Maastricht, Netherlands: Van Corcum.

Burian, S. E., Liguori, A., & Robinson, J. H.(2002). Effects of alcohol on risk-taking during simulated driving. *Human Psychopharmacology*, 17, 141~50.

Campbell, B. J., Stewart, J. R., & Campbell, F. A.(1988). *Changes with death and injury associated with safety belt laws* 1985-1987(Report HSRC-A138). Chapel Hill, NC: University of North Carolina Highway Safety Res. Ctr.

Cellar, D. F., Nelson, Z. C., & Yorke, C. M.(2000). The five-factor model and driving behavior: personality and involvement in vehicular accidents. *Psychological reports*, 86, 454~456.

Cooper, L. A., & Shephard, R. N.(1973). Chronometric studies of ratation of mental images. In Chase, W. G., *Visual Information Processing*. New York: Academic Press

Denton, G. G.(1980). The influence of visual pattern on perceived speed. *Perception*, 9, 393~402.

Dewar, R.(1993). Warning: Hazardous road signs ahead. *Ergonomics in Design*, July. pp. 26~31.

Digges, K. Nicholson, R., & Rouse, E.(1985). *The technical base for center high mounted stop lamp*. Report 851240, SAE. Annapolis, MD.

Dingus, T. A., Antin, J. F, Hulse, M. C., & Wierwille, W.(1988). Human factors issues associated with in-car navigation system usage. *Proceedings of the 32nd Annual Meeting of the Human Factors Society*(pp. 1448~1453). Santa Monica, CA: Human Factors Society.

Dingus, T. A., Antin, J. F., Hulse, M. C., & Wierwille, W. W.(1989). Attentional demand requirements of an automobile moving-map navigation system. *Transportation Research*, 23A, 301~315.

Dingus, T. A. & Hulse, M. C.(1990). Preliminary human factors test and evaluation of the TravTek and highway driver's assistant conceptual designs.(submitted to General Motors) Moscow, ID: Human Factors Research Institute, University of Idaho

Dingus, T. A. & Hulse, M. C.(1993). Some human factor design issues and recommendations for automobile navigation information systems. *Transportation Research* 1C, 119~131.

Dobbins, D. A., Tiedemann, J. G., & Skordahl, D. M.(1963). Vigilance under highway driving conditions. *Perceptual and Motor Skills*, 16, 38.

Eberts, R. E. & MacMillan, A. G.(1985). Misperception of small cars. In R.E. Eberts and C. G. Eberts(eds.). *Trends in Ergonomics/Human Factors II*(pp. 33~39). North Holland, The Netherlands: Elsevier Science Publishers, B.V.

Evans, L.(1991). *Traffic Safety and the Driver*. New York: Van Nostrand.

Evans, L.(1996). A crash course in traffic safety. *1997 Medical and Health Annual*, Chicago: Encyclopedia Britannica.

Fischhoff, B. & MacGregor, D.(1982). Subjective confidence in forecasts. *Journal of Forecasting*, 1, 155~172.

Godley, S., FiIdes, B. N., & Triggs, T. J.(1997) . Perceptual counter measures to speeding. In D. Harris(ed.), *Engineering Psychology and Cognitive Ergonomics*. London England: Ashgate.

Godthelp, H., Milgram, P., & Blaauw, T. S.(1983). Driving under temporary visual occlusion. *Proceedings 3rd European Conference on Human Decision Making & Manual Control*. pp. 357~370. Roskilde, Denmark.

Hale, A., Quist, A., & Stoop, J.(1988). Errors in routine driving tasks. *Ergonomics*, 31, 631~641.

Henderson, R. L.(1987). *Driver performance data book*. Washington, DC: National Highway Traffic Safety Administration.

Kahane, C. J.(1989). *An evaluation of center high mounted stop lamps based on 1987 data*(D0T HS 807 442). Washington, DC: National Highway Traffic Safety Administration.

Kaptein, N. A.(1994). *Benefits of in-car head-up displays*(Technical report #TNO-TM 1994 B-20). Soesterberg, The Netherlands: TNO Human Factors Research Institute.

Kiefer, R. J.(1995). Defining the "HUD benefit time window.", *In Vision in vehicle VI Conference*. Amsterdam: Elsevier Science Publishers B. V.

Kiefer, R. & Gellatly, A. W.(1996). *Quantifying the consequences of the "Eyes on the Road" benefit attributed to Head Up Displays*. Society of Automative Engineers Publication 960946. Warrendale, PA.: Society for Automotive Engineers.

Labiale, G.(1990). In-car road information: Comparison of auditory and visual presentation. *In Proceedings of the Human Factors Society 34th Annual Meeting*, 623~627. Santa Monica, CA: Human Factors Society.

Lam, L. T.(2002). Distractions and the risk of car crash injury: the effect of drivers' age. *Journal of Safety Research*, 33, 411~419.

Lee, J., Dingus, T. A., Mollenhauer, M. A., & Brown, T.(1995). *Commercial vehicle operators(CVOs) driver fatigue and complex in-vehicle information systems*, Technical Report submitted to NHATSA, U.S. DOT. The University of Iowa, CCAD & IDS.

Lee, J., McGehee, D. V., Dingus, T. A., & Wilson, T.(1998). Collision avoiding behavior of unalerted driver using a front-to-rear-end collision warning display on the Iowa driving simulator. *Transportation Research Record*, 1573, 1-7.

Lunenfeld, H.(1989). Human factor considerations of motorist navigation and information systems. *In Vehicle Navigation and Information Systems Conference Proceedings*, 35~42. Toronto, Ontario, Canada.

Malaterre, G.(1990). Error analysis and in-depth accident studies. *Ergonomics*, 33, 1403~1421.

Males, M.(2000). Automobile crashes and teenaged drivers. *Journal of the American Medical Association*, 284, 1239~1240.

Matthews, G. & Desmond, P. A. T.(2002). Task-induced fatigue states and simulated driving performance. The Quarterly journal of experimental psychology: *A Human experimental psychology*, 55, 659~686.

McCartt, A. T., Shabanova, V. I., & Leaf, W. A.(2003). Driving experience, crashes and traffic citations of teenage beginning drivers. *Accident: analysis and prevention*, 35(3), 311~320.

McDowell, E. D. & Rockwell, T. H.(1978). An exploratory investigation of the stochastic nature of the driver's eye movement and their relationship to the road geometry. In Sanders, J.W., Fisher, D.F., & Monty, R.A.(Eds.), *Eye movement and the higher psychological functions*. Lawrence Erlbaum, 329~345.

McGranaghan, M., Mark, D. M., & Gould M. D.(1987). Automated provision of navigation assistance to drivers. *The American Cartographer*, 14, 121~138.

McKenna, F. P.(1988). What roles should the concept of risk play in theories of accident involvement? *Ergonomics*, 31, 469~484.

Mollenhauer, M. A., Lee, J., Cho, K., Hulse, M. C., & Dingus, T. A. 1994. The effects of visual and auditory display on in-vehicle signing and information system. *Proceedings of the Human Factors and Ergonomics Society 38th Annual Meeting*, Nashville, Tennessee. p. 1072~1076.

Mortimer, R. G., Goldstein, K., Armstrong, R. W., & Macrina, D.(1990). Effects of incentives and enforcement on the use of seat belts by drivers. *Journal of Safety Research*, 21, 25~37.

Mourant, R. R. & Rockwell, T. H.(1972). Strategies of visual search by novice and experienced drivers. *Human Factors*, 14, 325~335.

Olson, P. L. & Sivak, M.(1986). Perception-Response time to unexpected roadway hazards. *Human Factors*, 28, 91~96.

Owens, D. A., Helmers, G., & Sivak, M.(1993). Intelligent vehicle highway systems: A call for user-centered design. *Ergonomics*, 36. 363-369.

Parkes, A. M. & Coleman, N.(1990). Route guidance systems: A comparison of methods of presenting directional information to the driver. In E. J. Lovesey(ed.), *Contemporary ergonomics* 1990(pp. 480~485). London: Taylor & Francis.

Perry & Baldwin.(2000). Further evidence of associations of type a personality scores and driving- related attitudes and behaviors. *Perceptual and motor skills*, 91(1), 147~154.

Popp, M. M. & Farber, B.(1991). Advanced display technologies, route guidance systems, and the position of displays in cars. Gale, A. G.(Ed.). *Vision in Vehicles-III*. North-Holland: Elsevier Science Publishers, 219~225.

Reason, J.(1974). *Man in motion: The psychology of travel*. Weidenfeld & Nocolson, London.

Reinfurt D. W., Campbell, B. J., Stewart, J. R., & Stutts, J. C.(l990). Evaluating the North Carolina safety belt wearing law. *Accident Analysis & Prevention*, 22, 197~210.

Sanders, M. S. & McCormick, E. J.(1993). *Human Factors in Engineering and Design*. New York: McGraw Hill.

Schumann, J.(1994). *On the use of discrete proprioceptive tactile warning signals during manual control*. Munster, Germany/New York: Waxman.

Shinar, D.(1978). *Psychology on the road: The human factors in traffic safety*. New York: John Wiley & Sons.

Shinar, D., Rotenberg, E., & Cohen, T.(1997). Crash reduction with an advancer brake warning system: a digital simulation. *Human Factors*, 39, 296~302.

Srinivasan, R. & Jovanis, P. P.(1997). Effect of selected in-vehicle route guidance systems on driver reaction times. *Human Factors*, 39, 200~215.

Stanton, N. A. & Marsden, P.(1996). From fly-by-wire to drive-by-wire: Safety implications of automation in vehicles. *Safety Science*.

Status Report(March 18, 1995). Airbags Save Lives. 30 #3. Arlington, VA: Insurance Institute for Highway safety.

Streeter, L. A.(1985). *Interface considerations in the design of an electronic navigator*. Auto

Carta.

Summala, H.(1981). Driver/vehicle steering response latencies. *Human Factors*, 23, 683~692.

Summala, H.(1988). Zero-Risk theory of driver behaviour. *Ergonomics*, 31, 491~506.

Svenson, O.(1981). Are we less risky and more skillful than our fellow drivers? *Acta Psychologica* 47, 143~148.

Tarriere, C., Hartemann, F., Sfez, E., Chaput, D., & Petit-Poilvert, C.(1988). Some ergonomic features of the driver-vehicle-environment interface. *In SAE Technical Paper Series*. SAE No. 885051, 405~427. Warrendale, PA: Society of Automotive Engineers.

Taubman-Ben-Ari, O. & Findler, L.(2003). Reckless driving and gender: an examination of a terror management theory explanation. *Death studies*, 27, 603~618.

Tavris, D. R., Kuhn, E. M., & Layde, P. M.(2001). Age and gender patterns in motor vehicle crash injuries: importance of type of crash and occupant role. *Accident: analysis and prevention*, 33(2), 167~172.

Theeuwes, J. & Gogthelp, H.(1995). Self-explaining roads. *Safety Science*, 19, 217~225.

Theeuwes, J. & Hagenzieker, M. P.(1993). Visual search of traffic scenes: On the effect of location expectations. In A. G. Gale et al.(eds.), *Vision in Vehicles IV*(pp.149~158). Amsterdam: Elsevier Science Publishers B.V.

Triggs, T. & Harris, W. G.(1982). *Reaction time of drivers to road stimuli*(Human Factors Report HFR-12). Clayton, Australia: Monash University.

Underwood, G., Chapman, P., Brocklehurst, N., Underwood, J., & Crundall, D.(2003). Visual attention while driving: sequences of eye fixations made by experienced and novice drivers. *Ergonomics*, 46(6), 629~646.

Van Der Horst, R.(1988). *Driver decision making at traffic signals*. In Traffic accident anaysis and roadway visibility(pp.93~97). Washington, DC: National Research Council.

Walker, C. M. & Brockelsby, W. K.(1991). Automatic vehicle identification(AVI) technology design considerations for highway applications. *IEEE*, 805~811.

Wasielewski, P.(1984). Speed as a measure of driver risk: Observed speeds versus driver and vehicle characteristics. *Accident Analysis and Prevention*, 16, 89~103.

Weintraub, D. J., Haines, R. F., & Randle, R. J.(1985. Head-up display(HUD) utility. II. Runway to HUD transition monitoring eye focus and decision times. *Proceedings of the 29th Annual Meeting of the Human Factors Society*, 615~619. Santa Monica, CA: Human

Factors Society.

Wilde, G. J. S.(1988). Risk homeostasis theory and traffic accidents: Propositions, deductions and discussion of dissension in recent reactions. *Ergonomics*, 31, 441-468.

Young, M. & Stanton, N.(1997). Automotive automation: Effects, problems and implications for driver mental workload. In D. Harris(ed.), *Engineering Psychology and Cognitive Ergonomics*. London, UK: Ashgate.

인간-컴퓨터 상호작용 :
사회 문화적 맥락

김영진

1. 서 론

학문 연구와 실용적 적용의 한 분야로서의 인간-컴퓨터 상호작용(human-computer interaction, HCI)을 규정하기는 쉽지 않다. 아마도 대부분의 사람들은 HCI라는 용어를 들으면, '사람이 컴퓨터 앞에 앉아 뭔가 작업을 하고 있는 상황'을 이미지로 떠올리게 된다. 그리고 바로 이 이미지에 근거해 HCI에서는 사람들이 어떻게 컴퓨터와 상호작용 하는지, 컴퓨터의 어떤 외양이나 인터페이스가 사람으로 하여금 쉽게 사용하게 만드는지, 사람들은 컴퓨터에 어떤 기능을 요구하며, 컴퓨터의 기능을 어떻게 배워 가는지, 인터페이스를 디자인하기 위해서는 인간의 어떤 인지적 특성을 고려해야 하는지, 기존의 여러 대안적인 인터페이스 중 가장 효율적인 것은 어떤 것인가를 평가하고 선택하는 실험이나 관찰 등을 하는 분야로 생각하게 된다. 이러한 일반적인 기대나 생각이 사실 틀린 것은 아니다. 독자들이 이 책의 앞 장에서 이미 보았을 내용들이 바로 이 기대와 잘 일치한다. 제4장의 '상호작용 모델'에 관한 개관이 바로 사람과 컴퓨터의 상호작용을 이론적, 개념적으로 정리하고자 하는 작업이며, 제2, 3장의 '인지 요인'에 관한 개관이 바로 지각, 주의, 기억, 학습 등의 인간의 인지적 특성을 고려해야 됨을 기술하는 것이다. 그리고 제5장, 6장은 보다 구체적으로, 소위 말하는 사용성 공학(usability engineering)(Nielsen, 1933)의 문제를 다루는 것이다. 하지만 이런 식의 기대나 규정이 실상 HCI 분야를 충분하게 묘사하고 있는 것은 아니며, 앞으로의 HCI 연구 방향을 논의하기에도 부적절하다고 할 수 있다. 그 이유를 독자들에게 설명하는 것이 바로 이 장의 목적이라고 할 수 있다.

우리는 앞에서 '컴퓨터 앞에 앉아 뭔가 작업을 하고 있는' 것으로 HCI를 생각했는데, 여기서 사람들이 실제 '무엇'을, 즉 '어떤 작업'을 하고 있는가를 명확히 고려하지 않았다. 더구나 어떤 작업 '환경이나 상황'에서 그 특정한 작업을 하고 있는지도 생각하지 않았다. Rasmussen과 Anderson(1991)이 정확하게 지적했듯이, HCI는 컴퓨터 사용 자체에 초점을 두어서는 안 되며, 특정한 작업 환경에서의 정보체계(information system) 사용에 주어져야 한다. 즉, 사용자 혹은 인터페이스 자체만은 HCI의 목표가 아니다. HCI와 관련된 여러 주제들은 정보 도구의 도움을 받아 사용자들이 수행하려는 일 혹은 의도한 작업 영역과의 관련 속에서만 의미 있게 정립되고 파악될 수 있다. Rasmussen 등(1991)은 '사용자–정보체계–작업 환경(User-Information system-Work Settings)'을 HCI의 필수적인 세 요소로 생각하고 있다. 이 세 요소를 분리하여 각각의 특성을 연구하는 것이 의미가 없는 것은 아니지만, 작업이나 전체적인 과제의 내재적인 복잡성이나, 주어진 작업 환경을 규정하는 사회적, 조직체적 제약을 명시적으로 고려하지 않는 연구나 논의는 의미를 찾기 힘들게 된다. 이 장의 부제로 잡은 '사회 문화적 맥락'이란 표현이 바로 이런 지향을 내포하고 있는 것이다.

이런 입장에서 정보처리체계의 디자인에 바탕이 되는 주된 가정이나 혹은 지식의 원천을 나눌 수 있으며, Rasmussen 등(1991)은 다음의 네 가지를 들고 있다.

- 사용자–인터페이스 관련성에 대한 체계적이고 경험적인 증거
- 인간의 인지와 인공 체계에 대한 이론이나 모델
- 사람들이 실제 작업 환경에서 실제 과제들을 어떻게 해결하는가에 관한 현장 연구

- 문헌이나 전문가의 면접, 과제 분석과 같은 분석적인 방법에 의해 얻을 수 있는 특정한 작업 영역에 관한 지식

위의 네 가지 영역 중 첫 번째와 두 번째는 이 책을 읽어 온 독자라면 수긍이 갈 것이다. 인간의 인지 특성에 관한 인지심리학과 인지과학의 이론적, 경험적 지식이 두 번째에 해당하는 것이고, 인간 요인(human factor, ergonomics)이나 인간공학적 연구들이 첫 번째에 해당하는 것이다. 앞서 언급했던 것처럼 세 번째, 네 번째의 지식은 HCI의 주된 정보원이 되어 오지 못했다. 즉, 세 번째, 네 번째에 관한 지식이 HCI 기술자나 연구자에 가장 결핍된 능력이라고 할 수 있다. 이 능력을 보충하기 위해서는 사회심리학, 조직학, 사회학, 인류학 등 사회과학적 배경이 있어야 한다. 하지만 이런 분야의 기존 지식들이 HCI 문제의 해결에 그대로 사용될 수 있는 것은 아니다. HCI라는 특정한 맥락의 제약이 없이 제기된 이론이나 연구이기 때문이다. 사회과학적 지식자체가 HCI 연구에 도움이 되겠지만, 그보다는 이들 사회과학에서 사용하는 연구방법, 접근 틀, 개념화의 기술 등에 관한 능력이 필요하다. 그리고 이러한 테크닉을 구체적인 HCI 상황에서 적용하는 창조성이 필요한 것이다.

이 장에서는 우선 HCI 분야에서 사회 문화적인 접근이 필요함을 깨닫게 되는 배경에 관해 약술할 것이고, 사회 문화적인 고려가 가장 요구되는 소프트웨어인 그룹웨어의 개발에 관련된 문제들을 설명하겠다. 그리고 유비쿼터스 컴퓨팅에 관한 내용을 소개하겠다. 아울러 앞의 세 번째, 네 번째에 적용할 수 있는 연구 방법의 예를 간략히 설명하겠다. 이 장은 HCI의 사회 문화적 관련성을 다루는 연구에 관한 망라적인 개관이 아니다. 단지 HCI 연구자들에게 사회 문화적인 주제에 민감해지도록 소개하는 데지나지 않는다.

2. 배경

HCI의 탄생은 인지심리학 혹은 인지과학의 발전에 기초하였다고 해도 과언은 아니

다. 즉, 인지 패러다임의 전성 시대에 탄생한 것이다. 하지만 1990년대에 들어오며 이에 대한 회의가 시작되었다. Carroll(1997)은 다음과 같이 이 흐름을 요약하고 있다. 첫째로, 많은 HCI 연구자들이 인지 모델 접근은 포괄적인 패러다임이 될 수 없다는데 동의하기 시작했고, 둘째로, 인지 패러다임을 보완 혹은 대체하는 보다 사회적, 조직체적 지향이나 접근이 필요함을 주장하는 목소리가 높아지게 되었다. 셋째로, 사용성에 대한 강조가 개인적인 기술 개발을 등한시하고(de-skilling), 산업의 리스트럭처링에 따른 부정적인 측면에 대한 잠재적인 변명으로 사용될 수 있다는 사회 정치적인 비판도 제기되었으며, 넷째로, 커뮤니케이션과 협동적 활동을 위한 새로운 기술의 발달이 HCI에 새로운 도전과 기회로 제기되고 있다는 것이다.

사회적, 맥락적 지향에 대한 요구가 커져 가면서 사회학자와 인류학자들이 과거 인지심리학자들에 의해 주도되던 프로젝트에 관여하게 된다. 그리고 Vygotsky(Nardi, 1995)의 활동이론(Activity Theory), 작업심리학, 노동운동 등에서 유입된 개념들이 HCI 연구에 들어오게 되었다. 한편 인지심리학이나 인지과학에서도 같은 회의가 시작되었다. 전통적인 정보처리 패러다임에 대한 회의가 상황인지(situated cognition) (Kirshner & Whitson, 1997), 분산인지(distributed cognition)(Norman, 1993)에 보다 많은 관심을 집중하게 만들었으며, 이 흐름은 HCI에 연구에도 그대로 반영되고 있다. 즉, 맥락에서 괴리된 개인에 대한 연구, 개인에 괴리된 사회 현상 연구가 퇴조하며, 어떻게 사람들이 사회적, 기술적 환경에서 문제를 해결하며 학습을 하는가에 초점이 모아지게 된 것이다. 하지만 이러한 흐름에 대한 비판이 없는 것은 아니다. 과연 이런 이론들이, 단순한 기술적인 틀이 아닌 예언적인 공학모델이 될 수 있는가에 의문이 제기되기도 한다(Blackler, 1995).

그리고 여러 새로운 기술의 개발과 발달이 더더욱 사회적 맥락적 분석의 발달을 촉진하였다. 1980년대에 들어서면서 전자메일이 점차 일상적인 의사소통의 도구가 되고 있으며, 'newsgroups', 'multiuser domain', 'real-time chat' 등이 나타나고 있다. 더구나 'electronic meeting room', 'media-spaces', 'virtual reality simulation' 등과 같은 협동적인 문제해결 환경이 나타나고 있다. 1명의 사용자가 컴퓨터에서 찾고 만들고 하는 이미지가 여러 사람들이 여러 시간적·공간적 환경에서 상호작용하는 이미지로 바뀌게 되는 것이다. 이러한 환경들이 산업체에 교육이나 오락으로 어떻게 활용될 것인가에 관한 가능성이 모색되고 있다.

이처럼 HCI의 주된 방향이 바뀜에 따라 HCI 연구자들에게는 여러 방법론적, 이론적 의문과 문제가 제기되고 있다. 몇 가지만 예를 들어 본다. 첫째로, 사용성의 개념이 복잡해진다. 개인에 초점을 두는 전통적인 사용성의 개념이 집단 지향적인 시스템에서는 적용되지 않을 수 있다. 우리가 다음에 살펴볼 것처럼, 집단을 위해 만든 그룹웨어가 집단에 관여된 사람들의 이익에 부합되지 않아 오히려 사용하지 않게 만들 수가 있다. 둘째로, 대부분의 사용성 평가와 개발이 정보 형성과 관리에 초점을 두어 왔지만, 앞으로는 인간 간의 의사소통(interpersonal communication) 과제에 초점을 두어야 할 것이다. 셋째로, 어떤 종류의 협동 작업이 여러 컴퓨터 매개 소통(computer-mediated communication)에 의해 영향을 받을 것인가? 우리가 현재 갖고 있는 지식은 전자메일에 관해 알고 있는 소박한 직관뿐이다. 넷째로, 컴퓨터 네트워크 구조(computer network infrastructure)가 새로운 형태의 공동체를 만들어 낼 것인가? 혹은 사람들에게 선호되는 공동체(community)는 어떤 형태일까? 전통적인 이웃의 개념이 국소 네트워크(local network)로 대치될까? 이들 문제가 HCI 연구자들에게 새로운 도전으로 제시되고 있는 것이다.

3. 그룹웨어

1) 그룹웨어의 대두

우선 그룹웨어와 관련 배경을 설명하겠다. 앞서 언급했던 것처럼 사회, 조직, 문화적인 관련성을 가장 많이 고려해야 하는 소프트웨어가 바로 그룹웨어이다. 즉, 그룹 혹은 집단이 사용해야 될 시스템이기에 집단의 특성이나 역동성을 고려하지 않을 수 없는 것이다. 여기에서는 그룹웨어의 발달 과정과 그룹웨어가 왜 실패하는지, 성공적인 그룹웨어를 위해서는 개발자가 어떤 측면을 염두에 두어야 하는지에 관한 내용을 Grudin(1990, 1994)의 논문을 중심으로 설명하고자 한다.

그룹, 집단의 활동의 지원하는 컴퓨터 응용을 총칭해서 그룹웨어라고 부를 수 있을 것이다(때로는 '협동적computing', 'workgroup computing', '중다이용자 응용', 혹은 'computer-supported cooperative work(CSCW) 응용'이라고도 불린다). 우리가 가장 잘 아는 이메일이나 불루틴 보드(bulletin board)도 그룹웨어의 예라고 할 수 있으며, 여러 가지 집단용 소프트웨어에(예 : 'desktop conferencing', 'videoconferencing', 'coauthoring features and applications', 'meeting support system', 'group calendars system') 등도 그룹웨어에 속한다고 할 수 있다. 필자가 근무하는 대학에서도 여러 공문의 발송과 결재를 관리하는 'informan'이란 그룹웨어가 사용되고 있으며 'AIMS'라는 소프트웨어를 통해 학생들이 수강 신청하고 교수들이 이를 확인하며, 기타 연구비 신청, 수업계획서와 성적 입력 등 거의 모든 학사 업무가 이루어지고 있다. 회사와 같은 조직에서 일하는 독자라면 이러한 그룹웨어가 얼마나 많이 퍼져 있는가를 실감하게 될 것이다.

그룹웨어가 갖고 있는 HCI와 관련된 문제를 파악하기 위해 우선 그룹웨어의 발달 역사를 살펴볼 필요가 있다. Grudin(1994)은 이러한 그룹웨어의 발달 배경을 그림 12-1에 요약하고 있다.

그림 12-1 ▌ 소프트웨어의 발달 과정

초기 컴퓨터들은 대규모 조직체의 목적을 위해 도입되었으며 규모가 큰 메인프레임이나 소형 컴퓨터였다. 이러한 컴퓨터의 도입은 최고 경영자들에 의해 조직 전체의 목표 달성을 위해 설정된 것으로 이 목표는 조직의 모든 구성원들이 공유할 필요도 없었다. 그리고 이러한 프로그램의 개발은 조직 자체의 평가에 의해 이루어지며, 조직 성원들은 수동적으로 이 시스템을 수용해야 했다. 보통 이런 작업들을 'data processing (DP)', 'information system(IS)', 'management information system(MIS)' 등으로 불렀다. 그림 12-1의 가장 큰 타원형이 이를 나타내고 있다.

하지만 1980년대 초 개인용 컴퓨터의 발달과 급속한 보급에 따라, 개인 사용자를 위한 스프레드시트나 워드프로세서 같은 적용이 활발해졌다. 그리고 프로그램을 디자인하고 평가하기 위해, 기존의 인간 요인 접근에 의존하는 연구와 개발 활동이 유행하게 된다. 소위 말하는 CHI, HCI 등에 관한 학회와 잡지가 융성하게 된다. 더구나 앞에서 언급했던 것처럼 인지과학의 발전도 여기에 가세한다. 이러한 개발에서는 개인 사용자가 초점이 되는 것으로 그림 12-1의 안쪽 타원형이 이를 나타내고 있다.

1980년대 후반에 들어서며, 그룹웨어, CSCW란 용어가 만들어지고 이와 관련된 많은 학회나 문헌이 나타난다. 이러한 대두의 배경은 첫째, 컴퓨터 관련 비용이 싸져 모든 그룹 성원들이 이용할 수 있게 되었으며, 둘째, 의사소통과 조정을 지원하는 기술적 하부구조(infrastructure)가 필요해졌다는 것이다. 네트워크와 관련된 소프트웨어가 대표적인 예이다. 그리고 셋째, 컴퓨터가 일반 사람들에게도 친숙해지면서 기꺼이 여러 소프트웨어를 사용하고자 하는 사람들이 많이 생겼으며, 마지막으로 단일 사용자에 대한 응용 기술이 발달하며, 이 기술을 보다 넓고 차별화 한 영역에까지 적용시키고자 하는 압력이 소프트웨어 개발자들에게 작용했기 때문이다. 그룹웨어가 새로운 시장을 형성한 것이다. 특히 통신(telecommunication)의 발달도 여기에 기여했다.

그룹웨어에 관심을 갖고 개발하는 사람들이 주로 개인 사용자용 프로그램을 개발하던 사람이라는 데 문제가 발생한다. 물론 그룹웨어도 사람들이 사용하는 것이기에 단일 사용자들이 사용하는 소프트웨어에서 고려해야 하는 인터페이스 문제를 해결해야 된다. 하지만 동시에 프로그램을 통해 집단으로 사람들이 상호작용하는 것이기에 집단의 상호작용 과정도 고려해야 하는 과제가 있는 것이다. 즉, 그룹웨어는 소프트웨어 디자이너에게 새로운 도전이 되고 있는 것이다. 지금까지 개발된 여러 그룹웨어들이 실제로 조직체에서 사용되지 못하고 있다고 한다. 그룹웨어가 특정한 조직체에서 성공적으로 사용되기 위해서는 '집단의 사회적 역동(social dynamics of group)'을 고려해야 하고, 사용자들이 그룹웨어를 통해 실제 어떻게 작업하는지에 관한 배려를 해야 한다. 이를 충족하지 못한 것이 실패의 주된 원인이라고 할 수 있다. Grudin(1994)은 보다 구체적으로 다음과 같은 실패의 원인을 나열하고 있다. 앞으로 그룹웨어를 개발하고자 하는 사람들이나 그룹웨어의 사용성을 평가하고자 하는 HCI 연구자들에게는 중요한 시사를 주는 통찰이라고 할 수 있다.

2) 그룹웨어는 왜 실패하는가?

Grudin(1990, 1994)은 다음과 네 가지 점을 그룹웨어 실패의 원인으로 들고 있다.

- 그룹웨어는 개인에 따라 여분의 노력을 요구하고 특별한 이득이 없는 것으로 생각되기에 사용하지 않게 만든다.
- 그룹웨어가 사회, 정치적인 구조에 맞지 않아 사용을 방해한다.
- 그룹웨어는 예외나 임시변통을 다루지 못한다.
- 그룹웨어는 평가하기 어렵다.

이 네 가지 원인을 하나씩 살펴보자. 첫째로, 그룹웨어가 개인에 따라 추가적인 일만 증가시키는 것이기에 결국 사용하지 않게 된다는 것이 실패의 첫째 이유가 된다. '전자달력시스템(electronic calender system)'에 포함되어 있는 '자동모임 스케줄러(automatic meeting scheduling)'를 예를 들어 살펴보자. 이 소프트웨어의 바탕이 되는 생각은 단순하다. 모임을 소집하는 사람들이 참여해야 할 사람을 정한 후, 이들의 자유시간을 보고 시간을 정하면 된다. 모임을 소집하는 사람이나 비서 입장에서 보면 매우 편리한 프로그램이다. 회의를 하려고 시간을 잡아 본 경험이 있는 사람은 익히 알 것이다. 하지만 이 시스템이 작용하려면 집단에 속해 있는 사람들이 자신의 스케줄을 입력하며 유지해야만 한다. 하지만 이런 시스템이 모임을 공지하는 방편으로만 쓰이고 원래의 목적대로는 쓰이고 있지 않는다고 한다. 개인들이 이 프로그램을 자신의 스케줄 관리에 쓰지 않기 때문인 것이다. 진정한 의미의 그룹웨어가 될 정도로 많은 사람들이 사용하게 하는 데 실패하는 경우가 비일비재하다. 개발자로서는 각 개인에게 여분의 노력을 요구하지 않으면서도, 그룹 모두에게 도움이 되도록 그룹웨어를 디자인해야 하는 도전과 어려움이 포함되어 있는 것이다.

두 번째로, 그룹웨어가 사회적인 터부 활동을 유인하거나, 존재하는 권력 구조에 맞지 않을 수 있다는 점이다. 우리의 사회적 활동이나 조직체에서의 행동은 우리도 의식하지 못하는 사회적 관습에 의해 이루어진다. 다른 사람의 성격이나 특성을 알고 거기에 맞춰 행동하는 것이나 우리 주변의 여러 사람 중 누구에게 우선 대응해야 되는지, 어떤 정보들은 누구에게 먼저 보내야 하는지 등이 사회, 조직 활동에서는 중요하다. 그러나 이러한 특성을 그룹웨어에 포함시키는 것은 쉽지 않으며, 대부분의 기존 개발품이 이를 무시하고 있는 것이다. 앞에서 예로 든 자동모임 스케줄러의 경우 효율적으로 회의 스케줄을 잡아줄지는 모르지만, 실제 의사결정 과정은 복잡하고 미묘한 것이다. 참여자들이 갖고 있는 속사정, 관여된 사람들에 대한 지식, 사회적 관습이나 동기적인 측면에 대한 고려 등을 갖고 있지 않다. 실제 이런 요인들을 컴퓨터에 명확하게 구현시키는 것이 쉬운 작업은 아니다. HCI 개발자로서는 이런 문제를 인지하고, 우선 '합리적인 작업 환경'이라는 통상적인 가정을 깨야 한다. 목표가 되는 사용자 집단의 작업 환경에 관한 세련된 이해가 있어야 한다. 대표가 될 수 있는 실제 사용자와 함께 소프트웨어 개발 작업을 수행해야 한다는 HCI의 기본 지침이 그룹웨어 개발자에게는 더더욱 필수적이라고 할 수 있다.

세 번째로, 그룹웨어가 그룹 활동을 특징 짓는 예외나 순간적인 변통을 다루지 못한다는 점이다. 일이 이루어지는 과정을 두 가지, 즉 '일이 진행되어야 하는 방식'과 '실제 일이 진행되는 방식'으로 나눠질 수 있다. 대부분의 경우 실제 상황에서는 전자보다는 후자의 방식으로 이루어지기 마련인데, 왜냐하면 실수를 하고 고치며, 예외를 다루며, 임시변통하는 것이 인간 행위의 특징이기 때문이다. 전자를 지칭하는 소위 표준적인 절차란 일종의 사후적인 합리화에 지나지 않는 경우가 많다. 그런데 대부분의 그룹웨어가 전자에 기초하여 개발되기 때문에 실패하게 된다. "이건 내가 일하는 방식에 맞지 않네." 하면서 사용을 포기하게 되는 것이다. 이러한 문제를 없애기 위해서는 개발자가 표준적인 작업 절차가 아니라 사람들이 실제 어떻게 일하는지를 알고 있어야 한다. 혹은 각자가 자신의 일 처리 방식에 맞추어 수정을 할 수 있는 융통성 있는 그룹웨어를 만들어야 한다. 물론 이러한 융통성 있는 프로그램을 만드는 것은 쉬운 작업이 아니다. 조직의 여러 기능과 일 처리 과정을 예측하는 것은 쉬운 일이 아니기 때문이다.

네 번째로, 그룹웨어는 평가하기가 어렵고 일반화 할 수 있는 분석도 어려워 경험을 통해 배우기가 쉽지 않다. 소프트웨어 개발을 위한 과제 분석, 설계, 평가가 쉬운 작업이 아니지만 특히 그룹웨어는 개인용 소프트웨어에 비해 훨씬 어렵다고 할 수 있다. 워드프로세서 같은 소프트웨어는, 한 명 혹은 두서너 명의 피험자를 대상으로 하여, 실험실 상황에서 지각적, 인지적, 행동적 변수를 측정하여 평가될 수 있다. 하지만 그룹웨어 사용에 영향을 미치는 사회적, 동기적, 정치적 역동을 실험실 상황에서 재현하는 것은 쉽지 않다. 즉, 그룹웨어에 대한 평가는 사회심리학이나 인류학에서 사용하는 접근법을 요구한다. 소위 말하는 민속학(ethnography)적 연구 방법이 요구되는 것이다. 사람들 간의 상호작용, 사람과 환경과의 상호작용을 자세히 기록하여, 사회적인 관계가 어떻게 작업의 성격에 영향을 끼치는가를 찾아내야 한다. 하지만 이러한 기술을 갖고 있는 HCI 연구자는 흔치 않다. 더구나 이 작업은 시간이 들고, 얻은 결과들이 소프트웨어 구현에 요구되는 만큼의 정밀성을 갖고 있지도 못하다.

마지막으로, 그룹웨어 개발자들의 직관이 틀리다는 점이다. 개인용 소프트웨어의 경우 프로그램 개발자 스스로가 자신의 사용 경험이나 주변 사람들의 단편적인 경험만으로도 비교적 쉽게 편하고 사용성이 높은 프로그램을 개발할 수 있다. 하지만 그룹웨어는 문제가 달라진다. 장기간에 걸쳐 집단의 역동을 연구해야 하는데 개발자들은 이를 위한 테크닉을 갖고 있지 않다. 그리고 개발자들이 자문을 구하게 되는 경영자들은 경영 전반에 관한 지식에 근거해 유용한 정보를 제공하기도 하지만 많은 경우 자신의 입장이나 조직 전체의 관리만을 고려하게 되지, 여러 실제 사용자들의 요구나 관여를 무시하는 게 보통이다.

이상과 같이 그룹웨어를 개발하는 작업, 즉 특정한 조직이나 집단의 성원들이 적극적으로 사용하며 자신들의 업무 수행이 효율적으로 이루어질 수 있도록 그룹웨어를 개발하는 작업은 쉬운 일이 아니다. 비근한 예로 필자의 예를 들어 보자. 필자의 대학에서도 모든 공문이나 연락 사항을 infoman이라는 그룹웨어로 전달한다. 모든 서류를 복사하여 각 교수들에게 일일이 메일 박스에 집어넣어야 하는 수고를 덜게 된 것이다. 하지만 많은 교수들이 이 소프트웨어를 사용하지 않는다. 프로그램을 로딩하고, 자신의 아이디와 비밀번호를 입력하고 도착한 문서들을 하나하나 읽어 보는 수고가 번거로운 것이다. 더구나 많은 문서들이 개별 교수와는 관련 없는 문서들도 함께 들어 있기에 이를 일일이 여는 작업도 쉬운 게 아니다. 그러다 보니 문제가 발생한다. 교수들은 학교 일이 자신도 모르게 벌어지고 있다는 불만을 갖게 되고 학교 관리자 측에서는 각 성원들이 infoman을 점검하지 않아 일이 잘되지 않는 것에 대한 불만이 생길 수 있다. 할 수 없이 학교 관리자들은 교수들의 피드백이 진짜(?) 필요하거나, 꼭 알려야 되는 문서는 infoman에 올리고 다시 이를 종이에 복사하여 메일 박스에 넣어 주고 있다. 원래 방식으로 다시 돌아가게 되고 만 것이다. 개별 교수 입장에서 보면 infoman에 들어 있는 문서는 점검할 필요가 없는 가짜(?)만 들어가 있는 셈이고, 더더욱 사용할 필요가 없게 된 것이다! 교수 휴게실에 있는 메일 박스에 대한 점검은 보통 점심 식사 후에 이루어진다. 식사 후 휴식을 취하며 자신에게 전달된 편지나 문서를 꺼내 놓고 대충 보면서 가지고 있어야 될 것, 곧장 재활용 휴지통으로 들어가야 할 것, 한번 보고 버릴 것, 혼자 연구실에서 읽어야 될 것 등이 효율적으로 분류되고 정리된다. 더구나 휴식을 취하면서 말이다. 하지만 infoman이 이를 새로운 일로 만들어 버린 것이다.

이와 같이 그룹웨어는 사려 깊은 설치가 필요하기에 HCI 연구자나 개발자들에게는 새로운 도전이 되는 것이다. 하지만 모든 그룹웨어가 위에서 언급한 문제를 갖고 있는 것은 아니다. Grudin(1990, 1994)은 이메일을 성공적인 그룹웨어의 하나로 들고 있다. 사용자 모두에게 이득이 되고, 기존의 사회적 관습과 잘 일치하며, 융통성 있고, 기능을 쉽게 배우고 기억할 수 있기에 이메일이 가장 널리 사용되는 그룹웨어가 되었다는 것이다. 이런 그룹웨어의 개발이 목표가 되는 것이다.

4. 사용자 중심의 참여 디자인

성공적인 그룹웨어를 만들기 위해서는, 앞에서 논의했던 것처럼, 대상이 되는 집단이나 조직에 관한 지식이 필요하다는 것을 독자들은 알게 되었을 것이다. 그리고 이러한 지식을 얻기 위해 민속학적인 방법이 사용될 수 있다는 것을 알게 되었을 것이다. 하지만 여전히 집단이나 조직체의 특성을 어떻게 알아내야만 할지가 구체적으로 독자들의 머리 속에 그려지지 않을지 모르겠다. 여기에서는 Brun-Cottan과 Wall(1995)의 연구 방법과 Kjaer과 Madsen(1995)의 구체적인 예를 간략히 설명하겠다. 이 예는 그룹웨어뿐만 아니라 다음에 설명할 유비쿼터스 컴퓨팅과 관련된 연구에도 그대로 적용될 것이다.

그림 12-2가 사용자 중심의 참여 디자인(user-centered participatory design)을 잘 요약하고 있다. 첫 단계는 '사용자 요구에 대한 이해(understanding user needs)' 이다.

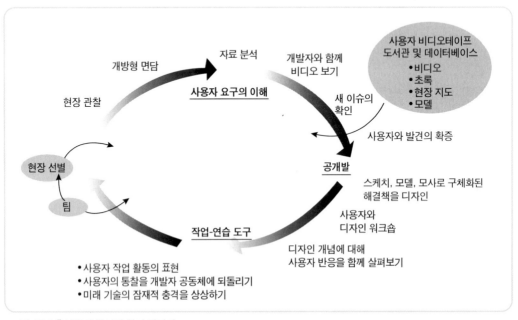

그림 12-2 ▌ 사용자 중심의 참여 디자인

여기서는 민속학적인 방법, 즉 진행 중인 활동에 대한 현장 관찰, 개방형 면담, 누가 어디서 무엇을 하는가에 관한 대응(mapping), 역할과 책임에 관한 탐색, 과제의 확인, 기타 매뉴얼, 과제에 관한 기술이나 조직표 등을 이용해 조직 내의 참여자들의 활동을 이해하는 작업이다. 이 단계에서 실제 사용자들에 대한 녹화가 중요한 역할을 할 것이다. 그리고 두 번째인 '공개발(codevelopment)'에서는 시제품이나 프로토타입으로 사용자와 함께 공동 개발을 하는 단계이다. 1단계에서 얻은 정보를 스케치(sketches)나 모사(simulation)로 실제 사용자와 워크숍을 한다. 세 번째로는 조직 맥락과 특정한 기술 환경에서 여러 활동들이 어떻게 특정한 프로그램과 상호작용 하는지를 평가하는 도구를 개발하여 자료 분석을 쉽게 하고, 또한 개발자와 실제 사용자 간의 의사소통을 촉진할 수 있다. 그리고 이 과정들이 순환적으로 반복되며 개발 과정이 진전되는 것이다.

위에서 설명한 과정이 독자들에게 전혀 새로운 것은 아닐 것이다. 사용성 평가에 관한 장에서 이와 유사한 방법을 배웠기 때문이다. 차이는 개인 사용자가 아니라 특정 조직체 내에서 복수의 사용자가 관여되어 있기에 보다 체계적이고 세련된 분석과 절차가 필요한 것이다. 이러한 참여 디자인의 예로 Kjaer과 Madsen(1995)을 들 수 있다. 이들은 PACS(Picture Archive and Communication System)라는 새로운 소프트, 하드웨어를 시험적으로 병원의 방사선과에 설치하는 과정에서 참여 디자인을 사용하고 있다. 방사선과에서는 보통 X선 필름을 촬영하여 해당 부서로 사람을 통해 전달하는데, 이 새로운 시스템은 디지털화 한 여러 종류의 화상 정보를 저장하고 직접 다른 부서의 단말기로 전달하는 기능을 갖고 있다. 어떻게 시스템을 효율적이고 융통성 있게 구성할 것인가를 파악하기 위해, 이들은 물리적 공간, 작업하는 조직, 기술적 인공물(즉, 시스템)의 세 요소를 작업 활동을 중심으로 파악한다. 구체적으로는 작업이 이루어져야 하는 방사선과의 조감도를 작성한 후 각 위치 공간에서 어떤 작업이 이루어지고 어떤 이동이 이루어지는가를 파악하여 시스템의 수정과 보완의 기초로 삼고 있다. 이 장에서는 자세한 설명은 하지 않겠으며, 관심 있는 독자는 원 논문을 참조하기 바란다.

5. 도처에서 이루어지는 컴퓨터 작업

인간이 다른 동물과 달리, 오늘날과 같은 문명적인 진보를 이루게 된 이유는 무엇일까? 여러 가지 이유가 있겠지만, 가장 중요한 원인의 하나로 도구의 사용을 드는 데 이의를 제기할 사람들은 아마 없을 것이다. 물론 집단생활과 이에 따른 의사소통 수단으로서의 언어의 정교화, 교육을 통한 지식의 전수 등도 원인으로 제기하지 않을 수 없는 것은 아니지만 말이다. 즉, 도구가 혹은 도구와 인간의 상호작용이 우리 인간을 더 똑똑하게 만든 중요한 이유가 된다. Norman(1993)이 누차 강조하듯이 'Things that make us smart' 인 것이다. 인간이 사용해 온 여러 도구는 인간과 상호작용하며 함께 진화해 왔다. 우리 인간도 도구에 적응하고 도구도 인간이 사용하기 쉽게 그리고 더 효율적으로 주어진 과제를 수행할 수 있도록 진화되어 왔다. 하지만 최근의 공학적인 발전에서는, 이러한 상호작용을 통한 오랜 기간에 걸친 인간-도구 쌍방의 진화를 생각할 수 없게 되고 말았다. 매일 매일 새로운 기술이 나타나고 이를 적용하는 도구나 장치 혹은 시스템이 개발되고 있다. 즉, 도구가 스스로 진화 혹은 변화하고 있으며, 인간은 일방적으로 이 변화를 따라가야 하는 시점에 도달한 것이다. 그러기에 우리가 생각하는 전형적인 데스크탑 컴퓨터가 어떻게 변화하고 있는가를 살펴보고 어떤 인지공학 혹은 인지과학적인 탐구가 필요한가를 생각해 봐야 할 것이다. 예민한 독자라면 이 절의 제목으로 잡은 '도처' 라는 단어와 컴퓨터 대신에 '컴퓨터 작업' 이라는 단어를 썼다는 것에 이미 무엇인가 낌새를 알아챘을 것이다. 여기에서 살펴보고자 하는 것이 소위 말하는 유비쿼터스 컴퓨팅(ubiquitous computing)이다. 자세한 설명은 뒤로 미루고 우선 다음과 같은 상황(Dede, 2002)을 그려 보기 바란다.

영수와 영희는 수업 과제를 위한 자료를 수집하기 위해, 캠퍼스를 가로질러 박물관으로 향하고 있다. 각자가 손에 가지고 있는 장치(요사이 익히 볼 수 있는 PDA와 같은, 하지만 훨씬 강력한)에서는 건물을 향해 움직일 때마다 신호를 보내고 있다. 이 신호는 그 건물에 관한, 즉 그 건물의 구조, 역사, 기능, 그 안에서 일하는 사람들과 같은 상호작용적인 정보를 무선 전송으로 보내 주고 있는 것이다. 영수는 종종 멈춰

서서 관심 있는 정보에 관해 이 장치에 질문을 하곤 한다. 하지만 오늘은 서둘러야 하기에 이 신호를 무시한다.

박물관 안에 들어가며 두 사람은 각자의 과제를 위해 헤어진다. 영수가 박물관 안에 있는 컴퓨터에 자신이 관심 있는 주제를 입력시키자, 그 건물의 지도가 자신이 손에 갖고 있는 장치에 뜨고, 그 주제가 전시되고 있는 곳을 알려 주는 아이콘이 깜박거린다. 각 전시물에 다가가면, 전시물의 영상을 자신의 장치에 캡처할 수 있으며, 이에 관한 자료와 관련된 웹사이트에 관한 자료를 다운로드할 수 있다. 서버에서 보내는 정보는 영수의 모국어, 독해력 수준, 학습 방법 등에 맞추어 보내는 것이며, 영수 자신의 장치가 나이나 배경에 관한 정보를 자동으로 제공하는 것이다. 비록 박물관에서 제공하는 정보가 흥미롭기는 하지만 영수는 각 전시물에 대해 다른 학생들이 어떻게 생각하는지를 알고 싶어 하기에, 각 전시물에 대해 현재 진행 중인 여러 논의를 살펴보고 자신의 의견을 개진한다. 자신의 주제에 적합한 전시물을 발견하고는 장치에 연결해 이미지와 자료를 보낸다.

영수가 좋아하는 전시는 가상 환경에 의해 확장된다. 예를 들어, 석탄 탄광에서 발견된 여러 뼈 조각을 보여 주는 전시에, 영수는 장치를 이용해, 선사 시대에 묻혀버렸던 공룡의 모양을 가상적으로 재구성해서 보여 준다. 가상 환경에서는 각 동물들의 입장에서 서식지를 걷거나 날거나 헤엄칠 수 있다. 시간적인 여행도 가능하다. 한 지구의 표면이 수십 년의 시간이 지나면 어떻게 변화되는가를 보여 주며, 영수는 장치를 통해 특정 시점을 가상적으로 탐사하고, 그 때의 온도, 기압, 고도 등에 관한 자료를 모을 수 있다.

영수와 영희는 박물관을 나와 걸으며, 그들이 찾을 것은 장치를 통해 공유한다. 그리고 이러한 확장된 현실과 도처에서 이루어지는 컴퓨터 작업이 없었다면 어떻게 학습이 일어날 수 있는가를 의아해할 것이다.

다소 장황하게 가상적인 상황을 기술한 것은, 비록 아직은 위의 내용이 모두 실현되지 않고 있지만 조만간 도래할 상황이기에 이를 그려 보고 이에 맞춰 우리의 작업을 준비하고자 하기 때문이다. 특히 교육 장면에 주는 시사는 크다(Weiser, 1998). 그러면 보다 구체적으로 도처에서 이루어지는 컴퓨터 작업을 생각해 보자.

1) 유비쿼터스 컴퓨팅

앞에서 잠시 언급했던 것처럼 컴퓨터가 진화하고 있다. 1대의 고가 컴퓨터를 여러 사람들이 공유하는 시대에서, 한 사람이 1대의 컴퓨터를 사용하는 퍼스널컴퓨터 시대를 거쳐, 여러 사람들이 여러 장치에 내장된 다양한 컴퓨터를, 컴퓨터 작업을 한다는 것을 의식하지 않고, 여러 네트워크를 통해 사용하는 유비쿼터스 컴퓨팅의 시대로 되어 가고 있다. 이러한 생각을 예견 혹은 주도한 사람이 바로 Weiser(1991)이다. Weiser에 의해 1988년부터 Xerox Palo Alto Research Center(PARC)에서 시작된 연구는, 각 개인이 주변에 무선으로 연결된 컴퓨터들과 지속적으로 상호작용할 수 있는 차세대의 컴퓨팅 환경을 모색하는 데 있었으며, 구체적인 목표는 이를 실현하는 가장 효율적인 기술을 개발하는 데 있었다.

Weiser(1993)는 이러한 유비쿼터스 컴퓨팅에 관한 아이디어가, 일상생활의 여러 실제 행위에서 오늘날의 컴퓨터가 차지하는 위치가 무엇인가를 곰곰이 생각하다 나왔다고 지적한다. 특히 사람들이 일하는 실제 환경에 관한 인류학적 연구(Suchman, 1987) 결과, 즉 사람들은 세상이라는 공유된 상황에서 일하는 것이라는 사실에서 나왔음을 지적하고 있다. 인지과학 혹은 인지심리학을 접해 본 독자라면 '상황 지어진 인지(situated cognition)' (Varea, Thompson, & Rosch, 1991)라는 용어를 들어 보았을 것이다. 그리고 이 접근에서는 환경과는 독립적으로 한 개인의 마음의 내부에서 일어나는 정보의 인지적 표상이나 처리가 아니라, 환경 속에서 살고 이와 상호작용하며 살아가는 인간의 행위로서의 인지를 설명하고자 하며, 환경이 인간 인지의 특성과 한계를 규정, 제약하고 인간의 인지 구조가 환경을 규정하고 변화시키는 그러한 상호작용의 관계 속에서의 인지를 연구하고자 한다(이정모, 2001). 그리고 이 접근이 고전적인 인지주의나 정보처리 접근의 제한점을 극복하게 만들고 있다. 흥미롭게도 Weiser는 인지과학과 인지심리학에서 새롭게 대두되는 접근을 인간과 컴퓨터의 상호작용 문제와 어떻게 새로운 컴퓨터를 개념화할 것인가의 주제에까지 확장한 것이다.

오늘날의 퍼스널컴퓨터는 전반적인 상황에서 고립되어 있다. 그리고 우리가 하는 작업의 한 도구로 남아 우리가 의식하지 않아도 되는 것이 아니라 늘 주의를 기울여야 하는 대상이다. Weiser가 제기하는 유비쿼터스 컴퓨팅이란 이를 극복하고자 하는 새로운 도전이다. 사람들로 하여금 일상적인 활동을 하게 하며, 그때그때 필요한 정보에 접속하게 하고 소통하게 하는 기술을 구현하자는 것이다. 이러한 목표는 Weiser (1993)가 지적하듯이, 단지 GUI(graphic user interface)의 문제가 아니며 혹은 확장하면, 단순한 인터페이스를 넘어서는, 인간과 컴퓨터의 관계를 새롭게 만들어 가는 문제가 된다. 이렇게 생각하면 이 장의 처음에 언급했던 것처럼 컴퓨터 앞에 앉아 작업하는 사람을 그리게 되는 HCI가 아니라, 인간은 자신의 일상적인 활동을 하며 곳곳에 존재하지만 보이지 않는 컴퓨터와 융통성 있게 상호작용하는 것으로 HCI를 생각해야 한다.

이와 같은 유비쿼터스 컴퓨팅을 구현하기 위해서 연구해야 되는 것을 Weiser는 다섯 가지를 들고 있으며, 이를 김완석(2002)은 다음과 같이 정리하고 있다. 다섯 가지 주제는 가시성(visibility), 복잡성(complexity), 간결성(abstraction), 연결성(connection), 비가시성(invisibility)이다. 현재 컴퓨터 분야에서 발표된 논문과 이론 등의 자료를 기반으로 10년 후의 유비쿼터스 시대의 컴퓨터 시스템을 구체화해야 하며(가시성), 유비쿼터스 시대에 적합한 네트워크 기반의 응용을 제시해야 하고(복잡성), 구현될 유비쿼터스 컴퓨터는 나노 기술이나 병렬 시스템 등의 기술을 통해 현재의 컴퓨터보다 고성능이어야 한다(간결성). 또한 유비쿼터스 네트워크는 향상된 인터넷 및 통신 속도의 고속화, 안정성, 효율성 그리고 광대역 채널의 확보를 통해 보다 큰 스케일의 컴퓨팅 공간을 클라이언트 쪽으로 확장해야 하고(연결성), 마지막으로 현재의 키보드나 마우스 등의 컴퓨터 인터페이스 환경을 극복한 보다 인간 중심의 사용자 인터페이스가 구현되어야 한다는 것이다(비가시성).

이제 독자들은 어느 정도 유비쿼터스 컴퓨팅에 관한 이해를 달성했을 것이다. 그럼에도 불구하고 구체적으로 이것이 어떻게 구현되는지를 궁금할 것이다. 이미 우리가 접할 수 있는 GPS에 기반을 둔 자동차 주행 시스템이 한 예가 될 것이다. 운전자가 있는 한 위치에서 필요한 정보를 얻고 또한 상호작용할 수 있는 것이다. 그리고 우리가 가지고 다니는 핸드폰에 가능한 위치 추적 기능이 역시 유비쿼터스 컴퓨팅의 예일 것이다. 이런 비근한 예 이외에도 여러 적용이 전 세계적으로 여러 연구자들에 의해 구체적인 시스템 구축으로 시도되고 있다. 이들을 모두 개관하는 것은 이 장의 범위를 넘어선다. 이는 HCI의 문제라기보다는 공학, 기술적인 측면에 대한 문제이기 때문이다. 단지 대표적인 몇몇 연구를 인용하는 데 만족해야 할 것이다. 관심 있는 독자는 참고문헌을 추적하기 바란다.

대표적인 예가 Want, Schilit, Adams, Gold, Petersen Goldberg, Ellis 및 Weiser (1995)의 PARCTAB이다. 손바닥 크기의 무선 PARCTAB(이를 줄여 'tabs'라고 줄여 부른다) 컴퓨터들에 기초하여 이들과 데스크탑 컴퓨터를 LAN을 통해 적외선으로 커뮤니케이션 하도록 만든 시스템이다. 그림 12-3에 개략적으로 그려진 것처럼, Xerox PARC에 있는 40여 명의 사람들이 참여해 네트워크에 있는 정보에 접속하고, 이메일이나 호출(paging)로 의사소통하며, 공유된 그림이나 텍스트에 대해 협동적으로 작업하고, 나아가 여러 사무실 기기를 모니터하고 통제하도록 만든 시스템이다. 우리가 앞에서 언급한 가상적인 예처럼, 사람들이 각자의 작업을 하며 위치나 시간 혹은 필요에 따라 그에 맞는 컴퓨터 작업(엄격하게는 컴퓨팅)이 이루어지는 것이다. Wilberg와

그림 12-3 ▌PARCTAB의 예

Gronlund(2000) 그리고 Bellotti와 Bly(1996)는 모바일을 이용한 CSCW에 필요한 연구 주제를 개관하고 있으며, Schmidt, Aidoo, Takaluoma, Tuomela, Laerhoven 그리고 Velde(1999)도 PDA를 이용한 프로토타입을 제시하고 있다. 아울러 Brown, Bovey 그리고 Chen(1997)은 이를 이용한 웹 디자인 문제를 논의하고 있다.

2) 맥락 정보의 처리

이 절을 마무리 짓기 전에 인지과학도 혹은 인지공학도로서 생각해 볼 것이 있다. 앞에서는 단지 신기술 혹은 미래의 컴퓨팅에 관한 내용만을 소개한 것이지, 이것이 과연 어떤 시사를 HCI 연구에 주는지는 논의하지 않았다. 유비쿼터스 컴퓨팅과 관련지어 여러 질문 혹은 탐구 주제가 가능할 것이다. 유비쿼터스 컴퓨팅은 단지 공학적인 기술의 발전만으로 가능할까? 유비쿼터스 컴퓨팅이 가능하기 위해서는 어떤 인지과학적 연구가 필요할까? HCI 연구자 혹은 인지심리학자는 이러한 추세에 어떻게 관여하고 기여할 수 있을까? 어떤 구체적인 시스템이 개발되었을 때 이것에 대한 사용자 중심의 평가는 어떻게 이루어져야 할까? 여러분도 이미 깨달았겠지만, 전통적으로 사용되는 실험적 평가 방법으로는 충분치 않을 것이다. 사실 이러한 여러 의문에 대해 당장 답을 구할 수는 없을 것이다. 이는 유비쿼터스 컴퓨팅이 이미 구축된 것이라기보다는 앞으로의 방향이기 때문이다.

그럼에도 불구하고 짚고 넘어가야 할 것이 있다. 첫 번째는 맥락(context)의 문제이다. 위의 설명에서 여러분들이 깨달았겠지만, 유비쿼터스 컴퓨팅의 핵심은 맥락에 대한 민감성이다. 영수가 박물관을 돌아다닐 때, 그 위치에서, 그 시점에 그리고 영수라는 사람의 배경에 적절한 정보가 제시되고 이들을 영수가 이용한 것이다. 즉, 맥락에 적합한 정보를 상호작용이 가능한 형태로 제공하는 것이 필수적이다. 이를 유비쿼터스 컴퓨팅 연구자들은 맥락을 자각하는(context-aware) 컴퓨팅이라고 언급하고 있다. 이 장의 초두에 인용한 Winograd(1990)의 지적이 바로 여기에 맞아떨어지는 것이다. 사람끼리의 상호작용이 무리 없이 이루어질 수 있는 이유와 사람과 컴퓨터의 상호작용이 그렇게 어려운 이유가 바로 상호작용의 맥락 때문이다. 사람들끼리의 상호작용처럼 되기 위해서는 컴퓨터에 이러한 맥락에 민감한 처리를 할 수 있는 표상을 심어 주어야 한다.

그러면 무엇이 맥락인가? 맥락을 어떻게 규정하고 또 어떻게 컴퓨터에 심어주어야 할 것인가? 인지심리학 지식이 있는 독자라면 맥락이 인간의 지적 활동에서 가장 중요한 요인이라는 것을 알고 있을 것이다. 우리가 지각하고, 이해하고, 기억하고, 문제를 해결하고, 추리를 하는 모든 과정에서 대상이 주어진 맥락은 강력한 효과를 발휘한다. 하지만 심리학도들은 이 맥락 자체를 규정하는 작업에 신경을 쓰지 않는다. 왜냐하면 특정한 실험 상황에서 맥락은 따로 정의를 내릴 필요가 없을 정도로 명약관화하기 때문이다. 하지만 컴퓨터에 심어 주기 위해서는 명확한 규정이 필수적이다. 한 가지 가능한 틀로 Clark(1996)의 이론을 들 수 있다고 생각된다. 그는 인간 간의 의사소통은 공통배경(common ground)이라는 맥락에서 이루어지기에 효율적이라고 하며, 이 공통배경은 지각적 증거(perceptual evidence), 언어적 증거(linguistic evidence), 공동체 성원(community membership)에서 이루어진다고 언급한다. 하지만 이러한 구분 역시 충분해 보이지는 않는다. Dey(2001) 그리고 Chen과 Kotz(2001)은 공학적인 입장에서 맥락을 자각하는 컴퓨팅의 연구를 개관하며 다음과 같은 맥락에 관한 정의와 분류를 하고 있다.

> 맥락이란 사용자들이 관심을 가지게 되는 일련의 환경 상황이나 설정을 말하며, 이들에 의해 하나의 적용 행위가 결정되기도 하고 혹은 이것들 안에서 하나의 적용 사건이 일어날 수도 있다.

이 정의에는 어플리케이션(예 : PDA)의 작용에 '결정적인' 맥락과 단지 사용자에게 '적절한' 맥락을 구분하고 있다. 그리고 어플리케이션이 발견된 맥락에 자동적으로 적응하며, 이에 따라 변화는 '능동적인 맥락 자각(active context awareness)'과 사용자가 관심이 있을 것 같기에 나중에 인출할 수 있도록 정보를 갱신하는 '수동적 맥락 자각(passive context awareness)'을 모두 포함한다. 물론 컴퓨팅 맥락, 사용자 맥락, 물리적, 시간적 맥락을 모두 포괄해야 한다. 그리고 이러한 정의에 기초해 맥락을 자각하는 컴퓨팅을 다음 네 가지로 구분하고 있다(Schilit, Adams, & Want, 1994).

- 근접 선택(proximal selection) : 가까이에 있는 대상을 강조하거나 선택하기 쉽도록 하는 사용자 인터페이스 테크닉
- 자동적 맥락 재구성(automatic contextual reconfiguration) : 맥락의 변화에 따라 콤포넌트를 새로 첨가 혹은 제거하거나 콤포넌트들 간의 연결을 변경하는 과정
- 맥락적 정보와 명령(contextual information and commands) : 지정된 맥락에 따라 다른 결과를 산출할 수 있는 구조
- 맥락 유발 행위(context-triggered action) : 맥락 자각 시스템이 적응해야 되는 것을 구체화하는 IF-THEN 규칙

두 번째로 짚고 넘어가야 할 것은 개발된 시스템에 대한 평가이다. Weiser(1993)가 정확하게 지적했듯이 유비쿼터스 컴퓨팅 기술에서 중요한 것은 평가이다. 이를 통해서만이 어떤 특성이 잘 작동하고 어떤 특성이 잘 기능하지 못한다는 것을 알고 다음 단계로 나아갈 수 있는 것이다. 이 과정에서 심리학자, 인류학자, 실제 사용자들의 분석이 필수적이며, HCI 전문가의 일이 바로 이것일 것이다. 현재로서는 실제 평가를 할 시스템이 거의 없다고 해도 과언은 아닐 것이다. 현재 개발된 것들이 일종의 데몬스트레이션을 위한 프로토타입 수준에 머물고 있기 때문이다. Abowd와 Mynatt(2000)는 유비쿼터스 컴퓨팅 연구자들이 최종 사용자의 관점에서 구축된 시스템이나 인프라 구조가 어떻게 사용될 것인가에 관한 일종의 '시나리오(scenario) 혹은 이야기'를 구성할 것을 제안한다. 그리고 이 이야기를 확인할 수 있는 그야말로 살아 있는 실험실을 만들고 이 이야기를 지원하는 연구를 할 필요가 있다. 아울러 이러한 첨단기술에 대해서는 일종의 '실현 가능성 연구(feasibility study)'를 제안한다. 어떻게 한 시스템이 사용되며, 그 시스템이 어떤 활동에 사용되며, 전반적인 반응이 긍정적인가 부정적인가를 평가하는 것이다. 정확한 양적인 분석 전에 전반적인 가능성을 확인하는 것이 필요하다는 말이다. 즉, 독자들이 이 책의 앞에서 배웠을 여러 엄격한 사용성 평가보다는 시스템의 개선과 발전에 도움을 줄 수 있는 전반적인 평가가 우선해야 한다는 것이다.

6. 인간의 사회 문화적 행위 이해

앞에서 유비쿼터스 컴퓨팅에 맥락 정보가 중요하다는 언급을 했다. 그리고 유비쿼터스 시스템을 평가하기 위해 이야기를 구성해 확인한다는 언급을 했다. 여기에서 자연스럽게 어떤 맥락이 사용자에게 중요한지, 어떻게 시나리오를 꾸며야 할 것인지를 물을 수 있다. 시스템 개발자의 직관에 의존하면 될까? 혹은 자신의 일상 경험을 회상하며 적절히 시나리오를 구성하면 될까? 하지만 대부분의 경우 시스템 설계자가 전형적인 사용자는 아니기에 실제 사용자를 관찰하고 조사하는 작업을 해야 한다. 여기에서는 이러한 방법의 하나로 활동/경험표집방법(A/ESM, Activity/Experience Sampling Methods)을 소개하겠다. 최근 필자의 실험실에서는 과학기술부 주도의 〈유비쿼터스 환경의 사회적 수용〉이라는 연구에 참여한 바 있다. 그리고 여기에서 A/ESM을 구현하여 자료를 수집하는 두 번의 예비적 시도를 하였기에 이를 소개하고자 한다(김영진, 최광일, 임윤, 2001; 김영진, 임윤, 최광일, 우정희, 김영준, 2002). 수집된 자료 자체가 중요한 것이 아니라, 수집 방법의 구현이 중요한 것이기에, A/ESM의 이론적 배경과 연구 방법만을 소개하고자 한다. 자세한 연구 결과와 절차는 보고서를 참조하면 될 것이다. 그리고 이에 대한 이해를 바탕으로 유비쿼터스 환경에 대해 인지공학도들이 어떻게 탐구하면 되겠구나 하는 단서를 얻었으면 하는 것이 필자의 바램이다.

1) 사회 문화적 활동과 경험의 표집

유비쿼터스 컴퓨팅을 적용하기 위해 기본적으로 수행해야 할 과제는 사람들이 특정 환경 속에서 무엇을 생각하고 어떤 일을 하며, 어떤 목적을 가지고 행동하는가를 파악하는 것이다. 전통적으로 심리학과 사회과학 분야의 연구자들은 인간의 사고 과정과 행동, 동기 등을 관찰하기 위해서 다양한 방법을 고안했다. 특히, 실험실과 같이 조작된 상황에서 인간의 행동을 관찰했고, 특정한 상황과 행동을 기억하여 보고하는 자기보고 방법을 사용하였다. 또한 연구자가 직접 관찰을 통해서 사람들의 생활을 이해하기도 하였다. 그러나 실험실 연구, 자기보고식 질문과 관찰이 효과적으로 사람들의 동기, 정서, 활동 등을 측정할 수 있지만 몇 가지 문제점을 가지고 있다.

　실험실 연구는 조작된 요인들 사이의 엄격한 인과관계를 유도할 수 있는 장점은 있지만, 개인의 일상생활에 자연스럽게 접근하여 생활방식을 이해할 수 없는 단점이 있다. 자기보고식 연구는 연구자가 직접 개입하지 않은 상태에서 사람들의 활동 등을 이해할 수 있지만, 보고의 시점이 순간적이지 못하여 사람들의 기억에 의존해야 한다. 즉, 사람들이 특정한 상황이나 사건을 벗어난 상태에서 자기보고식 질문을 작성하기 때문에 기억이 왜곡되거나 행동을 합리화하여 사실적인 정보를 수집할 수 없는 단점을 가지고 있다. 마지막으로 관찰 연구는 연구자가 사람들의 생활 깊숙이 스며들어 사람들의 생활을 면밀히 이해할 수 있는 장점은 있지만, 사생활 침범의 윤리적인 문제를 가지고 있고 비용도 많이 소요된다(Csikszentmihalyi & Larson, 1987). 따라서 사람들의 생활에 자연스럽게 접근하고, 순간순간 일어나는 사람들의 생각과 행동을 규칙적으로 관찰할 수 있는 신뢰롭고 타당한 방법이 필요하다. 활동/경험표집방법(Activity/Experience Sampling Method, A/ESM)은 심리학 영역에서 사용된 일상연구(diary study)로 기존 방법들의 단점을 보완하면서 사람들의 동기, 활동, 경험, 정서, 사회적 상호작용들을 연구할 수 있다.

　A/ESM은 시간표집방법(time sampling), 신호연구(beeper study) 혹은 순간상황평가(ecological momentary assessment)로 불리는 연구 방법이다(Consolvo & Walke, 2003) 참여자들은 1주 혹은 3주에 걸쳐 매일 전달되는 경보(alert)들에 반응하여, 현재의 상황, 사건, 행동과 동기 등을 측정하는 간단한 자기보고식 질문에 반응한다. 즉, 경보전달, 자기보고식 질문 응답, 자료수집의 세 단계로 이루어져 있다. A/ESM은 기본적으로 참여자가 경보(alert)에 반응하는 연구 방법이기 때문에, 일상에 속한 참여자가 경보를 무시 혹은 감지하지 못하거나 경보를 예측하게 되면 참여자의 활동과 경험을 객관적으로 수집할 수 없다. 즉, 경보를 효과적으로 전달하기 위해서 여러 장치들이 필요하다.

　A/ESM을 이용한 초기 연구들은 주로 경보를 전달하기 위해 시계 혹은 전화를 사용하였다. 그러나 이 장치들의 사용은 몇 가지 문제점을 가지고 있다. 첫째, 시계를 이용

하면 경보 시간을 미리 설정해야 하기 때문에 참여자가 경보를 예측할 수 있고, 정해진 시간에 맞춰 참여자의 행동이 수정되어 사실적인 활동을 기록할 수 없다. 둘째, 경보 전달 수단이 시각적 혹은 청각적 신호를 이용하기 때문에 참여자가 경보를 무시하거나 감지하기 어려운 경우가 발생한다. 셋째, 유선전화를 사용하는 경우, 연구자가 무선적으로 경보를 보낼 수 있지만, 전화를 휴대할 수 없기에 항상 경보를 수신할 수 없는 단점이 있다. 또한 질문지 제공 방식이 주로 소책자나 녹음기를 이용하여 일상의 경험을 기록하게 하였기 때문에 참여자가 경보 수신 직후, 그들의 활동을 작성하지 않을 가능성이 있으며, 분석 과정에서 음성 자료를 변환하기 위해 많은 시간이 소요되는 단점이 있다. 따라서 경보를 무선적으로 제공할 수 있고, 시각적, 청각적, 촉각적 단서를 제공하여 항상 경보를 수신할 수 있는 장치와 경보 직후에 작성할 수 있도록 하는 질문 제공 방식이 필요하다.

최근의 A/ESM을 이용한 여러 연구들은 전산화된 기술이 발전하면서 휴대가 간편한 무선호출기, PDA, 휴대전화(Palen & Salzman, 2002)을 이용하여 무선화된 시간에 여러 감각정보로 경보 전달이 가능하게 되었다. 특히, 최근 인텔사에서 A/ESM을 실행할 수 있는 내장된 소프트웨어 ESP(Barrett & Barrett, 2001)를 PDA에 셋팅하여 참여자들의 일상 경험을 표집하였고, 보다 진보적인 무선 인터넷(Wireless Internet)의 GPS와 PDA를 이용하여 참여자의 위치를 추적하고 그 상황과 일치하는 질문을 제시함으로써 특정 상황 내의 경험 등을 표집할 수 있게 되었다(Intille, Rondoni, Kukla, Ancona, & Bao, 2003). 또한 HCI(human computer interaction) 연구 영역에서도 디지털 카메라와 PDA를 함께 이용하여 작업공간의 효율성을 증대하는 A/ESM 연구가 진행되었고(Intille, Kukla, & Ma, 2002), 휴대용 스캐너 사용 경험을 분류하여 제품의 사용성을 평가하는 방법으로도 사용되었다(Brown, Sellen, & O'Hara, 2000). 이같이 A/ESM은 다양한 영역에서 경험과 행위를 효과적으로 표집하고 분석할 수 있는 장점을 가지고 있다.

앞서 언급했던 것처럼 필자의 실험실에서도 카메라가 부착된 핸드폰을 통해 사람들의 실생활에서의 활동과 경험을 표집하였다. 무선적으로 선정된 시간 단위에 경보를 보내면 연구 참여자들이 핸드폰을 열고 보내오는 11개 정도의 질문에 응답을 한다. 질문 1은 현재의 물리적 상황과 하고 있던 활동을 묻는 것이며, 2번은 타인과 함께 활동하고 있는지 여부에 관한 질문이었다. 3번은 활동의 동기, 4번은 구체적인 행위와 조작, 5, 6, 7, 8은 현 행위의 어려움과 보조 장치 및 정보적 필요성(informational needs)에 관한 질문이었다. 9, 10번은 행위의 지속 여부와 현 정서 상태에 관한 질문이었고, 11번은 현 상황에 관한 동영상과 주된 장면을 표집하도록 한 요청이었다. 이 응답과 사진 정보는 핸드폰에 기록되고 자동 전송으로 연구자의 서버에 저장되도록 하였다.

필자의 실험실에서 개발한 MEST(Mobile Experience Sampling Tools) 예를 그림 12-4에 제시하였다. 이는 A/ESM의 연구 방법을 핸드폰, SMS 서비스와 음성사서함 서비스 등을 접목해 데이터 수집 방법을 자동화하기 위해 개발되었다. MEST는 다음의 네 단계로 구성되어 있다. 첫째, 하루 10번씩 60분 단위로 무선화된 신호—설문에 참여할 시간을 알림—가 SMS를 통해 참여자의 단말기(휴대폰)에 전달된다. 둘째, SMS를 받은 즉시 멀티팩(multi-pack)에 미리 설치되어 있는 설문 APP를 시작하여 현재 참여자에게 필요한 도구, 감정 상태와 행동을 파악한다. 셋째, 설문을 마친 후, 참여자는 스틸사진과 동영상을 촬영하여 현재 가장 중요한 상황을 저장한다. 마지막 네 번째는 1570 음성사서함 서비스를 이용하여 APP를 통해 제시되지 않은 내용에 대해서 자유 응답한 음성 데이터를 저장한다. 즉, MEST는 사람들과 상호작용하는 인공물 등이 포함된 상황에 대한 탐지와 순간순간 경험하는 활동 자료들을 실시간으로 저장할 수 있다.

자세한 결과는 연구보고서(김영진, 최광일, 임윤, 2001; 김영진, 임윤, 최광일, 우정희, 김영준, 2002)를 참조하고, 표 12-1에 한 참여자가 3일에 걸쳐 각 시간 단위에 처해 있던 중심 상황을 찍은 사진을 예로 제시하였다. 각 시간 단위에 응답했던 자기보고식 응답과 중심 상황에 대한 사진 및 동영상을 기반으로 이 참여자의 구체적인 일상 생활과 구체적인 활동과 행위에 대한 깊은 이해를 달성할 수 있다. 그리고 이러한 자료들이 바로 유비쿼터스 환경 구축을 위한 기본 자료로 사용될 수 있을 것이다.

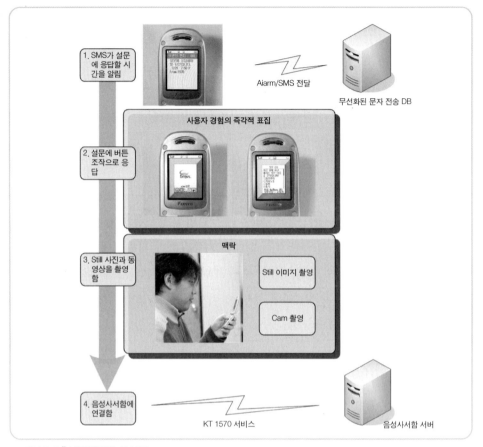

1. SMS가 설문에 응답할 시간을 알림

Aiarm/SMS 전달

무선화된 문자 전송 DB

사용자 경험의 즉각적 표집

2. 설문에 버튼 조작으로 응답

맥락

3. Still 사진과 동영상을 촬영함

Still 이미지 촬영

Cam 촬영

4. 음성사서함에 연결함

KT 1570 서비스

음성사서함 서버

그림 12-4 ▎ MEST 절차 구성도

2) 활동과 경험 표집의 이론적 바탕 : 활동이론

유비쿼터스 환경을 구축하는 데 필수적으로 선행해야 할 작업은 사람들이, 복잡하며 순간순간 변하는 자연적인 실제 상황에서 어떻게 행동하는가를 파악하는 것이다. 앞서 언급했던 A/ESM이 바로 이러한 목적으로 사용되는 방법의 하나라고 할 수 있다. 하지만 무작정 일상생활에서의 활동과 경험을 표집한다고 하더라도, 이 자료 자체가 인간의 사회 상황에서의 활동에 대한 통찰을 제공할 수는 없다. 이 자료를 의미 있게 분류하고 범주화할 수 있는 틀이 없이는 구체적인 유비쿼터스 환경 구축이 어려울 것

표 12-1 한 참여자의 3일에 걸친 A/ESM 표집 사진

구분	금요일	토요일	일요일
09:00 ~ 10:12			
10:12 ~ 11:24			
11:24 ~ 12:36			
12:36 ~ 13:48			
13:48 ~ 15:00			

표 12-1 ▌ 한 참여자의 3일에 걸친 A/ESM 표집 사진(계속)

구분	금요일	토요일	일요일
15:00 ~ 16:12			
16:12 ~ 17:24			
17:24 ~ 18:36			
18:36 ~ 19:48			
19:48 ~ 21:00			

이다. 바로 이러한 틀로서의 역할, 즉 이론적인 모델 혹은 틀로서의 역할을 할 수 있는 것의 하나가 활동이론(Activity Theory, 이하 AT로 줄임)이라고 할 수 있다. 비록 명시적으로 언급하고 있지는 않지만 여러 HCI 연구의 바탕이 되고 있으며(Kaptelinin, 1996), 특히 이 장에서 다루는 사회 문화적인 맥락의 파악을 위해서는 독자들이 필수적으로 이해해야 되는 하나의 틀이기에 비교적 자세히 논의하겠다.

물론 AT는 정교한 예측이 가능한 이론이라기보다는, 현상에 접근하는 혹은 현상을 이해하고자 하는 개략적이고 개념적인 틀에 불과하다. 즉, 보다 정교한 이론의 기반이 될 수 있는 일반적인 개념 체계를 구성하는 몇 가지 기본 원리들로 AT는 구성되어 있다. AT의 첫 번째 원리는, 인간의 의식(혹은 마음)과 활동을 구분할 수 없다는 단위체의 원리(principle of unity)이다. 이 원리가 뜻하는 것은 인간의 마음은 의미를 갖는 목표 지향적인 맥락, 다시 말하며 인간과 물질 환경 간의 사회적으로 결정된 상호작용 맥락에서 존재하고 발달하며, 또 그런 맥락에서만 이해될 수 있다는 가정이다. 이런 점에서 전통적인 행동주의 심리학이나, 상징 표상으로 인지를 탐구하고자 한 고전적인 인지과학의 패러다임과 차이를 보인다.

두 번째 원리는 사물(혹은 대상) 지향성(object-orientedness)이다. 인간은 객관적인 현실에서 살아가며, 이 객관적 현실이 주관적 현상을 결정하고 만들어 간다는 것이다. 때문에 사물의 물리적 속성뿐만 아니라 사람이 만들고 사용하는, 사회적으로 결정된 인공물(artifacts)도 심리적 연구의 대상이 되어야 한다고 주장한다. 그리고 여기서 내적 활동과 외적 활동이 내재화(internalization)와 외현화(externalization)의 과정을 통해 연결되고 구축되는 것으로 생각한다. 그리고 이 두 번째 원리는 세 번째 원리, 즉 도구매개의 원리(principle of tool mediation)와 밀접히 관련된다. 인간이 만든 도구가 바로, 인간이 현실과 어떻게 상호작용 하느냐를 결정하는 것이고, 도구의 사용은 외재화의 과정을 거쳐 형성된 것이다. 따라서 도구의 사용은 일종의 사회적 지식의 축적과 전수를 반영하는 것이라고 할 수 있다. 이러한 원리들은 인간과 도구의 관계 혹은 현 시대에서의 인간과 기술의 발달을 고찰하는 데 나름대로의 통찰을 제공한다. 하지만 이 시사점을 탐구하는 것은 이 장의 연구의 범위를 넘어선다. 그러기에 이 단락에서도 AT 이론 자체를 역사적 맥락에서 어떻게 발전되어 왔으며, 그 이론이 주는 시사점을 논의하기보다는, 경험적인 연구를 끌어 줄 수 있는 일종의 잠정적인 틀(ad hoc framework) 설정에 초점을 맞추어 설명하고자 한다. 그리고 이런 점에서 의미 있는 것은 AT 이론의 활동의 구조에 관한 개념적 구분이라고 할 수 있다. 활동에 관한 AT의 기본 개념을 간략히 소개하며, 경험적 연구 수행에 필요한 방식으로 이를 확장 혹은 수정하여 제시할 것이다.

우선 해야 될 작업의 하나는, 명확한 정의나 분류 없이 사용되는 여러 용어들을 잠정적으로 구분하는 것이다. 예를 들어, 활동(activity), 행위(action), 행동(behavior), 조작(operation), 반응(response) 등의 용어는 상황에 따라 대치되어 사용되기도 하고, 때론 전혀 다른 의미를 갖는 것으로 구분되기도 한다. 하지만 이러한 용어들을 명확하게 정의하고 서로의 관련성을 나타내는 개념구조를 만들기는 쉽지 않다. 이 장에서는 AT의 위계적 활동 개념에 기초해 이 용어들을 규정하고자 한다. 물론 이는 어디까지나 잠정적인 규정이며 이들 구분이 타당함을 주장하는 것은 아니다.

인간의 내적 혹은 외적 작용으로 우리가 추론할 수 있거나 관찰할 수 있는 모든 것을 가장 포괄적인 용어로 행동체계(behavioral system)라고 부를 수 있을 것이다. 여기에는 인간의 인지, 정서, 운동 등이 모두 포함된다. 즉, 인간의 모든 관찰 가능한 작용을 행동체계라는 용어를 사용해 표현하겠다. 그리고 이 포괄적인 범주 안에서, 가장 상위 수준에, 인간의 동기(motives)나 요구(needs)에 기반을 두는 것을 활동(activity)이라고 부르기로 하겠다. 예를 들어, '다른 사람에게서 연락이 왔었는지를 확인' 하는 것은 하나의 활동이 될 수 있다. 그런데 이 요구에 기반을 둔 활동은 여러 구체적인 과제와 관련된 행위로 나타날 수 있다. 예를 들어, 이 활동이 '비서에게 확인하도록 지시하는 것' 으로 나타날 수 있고, '활동 주체자가 직접 확인 할' 수도 있다. 즉, 활동이 다른 차원 혹은 낮은 하위 수준에서 구체화될 수 있다. 이러한 활동보다 낮은 수준에서 구체화된 것을 행위(action)라고 부르자. 행위는 특정한 과제(task)의 집합으로 구성되며, 요구에서 도출되는 목표(goals)를 가지고 이루어진다. 예를 들어, '이메일 확인' 이라는 활동은 '새로운 메일 읽기', '답장하기' 와 같은 세부 과제와 이를 실행하는 행위로 이루어진다. 즉, 활동은 동기 중심으로 상위 수준에서, 행위는 구체적인 목표 수준에서 정의할 수 있다. 그리고 행위는 보다 하위 수준의 조작(operations)으

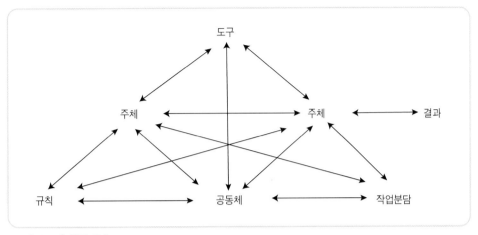

그림 12-5 ▌ 활동 체계

로 나타난다. 예를 들어, 메일 읽기라는 행위는 컴퓨터 화면 아이콘을 지각하고 클릭
하는 조작 반응(response)으로 나타난다. 요약하면, 활동, 행위, 조작이 위계적인 구조
를 이루며 이것이 포괄적인 행동체계를 구성하는 것으로 개념화할 수 있을 것이다.
이 분류 방식과 용어의 구분이 HCI 연구자들이 사회 문화적 맥락의 영향을 분석하고
자 할 때 유용하게 사용될 수 있을 것이다.

　AT 이론에서는 활동이 일어나는 전체적인 구조를 그림 12-5처럼 표현한다.

　한 개인 혹은 집단이 활동의 주체(subjects)가 되며, 대상(objects)이 활동의 표적이
된다. 도구(instruments)는 활동의 결과(outcomes) 달성을 도와주는 내적, 외적인 매
개 인공물(artifacts)을 나타낸다. 흥미로운 것은 물리적 도구뿐만 아니라 언어, 숫자
체계 같은 심리적 도구도 이 범주에 포함된다는 점이다. 활동 체계 내에서 작용과 상
호작용을 조절하는 역할을 규칙(rules)이 하며, 공동체(community) 내에서 수평적 작
업 분담이나 권력과 계층에 따른 수직적 분담(division of labor)이 수행된다.

　그림 12-5에 제시한 활동 체계를, 앞서 논의했던 여러 용어들의 개념적인 구분과 위
계적인 관련성을 하나의 도식으로 표현할 수 있을 것이다. 이를 제시한 것이 그림 12-
6이다. 그림 12-6의 상단과 하단에 나타낸 것처럼, 인간의 행동체계가 기본적으로 동
기에서 출발하며, 최종적인 출력은 결과임을 가정한다. 그리고 이 사이에 3개의 층위

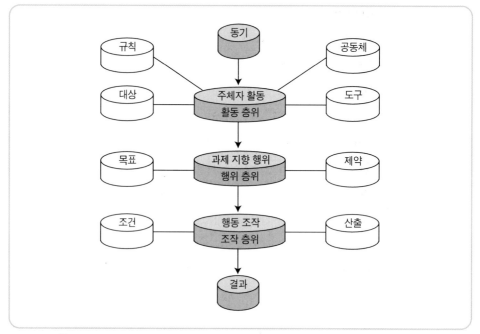

그림 12-6 █ 행동 체계에 관한 잠정적 도식

를 구분할 수 있음을 가정한다. 이 위계적인 층위는 활동, 행위, 조작 층위(activity, action, operation layer)라고 부르기로 한다. 활동 층위는 활동 주체자를 중심으로, 그림 12-5에서 나타난 구성 성분들이 연결된다. 즉, 활동 주체자가 특정한 대상(사물)에 대해 매개 도구를 사용하며, 활동의 규칙과 공동체의 제약으로 구성된다. 하위 수준인 행위 층위는 과제 중심적으로 구성된다. 과제는 앞서 논의했던 것처럼 활동이 구체적인 작업으로 구현되는 것으로 이는 특정 목표와 과제가 수행되어야 하는 상황에서의 여러 제약(constraints)에 의해 좌우된다. 그리고 과제 중심적 행위에서, 역시 특정한 대상과 도구가 사용되어야 한다. 그러나 그림 12-6에서는 이 대상과 도구를 상위 층위인 활동 층위에만 연결시켜 놓았다. 이는 대부분의 경우 활동에 대한 규정에 이 두 구성요소를 이미 포함하기 때문이며, 구체적인 행위 수행에서 이 두 구성요소가 변경되어야 하는 경우, 이는 상위 층위의 활동 자체에 대한 변화를 일으킬 수 있다고 가정했기 때문이다. 이 행위 층위는 문제해결(problem solving) 과정에 관한 인지과학적 연구에서 나열하는 문제해결의 기본 구성요소[즉, object, goals(sub-goal), operation, constraints]와 맥을 같이한다. 가장 하위의 층위는 구체적인 조작의 층위이다. 이는 신체적인 운동이나 인지적인 반응을 모두 포함한다. 이는 구체적인 물리적, 심리적 자극 (stimulus) 혹은 조건에서 거기에 연결되어 형성된 반응이 자동적 혹은 의도적으로 산출되는 과정이라고 가정할 수 있다.

앞에서 예로 들었던 구체적인 활동과 그림 12-6을 관련지어 설명하자. '다른 사람에게서 연락이 왔었는지를 확인'하려는 필요 혹은 요구에 따른 활동은 여러 가지 구체적인 과제를 동반하는 행위로 구체화된다. '전화기의 메시지를 확인하는 행위'일 수도 있고, '우편함을 확인하는 과제'로 나타날 수도 있다. 그리고 '이메일에서 새로운 메일을 확인'할 수도 있다. 즉, 특정한 목적과 상황의 제약에 따라 한 과제 지향적인 행위가 수행된다. 그리고 이들 각각의 과제는 구체적인 조작으로 실행된다. '이메일을 확인'하는 경우, 컴퓨터 바탕 화면의 '메일 프로그램을 지각하고 클릭'하는 구체적인 지각-조작 반응으로 나타나는 것이다. 그림 12-6에서 표현한 분류 체계가 비록 완전한 것은 아니며 잠정적인 틀이지만, 사회 상황에서 사람들이 보이는 여러 활동을 분류하고 관련 여러 구성 성분 간의 관계를 파악하는 좋은 틀이 될 수는 있을 것이다. 물론 이 분류 체계를 어떻게 보완하고 수정해야 하느냐는 경험적인 문제이다. 자료를 수집하며 고쳐나갈 수 있을 것이다.

지금까지 여러분은 유비쿼터스 환경 구축에 필요한 자료, 즉 인간의 사회 문화적 맥락에서의 활동들을 이해하고 분석적으로 접근할 수 있는 이론적 틀을 비교적 자세히 공부해 왔다. 그리고 이를 바탕으로 A/ESM이라는 방법을 사용하여 사람들의 실생활에서의 여러 활동과 행위에 관한 정보를 얻을 수 있음을 배웠다. 실제로 유비쿼터스 환경을 구축하는 작업은 그리 쉬운 것이 아니다. 단순한 기술적인 진전이나 혁신만으로 이루어지는 것은 아니며, 사회 문화적 맥락에서의 인간 활동과 행위에 대한 광범위한 데이터베이스가 선행되어야 하기 때문이다.

7. 맺음말

HCI 연구자가 직면하고 있는 혹은 조만간 직면하게 될 주제를, 그룹웨어와 유비쿼터스 컴퓨팅을 중심으로 간략히 살펴보았다. 이 장에서 충분하게 논의는 하지 못했지만, 한 가지 확실한 것은 HCI 연구자들이 종래의 접근과는 다른 보다 포괄적인 이론적 틀과 방법론으로 무장해야 한다는 것을 보여 주기에는 충분하지 않았나 여겨진다. 컴퓨터를 실험실로 가져와 연구하는 것이 아니라, 실제 사람들이 활동하고 상호작용하는 실제 상황이 실험실이 되어야 하는 것이다. 즉, 이론적으로 보다 포괄적인 사회, 문화적인 맥락에 관심을 돌려야 하고, 이를 파악하고 잡아낼 수 있는 현실성 있는 연구 방법을 채택해야만 할 것이다. 실제 현재의 공학 기술은 고삐 풀린 망아지처럼 자유롭게 그리고 신속하게 변하고 발전하고 있다. HCI 연구자들은 이러한 발전에 주도적으로 참여하기보다는 뒤늦게 이 발전의 평가에 급급한 것이 아닌가 하는 느낌이 들 때도 있다. 첨단 기술의 발전에 주도적으로 관여하는 미래의 HCI를 그려 본다.

참고문헌

김영진, 최광일, 임윤(2001). 유비쿼터스 컴퓨팅 적용을 위한 인간 활동/경험의 표집. 미발표연구보고서.

김영진, 임윤, 최광일, 우정희, 김영준(2002). uT의 사회적 수용성 촉진을 위한 전략: uT-user의 행위/경험 표집. 미발표 연구보고서.

김완석(2002, 7, 14). 마크 웨이저가 말하는 유비쿼터스 컴퓨팅. 전자신문.

이정모(2001). 인지심리학: 형성사, 개념적 기초, 조망. 서울: 아카넷.

Abowd, G. D. & Mynatt, E. D.(2000). Charting past, present, and future researchin ubiquitous computing. *ACM Transactions on Computer-Human Interaction*, 7,29~58

Barrett, L, F. & Barrett. D. J.(2001). An introduction to computerized ExperienceSampling in Psychology. *Social Science Computer Review*, 19, 175~185.

Bellotti, V. & Bly, S.(1996). Walking away from the desktop computer: Distributed collaboration and mobility in product design team. Proceedings of the 1996 ACM conference on Computer supported cooperative work(209~218).

Blackler, F.(1995). Activity theory, CSCW and organizations. In A. M. Monk &N. Gilbert(Eds.), *Perspectives on HCI: Diverse Approaches*. London: Academic Press.

Brown, B. A. T., Sellen, A. J., & O' Hara, K. P.(2000). A Diary Study of information capture in working life. Proceedings of CHI 2000(438~445).

Brown, P. J., Bovey, J. D, & Chen, X.(1997). Context-aware applications: From the laboratory to marketplace. *IEEE Personal Communications*, 10. 58~64.

Brun-Cottan, F. & Wall, P.(1995). Using video to re-present the user. *Communications of the ACM*, 38, 61~71.

Carroll, J. M.(1997). Human-computer interaction: Psychology as a science of resign. *Annual Review of psychology*, 48, 61~83.

Chen, G. & Kotz, D.(2000). A Survey of context-aware mobile computing research. Dartmouth Computer Science Technical Report TR2000~381.

Consolvo, S. & Walker, M.(2003). Using the experience sampling method to evaluate ubicomp applications. *IEEE Pervasive Computing*, 2, 24~31.

Clark, H. H.(1996). *Using language*. Cambridge: Cambridge University Press.

Csikszentmihalyi, M. & Larson, R.(1987). Validity and reliability of the experience-sampling method. *The Journal of Nervous and Mental Disease*, 175, 526~536.

Dede, C.(2002). Augmented reality through ubiquitous computing. *Learning & Leading with Technology*, 29, 13.

Dey, A.(2001). Understanding and using context. *Personal & Ubiquitous Computing*, 5, 4~7.

Grudin, J.(1990). Groupware and cooperative work: problem and prospects. In B. Laurel(Ed.) *The art of human computer interface design*. N. Y.: Addison-Wesley Publishing Campany.

Grudin, J.(1994). Eight challenges for developers. *Communications of the ACM*, 137, 83~105.

Intille, S. S., Kukla, C., & Ma, X.(2002). Eliciting user preferences using image-based experience sampling and reflection. Proceedings of CHI Extended Abstracts(738~739).

Intille, S. S., Rondoni, J., Kukla, C., Ancona, I., & Bao, L.(2003). A context-aware Experience sampling tool.. Proceedings of CHI Extended Abstracts(972~973).

Kaptelinin, V.(1996). Activity theory: Implications for human-computer interaction. In B. Nardi,(ed), *Context and consciousness: Activity theory and human-computer interaction*.

Cambridge, MA: MIT Press.

Kirshner, D. & Whitson, J. A.(1997). Editors, introduction to situated cognition: Social, semoitic, and psychological perspectives. In D. Kirsher & J. A. Whitson(Eds.), *Situated cognition: Social, semiotic, and psychological perspectives*. Hillsdale, NJ:LEA.

Kjaer, A. & Madsen, K. H.(1995). Participatory analysis of flexibility. *Communications of the ACM*, 38, 53~60.

Nardi, B. A.(1995). Studying context: A Comparison of activity theory, situated cognition, and distributed cognition. In B. A. Nardi(Ed.), *Context and consciousness: Activity theory and Human-computer interaction*. Cambridge, MA: MIT Press.

Nielsen, J.(1993). *Usability engineering*. Boston: Academic Press.

Norman, D. A.(1993). *Things that make us smart*. N.Y.: Addison-Wesley Publishing Company.

Palen, L. & Salzman, M.(2002). Voice-mail Diary Studies for naturalistic data capture under mobile conditions. Proceeding of CSCW(87~95).

Rasmussen, J. & Andersen, H. B.(1991). Human-computer interaction: An Introduction. In J. Rasmussen, H. B. Andesen, & N. O. Bernsen(Eds.), *Human-computer interaction: Research direction in cognitive science: European perspective*, Vol. 3, Hillsdale, NJ: LEA.

Schilit, B., Adams, N., & Want, R.(1994). Context-aware computing applications. Proceedings of IEEE workshop on mobile computing systems and applications(85~90).

Schmidt, A., Aidoo, K. A., Takaluoma, A., Tuomela, U., Laerhoven, K. V., & Velde, W. V.(1999). Advanced interaction in context. Proceedings of first international symposium on handheld and ubiquitous computing(89~101).

Varela, F., Thompson, E., & Rosch, E.(1991). *The embodied mind: Cognitive science and human experience*. Cambridge, MA: MIT Press.

Want, R., Schilit, B. N., Adams, N. I., Gold, R., Petersen, K., Goldberg, D., Ellis, J. R., & Weiser, M.(1995). An overview of the PARCTAB ubiquitous computing experiment. *IEEE Personal Communications*, 12., 28~43.

Weiser, M.(1991). The computer for the twenty-first century. *Scientific America*, 9., 94~104.

Weiser, M.(1993). Some computer science issues in ubiquitous computing. *Communications of the ACM*, 36, 74~85.

Weiser, M.(1998). The future of ubiquitous computing on campus. Communications of the

ACM, 41, 41~43.

Wilberg, M. & Gronlund, A.(2000). Exploring mobile CSCW: Five areas of questions for further research. Proceedings of IRIS 23.

Winograd, T.(1990). What can we teach about human-computer interaction? Proceedings of CHI '90 Human Factors in Computing Systems(443~450).

찾아보기

〈ㅇ〉

〈기타〉

저자 소개

박창호
서울대학교 심리학과 학사
서울대학교 대학원 심리학과 석 · 박사
현재 전북대학교 심리학과 교수

곽호완
서울대학교 대학원 심리학과 석사
미국 존스홉킨스대학교 대학원 심리학과 박사
현재 경북대학교 심리학과 교수

김성일
고려대학교 심리학과 학사
미국 유타주립대학교 심리학과 석 · 박사
현재 고려대학교 교육학과 교수

김영진
고려대학교 심리학과 학사
서울대학교 대학원 심리학과 석사
미국 켄트주립대학교 심리학과 박사
현재 아주대학교 심리학과 교수

김진우
연세대학교 경영학과 학사
미국 UCLA대학원 경영학 석사
미국 카네기멜론대학교 GSIA 박사
현재 연세대학교 경영학과 교수

이건효
성균관대학교 불문학과 학사
성균관대학교 대학원 심리학과 석사
성균관대학교 대학원 심리학과 박사 수료
현재 ㈜엔아이코리아 연구본부장

이재식
서울대학교 심리학과 학사
서울대학교 대학원 심리학과 석사
미국 아이오와대학교 대학원 심리학과 박사
현재 부산대학교 심리학과 교수

이종구
대구대학교 심리학과 학사
성균관대학교 대학원 심리학과 석 · 박사
현재 대구대학교 심리학과 교수

한광희
연세대학교 심리학과 학사
연세대학교 대학원 심리학과 석 · 박사
현재 연세대학교 심리학과 교수

황상민
서울대학교 심리학과 학사
미국 하버드대학교 심리학과 석 · 박사
현재 연세대학교 심리학과 교수